하늘 땅
사람이야기

천지인 합일

글로벌 나무꾼이 동서양을 넘나들며 쓴 운명 이야기

하늘 땅 사람 이야기

천지인 합일

윤 양 덕 지음

BOOK STAR

책을 쓰는 이유

나는 어린 시절 비바람을 부르고 내 뜻대로 세상을 움직이며 천리를 한 걸음에 달리며 소리와 형상을 엿듣고 볼 수 있는 신통력을 가진 도사가 되고 싶을 때가 있었다.

청년 시절 실제 그런 일을 하기 위해 경주 남산 기슭의 암자에서 한겨울에 웃통을 벗어던지고 바위 부처님 밑에서 소위 도를 닦기도 하고 해인사, 유가사 등 여러 산사를 전전하며 바윗돌과 맥주병을 격파하기도 하였고 진짜인지 가짜인지도 모를 예비 도사들과 밤새워 토론과 통음을 하며 천지인의 이치를 구하려 노력하였으며, 둔갑술 책이 비장되어 있다는 절의 대웅전 주변에서 몇 날 밤을 지새우며 지낸 날들도 있었다.

그러던 어느 날, 내가 그토록 원하던 것들이 파리 공항에서 런닝 에스컬레이드를 만나고, 모토로라라는 회사의 휴대전화를 접하고, 인공 강우를 보고서 축지법이나 천이통, 천안통 등 비바람을 부르고 도술을 펼치는 신통력에 가졌던 환상이 조금씩 무너져 내려갔었다.

지천명을 한참 지날 때까지도 여전히 나의 유전적인 피는 또 다른 방향으로 꿈틀대며 움직였다. 30대에는 사업으로 그 꿈을 실현해 보려고 지구별 땅을 아프리카의 오지부터 미국 애팔래치아산맥의 끝자락, 열대의 산림들과 시베리아의 오지까지 참 부지런히 유사 축지법과 구름 비행기를 타고 오지에서도 통하는 천이통 같은 휴대전화를 거금을 지급하고 구매하여 묵자의 도술같이 마음껏 구사도 해보았다. 이유와 결과가 어떻든 나는 여전히 도사가 되고 싶었다.

지천명을 훨씬 넘긴 어느 해 DNA 분석 검사를 하면서 내가 가진 유전체에서 치매 인자가 없고 후두암 인자는 있다는 등의 이야기를 듣고 동양의 도술, 의학 혹은 오술(五術)이 비과학적일 수도 있겠다는 생각이 들었고, 현대 천문학의 발전과 진전으로 갈릴레이 시대에는 보온병 크기의 망원경이 현재는 지구별만큼이나 큰 천체 망원경으로 만들어져 우주 별들을 관찰하는 것을 보면서 28숙의 별자리를 기본으로 보는 동양의 천문학과 이론에 한계가 온 것은 아닌가 하는 회의와 갈등을 겪었다.

그 후 진리에 목말라하며 서양철학사, 과학 관계 서적들과 이론들, 서양의 고대와 중세의 점성술, 관상학 등을 접하면서 동서양의 위대한 사상과 철학 이론들이 가진 유사성과 공통점에 놀라며 상호 교류에 다시 한번 놀랐다. 또한, 심리학과 정신분석학, 해부학 등의 발달에 영향받은 분석적 운명을 탐구하는 유사 과학의 발달에 매혹을 느끼며 내가 겪어온 파란의 인생사와 운명을 돌아보는 필연과 우연의 퍼즐을 맞추고자 노력하였으며, 기회가 주어지면 이 작은 깨달음이 도움이 될 사람들에게 쓰이는 즐거움이 내가 이 지구별에서의 정체성이 아닐까 감히 생각하였다. 옛날의 도사들이 그러했듯이….

천유불측지풍우(天有不測之風雨), 하늘에는 측량하기 어려운 비바람이 있고,
인유조석지화복(人有朝夕之禍福), 사람에게는 아침저녁으로 바뀌는 화복이 있다.

마르셀 프루스트가 "삶은 예기치 않은 곳에 폭탄을 심어둔다."라고 말한 것처럼 살다 보면 참 기가 막히는 일들도 있고, 본인의 생각과 의지와는 관계없이 흘러가는 일이 있을 수 있다. 누구도 그런 상황에서 자유로울 수 없다. 사업도 사랑도 인연에서조차도 삶이란 바다의 밀물과 썰물 같이 희망과 절망이 연속으로 교차된다.

일음일양지위도(一陰一陽之謂道), 한 번 음이 되었다가 한 번 양이 되는 그것이 만물의 길을 일컬음이다.

인생에서 직면하는 수많은 역전과 전환의 이치를 한마디로 담은 공자의 《주역(周易)》〈계사전〉에 나오는 진리다. '물극필반(物極必反)' 달도 차면 기운다는 의미로 사물이 극에 달하면 반드시 반전한다는 뜻이다.

최고의 인기를 구가하던 연예인이나 사업가들, 정치가 권력자들도 그냥 하락하는 것이 아니라 아예 송두리째 뽑히거나 인생을 하직하는 경우도 있다. 그러나 그 시기나 상황을 현명하게 벗어나면 새로운 길이 보이는 이치다. '백척간두진일보(百尺竿頭進一步)', '절처봉생(絶處逢生)'의 이치인 것이다. 또한, 《주역》의 '건괘(乾卦)'와 '곤괘(坤卦)'가 이 이치이다.

인간은 양면성을 지니고 있다. 강철보다 강한 의지와 신념으로 모든 것을 극복하며 고고한 삶도 살지만, 한편으로는 한없이 약한 존재일 수도 있다. 진시황의 재상 이사가 변소의 오물 먹는 쥐를 보면서 "아, 사람의 잘나고 못난 것은 비유하면 쥐와 같은 것이다. 오직 스스로 어떤 상황에 처하는지에 달렸을 뿐이다."라고 말했다. 현대 심리학에서도 상황과 역할의 중요성을 얘기해 아무리 싱싱한 사과라도 썩은 상자에 들어가면 결국 썩어버린다는 '루시퍼 이펙트(The Lucifer Effect)' 실험으로 증명하기도 한다. 결국은 그러한 상황에까지는 몰리지 않도록 자기의 운명을 알고 관리하며 또 의지와 노력으로 헤쳐 나와야 한다. 이를 위해서는 언제, 어느 시기에 어떤 곳에서 누구를 만났느냐, 즉 운명과 일의 성사는 '천지인(天地人)'의 합일에 달려 있는 것이다.

이 책은 고리타분한 옛 이론이나 미신이나 비과학적인 비술을 얘기하려는 것이 아니다. 오히려 최첨단 미래의 이야기일 수도 있고, 새기며 실천하고 이해하면 인생을 바꿀 수 있는 책일 수도 있다. 이 책을 읽은 사람과 읽지 않는 사람의 운명은 다르다고 감히 말할 수 있다.

신화와 미신, 종교와 비종교를 벗어나 이 모든 것을 떠나서 초과학적인 현대에 있어서도 약 3% 정도만이 우주의 신비와 정체를 알 따름이라는 것이 현대 천체물리학의 정설이다. 이것은 현재 우리가 가진 지식과 경험의 틀로만 자신의 운명을 예측하거나 판단하는 것은 매우 적정치 않다는 것을 의미한다. 운명에 관한 관심과 자신의 '철'을 안다는 것은 매우 중요하다. 이에 관한 관심은 동양에서보다 과학적인 분석과 이론을 유지해 온 서양에서 오히려 더하였다.

어떤 문화를 평가할 때는 함부로 결론을 내려서는 안 된다. 《논어》나 《주역》을 연구하면 천하를 다스릴 수 있는 듯이 말하고, 기공을 연구하거나 양생을 얘기하며 혈의 지압법이나 어느 건강식품 하나가 모든 질병을 고칠 수 있는 듯이 허풍을 떨다 연기처럼 사라져 버린다. 우리 주변에 참으로 많은 현상이다. 파스칼은 《팡세》에서 "모든 사물을 받아들이되 집착하지도 동의하지도 않는다."라고 하였다. 자유로워지라는 말이다.

나이가 들면서 문득 세상은 예전보다 훨씬 커졌고 나는 부쩍 작아져 있었다. 육순을 넘긴 어느 가을날, 한없는 슬픔과 아픔이 일어나며 내가 이 지구별에 버려진 한 가련한 존재임을 느꼈다. 내가 누구이며, 어느 별이 나의 고향이며, 나의 운기가 왜 이렇게까지 흘러왔는지? 내 현재의 위치가 어느 철인지? 또 어떻게 흘러갈 것인지? 언제 나의 별로 돌아갈지 등등 참으로 많은 회한과 생각들이 떠오르며 속세의 도구로 생각 없이 공부하였던 역학, 명리학, 관상학, 풍수, 자미두수, 기문둔갑, 우주 변화의 원리 등의 서적을 다시 정신없이 공부하기 시작했고, 그곳에서 예전에는 발견하지 못했던 진리와 아무도 알려주지 않았던 해답들을 발견하였다. 그리고 도사 비슷하게 되기 시작하였다.

'관명운기학', 이것이 나의 결론이었다. '기(氣)'와 '운(運)'과의 관계, 그리고 '기(氣)'란 무엇인가? 그들을 알고 다루기 위해 여러 이론을 접목하여 인간의 '길흉화복'과 자신과 운기(運氣)의 움직임들을 긍정적, 현실적, 적극적으로 접근해 나가는 이론이다.

지혜로운 사람은 남이 힘들게 터득한 지혜를 손쉽게 내 것으로 만들 줄 아는 사람이다. 또한, 아무리 높은 지식이나 학문이나 지혜를 가졌다 하여도 그것을 표현하여 원하는 이들에게 주지 못한다면 쓸모가 없으며, 변화시키지 못하는 지식은 죽은 지식이다. 동서양의 '운명학' 전체를 보고자 하는 일반인들의 시각을 넓혀 주고자 하는 것이 이 책을 쓰는 이유이며, 어쩌면 내 젊은 날과 인생을 반성하는 반성문이기도 하다.

당대에 초과학이라고 믿어 의심치 않았거나 미신이나 터무니없는 주장이라고 취급되었던 이론들이 수없이 많이 뒤바뀌어진 경우를 우리는 이미 알고 있다. 종교에 있어서도 부정할 수 없는 사례들이 차고 넘친다. 이러한 논쟁을 벗어나 우리는 우주와 운명 앞에서 겸허해야 한다. 미신을 신봉하고 비과학을 추켜세우라는 이야기가 아니다. 우리가 모르는 또 다른 우주의 이치나 원리가 우리를 에워싸고 있다는 것을 간과하지 말라는 것이다.

운명 앞에서 겸허해지면 인생에서 균형과 조화를 이해하기 시작한다. '천지인 합일(天地人 合一)'이다. 적어도 자신의 '운'과 '철'은 알고 살아야 하며 철모르는 철부지는 되지 말아야 한다는 것이다. 지피지기 백전백승(知彼知己百戰百勝)은 병가에서도 당연한 필수 조건이다.

머리말

이 책은 자기에게 주어진 운을 이해하도록 하고 인간의 의지로 개운(開運)해 나갈 수 있는 지혜를 일깨워주기 위한 제반 사상과 이론을 소개하는 입문서이다.

운명을 행운으로 바꾸는 방법론과 때로는 종교나 다른 무엇도 해결해 주지 않는 자기의 운명과 철의 이해를 도우며 가슴속 답답함의 실마리를 풀어내는 길을 안내하는 입문서이기도 하다.

필자는 이제 막 '동양오술'이나 '운명학' 공부를 시작하거나 관심을 가지는 사람들이 간혹 가지는 미신이 아니냐 혹은 과도한 기대와 맹목적인 믿음에 대해 답답함이 있었는데 천지인에 도움이 되는 것이 어찌 과학과 학문이어야 하는가?

21세기 지성의 거인이라 불리는 자크 바전(Jacqes Barzun)은 《인문학에 대한 오해》에서 "인문학적인 방법론이란 경험과 자기 성찰 그리고 직관을 비롯하여 동원 가능한 모든 인간적 본능을 밑바탕으로 구체적이지는 않으나 각 부분에 방향과 아이디어 혹은 영감을 줄 수 있는 것을 말한다."라고 말했다

균형과 조화를 잃은 이성으로 혹은 잘못된 종교적 신념으로 우리가 지녀야 할 소중한 자산과 유산을 냉대하거나 미신과 신화로 취급하거나 논리와 과학적인 사유를 좇다 보니 천지인이 우리에게 부여한 감성과 직관을 잃어버리고 정신적인 공허함만 가진 채 헤매고 있지는 않은가!

직관과 동물적 본능으로 능히 감지할 수 있는 하늘, 땅, 사람의 '기(氣)' 운용에 관한 지혜가 이해 불가능한 미지의 것으로 되어 버린 것은 사람의 책임이다. 과학이 아니면서 과학 흉내를 내다가 균형적 시각과 전체를 관조하는 직관을 잃게 된 것이다. 동양의 사상 체계는 간혹 무엇인지 알 수도 없는 전문 용어를 사용하며 난해하게 한다. 현대 과학의 가장 어려운 한 분야인 '입자물리학'은 일반인이 이해할 수 있는 분야가 아닌데도 불구하고 석학들이 쓴 글은 분명 그 본질을 쉽게 이해할 수 있도록 해 놓았다. 그것이 전문가이다.

필자조차도 우연히 한 방송의 주역 강의를 보다가 미처 5분이 못 되어 채널을 돌리고 만 경험이 있다. 몇천 년 전의 상황들을 현세에 그대로 적용하면서 《주역》이란 거대한 권위로 현대인들을 압박하는 것은 아닌가 하는 나의 생각이 잘못되기를 바란다. 그 위대하고 현 우리의 삶에도 영향을 미치는 사상과 이론들이 좀 더 명확하게 와닿게 해야 한다. 물론 근본을 해치자는 이야기는 아니다.

인간은 결국 운세(運勢)에 따라 움직이는 대우주의 컨트롤을 받는 소우주일 뿐이다. 그리고 운세는 대우주가 인간에게 미치는 영향을 말한다.

소크라테스의 '너 자신을 알라!'라는 의미는 주로 도덕적인 행동이나 삶과의 관계 속에서 사용하고 있으나 이를 통해 자신을 실천할 수 있고 비난받지 않을 수 있다. 운명을 이야기한 델포이 신전의 신탁 '너 자신을 알라(Gnothi Seauton)'와 '지나치지 않게(Mhgevaiav)'와도 일맥상통하며, 순자의 인간 중심적 관점의 자연관인 '인간의 의지에 따라 운을 바꿀 수 있다'라는 결론과 맥을 같이 한다.

"그대는 단지 작가의 의도대로 연극 속에 등장하는 배우에 지나지 않는다는 것을 명심해야 한다."라는 그리스 철학자 에픽테토스의 유사 숙명론 같은 주장과 "인생이란 순응하면 등에 업혀 가고 반항하면 질질 끌려간다."라고 한 세네카의 말이나 사주명리학의 숙명론 또한 동서양이 일치함도 알아야 한다. 이 운명의 양면성을 이해하며 균형과 조화의 삶과 자기의 운명과 철을 알며 운(運)이란 수레를 자신에게 유리한 방향으로 돌리며 끌고 나가야 하는 것이다.

이제 그 길을 찾아 떠나보도록 하자. 이 책을 처음부터 끝까지 완독하는 부담을 가지지 않고 자신의 필요한 부분만 찾아서 입문서 내지 사전을 대하는 밝은 기분으로 즐기기를 바라며, 이로 인해 동서양의 관계되는 사상과 이론들에 대한 진전과 관심이 증폭되기를 바라는 마음이다.

목 차

■ 사람 이야기_317

하늘, 땅, 사람의 만남,
천지인 합일(天地人 合一)

제1부

하늘, 땅, 사람의 만남, 천지인 합일(天地人 合一)

몽라셰(Montrachet)라는 프랑스 브루고뉴 지방의 화이트 와인이 있다. 알렉상드르 뒤마(Alexandre Dumas fils)는 "몽라셰를 마실 때는 모자를 벗고 무릎을 꿇고 경건하게 마셔야 한다."라고 했다. 하늘, 땅, 사람의 합일에 대한 존경의 표시를 이야기한 것이다. 인간은 하늘과 땅을 배경으로 삼고 그 속에서 공동체의 성질을 이룰 때 하늘, 땅, 사람이 각각 존재의 의미를 가진다. 이 삼자의 개념에서 인간이 존재 개념의 중심적 역할을 하는 것이므로 인간을 우주의 주체로 삼는 것이다.

'천지인 합일'은 일의 성사에 관한 논리이며 '삼재(三才)' 혹은 '삼원(三元)'이라고도 한다. 때를 알고[天氣], 사물과 대상[地氣]과 사람[人氣]을 얻는 것을 말하며, 개인으로는 하늘(나의 운명과 철), 땅(나의 건강), 사람(나의 마음)의 합일과 순리를 의미하기도 한다. 국가는 더욱 천지인 합일이 되어야만 나라가 태평하고 백성이 편안해진다.

노자의 "군주란 나라를 순리대로 다스려야 하지 요란을 떨듯 다스리는 것은 결코 바람직한 것이 아니다. 앞에 나서서 설치는 군주는 하등의 군주밖에 없다."라는 말은 상덕부덕(上德不德)을 뜻한다. 소위 충효절효(忠孝節孝)와 정의라는 아름다운 이름 아래 수많은 사치와 허위 모순과 잔혹한 일들이 인의(仁義)라는 이름으로 은폐되었다.

롤랑 부인이 단두대에서 "자유여 그대의 이름으로 얼마나 많은 죄악이 저질러졌는가!"라고 외쳤던 말 역시 천지인의 합일이 순리대로 움직이지 않은 그 사회의 기(氣)의 상태를 나타낸다. 실례로 이 사회에서 벌어지는 수많은 악덕은 대부분 착한 생각을 가지고 있으나 어설픈 도덕적 기준에 따라 최선을 다한 사람들에 의해서 저질러진 것을 우리는 경험상 알고 있다. "지옥으로 가는 길은 선의로 포장되어 있다."라는 서양 속담도 본질적으로 '천지인 합일이 이루어져 있지 않고 또 쉽지 못하다는 것을 뜻한다.

천지인 합일을 물리학에서는 시간(과거, 현재, 미래), 공간(XYZ 좌표론), 물질[형상(Image), 질량(Q'ntity), 속성(Q'lity)]으로도 볼 수 있으며, 한민족의 고대 경전이랄 수 있는 《천부경》의 '본심본태양앙명*' 또한 이를 표현한 말이며, 제갈공명의 하늘(북두칠성), 땅(기문둔갑), 사람(칠종칠금*) 또한 천진인 합일을 말하는 것이다.

---

* 본심본태양앙명인중천지(本心本太陽仰明人中天地): 깨달은 자는 마음속의 태양이 밝게 떠서 사람 가운데서 천지와 하나 된 마음을 말한다.
* 칠종칠금(七縱七擒): 제갈공명이 남만 정벌 때 남만왕 '맹획을 일곱 번 잡고 일곱 번 놓아준 고사를 말하며 사람을 얻는 어려움과 정성을 애기한 것이다.

하늘[天] 이야기

하늘은 조물주의 영역이다. 제갈공명은 "모사재인 성사재천 불가강야(謨事在人 成事在天 不可强也)", 즉 "일을 꾸미는 것은 사람이지만, 일을 이루게 하는 것은 하늘이어서 강제로 할 수 없다."라고 하였다. 하늘은 사람과 자연의 조화라는 전제하에서 긍정적 가치와 의미를 부여받으며 인사에 준하는 도덕적 의지와 정감을 가지게 된다. 어려움과 악조건을 안고서도 최선을 다하고 하늘의 뜻을 기다리는 사람은 하늘이 믿고 맡긴 사명이 그만큼 크다는 의미이며 이 세상에서 가장 행복해질 권리가 있다는 하늘의 뜻이기도 하다.

【연대표】

동양	연대	서양	연대	한국	연대
하도	BC 3500				
낙서	BC 2200				
석가모니	BC 624~544	피타고라스	BC 582~500		
공자	BC 551~479	플라톤	BC 427~347		
노자	BC 570~479				
추연, 음양오행설	BC 305~240	그리스도 탄생	AD 1 추정		
맹자	BC 372~289	기독교 공인	313		
제갈공명	AD 181~234				
당(唐) 멸망	907				
자미두수	950 전후				
송(宋) 건국	960				
주돈이 태극도설	1017~1073				
최초의 초신성	1054	동서 교회의	1054	고려 11대 문종 8년	
발견, 게성운		분열		조선 태조 4년	1395
				천상열차분야지도	
				서화담	1489~1546
		마르틴루터	1517	이퇴계	1502~1571
		종교개혁		이율곡	1536~1584
		최초 망원경	1609	토정 이지함	1517~1578
		‘리페르세’	1564~1642	심곡비결 김치	광해군~인조
				(자미두수)	1620년경
		갈릴레이	1564~1642		
왕부지, 주역	1619~1692	천체망원경 제작		남병철	19C
내전, 외전		대혜성		‘성요’ 집필	(1817~1863)
		포도주혜성	1811		철종
		팬지어스와			
		윌슨 ‘빅뱅론’의	1965		
		과학적			
		근거 획득			
		프랙탈			
		이론의 시작	1975		
		카오스 이론			
자미두수 강의집	1950				
육빈조 홍콩					

제1부

우리는 어디서 왔으며 누구인가?

이 땅에 생겨나기 전 나는 누구였고 생겨난 후의 나는 또 누구인가? 과학이 아무리 발달했어도 아직까지 이 질문에 명확한 답을 찾지 못했다. 우연히 EBS 2의 다큐멘터리 '인간은 어디서 왔는가?'를 보면서 현대 천체물리학과 최첨단 과학의 집산물인 이 프로의 마지막 결론은 인간은 우주별의 원소로부터 탄생되었다는 것이다. 즉 인간은 우주별의 자손이라는 것이었다. 이 결론을 듣는 순간 나는 몸에서 전율을 느끼며 현대 입자물리학의 결론이 결국은 동양 사상의 옛 이론들과 동일하다는 것에 탄복하였다. 몇천 년을 넘나드는 그 옛날에 어떻게 정곡을 찌르는 이론과 현상을 발견하였으며, 이를 기본으로 하여 그 방대한 이론들을 만들었나 하는 경외감이 내 몸을 감싸 안았다.

우주 탄생에 관한 주류 이론인 빅뱅 이론은 1927년 벨기에의 르메르트(Georges Lemaitre)에 의해 처음으로 제시되었다. 우주는 원래 하나의 원시 원자에서 시작되었고 고온, 고압, 고밀도의 원시 원자가 압력을 이기지 못해 폭발하면서 파편이 사방으로 날아갔고, 이 폭발로 인해 생성된 물질들이 우주를 형성했다는 것이다. 러시아 태생의 천체물리학자 가모브(George Gamow)는 처음으로 일반 상대성 이론을 우주 이론에 접목시켜 빅뱅 이론의 핵심 이론인 열 핵폭발성을 제시했다. 이는 우주는 고온

고밀도의 원시 물질에서 시작되었으며 수십억 도에 달했던 원시 물질의 최초 온도가 하강하면서 우주가 팽창했다는 학설을 주장하였다. 1965년 팬지어스와 윌슨이 우주배경복사설을 발견했고, 후에 이것이 우주 대폭발이 남긴 흔적임을 증명함으로써 빅뱅 이론은 중요한 과학적 근거를 얻게 되었다.

영국의 물리학자 스티븐 호킹은 우주가 생성된 후 10~43초 사이에 벌어진 변화에 대해 가장 명확한 설명을 제시하였다. 그는 우주가 원자보다도 작은 특이점에서 시작되었고, 대폭발이 일어나면서 생성된 에너지가 몇몇 기본 입자를 형성하였으며, 이 입자들이 에너지의 작용을 받아 우주의 각종 물질을 형성하였다는 것이다. 그의 이론은 우리 은하계 밖 천체의 적색편이 현상을 설명해 냈을 뿐만 아니라 여러 천체 물리학적 문제에 적절한 해답을 제시하였다. 호킹의 이론에 힘입어 빅뱅 이론은 오늘날 가장 설득력 있는 우주 생성 이론이 되었다.

우주는 최초 한 점의 지정지무(至精至無)*한 상태서 생겨났던 것이다. 최초의 우주는 적막무짐(寂寞無朕)*하여서 아무런 물체도 없었고, 연기 같기도 하면서 무엇이 있는 듯하기도 한 진공이 아닌 허공이었다. 불이라 생각하면 불, 물이라 생각하면 물 같기도 한 상태였던 것이 바로 우주의 본체인 것이다. 이러한 상태를 상(象)이라고 하며 그 상이라는 개념은 형(形)의 반대, 즉 유(有)의 반대인 무(無)와 상통하는 것이다. 즉 상(象)

---

* 지정지무(至精至無): 지극히 정(精)하여 지극히 무(無)한 상태에서 본래의 우주가 생겨난 것을 의미한다.
* 적막무짐(寂寞無朕): 아무런 동하는 것도 없기 때문에 그 내용을 알 수 없다는 뜻이다. 송(宋) 대의 성리학에서 표현하였다

이라는 것은 아무것도 없는 상태를 말하는 것이며 이와 같은 상이 바로 우주의 본체인 것이다. 빅뱅 이론에서 우주의 근거로 제시하는 것이 수소와 헬륨이고, 각각 우주 전체 물질의 75 대 25의 비율을 차지한다고 한다.

동양에서는 추후 후술할 '하도'와 '낙서'에서 이의 근거와 이론들을 제시하였고 그 후 많은 걸출한 유불선의 철현들이 이에 대한 해답들을 연구와 보완을 하여 마침내 음양오행과 운기학, 천수상의 이론들과 근세에 와서는 기학과 생성 철학 등의 이론들로 명확하게 규명하였던 것이다.

서양에서도 매우 단편적이지만 데모크리토스의 원자론을 비롯하여 단자론자들이 우주 본체를 설명하였지만 같은 원리에서 오가며 그 결론은 원점으로 돌아왔고, 현상 우주론에 있어서도 서양 철학의 주류는 존재를 인식작용으로 그 방법론으로 하여 변화의 실상을 순수 형상적 개념으로 형식적 논리에, 헤겔에서 현대에 이르는 철학까지는 변증법적 논리에 입각한 맥락을 이어왔으나 변화의 실상을 해부해 내지는 못하고 우주의 변화가 인과적이냐, 목적적이냐 하는 변화의 피상에서만 헤매고 말았다.

불교적 관점에서도 모든 물체가 분자에서 원자로, 원자에서 원자핵과 소립자로 분해되어 결국은 소립자의 뭉치가 신비로운 형태로 충돌하여 나타남과 사라짐을 반복한다. 나타날 때는 색(色), 사라질 때는 공(空), 즉 색즉시공(色卽是空) 공즉시색(空卽是色)* 이며 삼라만상이 이처럼 항상 변화하고 있으며 불멸하는 본래의 고정된 모습의 실체는 존재하지 않

---

* 색즉시공 공즉시색(色卽是空 空卽是色): 《반야심경》에 나오는 경구로 물질 세계와 평등 무차별한 공(空)의 세계가 다르지 않음을 뜻한다. 이 세상에 있어 물질적 현상에는 실체가 없으며, 실체가 없기 때문에 바로 물질적 현상이 있게 되는 것을 의미한다.

는다. 나라는 존재도 그것은 '지수화풍(地水火風)의 사대 원소로 구성된 것이며, 만일 그것이 흩어지면 아무것도 남는 것이 없다. 즉 우주란 하나이고, 불이(不二)이며 살아 있는 존재다. 둘이 아닌 하나의 에너지가 우리의 고향이라는 것이다.

노자 《도덕경》 25장에는 "혼연히 뒤섞여 이루어진 것이 있는데 천지가 생겨나기 전부터 있었다. 이것은 고요하고 텅 비어 있었으나 홀로 서서 변하지 않으며 두루 운행하여 그치지 않는다. 또한, 천지의 어머니가 되었다."라고 적혀 있다. 이 구절이 우주 탄생에 관한 빅뱅 이론과 상당 부분 일치한다. 이제 이 위대하고 거대한 세계로 들어가 보자.

제2부

음양과 오행이란 무엇인가?

1. 음양이란?

1) 음양의 본질

BC 4세기 말 제나라의 추연이 음양설을 주장하며 제왕의 운명을 가늠하고 그것으로 왕조 교체의 원리와 인간의 길흉화복을 설명하는 이론으로 하였고, 그 후 한나라 때 음양오행 이론으로 발전하였다. 우리가 일반적으로 이해하고 있는 음양의 의미는 동양에서 탄생한 자연 현상이며 우주 철학이다. 만물의 존재와 변화는 하늘과 땅이 있고 이 가운데 만물의 세계가 이루어지는 것이다. 이것을 천지인으로 하고 만물이 존재하는 우주 세계를 삼재(三才)라고 부른다.

양(陽)은 하늘의 기능을 대신하고 음(陰)은 땅이 형체를 구성하는 기능으로 표현된다. 즉 양은 음에 의존하여 존재 의미를 가지고 음은 양의 능력을 받아 존재 의미와 가치를 생산하는 것이므로 존재는 우주 공간에서 음과 양의 공동 작업에 의해 입체적인 성질로 탄생하는 것이다.

음양의 성질에는 선후의 차례가 없다. 두 성질은 동시에 존재하면서 존재 의미를 지닌다. 다만 음의 성질을 앞에 둔 이유는 존재의 형상에 중점을 두고 존재를 파악하기 때문이다. 음과 양의 두 성질이 존재한 것은 우주가 존재할 때 함께 이루어진 것이며, 이것이 음양의 형식으로 표현하게 된 것은 문자가 생긴 이후부터 시작된 것이다.

우주의 본체는 태극(太極), 그 본원은 무극(無極)*이며 이것을 운동할 수 있게 한 요인은 황극(皇極)에 있다. 무극이 운동 상태를 나타내기 시작할 때에 거기에 +와 -라는 서로 상반된 기운이 나타나게 된 바, 이것은 그의 성(性)과 질(質)에서 상(象)을 취하여 음양이란 개념을 붙인 것이다.

동양 철학은 기본 법칙을 설정함에 있어서 양+음=태극(太極) 혹은 태극은 양+음, 목+화+토+금+수=오행이라는 공식으로 귀납되고, 다시 연역되기도 하며 만물의 척도 음양론은 오행론의 기간이고 오행론은 음양론의 지엽인 것이다. 일월(日月)은 음양을 낳고 오성(五星)은 오행을 낳는다.

프로이트의 황태자라 불리는 칼 구스타프 융(Carl Gustav Jung)은 집단무의식(collective unconscious)을 주장하면서 동서양을 막론하고 사람들은 세상은 대칭적인 두 영역으로 나뉘어 있다는 믿음을 가지고 있어 동양의 음양 개념과 서양의 선악 개념같이 실제 세상의 속성이 아니라 인간의 본질적인 속성이며 평소에는 거의 나타나지 않지만 만약 자아가 이를 위배하면 문제가 발생하며 인간은 근본적으로 양면성을 지닌 존재라고 하였다.

균형이란 개념이 인간의 본성인 집단적 무의식에도 있다는 것인 바, 이는 만물은 모두 각각의 소우주인 이상 그 소우주라는 것은 정(精)과 신(神)을 반복하는 운동인 것이 인간을 말하는 것이기도 하며 정신+물질=존재라는 절대적인 진리가 우주의 본질이므로 인간의 본성 또한 여기서 벗어날 수 없는 것으로 볼 수 있으며 결국 동양의 음양오행설의 조화와 균형을 강조하는 부분에서 일치한다.

---

* 무극(無極): 음양이란 양극은 이미 사라졌기에 무극이라고 한다. 무(無)의 상을 0으로 그린다.

현재 융(Jung)의 연구소는 세계 제1의《주역》연구기관이며, 이는 재미있는 동서양 철학의 교류 현상이라 볼 수가 있다.《주역》은 음양론에 기초하여 연구 대상을 모든 사안으로 확대시킨 역학이다.

2) 음양의 적용

(1) 땅과 만물의 형상

일상생활의 물건은 거의 음의 성질을 가졌으나 대비 방식에 의해 음양을 구별할 수 있다. 예를 들면 귀금속과 같은 종류의 장식품은 음의 성질을 가진다. 고체와 기체의 관계는 고체는 음, 액체는 양이 되지만 액체와 기체의 관계에서는 액체가 음에 속하고 기체는 양이 된다.

(2) 장소와 위치

시간과 공간에 대한 음양 관계는 시간을 양이라 하고 공간을 음으로 삼는다. 과거는 양의 음, 현재는 양의 양이라 하고 미래는 어느 쪽에도 속하지 않는다.

(3) 기후와 온도

돌풍이 생길 때 회전하는 방향이 시계 방향이면 음, 시계의 반대 방향이면 양의 작용이다.

(4) 인체와 생명체

유형의 존재는 음이며 무형의 존재는 양에 속한다. 인간을 대상으로 하여 형체는 음이며 기능은 양이다. 머리에서 가슴까지 상체는 양의 영역에 속하며 복부에서 발끝까지 하체는 음의 영역이다. 머리 부분은 양의 양이며 둥근 하늘 모습을 본받아 정신적 이성적 역할을 담당한다. 가슴 부분은 양의 음이며 폐장 심장을 포함하고 있다. 복부 부분은 음의 양이라 하고 비장, 간장, 신장을 포함하고 있는 곳이다. 가슴 부분인 양의 음과 복부 부분인 음의 양이 하나로 이어지고 각각의 기능을 연결하여 오장의 종합적인 기능과 부분적인 기능의 역할을 행한다.

육부(六腑)는 심장과 복부의 범위에서 자리 잡고 있으면서 오장(五臟)과 더불어 생명을 일으키고 유지하는 실질적인 작용을 행하고 있다.

둔부에서 발끝까지는 음의 음이라 하고 그것은 상체를 두 발로 지탱하게 한다. 이 네 부분을 하나로 통일시켜 신체를 구성하는데 이 현상을 사상(四象)이라 한다.

머리는 태양[노양, 老陽], 가슴은 소양(少陽), 복부는 소음(少陰), 둔부는 태음(太陰)이 된다. 머리에는 두 귀, 두 눈, 두 코, 한 개의 입이 있고 이것을 모두 합하여 일곱 개의 공간이 이루어진다. 일곱 개의 공간은 하늘의 북두칠성과 같으며 인체에 은밀히 감추어진 두 개의 공간을 합쳐 구궁(九宮)의 별이 쉬는 곳을 의미한다. 여기에 한 개의 공간을 더 붙여 열의 공간 개념을 완성한다. 신체는 코를 중심으로 하여 수직선을 내릴 때 왼쪽은 양의 성질이며 오른쪽은 음의 성질로 구분한다.

(5) 이성과 감성

이성(理性)은 생각하고 판단하는 자각 기능의 기본 요인이 되는 성질을 의미하며 이것을 양이라 한다. 감성(感性)은 느낄 수 있는 감각 기능의 기본 요소가 되는 성질을 의미하는 것으로서 음으로 한다.

(6) 일월(日月)

태양과 달은 음양을 낳는다. 태양은 빛을 통해 밤과 낮이라는 양기(陽氣)의 변화를 주도하고, 달은 인력이라는 힘을 통해 음형(陰形)의 변화를 주도한다.

2. 음양오행이란

음양오행이란 우주 변화의 원리를 설명하기 위하여 우주에 충만한 기(氣)가 어떤 형태로 파동을 이루어 나가는가를 요약해서 나타내는 동양 전래의 형이상학적인 용어이다.

음양오행 이론의 핵심은 강한 기의 파동을 눌러 주고 약한 부분은 보강해 주는 조화와 균형에 있다. 상생(相生), 상극(相剋)과 조화(調和)의 이론이다. 균형과 조화를 이루면 모든 것이 순조로워진다. 역학은 모든 것이 바뀐다는 사상을 바탕으로 하여 변화의 이치를 연구하는 학문으로서 주역과 사주학이 그 대표적인 예이다. 사주학은 음양론에 기초하여 사람에 한정시킨 점이 다르다.

1) 오행의 개념

태극이라 불리는 통일체가 태역(太易), 태초(太初), 태시(太始), 태소(太素)의 네 단계를 거쳐서 발전됐고 다시 음과 양이라는 두 가지 기운이 갈라지게 되었다. 그 음양은 또다시 각각 분합 작용을 일으킴으로써 다섯 개의 새로운 성질이 발생하게 되었는데, 이것을 오행이라고 한다. 그리고 우리는 이것을 다섯 개의 별[五星]인 목(木), 화(火), 토(土), 금(金), 수(水)라는 예쁜 별 이름을 그 상에 맞추어 작명해 주었고, 그 별들의 질서가 학문으로 싹을 틔운 것이 오행이다. '목화토금수'라는 것은 나무나 불과 같은 자연 형질 자체를 말하는 것은 아니지만 이것을 배제하는 것 또한 아니다. 왜냐하면 '목화토금수'의 실체에는 형(形)과 질(質)의 두 가지가 공존하고 있기 때문이다. 즉 형이하(形而下)와 형이상(形而上)을 종합한 형(形)과 상(象)을 모두 대표하며 상징하는 부호인 것이다. 그 주점은 상(象)에다 두고 있는데 여기서의 상이라는 것은 일반적인 상이 아니고 이면에서 율동하는 생명력의 상인 운(運)을 말한다. 이 상은 양(陽) 운동의 분산 과정인 목화(木火)와 음(陰) 운동의 종합 과정인 금수(金水)의 상으로 구분된다. 또한, 우주 세계의 기본 틀을 동서남북과 중앙을 합쳐 다섯 위치로 정하고, 그것을 근거로 하여 그 방위의 특성에 따라 형상과 물질의 성격을 대체하여 우주의 기본 틀과 같은 의미에서 다섯 가지 성질을 기본적인 요소로 정하였다. 그리고 여기에 양의 성질 다섯 가지와 음의 성질 다섯 가지로 구분하여 10가지를 음양오행으로 정한 것이다.

(1) 목(木)

목이라는 것은 분발(奮發)하는 기(氣)를 대표하는 것이니 바로 생(生)이다. 용력(勇力)이나 용출(湧出)하는 모습 같은 것은 모두 생하는 상태를 말하는 것이니 이것은 목기(木氣)의 성질에 대한 상징이다. 인간이나 동물의 경우 힘이 강하다는 말은 목기를 많이 소유하고 있다는 것이다. 목기라는 것은 형질 간에 일어나는 압력과 반발의 투쟁에서 이루어지는 것이라는 것을 알 수 있으며, 그것이 모순과 대립의 과정이다. 침대의 스프링을 밟으면 밟을수록 더욱 반발력이 강하게 되는 것이니 이것이 목기의 운동 현상이다.

영어에서 Spring이라는 단어는 봄, 용수철, 샘이 용출하는 모습 등을 표현하는 것인데 목의 기능이 가장 잘 나타나 있다. 비발디(Vivaldi) '사계'의 봄(spring)이나 베토벤의 바이올린 소나타 5번 봄의 생동감은 이 역시 같은 맥락이다.

이처럼 목기는 가장 많은 억압을 받기에 그 힘이 가장 강하다. 사람에게 욕심이 생기는 것도 바로 목기 발생의 원리를 그대로 나타낸 것이다. 욕심(慾心)이라는 것은 자기의 것을 배출하지 않고 포용하려는 것인데 이것이 천도(天道)에서는 공욕(公慾)이고 인도(人道)에서는 사욕(私慾)

으로 나타난다. 그 원인은 목(木)이 수(水)를 발판으로 하는 것이므로 힘과 욕심이 강하게 되는 것이다. 수(水)란 원래 응고가 심하여서 용력을 감추고 있을 뿐이고 뜻을 이루어 내지는 못하는 것인데 때가 되면 목기로 변질하면서 그 힘이 활동하기 시작한다. 사계로는 봄이고, 방위로는 동방이며, 수상(數象)으로는 3과 8이다.

(2) 화(火)

화기(火氣)라는 것은 분산(分散)을 위주로 하는 기운이다. 우주의 모든 변화는 최초에는 목(木)의 형태로 출발하지만, 그 목기가 다하려 할 때 싹은 가지를 발하게 되는즉 그 기운의 전환을 가리켜서 화기의 계승(繼乘)'이라고 한다. 목일 때의 힘이나 충실했던 내용은 외관적인 수려와 공허한 허식으로 바뀌는 것이다. 일생일대(一生一代)에서 보면 청년기에 접어드는 때이다. 그러므로 진용(眞勇)은 허세로 변해가기 시작하고 의욕은 정욕(情慾)에서 점차 색욕(色慾)*으로 변해가는 때이다. 이것을 형상(形象)의 대립이라고 한다.

형과 기는 언제나 그 세력이 병행하는 것이 아니고 서로 소장하면서 외면을 형성한다는 원리를 말한다. 이것을 사계로는 여름이고 방향으로는 남방에 속하며 수상으로는 2와 7이다. 여름은 외형은 무성하지만 내면은 이미 공허함이 시작됨으로 생장의 역원은 끝나고* 노쇠의 바탕이 시작되는 철이다.

---

* 색욕(色慾)이란 것은 내용에 대한 욕심이 아니고 허세에 대한 욕심이다.
* '생장의 역원이 끝난다'는 말은 현실적으로 생장하지 않는다는 의미가 아니며, 노쇠의 바탕이 생긴다는 말은 현실적인 노쇠라는 말과 다르다.

(3) 토(土)

토기(土氣)라는 것은 공정무사하고 불편부당하는 절대 중화지기(中和之氣)를 말하는 것이다. 생장의 편도 수장(收藏)의 편도 아니다. 동적인 양 작용을 하는 것도 아니고 정적인 음 작용을 하는 것도 아닌 성질이므로 이것을 중(中) 작용이라고 한다. 또한, 토(土)는 만물을 번식시키며 살찌게 하는 주체이기도 하다.

사계(四季)에는 토가 한 개씩 다 작용하고 있다. 이를 사계의 토용(土用)이라고 한다. 우주 간에 있는 모든 생장 분열이 무제한으로 발전만 한다면 인간의 키는 수천 척에 달할 수도 있을 것이고, 수목의 높이는 하늘을 찌를 수도 있을 것이다. 그러나 천도에는 반드시 마디가 있음으로 비록 발전이 생장 과정에 있다고 할지라도 전진만을 하는 것은 아니고 오직 발전을 하는 것이다. 그러나 이것은 작은 마디에 불과하다. 다시 말하면 그것은 발전하기 위한 마디인 것뿐이고 통일하기 위한 큰 마디는 아니다. 큰 마디라는 것은 토의 과정이 바로 큰 마디이다.

(4) 금(金)

우주의 변화는 토기의 공정무사한 역할로 목화의 작용에 종지부를 찍고 거기서부터 금수(金水)가 대체하여서 통일 작용을 한다. 그러므로 금은 통일 단계에 접어드는 제1단계인 동시에 변화의 제4단계이다. 만물은 봄의 기운에 있어서는 그 힘이 발산하려고 하지만 가을에는 내부에 잠복되어서 고요히 잠들려 한다. 봄에는 만물들의 외각이 연화(軟化)하게 되지만 가을이 되면 점점 경변(硬變)하여져서 양기를 포장할 준비를 하게 된다.

인간도 봄이 되면 옷을 점점 가볍게 입으며 가을이 되면 차차 두껍게 입는 것은 일포양일산양(一包陽一散陽) 하는 천도의 원리를 좇기 때문이다. 또한, 청소년은 피부나 모발이 아름답지만 노장기에 접어들면 그 용모나 근골이 거칠게 되는 것은 청소년기는 목화의 상승작용으로 인하여 수기가 상승하기 때문에 아름다운 것이요, 노장기는 금기가 하강작용을 하므로 표면의 수기가 이면으로 잠복하기 때문에 거칠게 되는 것이니 이것은 음양의 반복 작용, 즉 목금의 반복 작용이기 때문이다. 이것을 인간에서 찾아보면 목화 때의 욕심은 정욕이나 색욕으로 발전했지만 금에서는 탐욕이 발전되는 것이다.

금의 의지는 결국 욕심을 달성하고야 마는 것이지만 목화의 욕심은 그 견렴성(堅斂性)인 목적이 정욕이나 색욕으로 변하고 마는 것이니 그 욕심은 정욕이나 색욕 같은 천박한 것으로 변하고 마는 것이다. 이와 같이 노장기의 인간은 욕심에 있어서도 청소년과는 다르거니와 그 욕심의 본질을 따져 보면 탐욕(貪慾)이야말로 장년의 대표적인 욕심이다. 그러므로 인간의 일대에서 보더라도 사오십대가 최성기일 뿐만 아니라 또한 그 질에서도 이것은 추욕(醜慾)이다. 이 과정을 계절로 보면 가을이고, 방위로는 서방이며, 수상으로는 4와 9이다.

(5) 수(水)

만물의 수장작용(收藏作用)은 토기와 금기의 도움을 받아 가지고 수에 이르러서 통일 과업을 완수한다. 금기는 표면을 수렴하는 일을 하였지만 천도는 수기의 작용을 거친 후에라야 그 내부의 깊은 곳까지 응고하게 한다. 이같이 함으로써 양은 완전히 수장되어서 만물의 생물을 창조하며 이것이 인간에게 있어서는 정(精)이라 하고 식물계에 있어서는 핵(核)이라고 하는 것이다.

그런데 음도의 수장은 이와 같은 정이나 핵이 소재하는 위(位)의 외곽까지만 응고시키고 그 정과 핵의 당위는 연성대로 보존하고 있다. 그러므로 여기가 바로 핵과 정신의 부고이며 생명과 형체의 본원이며 통일과 분열의 기반이 된다.

서양 철학에서 탈레스*가 주장한 물도 바로 이 경지의 물을 의미한다. 수가 어떻게 발전하여 사계를 만들었는가. 그것은 수(水), 즉 물이 지닌 응고성과 자율성, 중화(中和)로써 만물을 생성하는 기본 존재이므로 우주의 본체라고 한다. 이것은 물 자체가 이러한 작용의 기본을 이루는 것은 아니고 물이 지니고 있는 그러한 본질이 그렇게 해야만 하는 천지 운동의 기본 요소가 있기 때문이라 할 것이다. 지구의 운동 원리, 즉 지구가 공전과 자전을 함으로써 거기서 일월의 정기를 던져 주는 바로 그 작용 때문에 물이 자기의 존재적 특징과 본질을 발휘할 수 있다는 것이다. 이와 같은 조건아래서 움직이는 바를 한 개 한 상(象)으로 단일화한 것이 태극도이며, 나누어서 설명한 것이 오행설과 팔괘의 상이다.

한 알의 씨앗은 수기(水氣)의 응고작용을 얻은 후에야 비로소 강하게 발생한다. 이것을 일생에서 보면 노년기*인데 이때 인간의 욕심은 노욕

---

* 공자가 만년에 자신의 일생을 회고하면서 "칠십종심소욕불유구(七十而縱心所慾不踰矩)"라고 한 말이 실로 이의 경지를 말한 것이다. 子曰 吾十有五而志于學 三十而立 四十而不惑 五十而知天命 六十而耳順 七十而從心所欲不踰矩. 공자 왈 "나는 열다섯 살에 배움에 뜻을 두었고, 서른 살에 기초가 확립되었으며, 마흔 살에는 미혹되지 않았으며, 쉰 살에는 천명이 무엇인지 알았으며, 예순 살이 되어서는 귀가 뚫려 한 번 들으면 그 이치를 알았고, 일흔 살이 되어서는 마음속으로 하고 싶은 대로 하여도 법도를 벗어나지 않았다."
* 탈레스(Thales): BC 6세기 고대 그리스의 철학자, 철학의 아버지라고 불린다. 최초의 철학자, 최초의 수학자, 고대 그리스 7대 현인이라는 별명으로 유명하며 피타고라스의 스승이었다는 설도 있다.
* 《우주 변화의 원리》, 대원출판 발행, 한동석 저에서 부분 인용 및 참조함.

(老慾)으로 변하는 것이다. 수(水)의 때에 노욕이란 결행하는 욕심을 뜻한다. 즉 하려고 하는 일은 꼭 하고야 마는 것을 의미한다. 그러나 현실에서 인간은 하려고 하는 일이라도 할 수 없는 것이 얼마든지 있다. 그것은 인간의 본질에 사욕이 침범하고 있기 때문이다. 그러나 천도는 공욕(公慾)뿐이기 때문에 하려고 하는 일은 인과율(因果律)대로 하게 된다. 더욱이 수는 우주 운행의 기본이므로 오행 가운데서도 수의 욕이 행해지지 않는 일이 없다. 그런즉 인간의 노년기라는 것은 진실로 우주의 본원을 창조하는 중요한 시기인 것이다.

(2) 오행표

적요 / 오행	천간	지지	음양	방향	계절	五時	五常	五色	五臟	五腑	五氣	수리	사대문
木	甲	寅	⊕	東	봄	아침	仁	青	간	담	바람	3,8	興仁門 흥인문
	乙	卯	⊖										
火	丙	巳	⊕	南	여름	낮	禮	赤	심장	소장	暑	3,7	崇禮門 숭례문
	丁	午	⊖										
土	戊	辰戌	⊕	中央	환절기	낮	信	黃	비장	위장	濕	5,10	普信閣 보신각
	己	丑未	⊖										
金	庚	申	⊕	西	가을	저녁	義	白	폐	대장	燥	4,9	敦義門 돈의문
	辛	酉	⊖										
水	壬	亥	⊕	北	겨울	밤	智	黑	신장	방광	寒	1,6	弘智門 홍지문
	癸	子	⊖										

제3부

운기학(運氣學)

1. 운기학이란?

우주의 모든 변화는 운(運)과 기(氣)의 승부작용에 의해서 이루어지는 것이다. 운(運)과 기(氣)는 서로 배타적인 관계에 있으며 운은 만물의 본질인 생명과 정신을 이루고자 하며 기는 언제나 그 본질의 조성에 도움을 주려고 한다. 기는 통일하려는 목적이 있으며 기에 승부가 생기면 혹해혹익(或害或益)하는 변화가 일어나게 된다. 이하에서 설명할 오운(五運)과 육기(六氣)는 토(土)만을 제외하고는 목(木), 화(火), 금(金), 수(水) 모두 편벽되어서 반드시 승부작용을 일으키는 것이므로 여기서 천지인의 모순과 대립이 나타난다. 이것을 운기의 승부작용이라고 한다.

육기는 이와 같이 오운과 합하여서 변화작용을 일으키는 것이다. 금년의 운과 기가 평기(平氣)로 형성되어 있으면 금년에는 화(禍)나 흉(凶)이 없고 풍년이 들어 오곡이 풍부하게 될 것인데 반드시 그렇지 못한 것은 무엇 때문일까? 이것은 운(運)이 각각의 사물에 다른 유형(有形)으로써 만물이 형성되었기 때문에 미치는 변화인 것이다. 운기학은 이것을 연구하는 학문이다.

서양에서는 기(氣)를 vital, ether, energe, 치(q' or ch'i), breath, vital energy 등으로 부르기도 하며, 기는 현상계에 있는 모든 존재 혹은 기능의 근원이라는 학문적 정리를 한다.

아인슈타인이 "셀 수 있는 모든 것이 중요한 것은 아니다. 또한, 중요한 모든 것을 다 셀 수 있는 것도 아니다."라고 한 것이나, 입자물리학자인 스티븐 와인버거가 "나는 사랑이나 공포를 정의하려고 하지 않으려는 것과 마찬가지로 아름다움을 정의하지는 않을 것이다. 우리는 그것을 느낄 때 그것들을 알게 된다."라고 말한 것도 기를 이야기한 것이다.

기(氣)는 이성이 아니라 감성의 영향을 받는다. 서양 속담에 좋고 싫은데 이유는 없다(Degustibus non est disputauduen). 즉 설명할 수 없다는 이야기다. 그러나 동·서양의 기들이 유사한 개념이라 할지라도 두 사고는 본질적으로 지향이 다르다. 동양은 우주 생명의 대기운을 인생 경계와 소통시키며, 천지와 왕래하는 천인 합일적인 세계관의 표현이기 때문이다. 반면에 서양, 현대 물리학을 포함하더라도 비록 에네르기를 우주만물의 근원적 구성이라 말한다고 할지라도, 그것은 영성이 없는, 즉 이성 능력이 결여된 물질 세계에 관한 이야기일 뿐이기 때문이다. 고로 동양의 '기'는 서양의 물질적인 기와는 근본적으로 다르다. 그것은 그 자체의 운동성을 가지기에 모든 운동과 생명의 근원이다.

운의 원리를 이해하고 작은 운을 계속 모으면 모든 것이 달라진다. 운의 징조를 찾는 것이 미래를 만들어 내는 또 하나의 원리이다. 다시 말하면 운(運)이라는 것은 생명체의 운동 주체이고 기(氣)라는 것은 형질의 통일 주체이다. 그러므로 자기를 자기가 자영하는 생명체, 즉 인간 등은 운의 작용이 주가 되고 초목과 같이 외기에 의존하여서 생을 유지하는 것은 기의 작용이 주체가 되는 것이다. 이것이 신기(神機)와 기립(氣立)의 개념이다.

오운(五運)의 운은 다섯이고 육기(六氣)의 '기'는 여섯이기에 항상 어긋나며 운행하기 마련이다. 변화란 바로 여기에서 일어난다. 만일 운과 기가 동일하다면 변화는커녕 무변화가 일어날 것이다. 이것을 연구하는 것이 또한 운기학이다.

운기학은 운과 기의 변화를 연구함으로써 삼라만상의 성쇠를 미리 알아낼 수 있으며 1년의 흉년, 풍년이나 질병의 유행이나 기운이 언제 인체나 만물에 미치는 영향 등을 연구하는 것이니 실로 인간 생활에 있어서 중대한 부분이다. 이 모든 것이 오운과 육기의 교합 운동을 연구하는 데서 나온다. 운과 기는 동(動)할 때는 운이 주동하고 정(靜)할 때는 기가 주재하면서 만물을 생성하는바 그것은 바로 운은 기를 생하고 기는 운을 생(生)하려는 교효작용이기도 하다.

바꾸어 말하면 운은 '형(形)'을 생(生)하기 위함이고 기는 정신을 생하기 위해 그러한 작용을 하는 것이다.

《황제내경》〈소문〉의 '음양술수설'에서는 "십간으로 오운을 나누고 십이지로 육기를 나누어, 서로 짝을 맞춘 다음 차례대로 운행케 하여 60년간 천지를 주재할 간지를 밝혔는데, 오운과 육기로 오행(목화토금수)의 세운(歲運)과 육기인 '음양풍우회명(陰陽風雨晦明)'을 살펴보며, 60년 동안의 주기와 객기를 분별하여 추위와 더위의 빠름과 늦음을 이에서 결정하고 바람과 비의 많고 적음을 이에서 점쳤던 것이다."라고 하였다.

어떤 사람들은 운명을 완전히 무시한다. 이들은 미래란 노력과 계획에 의해서 만들어진다고 생각한다. 이들의 생각은 너무나 순진하고 어리석으며 철이 없다.

세상일은 우연으로 가득 차 있다. 자연의 현상에 확실한 법칙들이 존재하지만 미래는 불확실성으로 가득 차 있다. 서양의 과학 체계인 물리학에서는 프랙털 이론*과 나비 효과*로 이를 일부 설명하고 있다.

운이란 것은 운행이나 율동 등의 요인과 상(象)을 표시하는 율동, 즉 음양의 개념이다. 군대의 행진에 진퇴의 조절이 필요했던 것처럼 운의 율동도 반드시 일음일양(一陰一陽) 하면서 진퇴하는 것을 표시하기 위한 것이다. 한편으로는 운은 추상적인 어떤 사태를 이야기하는 것이 아니고 구체적이고 현실적인 기의 흐름을 나타내는 학문이다. 운이라는 것은 자율적으로 동하는 형신지물(形神之物)의 법칙을 말하는 것인즉 그 운이 강하다는 말은 바로 생명력이 강하다는 말이고, 생명력이 강하다는 말은 내부에 양(陽)을 많이 함축하고 있다는 말인 것이다. 우리가 흔히 '운세(運勢)'가 강하다는 말도 같은 맥락의 뜻이다.

우주에서 생성하는 만물의 형체 내부에 많은 생명력을 함축하고 있는 것을 신기지물(神機之物)이라 하며 초목은 자체의 율동력, 즉 생명력이 없고 자기의 운이 없이 생존하는 물(物)이라 기립지물(氣立之物)이라 부른다. 즉 운이란 신기지물에서만 일어나는 변화 현상의 법칙을 말하므로 자연은 운도 없고 신기도 이루지 못한다. 즉 다른 자연계는 운이 작용하지 못하므로 다른 우주에 있는 기의 분산과 통일작용에 의해서 형상(形象)이 이루어지므로 그의 운동은 자율적이 못 되고 타율적인 것이다. 자율이란 개념은 토기(土氣)가 주체로서 운동하는 것을 의미한다.

운(運)의 영향에 따라 어제의 평민이 오늘의 장관이 되고 어제의 부자

---

* 프랙털 이론: 카오스 이론에서 프랙털 이론이 파생되는데, 간단히 말하자면 부분이 전체의 구조와 일치하거나 닮았다는 이론이다.
* 나비 효과: 카오스 이론의 토대가 된 것으로 프랙털 현상 때문에 가능하다. 현재의 자그마한 행동이 미래의 큰 운명을 발생시킬 근거가 된다는 것. 흔히 브라질에서 나비의 날갯짓이 그 반대편에서는 폭풍이 될 수 있다는 이야기이다.

가 오늘은 부도를 내고 도망자나 수인(囚人) 신세가 된다. 인간이 발전하는데 천지인 삼재 세 가지 가운데 어느 하나라도 빠진다거나 균형과 조화가 기울어지면 성공할 수 없으니 세상 살아가기란 그래서 쉽지 않은가 보다.

운기학에서 삼재의 원리를 말하면 천(天)–시(時)–사주(四柱), 지(地)–지리(地理) 또는 환경–대운(大運), 인(人)–인화(人和)–년운(年運)을 의미하며, 이 세 가지가 합일되어야 하는데 현실 세계의 천지인이 근원적으로 완전하지 못하니 끊임없는 모순과 대립이 일어날 수밖에 없다.

그러므로 운명과 철을 알아야 하는 현실성이 더욱 대두되는 것이다. 자신의 운명을 모르고 살아갈 때는 거의 절대적으로 타고난 운명대로 살게 된다. 하지만 운명이 인생에 미치는 힘이 다 다르기 때문에 그것을 알면 어떻게든 바꾸거나 피할 방법이 있다. 운명에 대해 체념하는 것은 올바른 태도가 아니다. 아무리 어려운 운명을 타고났더라도 개척할 여지가 있으니 말이다. 비록 천성불개론(天性不改論)이 있지만, 성품을 계속 고쳐 나가다 보면 태어나기 전의 성품까지도 고칠 수 있으며, 적어도 일정 부분에서는 노력에 의해 분명히 가능하다. 또한, 미래의 운까지도 고쳐서 좋게 만들어 낼 수 있다. 이는 과거의 운을 고치고 미래의 운을 끌어내는 방법이다. 그냥 놔두면 나의 운명은 정하여 진대로 흘러갈 뿐이다.

> "진정으로 자신의 모습을 모르고 사는 인생은 많은 에너지를 낭비하며 사는 삶이다."
>
> – 필립 맥그로우(Phillip Mcgraw)

나를 아는 것이 흐름을 따라가는 삶이다. 자기가 아는 극히 일부분의 지식과 경험으로 모든 것을 판단하는 오류를 겸허히 반성해야 하며 종교나 사상, 첨단의 과학의 이론들도 여전히 일부일 따름이다. 초기 가톨릭의 자세나 수많은 정치사나 사상 등을 상기해 보라. 한 치 앞을 모르는 인간사, 사마귀가 다리를 쳐들고 수레에 달려드는 취기를 부려서는 안 된다.

2. 운(運)이란 존재하는가?

운이 있다고 생각하면 운이 보인다. '운은 어디서 오는가?' 하는 생각을 하고 관심과 주의를 기울이면 매사 조심하게 되고 운은 미소와 정감을 주며 다가오게 되고 사람은 육감, 직관을 통해 그것을 발견하게 된다.

세상을 비웃고 운명을 믿지 않는 마음은 하늘과 맞서 보겠다는 것이며 조만간 자신에게 그 대가가 돌아오게 된다. 바람처럼 왔다가 사라지는 운은 잘 갈무리해야 한다. 철을 알지 못하는 철부지는 한 번 어긋날 때 실패나 운의 내림세만이 아니고 지금까지 쌓아온 모든 것이 순식간에 허물어진다. 쌓아 올리기는 어렵지만 허물어지는 것은 순간이며, 그러할 때 후회하며 현실을 인지해도 그때는 이미 늦다. 빈궁(貧窮)이 궁천(窮賤)에까지 내려가게 해서는 안 된다. 그만큼 회복하려면 힘들다는 것이다.

좋은 운을 만나는 법과 나쁜 운을 피하는 방법을 알아야 한다. 그렇게 하려면 좋은 '기'를 가까이하고 나쁜 '기'는 피해야 하고 자신의 현재 위치와 철을 알아야 한다.

나라의 운도 마찬가지다. 운이 들어오는 입구를 활짝 넓히고 좋은 운을 받아들어야 한다.

운이란 변화하는 사람이나 국가에 주어지는 보상이다. 변화란 움직여야 하고 움직이면서도 늘 새롭고 발전해야 한다. 운(運)이라는 글자의 의미는 군대가 수레를 끌며 행군하는 자형(字形)이다. 하루하루가 똑같은 사람의 일생이나 국가에 주어지는 보상은 없다. 지도자가 접하는 사상이나 지식도 편중되거나 편파적이어서는 안 된다. 전체를 아우르는 보편성과 균형과 조화를 가지는 가운데 흔들리지 않는 강력한 카리스마를 지니고 나라를 통치하여야 한다. 그렇게 하여야 나라의 기(氣)가 바로 서며 운이 열리게 된다. 나라의 운을 보는 예언서로는 감결(鑑訣)을 중심으로 하여 여러 종류의 비결을 모아 편집한 《정감록》과 토정비결로 친숙한 토정 이지함 선생의 《토정가장결》, 《남사고비결》, 《서산대사비결》, 《역대왕도본궁수》, 《삼한산림비기》 등은 우리나라의 국운을 보는 책들이다. 일부는 지지(地支)를 가지고 단순히 점괘를 본다든지 등 큰 의미는 없다고 보지만, 여러 다른 자료나 필자가 본 괘 등을 살펴보면 2020년의 경자년(庚子年), 쥐의 해는 혼란과 역병이 창궐하고, 2022년 임인년(壬寅年) 호랑이해에는 나라의 큰 혼란과 어려움, 옥사가 엿보이고, 2023년 계묘년(癸卯年) 토끼해가 되어서부터 조금씩 진정되며 2024년 갑진년(甲辰年), 2025년 을사년(乙巳年) 또한 힘들다가 그 이후라야 진정된다고 본다. '코로나 바이러스(COVID-19)라는 세계적 팬데믹(Pandemic)이 쥐의 해[庚子年]에 이미 대유행한 것을 보면서 더욱이 걱정이 많다. 부디 나쁜 운이 비껴가기를 간절히 바라며 국태민안을 빌 뿐이다.

3. 오운(五運)과 육기(六氣)

하늘의 기운인 천간은 갑을병정무기경신임계(甲乙丙丁戊己庚辛壬癸)의 열 개인데, 땅의 지지는 자축인묘진사오미신유술해(子丑寅卯辰巳午未申酉戌亥)의 12개인 까닭은 지구의 축이 23.5도 정도 기울어져 자전과 공전을 하고 있다는 원인에서 시작된다. 이로 인해 춘하추동의 사계(四季)가 생기며 24절기(節氣)가 순환하게 되며 또 시차(時差)가 발생한다.

예를 들면 1년 중 태양이 비치는 시간이 가장 긴 때는 하지(夏至)이며 6월경이나 실제로 가장 더운 날은 대서(大暑)인 7월 21일경이므로 한 달 정도의 시차가 발생한다. 더위는 계속 이어져 심지어 9월에도 더울 때가 많다. 지상 세계의 더위는 하늘의 더위보다도 더 길게 이어지고 있다는 뜻이다. 이는 지상 세계가 하늘의 도(道)로부터 벗어나고 있다는 사실을 보여 주는 것이며, 이로 인해 사계가 생기고 시차가 발생하고 인간의 세계는 모순과 대립이 발생하며, 그로 인한 타락으로 지상 세계는 오행(五行) 외 상화(相火)라는 불덩이 하나를 더 만들게 되고, 하늘의 기운인 오행 5개와 상화를 더하여 6개가 되게 된다. 하늘의 기운인 5개의 오행에서는 중성인 토(土)를 제외하고는 음과 양이 각 2:2로 균형을 이루고 있으나 상화가 존재하는 지상 세계에서는 음양이 3:2로 불균형을 이루게 되며 이를 삼양(三陽) 이음(二陰)이라고 부른다.

이는 우리 인간이 양 기운에 치우친 존재라는 이야기이며, 그로 인해 인간은 언제나 과잉 상태에 있는데 긍정적인 측면에서는 절망적인 상황에서도 희망을 부여잡고 의욕으로 다시 일어나지만 부정적 측면에서는 과욕과 탐욕이 시작된다는 진리이다. 또 이 지상 세계에서는 이 상화로 인해 10개의 천간과 달리 12개의 지지가 된 것이다. 우리가 흔히 마음의 불을 껐다는 것은 이 상화의 불을 껐다는 것이고 불교에서 해탈(解脫) 또한 이 상화의 불을 껐다는 이야기이다.

4. 동양 철학의 우주관

동양 사상은 인간이 죽으면 육체와 더불어 존재했던 영혼이 우주로 흩어지게 된다고 보았다. 다만 죽음과 동시에 영혼도 사라지는 것이 아니라 100여 년에 걸쳐 천천히 흩어진다고 본다. 불교의 윤회설은 인간의 영혼을 절대적으로 보고, 한 생을 살 때마다 몸이라는 다른 껍데기를 쓰고 세상에 나온다고 보고 있다. 영혼의 절대성과 지속성을 얻는다는 차원에서 불교는 동양 사상보다는 오히려 기독교에 가깝다. 그러나 불교도 궁극적으로는 윤회의 굴레를 벗어나 무(無)로 가는 해탈을 추구하기에 기(氣) 철학과 일맥상통한다고 볼 수 있다.

우주의 무궁한 변화는 음(陰)과 양(陽)의 이질적 두 기운이 모순과 대립으로 나타나는 현상이라서 공자도 이를 일음일양지위도(一陰一陽之謂道)라 한 것이다. 이를 가장 잘 보여 주는 것이 태극이다. 이 태극의 물결치는 부분을 율려(律呂)라 하며, 이 움직임을 율려 운동이라고 한다. 모든 생명은 이 율려 속에서 태어나 살아가는 것이다. 만물이 살아 움직이도록 양(陽) 운동을 하게 하는 힘의 근원이 율(律)이고, 만물이 휴식하여 생명의 수렴 운동을 하게 하는 것이 여(呂)이다. 율려는 천지의 순수 음양이며 천지의 조화 정신이다. 율려의 구체적인 모습이 바로 '일음일양지위도'이다.

최초의 우주는 혼돈(混沌)이었다. 열자는 "옛날 성인은 음기와 양기의 두 힘으로 천지를 통솔하였다. 대개 형체가 있는 물건은 형체가 없는 도에서 나온 것이다. 그러면 형체가 있는 천지(天地)는 어디서 생겨난 것인가? 그것은 저절로 생성된 것이다. 노자는 그것을 '보아도 보이지 않고 들어도 들리지 않으며, 만져도 얻지 못한다.' 하였고, 주자는 '움직이려 하지만 아직 움직이지 않고, 펼치려고 하나 아직 펼치지 않았다'고 하였고, 《중용》은 '소리도 없고 냄새도 없는 것[무성무취(無聲無臭)]', 주렴계(주돈이)가 말한 '무극이면서 태극(無極而太極)', 장횡거가 말한 '청허일대(淸虛一大)'가 이것이다. 그러므로 태역(太易)이 있었고, 태초(太初)가 있었고, 태시(太始)가 있었고, 태소(太素)가 있었다. 태역이라는 것은 아직 기운이 나타나지 않은 때를 말하는 것이고, 태초라고 하는 것은 기운이 있기 시작한 때를 말하는 것이고, 태시라고 하는 것은 형상이 있기 시작하는 때를 말하는 것이고, 태소라고 하는 것은 성질이 있기 시작하는 때를 말하는 것이다. 이와 같이 기운과 형상과 성질이 갖추어져서 서로 떠날 수 없으므로 이것을 혼돈이라고 한다. 이 기운들이 변화하여 하나의 기운이 되며 하나의 기운이라는 것은 변화하기 시작한다. 하나의 기운이 변화하여 일곱 가지 기운이 되고, 일곱 가지 기운이 변화하여 아홉 가지 기운이 되고, 아홉 가지 기운이 변한다는 것은 바로 더 이상 변화할 수 없는 궁극적인 것을 말한다. 맑고 가벼운 기운은 하늘이 되고 흐리고 무거운 기운은 내려가서 땅이 되고 하늘과 땅이 화합한 기운이 사람이 되었다. 그러므로 하늘과 땅이 정기를 품어 만물이 변화하여 생성된 것이다."라고 말하였다.

우주가 변화하는 것은 움직이는 힘이 있기 때문이며 그것을 변화작용의 본체라 한다. 일월(日月)의 규칙적인 운행은 무엇 때문이며 만물의 생사는 어떻게 된 것이며 칠정육욕(七情六欲)은 왜 생기는가는 우주 변화의 결과이므로 인도적인 면에서 보면 선악(善惡)의 투쟁인 것이다. 그 결과를 인간의 순수이성으로 정확히 파악하는 것이 철학의 목적이 될 것이다. 우주와 천지라는 단어는 체(體)와 용(用)의 구분에 불과하다. 있기는 있는 것 같은데 없다는 뜻으로 상(象)이라고도 하며, 서양에서는 혼돈이라고 한다. 카오스의 혼돈은 무질서한 상태이지만, 이 현실의 질서를 잉태하고 있는 무질서이다.

무극(無極)은 반드시 태극이라는 상태로 변화된다. 태극은 무극의 에너지가 현상계에 터져 나오기 직전 질서의 근원이 되는 자리이다. 나무의 예를 들면 씨앗이 무극이다. 현상계(現象界)는 반드시 음양으로 존재할 수밖에 없는 세계이고, 이 현상계의 근원이 되는 세계를 한마디로 도(道)라 한다. 도를 다른 말로 태극, 음과 양이 조화되어 있는 상태로 보고 그 태극의 근원이 되는 자리를 무극이라고 하는 것이다. 소립자, 미립자를 연구하는 과학자들이 엄청난 에너지로 극미의 물질에 충격을 주어 그것을 구성하는 더 작은 구성 입자를 내려고 할 때 꼭 + −로 나타났다가 사라진다 한다.

무극이 태극을 이루면 포위된 양은 포위한 음을 확장시키며 양의 주도권으로 세계는 들어간다. 이 과정에서 세계는 모순과 대립이 나타나 이 세계는 선악과 희비의 결전장이 되나, 세상 또한 이 결전으로 발전되니 인물이 생장하고 인식이 성립되고 이성이 창조된다. 이 모순의 세계가 발전의 동력이 되는 세계를 음양 세계 또는 율려 세계라고 한다. 즉 양이 주도하는 때와 음이 주도하는 때를 구별하여 동적 세계와 정적 세계를 구분한다. 이와 같은 것을 '음양 동정'이라 하니 이것이 소위 음양설이다. 이처럼 양의 운동이 발전을 거듭함에 따라 세분화되어 극(剋)에 이르는 과정을 황극(皇極)이라고 한다. 무극에 이르는 준비 과정의 끝이 황극이다. 그래서 만물은 황극에서 통일을 준비하고 태극에서 화생(化生)을 시작하며 무극으로 향하는 것이다. 무극 이후는 기(氣)로서 통일하는 성숙의 길이요 태극은 형(形)을 분열시키는 생장의 길이다.

그러므로 음(陰) 작용을 주로 하는 무극에서는 그 목적이 기(氣)를 종합하는 것이다. 이처럼 음양 세계의 동정은 태극에 이르러서 기(氣)의 통일을 완수하고 황극의 길로 간다. 황극은 무극의 보좌역이니 우주에 황극이 없다면 무극이 없고 무극이 없다면 세계는 조화와 통일을 이룰 수가 없다. 황극이 무극으로 변하게 되는데 우주에서는 '기(氣)'의 종합과 분열의 모습이지만 인간에게는 생장노사(生長老死)인 것이다. 모든 생명체를 소우주라 하는 것은 모든 생명체가 우주의 음양작용이 변하는 것처럼 스스로를 변화시키기 때문이다.

이처럼 우주 운동은 무극에서 태극으로 반복하며 '일음일양' 하는 율려의 과정이다. 그러나 그 과정은 형극(荊棘)의 길이다. 그래서 이것을 속세(俗世) 혹은 진세(塵世)라고 하는데 이것은 우주가 변생, 변화하는 필연적인 것이지 우주의 죄악은 아니다. 이유는 사리사욕(私利私慾)의 소치가 아니고 공리(公利) 공욕(公慾)이 행하는 과정에서 생겨난 부작용이기 때문이다. 그 부작용으로 천재지변(天災地變)과 인간의 화복(禍福)이 쉴 새 없이 일어나고 모순과 투쟁이 판을 치게 되는 것이다.

5. 도(道)와 종교 정신

도(道)라는 것은 우주 운행의 법칙적인 길을 말한다. 그런즉 그 법칙이라는 것은 천지일월(天地日月)의 운행 법칙이며 목화금수의 율려 법칙인 것은 말할 것도 없다. 그런데 이와 같은 법칙이 운행하는 길에서 일어나는 오묘불측(奧妙不測)한 변화는 만물의 생장성수의 과정과 인사(人事)의 길흉화복의 과정에서 출몰하는 것이다. 그러므로 그 길에서 일어나는 모든 변화를 연구 대상으로 하는 학문을 도학(道學)이라고 하며, 그 변화 자체를 도(道)라고 한다.

이와 같은 도는 높고 맑은 정신이 아니면 감히 다가갈 수 없는 경지이므로 이것을 종교라고 하는 것이다. 그러므로 도와 종교는 동일 원리의 체(體)와 용(用)의 표현일 뿐이며, 모든 종교 정신은 천변만화(千變萬化)하는 도의 정신이며, 도의 정신은 음양작용(율려작용)의 항존성(恒存性)의 완성이며, 항존성의 완성은 명(明), 즉 일월(日月)이 합명(合名) 하는 변화의 귀결점이며 출발점이다.

도(道)의 목적, 즉 종교의 목적은 우주와 인간의 변화를 연구함으로써 대자연의 신비의 문을 개방해 보려는 데 있는 것인바 그것을 인간 정신 문제로 압축하면 바로 생사(生死)와 선악(善惡) 문제로 귀결될 것이고, 이것을 다시 궁극 일점까지 통일시킨다면 신명(神明)의 귀결점, 즉 일월 합명의 명점(明點)까지 이르는 것이니 이것이 바로 정신의 통일점인 것이다.

1) 불교

불교의 목적을 종합하여 보면 세속적인 육체 생활을 초월하고 대각에 이름으로써 공(空)으로 돌아가서 명(明)을 찾으려는 것이다. 불교는 이와 같은 목적을 달성하기 위하여 속세에서 도피하고 공(空)에 한거(閑居)하면서 숭덕(崇德)하려는 것이다. 불(佛)이라는 개념은 이문(貳門)과 동장(動場), 즉 이화(二火)의 문인 상화(相火)의 불을 끄는 것이다.

2) 선교(仙敎)

선교(仙敎)는 무(無)를 목적으로 하는 것인바, 무라는 것은 영원불멸하는 진기(眞氣)를 말한다. 진기는 목화금수와 같은 편중된 기(氣)가 아니므로 신(神)을 보호했다가 다시 새로운 '성(性)'을 생(生)할 수 있다. 생(生)하여 성화(成化)한 성(性)은 만물로 발전했다가 또다시 무화(無化)하게 됨으로써 유무합도(有無合道), 무기합도(戊己合道) 작용을 하게 되는 것이니 이것이 바로 생명과 정신의 기본이 된다. 그 '상(象)'은 역(易)의 33괘인 천산둔괘(天山遯卦)의 상과 같으며 천산둔은 은둔의 괘이다. 이것을 선도(仙道)라 하였다.

다시 말하면 인물의 생장(生長)이란 바로 만물(萬物)의 노사(老死)와 같은 말인바, 즉 형(形)의 사(死)는 신(神)의 생(生)을 의미하는 것이므로 인물의 사(死)는 새로운 신(神)을 창조하려는 우주의 표현이다. 이것이 바로 창생으로 하여금 삼청별계(三淸別界)로 들어가는 과정이다. 선교는 이것을 가리켜서 무(無)라고도 하며 또는 중(中)이라고도 한다. 그러므로 선교는 중(中)을 지킴으로써 '一' 를 포위하는 것을 목적으로 함으로 이것을 노자는 《도덕경》에서 수중포일(守中抱一)*이라고 한 것이다. 이것은 불교가 말하는 바의 공(空)에 도달하려는 중점, 즉 무(無)의 작용을 중시하는 것이다. 왜냐하면 만일 이와 같은 무의 중점이 없다고 하면 공도 이루어질 수가 없기 때문이다. 그런즉 불교와 선교의 차이점은 하나는 창조의 완결점을 중시하고, 하나는 창조의 시발점을 중시한 것일 뿐인즉 도통(道統)의 연원은 모두 '一'의 '이(理)에 있는 것이다.

3) 유교(儒教)

유교의 목적은 인(仁)을 행하려는 것이다. 유교를 정의하면, 정의입신(精義入神) 이용안신(利用安身) 유정유일(惟精惟一) 윤집궐중(允執厥中)이다. 이것을 풀어서 말하면 토금수(土金水)의 기(氣)로 신(神)을 감괘(坎卦) 속에 축장하게 함으로써 안신(安身)의 바탕이 이루어지게 되므로 거기에서 정(精)과 일(一)이 합일이 되었다가 다시 축장(縮藏)한 것을 뚫고 중(中)에서 움트게 된다는 것이다. 다시 말하면 윤집궐중하는 장소를 취상(取象)의 대상으로 한 것이다. 궐중하게 되면 거기에서 인(仁, 生意)이 발하므로 유교의 목적은 인(仁)에 있다고 하는 것이다.

이상에서 삼교(三教)의 정신을 간략하게 정리하였는데, 재고하여 보면 불교는 정신의 완전한 통일점인 공(空)에 그 기본을 두었고, 유교는 통일에서 다시 생의(生意)를 발하는 곳에 기본을 두었다고 하는 점만이 다를 뿐이다. 고로 이것은 동일한 원리와 동일한 법칙이 운행하는 본중말(本中末) 운동의 한 부분을 각각 대표한 것뿐이지 변화 원리 자체가 서로 다른 것을 의미하는 것은 아니다. 그러므로 이것을 종합하여 동양 철학의 원리라고 하는 것이다. 그 원리는 모두 집중관일(執中貫一) 하는 것에 있기 때문이다.

우암 김경탁은 '생명의 종교'를 "동양의 종교는 신의 섭리로 조성된 종교가 아니다. 이것은 인류 생명의 최대 욕구로써 창조해 낸 문화이며 최고 지상의 경계에까지 항상 발전되는 것을 말한다."라고 하였다.

이것은 《대학》에서 얘기한 "지극한 선에 머무는(止於至善)" 경계이다. 바로 문화와 자연이 합일된 최고봉이며 이와 같이 도달한 믿음, 성스러움, 사랑의 3가지 가장 높은 가치는 도리어 여러 과학의 근원이 된다. 이것은 마치 천산만수가 최종 돌아가는 큰 바다와 같은 것이다. 이것이 바로 생명의 종교이다. 생명의 종교는 신의 종교가 아니고 사람의 종교이다. 《역전》에서 말하는 "천지가 그 덕을 합한 인간이며(與天地合其德)", 중용의 "천지가 나란히 한 인간(與天地參焉)이다." 또한, 장자의 천인(天人), 신인(神人), 지인(至人), 성인(聖人)의 인간이다. 그러므로 유(儒)의 종교요 불(佛)의 종교요 선(仙)의 종교다. 왜냐면 유불선은 신이 아니고 인간이기 때문이다.

---

* 《우주변화의 원리》 한동석 저, 대원출판. 후편 변화론의 '종교정신과 도', 《정역주해(正易註解)》 김일부 저 인용 및 《생성철학》, 우암 김경탁 논문 '대대율에 의한 제반 생성학' 중 부분 인용 및 참고.

제4부

천수상(天垂象)

인간은 우주가 자기의 운행 법칙을 상(象)으로 드리워 줄 때에 한하여 자기의 능력을 발휘할 수 있다.

1. 천수상(天垂象)이란 무엇인가?

'하늘이 상(象)을 드리우다'라는 뜻이다. 《주역》〈계사전〉에는 "하늘이 상을 드리워 길흉을 나타내니 성인이 이를 본받았다."라고 하였다. 상(象)이란 개념은 형(形)과의 반대 개념이다. 형을 인간의 감각에 쉽게 느낄 수 있는 것이라고 한다면 상은 일반적인 인간에게는 인식되기 어려운 무형을 말한다.

역(易)이란 상(象)이다. 상이란 모습[像]이다. 상(象)은 사물의 순수 동작이고 상(像)은 사물의 모습[形狀]이다. 역이 있은 뒤에 상(象)이 있고 상이 있은 뒤에 상(像)이 있다. 《역전》〈계사전〉(상)에 "하늘에서 꼴[象]을 이루고 땅에서 형태[形]을 이루어 변화가 보인다."라고 한 것이 이것이다.

상(象)이 비록 무형이라고 하여도 그것이 형(形) 이전의 기본이라는 원리를 모르고, 모든 형은 반드시 기미(幾微)를 나타내고 있다는 사실을 모르기에 상을 찾으려고 하지도 못하며 그 법칙을 공부하려고도 하지 않는 것이다.

인간이 분노할 때는 그 분노의 주체인 간기(肝氣=木氣)의 흥분하고 있는 상이 오행의 생극(生剋) 원리대로 얼굴에 나타난다. 사람이 그의 화난 얼굴을 감추려고 아무리 노력한다고 할지라도 반드시 그 상이 얼굴에 나타나게 된다. 관상 또한 형과 기색에 관하여 상을 찾는 원리는 동일하다.

인간의 육체적인 동정은 형으로 나타나지만 정신적인 동정은 상으로 나타난다. 인간은 칠정육욕에 사로잡혀 자연법칙에 순종하는 데 인색하며 욕심이 생겨나고 목적이 따른다. 목적을 대상으로 하는 것으로서 욕심이 없는 것이 없고, 욕심이 있는 것으로서 인색하지 않은 것이 없다. 이 오점을 시정하는 것이 도(道)의 문(門)을 여는 방법이다. 이 문은 만물의 상(象)을 실은 우주의 문이다.

2. 하도와 낙서(하늘의 질서 땅의 법칙)

하도(河圖)와 낙서(洛書)는 우주의 변화와 완성이 어떻게 진행되는가를 보여 주는 하늘로부터 받아 내린 우주의 비밀문서였기에 고대 왕실의 보물이었다. 오늘날 우리가 도서관(圖書館)이라 부르는 단어는 하도의 도(圖)와 낙서의 서(書)에서 유래된 것이다. 하도와 낙서의 의미와 상을 풀어 내는 것은 우주의 비밀을 풀어내는 것이다.

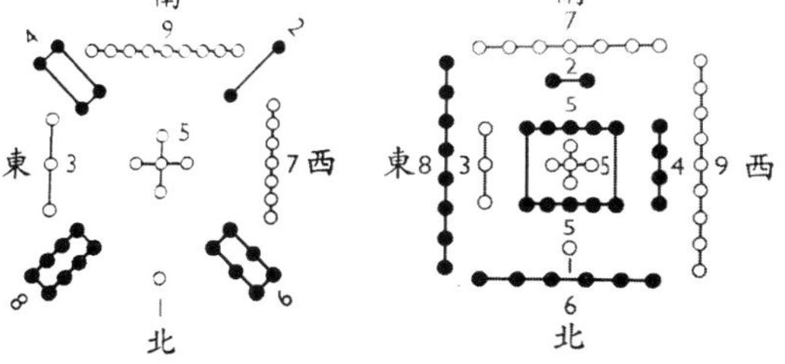

낙서(좌)와 하도(우)

북반구에서 북쪽이란 모든 변화의 원천이 되는 축이고 남쪽은 별들이 큰 원을 그리며 넓게 벌어진 것을 의미한다. 동양에서 동서남북을 그릴 때 북쪽을 아래에 두는 이유이다.

'하도'는 약 5500여 년 전에 하수(황허)에서 용마의 등에 나타난 흑과 백의 55개 점을 보고 복희씨가 그린 것인데 백은 홀수인 양수고 흑은 짝수인 음수이다. 전설의 시대 이후인 BC 2200년경 낙수라는 강가에서 순(舜)임금의 명령을 받고 9년에 걸쳐 치수 사업을 하던 하우씨에게 신령한 거북이가 등에 지고 나온 그림이 있었는데, 우주 만물의 생성과 조화 그리고 천지 운행의 이치가 하늘과 땅 사이에서 일어나고 있는 만물의 생성 소멸과 순환의 이치를 밝히고 있으며 모두 45개의 흑과 백의 점으로 이루어져 있다. 그 이후 약 1,000년이 지나 주(周)의 문왕은 주역 64괘를 쓰고 다시 2,000년 후 송(宋)의 소강절이 '문왕팔괘도'를 기록하였다

동양 철학에서는 우주의 봄여름, 양의 시간대를 선천(先天)이라 하고 우주의 가을 겨울, 음의 시간대를 후천(後天)이라고 한다. 선천은 성장과 분열의 시간대이며 후천은 통일(완성)과 수렴(휴식)의 시간대를 나타내는데 이로써 하도를 선천도, 낙서를 후천도라고 한다. 복희씨는 선천 팔괘가 우주의 기본 구조인 체(體, 내면의 본체)를 표시했고 하늘과 땅 사이의 공간적 이치를 그림으로 나타낸 것이라면, 문왕의 후천 팔괘는 겉으로 드러난 형상(形象) 세계의 전반부, 즉 우주의 운용 방법인 용(用)을 표시한 것이며 하늘과 땅 사이에 일어나고 있는 변화의 모습을 그린 그림으로 나타낸 것이다.

《역전》도 '복희 방위도'에서 "선천 팔괘는 상대를 기다려[待對], 이것으로 몸을 세워 이렇게 말하였다(先天八卦待對以立體如此)."고 하며 문왕 팔괘방위도에 대해서도 "대게 상대방을 기다림이 있으면 그 기의 돌아감은 반드시 쉬지 않고 흘러 다닌다(盖有待對則其氣運必不息而流

行)."라고 하였다. 이것으로 보아 역의 팔괘와 음양의 수 및 기의 유행은 피차가 서로 호응한다는 뜻의 대대(待對)의 원리에 의해 생성됨을 이해할 수 있다. 우암 김경탁은 자신의 《역전의 화합 논리》에서 "이것을 현대어로 표현한다면 상대성(相對性) 원리라고 말할 수 있다. 아마도 이것은 상대성(相待性) 원리가 더 적합한 표현일 것이다. 그러나 아인슈타인의 상대성 원리와 동일하다는 의미는 아니니다. 왜냐하면 전자는 철학의 입장에서 음과 양 피차가 서로 마주하는 관계를 말하는데 후자는 물리학의 입장에서 시간과 공간이 피차 서로 마주하는 관계를 말하기 때문이다."라고 설명하고 있다.

구궁도(九宮圖) 또한 낙서에 기원한 천지 변화의 이치와 질서를 그림으로 표시한 것이다. 하늘의 프로그램인 하도는 땅을 무대 삼아 낙서로 펼쳐지면서 이 땅에 살아가는 인간으로 하여금 완성되게 하는데 초점이 맞추어져 있고 이의 뜻을 아는 것이 오늘날에 비쳐지는 하도와 낙서의 의의가 있을 것이다. 많은 서적이 이에 대한 설명과 해석을 하고 있는데, 이 책은 천수상의 현실 세계에서의 의의와 의미를 해석하고 안내하는 입문서이므로 도면의 소개와 의의로서 뜻을 전하고 도면의 해석은 생략하기로 한다.

3. 수(數)와 자연수(自然數)

1) 수의 개념

수는 계산의 편의를 위하여 인간이 마음대로 만든 것이 아니고 수 그 자체가 진리이며 철학이다. 그러므로 수가 나타내는 모든 수상(數象)은 허상(虛象)이 아니고 실상(實象)이다. 다시 말하면 만물은 그의 본질대로 상이 나타나고 상에는 반드시 그 상의 내용인 수(數)가 있다는 것을 의미한다. 수 자체는 기미(幾微)라는 의미와 계산(計算)이라는 의미와 또 세밀(細密)이라는 뜻이 있는데, 이것은 모두 징조(徵兆)의 계수를 말하는 것이므로 수를 사물의 기미라고 하는 것이다.

2) 수(數)의 성립

상(象)이라는 것은 물(物)이 자체의 내용을 기미로써 표현한 것이요, 수(數)란 것은 상의 내용을 표현하며 또 증명하는 것이다. 이와 같이 수는 상의 거울이므로 상이 비록 우리의 감관(感官)에 잘 영사(映射)되지 않는다 할지라도 그 상의 근저에 흐르는 수로 인하여 그것을 능히 포착할 수 있다. 자연수의 수열은 1 2 3 4 5 6 7 8 9 10으로 구성되는 것인바, 그것은 인위적인 구성이 아니고 자연 질서 자체의 표현이기 때문에 여기에 거짓이란 있을 수가 없다. 가령 하나 둘 셋 하는 수는 옛적부터 그렇게 정한 것이기 때문에 인간은 그러한 관계에 의해서 이것을 계산의 표준으로 하는 것은 아니다. 자연수는 자연법칙이 움직이는 그대로 성립된 것이므로 자연의 분합과 동정하는 상(象)이 수(數) 속에서 흐르고 있는 것이다. 수의 연구란 것은 바로 오행의 연구이며, 오행의 연구라는 것은 또한 수(數)의 하도, 낙서의 연구이다.

4. 생수(生數)와 성수(成數)

기본수(만물수)를 음양오행의 수로 표현할 때는 양의 영역과 음의 영역에 속하는 수를 구별한다.

양(陽)의 능력은 먼저 하늘이 먼저 생기고 그 능력에 의하여 이루어지는 수의 범위이며 만물을 만드는데 근본이 되는 오행의 요소들이 하나씩 차례대로 만들어져 다섯 가지 성질이 모두 만들어지는 영역으로서 그 수를 생수(생성의 기본수)라고 하고 하늘의 성질을 대신하여 양으로 삼아 우선적으로 앞 위치에 놓는다. 음의 영역은 하늘의 성질이 이루어진 다음에 땅의 모양이 만들어진다. 이것을 다르게 표현하여 하늘은 능력을 베풀고 땅은 그 능력을 받아 하나하나 개체성을 가지는 만물을 만드는 의미에서 성수(구체적인 생성작용과 변화작용의 수)라 하고 땅의 성질을 따라 음으로 정하여 양의 능력 다음에 놓는다.

생수(生數)는 0에서 시작하여 1 2 3 4 5의 수를 일컫는다. 생수는 5에 이르러 다섯 가지 성질을 종합하여 오행의 능력을 완비한 존재를 기본적으로 완성한다. 성수(成數)는 5 다음부터 시작하여 6 7 8 9 10에 이르는 수를 말한다. 이 다섯 가지 성질은 생수의 성질을 근본으로 하여 구체적인 개체성을 만들어 10에서 완성하고 동시에 변화하여 0의 의미로 돌아가는 것이다.

5. 음양오행 수의 성질

음양오행의 성질을 상징하는 수는 만물의 성질(性質)과 형상(形象)을 나타내는 개념의 기본수이므로 항상 변함이 없고 일정한 성질과 기능, 형태를 나타낸다.

1) 1과 6

1과 6은 오행에 있어 물의 성질로 표현된다. 1의 물은 양이 되고 6의 물은 음이 된다. 북극 하늘에는 북극성이 항상 같은 위치에서 나타나고 있으므로 우주 세계의 중심으로 믿었다. 고로 북극 하늘을 우주의 근본으로 삼았으며 북극성이 밤하늘에 나타날 때에 비로소 하늘이 열린다고 생각하였으므로 이 시각에 일어난 주변의 현상을 기본으로 하여 인간 생활에 대한 모든 일을 정하는 근거로 삼았다. 그러므로 북극성의 모양에서 1이 생기고 북극 하늘의 빛깔을 따서 물의 성질로 정하여 1은 물이라 한 것이며 물은 만물에 있어서 첫째 요소로 한 것이다. 1에서 다섯 요소가 보태져 오행의 기본 성질이 완비될 때를 기준으로 하늘의 운동 방향에 따라 북극 하늘과 이웃한 북서 하늘의 성질과 현상을 구별하여 6으로 정한 것이다.

그러므로 1의 하늘과 6의 하늘은 모두 북쪽 밤하늘이다. 같은 하늘의 성질에 의해 물로 정하되 1은 하늘의 기운이 처음 일어나는 의미가 되어 양의 성질로 하고 6은 음의 성질로 정한 것이다. 1의 성질은 6을 만드는 요소가 되며 6에 의하여 1은 특성을 발휘할 수 있다. 이에 반하여 6은 1의 특성을 받아 현실적인 물의 성질이 되어 물의 역할을 생하고 있으므로 1은 6에 의지하고 6은 1에 의하여 보편적인 물의 작용을 다하게 된다. 그러므로 생명체가 필요로 하고 언제나 이용하고 있는 물은 1과 6의 의미가 합쳐진 성질이며, 어느 한쪽의 성질만으로는 생명의 물이 될 수 없기 때문에 1과 6을 음양오행의 물이라 부른다.

2) 2와 7

2와 7은 음양오행에서 불의 성질을 의미한다. 2는 생수로서 양의 성질이 되어 내부에서 열의 성질을 이루며 수렴적 작용에 의해 모양을 만들려 한다. 7은 성수(成數)로서 음의 성질이 되어 발산하는 작용을 하며 빛의 성질에 의미를 두지만 내부에 있는 2의 성질에 근거를 만들고 있기 때문에 그의 열기를 외부로 발산시킨다. 그러므로 불에는 열기와 빛이 함께 발산하게 된다. 즉 2는 7의 근거를 이루고 7은 2를 밖으로 끌어내는 역할을 하게 되므로 두 성질이 하나로 합쳐질 때 완전한 불의 성질이 이루어진다. 2는 기본적인 성질의 불이다. 물체에서 발생하는 온도 생명체의 내부에서 발생하는 열기 등으로써 온도 및 힘을 일으키는 성질과 별빛처럼 밤에 비치는 성질의 불을 가리킨다.

7은 태양처럼 외부에서 발생하는 열기와 활동적인 힘을 말한다. 이것은 2의 성질을 포함해서 나타낼 때이며 본래의 성질은 빛이 된다. 그러나 일반적으로 2와 7은 같은 현상의 불로 표현하며 열과 빛의 성질을 구별하지 아니하고 하나의 성질로 취급하고 있는 것이다.

2에서 5를 보태어 7이 되고 2와 7 사이에는 5의 성질이 들어 있으므로 5를 매개체로 삼아 불은 연기를 이용할 수 있다. 오행에는 다섯 가지 성질에 의한 행위를 분별하고 있다. 즉 지혜(智慧), 인(仁), 예의(禮儀), 의(義), 신(信)이다. 불[火]의 예의(禮儀)는 나무[木]의 인(仁)에서 도움을 받아 불[火]의 모체가 되어 근본을 이루고, 금(金)의 의(義)를 다스려 골격을 이루며, 물[水]의 지혜(智慧)에 의해 모습을 갖추게 되므로 정신과 이성의 도움을 받아 감정을 다스려 자중하고 겸손의 자세를 기르게 된다. 이러한 요소의 성질은 불의 행위에 의해 흙[土]의 믿음 신(信)으로 나타나게 되고 그 결과 흙은 이 성질들이 종합하여 공생공사 하는 통합체를 이루고 신뢰성을 구축하는 것이다.

3) 3과 8

3과 8은 초목이라 하고 생명체를 상징하는 수(數)이다. 3은 생수로서 양이 되고 1과 2의 수로서 형식상 부모와 자녀 관계를 이룬다. 8은 성수로서 음에 속하며 3에 5를 더하여 얻어진다. 3과 8은 동질성의 음양 관계를 형성하여 나무의 존재를 완성하므로 3은 8을 포함하고 8은 3을 포함하여 서로 안팎의 관계를 이루면서 5의 성질을 공유하여 작용한다. 3은 기본적 생성을 맡고 8은 3의 생성 기능을 구체적으로 실현하는 현실적 변화의 역할을 의미한다. 그러나 이러한 구분은 형식적 개념이며 3과

8은 함께 어울려 협력할 때 나무의 의미가 생겨난다. 즉 3은 큰 나무나 나무 둥치에 속하고 8은 잡초에 속하는 형태상의 구별이 아니다. 3과 8은 생명체를 형성하여 구체적으로 존재하게 하는 공통의 존재 목적을 가지고 있으면서 다 같이 협력해야 하는 것이다. 뿌리나 몸체를 3이라 하고 가지와 잎을 8의 뜻으로 본다. 더 구체적으로 표현하면 가지는 3이 되고 잎은 8의 뜻으로 본다.

3과 8은 천지의 작용과 오행의 성질을 모두 갖추고 중심의 역할을 하고 있음으로 삼위일체의 종합 형태 속에서 오행을 갖춘 생명체의 역할을 행하고 있다. 그러므로 우주 세계는 생명체가 존재할 때 우주의 존재 의미가 존재하는 것이다. 반대로 생명체가 존재하지 아니하는 우주 세계는 우주의 의미가 생기지 않는다.

생명체의 탄생 원인은 두 가지 측면에서 살펴볼 수 있다. 첫째는 음양오행의 개념에서 하늘과 땅의 작용에 의해 일체의 생명이 존재하는 개념적 형식이다. 하늘의 양, 땅의 음이 작용하여 만물을 낳고 이 세 성질을 종합한 통일체를 삼재(三才), 곧 3에서 생명이 탄생한다. 이 3의 생명체는 삼재를 이뤄 하늘과 땅을 배경으로 하고 생명체의 존재 능력으로 묶어 하나의 개념으로 표현한 것이다.

둘째는 공기의 작용에 의해 생명체가 실질적으로 탄생할 수 있는 원인을 이루는 것이다. 나무의 성질이 넘치면 무능으로 변한다. 이때는 금(金)이 가장 필요하다. 불[火]이 오면 방종하기 쉽고, 물[水]이 오면 생장을 촉진시켜 땅이 갈라지고 무너져 결국 나무는 뿌리까지 뽑혀 토대를 잃고 만다. 그러므로 흙[土]과 금(金)이 오는 것을 좋아한다. 나무[木]의 성질이 부족하면 어리석고 옹졸하며 물을 좋아하고 물에 의지하고 금(金)을 꺼린다. 흙에 소외를 당하고 불을 도울 능력을 가지지 못한다.

4) 4와 9

4와 9는 금과 돌의 성질을 모두 포함하고 있으나 여기서는 금(金)의 성질을 대체하여 표현한다. 4는 생수 양(陽)이며 9는 성수 음(陰)으로 한 쌍으로 이루어져 금의 완전한 역할을 나타내고 있다. 4 금(金)은 한 가지 성질로 모양을 형성하고 하늘의 성질을 닮아 조용한 상태를 유지하고 있기 때문에 이를 포함하여 생수 영역의 4를 대표로 삼는다. 4의 성질은 생수 영역을 한계로 하고 생성에 있어서 기본적인 성질과 작용을 의미하는 반면, 9는 성수 영역을 한계로 하고 생성과 변화작용을 구체적으로 실행하여 4의 성질을 현실화한다.

4는 네 번째의 위치에 속한다. 네 방위에서 서쪽이며 계절은 가을에 해당한다. 수렴작용과 수축작용이 시작되며 그 정도가 한층 높아져 고체 상태로 응축한다. 9의 모양은 거칠고 4 금의 모양은 얼음처럼 매끄럽다. 4 금(金)의 성질과 하늘의 성질을 고려하여 의(義)란 의미를 갖는다.

금(金)이 견고하면 융통성이 없고 고지식하여 존재 활동에서 생성의 역할이 어려워진다. 이러한 경우 금이 흙을 얻으면 더욱 강해져 과신에 빠져 독선과 독재에 의한 횡포로 나타난다. 금이 부족할 경우에는 절도가 없고 불의의 성질이 짙어져 편견과 사심에 빠지며 금의 성질은 유야무야(有耶無耶)로 변한다.

5) 5와 10

5와 10은 땅을 의미한다. 땅을 중심으로 하지만 양의 뜻으로서 먼저 형체를 가지고 있지 않은 하늘에서 사방을 정한 후 형체를 가지고 있는 땅을 음의 성질로 하고 마지막 순서에 배치한 것이 5이다. 5는 양이 되며 생수 영역에서 1 2 3 4의 성질을 모두 종합하여 통일체를 완성한 의미에서 표현한 것이므로 네 요소가 모두 다 포함되어 있다. 그러므로 사방의 위치를 먼저 정하고 다음 땅의 순서로 한 것이다.

10은 5에 5를 보태서 5의 변모에 의해 이루어져 음의 성질을 가진다. 5가 기본적인 성질을 띠고 있는 것은 음양오행의 작용 중 먼저 양의 성질에 의해 생성 활동이 전개되고 그것을 종합하여 형체를 완성한 단계이기 때문이며, 생성된 형체는 존재 활동을 통하여 변화하는 것이 자연의 섭리이다. 따라서 10은 5의 다음부터 일어나는 오행 성질의 구체적인 변화 현상을 총체적으로 표현한 마지막의 단계가 된다. 5와 10은 양과 음의 관계이며 음양이 결합될 때 흙의 의미가 완전성을 가진다. 즉 5는 10에 의하여 존재 의미를 만들고 10은 5를 수용하여 존재의 개체성을 이루게 된다. 이것은 한편에서 생성과 성장의 활동이 펼쳐지고 다른 편에서는 변화에 의해 소멸작용이 병행하고 있음을 의미한다.

한편 땅의 성질을 보고 믿음[信]으로 표현하게 된다. 흙[土]은 완성과 변화의 역할을 병행하고 있다. 흙이 넘치면 믿음성이 외곬으로 빠져들어 편견과 독선으로 변하기 때문에 남을 불신하기 쉽고 독단적이거나 광적으로 발전한다. 흙이 부족할 때는 신뢰성이 없어지고 임기응변이 능숙해진다. 금(金)이 오면 흙의 성질은 금을 따르고 물이 오면 물의 성질을 따르기 쉽다. 나무가 오면 흙이 무너지고 불이 오는 것은 도움을 받음으로 좋아한다. 그러나 오행의 다섯 가지 성질은 많고 적은 정도에 따라 변화의 성질이 다른 것이다. 흙은 오행의 성질을 모두 뭉쳐 하나를 이룬 것이 되어 오행의 요소가 존재한다. 또한, 5는 물을 생(生)하는 중(中)이 되고 10은 물을 통일하는 중(中)이 된다.

우주 창조의 본체는 오(五)와 십(十)이라는 중간에 와 있는 것으로 알 수 있다. 창조 면에서 보면 10이 본체이고 작용 면에서 보면 5가 본체이다. 철학의 큰 근본은 하나이므로 아라비아 숫자를 창조할 때 있어서도 '+' 자를 10으로 표시한 것을 보면 동서(東西)가 모두 우주의 근본을 동일하게 두었다는 것을 알 수 있다.

'+' 자는 본래 가로와 세로의 두 선을 교차함으로써 중앙에 중심점을 이룬 것이며, 그 작용은 사방에 동일하게 미쳐진다. 다시 말하면 '+' 정신은 중앙의 교차점에 있으며 이것은 사정방(四正方)이 중(中)이기에 절대 공평성을 지니고 있다. 여기서 십자가의 형상을 연구하여 사람의 형(形)을 비유한다면 이것은 바로 십자가의 형태이다. 십자는 본시 음양이 교회(交會)하는 상(象)을 취한 것이다.

불경에는 만(萬) 자의 고자(古字)를 만(卍) 자로 표시하였다. 만(卍) 자의 상은 '+' 자가 모두 머리를 들지 못하고 있는 것을 표시하는 것이다. 그런즉 그것은 '+' 자의 작용이 완전하지 못하는 것을 표시하는 것이다. 상(象)은 사유와 인식에 의해서 관찰되지만, 그 상 자체가 연출하는 수(數)의 분합 현상(分合現象)은 이것을 반증하여 주는 것이기 때문에 이것을 상수 원리(象數原理)라고 한다.

6. 서양 철학자들의 수에 관한 인식

서양에 있어서도 비록 동양에 있어서와 같이 상수(象數)의 일반적인 원리로는 발전하지 못하였지만 피타고라스(Pythagoras, BC 580~500)는 "만물이 무한한 것과 유한한 것이 종합하여 생성하는 것이니 이것은 수(數)의 기우가 결합하여 변화하는 것과 동일한 원리"라고 말한 것이나 "수열이나 수식은 사물 발전의 모방이므로 수는 만물의 존재 원리"라고 한 것은 놀랄 만한 것이다. 이것은 수의 구성을 인위적이 아니고 자연적으로 보았기 때문에 터득한 진리이다.

플라톤(Platon, BC 420~347?)은 "기하학을 모르는 사람은 자기의 학교에 오지 마라."라고 했는데, 서양에 있어서의 철학과 수(數)의 관계를 알 수 있는 말이다.

---

* 《우주 변화의 원리》, 한동석 저, 대원출판, 1996
* 《음양오행의 우주 세계》, 김재두 저, 대보학당, 2006
* 《기학(氣學)》, 혜강 최한기 저, 손병욱 역주, 통나무, 2000

상기의 저서들에서 참고 및 일부 인용을 하였음을 밝힌다.

제5부

주역(周易)

1. 머리말

이 책은 《주역》 괘(卦)의 원리나 64괘를 자세하게 설명하거나 주역으로 점(占)치는 방법을 알려주지 않는다. 원하든 원하지 않든 《주역》은 동양의 철학과 삶과 종교에 엄청난 영향을 주었고, 지금도 《주역》이라면 일반인들은 매우 어렵고 난해한 책으로만 알고 있는 경우가 많다. 많은 경우 우리가 무엇인지도 잘 모르면서 떠받들어 온 사서삼경 중의 하나라는 이해와 혹은 미신 내지 점치는 책이 아닌가 하는 막연한 의문이나 나와는 관계가 없는 책일 것이라고 생각한다. 이런 사람들을 위하여 《주역》이 어떻게 탄생하였으며, 21세기 최첨단 과학의 시대에 사는 우리에게 어떤 의미가 있으며, 우리에게 실제 어떤 영향을 미칠까 하는 등의 의문에 대한 대답을 주고자 한다. 또한, 《주역》을 잘 활용할 경우에는 우리 운명에 지대한 영향과 긍정적 역할이 가능할 것이며, 그러한 호기심과 궁금증을 해결하는 첫걸음으로 안내하는 역할을 하기 바라며 다른 날 각 권으로 더 깊은 《주역》이 펼치는 경이로운 세계에서 만나기를 희망한다.

상(商)나라 사람들이 거북의 등뼈로 갑골점을 친 것에 대해 오늘의 눈으로 그 미신적인 상황을 비웃기 이전에 어떻게 해서라도 하늘의 뜻을 알고자 했던 그들의 간절함을 이해하는 마음을 가져야 한다. 그들도 오늘날의 우리들과 마찬가지로 삶과 미래와 운명에 깊은 관심이 있었다.

오늘날 최첨단 과학과 거대한 예산을 동원하고서도 우리는 아직 약 3% 정도에 불과한 우주의 신비를 알 따름이고, 우리가 누구이며 어디서 왔는가에 대한 초보적인 지식에 머물러 있고, 미래와 운명에 대해 여전히 모르고 있지 않은가?

몇백 년, 몇천 년이 지난 후 그때의 시각으로 보면 오늘날의 인공지능이니 최첨단 과학 또한 유치한 수준의 놀이였다고 웃을 수도 있지 않겠는가? 우리가 종교 재판이나 과거 과학에 대한 당시의 입장을 보면 쉽게 느낄 것이다. 갈릴레이를 비롯한 수많은 과학자나 사람들이 얼마나 억울하게 무지한 지식에 의해 매도당하였는가는 인간의 역사가 보여 주고 있다.

《주역》은 적어도 천여 년 이상 하늘의 뜻과 인간의 운명을 알기 위해 갈망했던 사람들의 노력을 집대성한 결과이며 천지인 합일(天地人 合一)의 메시지이다. 《주역》의 메시지는 운명에 수동적으로 끌려다니는 대신 운명을 주도할 수 있는 용기와 통찰력을 스스로 기르라는 것이다. 《주역》은 인간이 운명에게 숙명적이기를 거부한다. 역행할 수는 없지만 운명의 방향을 바꿔볼 수 있다는 것이다. 인간이 자신의 운명을 자주(自主)할 수 있는 능력이 있다는 이 얼마나 멋진 이야기인가!

각각의 장단점이 있지만 사주명리학이나 여타 숙명론에 더 가까운 이론에 비하면 주역은 훨씬 인간의 편에 서서 어려울 때는 등을 어루만져 주며 격려도 해주고 잘나갈 때는 조심하라는 경고와 잔소리도 서슴지 않고 해준다.

《주역》에서는 길흉화복(吉凶禍福) 이외에 회(悔)와 린(吝)이 있다. 뉘

우침과 어려움이라는 말이다. 흉한 상황을 돌이켜 뉘우칠 수 있다면 길(吉)해질 수 있다는 말이다. 어려워질 것이라는 말은 길한 상황을 유지할 수 있는 능력이 없다는 것이고, 길함은 어려움을 거쳐 흉함으로 갈 수 있다는 것이다.

《주역》의 음양 논리는 인간에게 논리관을 구성하여 처세훈으로도 나타난다. 천지인 중에서도 《주역》은 인화(人和)를 가장 중시한다. 즉 인화는 지리보다 우선이고 지리는 천문보다 우선이라 했다. 인화여의지리(人和如意地理) 지리여의천문(地理如意天文).

《주역》의 역(易)을 변화로 해석하는 견해는 매우 설득력이 있다. 사람의 인생이나 운명은 결국 스스로의 마음에 따라 얼마든지 다르게 전개될 수 있기 때문이다. 여의길상(如意吉祥)의 위대한 동양의 역(易) 사상은 숙명에 매인 우리를 자유롭게 하며 인간을 위대하게 한다.

2. 왜 이 시대에 《주역》인가

동양의 《주역》이 서양에 전파된 시기는 중세 독일이었고, 1552년 중국에서 선교 활동을 시작한 예수회 선교사들과 서신 교환을 하던 철학자이자 수학자인 라이프니츠는 1703년에 서구인 최초로 《주역》에 관한 주석을 달았다.

그는 《주역》은 이진수(二進數)와 유신론(有神論)의 보편성을 증명한다고 주장하며 끊어진 선, 0 또는 무(無)는 신의 개입이 없으면 실선 1 또는 일체(oneness)가 될 수 없다고 하였고, 그 후 헤겔은 이것을 비판하였다.

유럽 중심주의 철학 체계를 정초하기 위해서 비유럽 문화를 활용하며 특히 중국의 음양 철학을 그의 철학사, 세계사, 미학 및 종교철학 강의와 논리학 같은 철학적 걸작들에도 사용한 라이프니츠는 《주역》을 진정한 철학과 신논리 및 수학의 표현이자 원천으로 해석한 반면, 헤겔은 추상적이고 유치한 그림, 사고의 작품으로 보고 그것을 거부했다. 헤겔에 있어 그것은 추상적이고 형식적이면서 동시에 너무나 경험적이고 자연주의적이었던 것이었다. 그러나 라이프니츠와 헤겔 역시 《주역》으로서의 역경 초기 역사뿐 아니라 그 배경을 몰랐던 것이었다.

그 후 역경의 이진법 구조는 라이프니츠를 매혹시키고 영감을 주어 오늘날의 컴퓨터의 기본이 되는 이진법을 개발하였다. 아인슈타인과 양자물리학의 닐스 보어 같은 많은 서구의 과학자들이 《주역》 연구에 달려들었다. 닐스 보어는 노벨 물리학상 시상식에 《주역》의 팔괘가 디자인된 옷을 입고 나와 이목을 끌기도 하였다.

프로이트 학파의 황태자였던 칼 융(Carl gustav Jung)도 《주역》을 깊이 연구하였고 '의미심장한 우연의 일치'을 의미하는 동시성(synchronicity) 개념을 찾아냈다. 그의 주역 연구소는 인간 정신의 뜻을 연구하는 세계 제1의 주역 연구 기관으로 알려져 있다.

20세기 이후 《주역》은 과학자들의 필독서가 되었다. 이처럼 많은 지성이 왜 《주역》에 매혹되어 시간을 투자하는 것인가 하는 의문을 가지게 된다.

《주역(역경)》은 사람들이 행운을 얻고 불운을 피하는 데 도움이 되기 위해 쓰인 책이다. 이 책에는 어떤 일에 대해 끊어진 선과 끊어지지 않은 선을 가진 64개 괘의 조합으로 384개의 가능한 예언이 있다. 역경(易經)에 있어 상수(常數, constant)는 원인(因)이고 변수(變數)는 조건(緣)이다. 역경은 상수들에 대해서는 잘 맞는다. 그러나 실제 운명을 바꾸고 이겨내는 열쇠는 변수인 조건에 의해 결정된다. 역경은 변수들이 있음을 알고 있지만 이것들을 조절하고 활용하는 것은 사람들에 의해서다.

그런데 남루한 차림으로 오는 행운을 어떻게 알아보고 화려한 치장으로 오는 재앙의 징조와 기미를 어떻게 알아보는가? 명나라의 문인 육소형은 길(吉)함은 남루한 옷차림으로 온다고 하였다. "하늘이 사람에게 재앙을 내리고자 할 때는 반드시 작은 복으로 그를 교만하게 만들어 그가 복을 받을 수 있는지 알아본다. 하늘이 사람에게 복을 내리고자 할 때는 반드시 작은 재앙으로 그를 경계하도록 만들어 그가 재앙을 구해 낼 수 있는지를 본다."라고 하였다.

그러나 역경과 시련이 우리를 강하게 단련시켜 주는 것은 당연하나 그것은 저절로 단련되는 것이 아니다. 그 역경과 시련을 이겨내기 위한 노력이 역경(逆境)을 순경(順境)으로 만들고, 위기(危機)를 위험한 기회(機會)로 인식하고, 이를 위대한 기회로 바꾼다. 불행을 행운으로 역전시키는 노력은 순전히 역경을 만난 사람의 몫이다. 이는 결코 좌절하지 말라는 교훈이다. 우리의 인생에서 흉한 일이 오히려 더 큰 재앙을 막아 주는 호신부 역할을 하는 경우가 있다. 흔히 액땜을 했다고도 한다.

은생어해 해생어은(恩生於害 害生於恩), 은혜로운 일이 해로운 일이 되고, 해로운 일이 은혜로운 일이 된다는 뜻이며 《주역》의 가르침이다. 이 경우에도 역시 변수와 조건이 있다. 잘될 거라 해도 그것이 저절로 이루어지지 않는다. 순풍일 따름이다. 어떤 좋은 일도 저절로 내 것이 되지 않는다.

《주역》은 정해진 판결문이 아니다. 즉 《주역》은 정해진 팔자를 보여주거나 미래를 예측하는 책이 아니며 또한 우리의 삶을 심판하는 책도 아니다. 우리의 운명이 일정 부분 숙명이란 이름으로 바꿀 수 없는 상수(常數)가 있다고 하는 에픽테토스의 말대로 인간에게는 바꿀 수 없는 운명과 바꿀 수 있는 운명이 있다.

인화(人和)가 천문(天文)보다 우위에 있듯이 그 누구도 선고를 내릴 수는 없다. 우리 인간은 나약하지만 한편으로는 소우주로서 신기지물의 으뜸으로서 위대한 존재이기 때문이다. 다만 우주의 원리인 균형과 조화, 존재자로서의 자기 철을 모르는 철부지들이나 지피지기 백전백승(知彼知己 百戰百勝)의 병법 원리를 모르는 자들은 해당이 되지 않을 따름이다.

《주역》은 이를 깨달을 수 있는 안목과 지혜를 기르기 위한 전복적 사유와 상상력을 활용한다. 《주역》은 인간의 삶과 실천을 대입해 읽어야 비로소 그 지혜가 발휘되고 진가가 드러난다. 결정된 운명의 선고라고 받아들인다면 이 위대한 책을 위험한 방법으로 읽는 것이다.

3. 《주역》은 점치는 책이다

《주역》을 점치는 책이라고 말하는 전문가도 있고, 《주역》을 유불선 모두를 아울러 집대성한 위대한 동양 철학서 내지 사상서로 보는 사람들도 있다. 절반의 진실일 수도 있고 온전한 진실일 수도 있다.

《주역》은 우리 사람들이 주체가 되도록 하는 점(占)이다. 일반적으로 점은 고객을 주체로 만들지 않는다. 고객이 주체가 되면 점쟁이는 설 땅이 없다. 정신분석학의 치료에도 마찬가지다. 의사와 환자의 관계에서 환자가 주체가 되면 분석가가 설 자리가 없어진다. 보통은 점쟁이에게 발을 들여놓는 순간 점쟁이는 전지전능한 존재로 변하고 고객은 미래에 대한 무지한 존재로 전락하게 된다. 고객이 점쟁이에게 듣고 싶은 것은 희망과 격려이다. 이를 실행하는 점쟁이는 일단은 좋은 점쟁이다.

《주역》은 자기 힘으로 바꿀 수 있는 것은 스스로 바꾸라는 매우 확실하고 실천 가능한 메시지를 준다. 우리의 운명을 결정하는 것은 나의 생각과 행동이다. 운명을 바꾸기를 원한다면 생각과 행동을 바꾸어야 한다. 생각과 행동이 바뀌지 않는 한 운명도 바뀌지 않는 것이다. 즉 변화해야 한다는 것이고, 변하면 기의 흐름이 생기고 좋은 기(氣)를 부여잡을 기회가 온다는 운기학의 기본 원리와 동일한 것이다.

《주역》을 지은 이들은 인간의 길흉을 결정하는 것은 점괘가 아니라 인간의 생각과 행동, 덕과 지혜라고 생각하였다. 《주역》은 그런 것을 알려주고 깨우쳐 주는 점치는 책이다.

4. 《주역》의 역사

독자들은 《주역》과 《역경(易經)》에 대하여 혼란스러울 때가 있을 것이다. 우리가 《주역》이라고 부르는 것은 《역경》과 《역전》을 합한 이름이다. 우리가 사서삼경(四書三經) 내지 오경[五經: 《역경》, 《서경》, 《시경》, 《예기》, 《춘추》]를 말할 때는 《역경》이라 하는데, 《주역》이라 부를 때는 《역경》과 해설서인 《역전》을 합한 경우이다.

《역경》은 64괘 괘상과 64괘에 달린 괘사, 64괘(卦) 아래 각각 6개씩 있는 효(爻)에 붙은 효사를 말하며, 《역전》은 《역경》의 해설을 위해 후에 덧붙어진 설명문으로 단사, 상사, 문언전, 잡괘전, 서괘전, 계사전 등을 말한다.

원래 《역전》은 《역경》이 분리되어 있었으나 후대에 통합되어 《주역》이라는 책이 되었다. 총론격인 〈계사전〉은 글의 성격상 맨 앞에 들어가야 하지만, 경전을 해설하는 전(傳)이 경(經) 앞에 들어가면 안 된다고 하여 뒤쪽으로 밀렸다고 한다.

《역경》과 《역전》은 지은이와 시기가 다르며 《역경》의 기본이 되는 팔괘(八卦)는 상고시대 복희씨가 도안했고, 64괘는 주나라 문왕이, 384효의 효사(爻辭)는 문왕의 아들 주공이 지었다고 전해진다.

《역전》은 공자가 지었다는 종래의 주장에서 요즘은 공자 계열의 학자들이 지었다는 것이 정설로 인정되고 있다. 《역경》은 자연현상을 여덟 가지로 분류하여 하늘[天], 땅[地], 물[坎], 불[離], 바람[巽], 못[兌], 산[艮], 천둥[震]의 팔상(八象)으로 중첩시켜 64괘로 범주화하여 인간의 물음에 길흉을 점치도록 만든 것이다. 반면 《역전》은 십익(十翼)이라고도 하며, 역경을 공부하고 나서 법칙을 세우고 그 의미를 찾아 나가는 연역적인 기록의 결과들로 괘에 대한 설명, 배열 순서, 철학적 해석 등을 밝힌 것이다.

우리가 흔히 말하는 사서삼경은 《논어》, 《맹자》, 《대학》, 《중용》인 사서(四書)와 《시경》, 《서경》, 《주역(역경)》인 삼경(三經)으로 이루어진다. 선비의 규범을 얘기한 《논어(論語)》와 공자의 가르침을 지키고 그것을 현실에 접목시키려고 했던 《맹자(孟子)》, 맹자의 사상이 반영된 《대학(大學)》과 내적인 선(善)에 대한 《중용(中庸)》의 사서(四書)와 선비의 풍류를 음미하는 작문, 창작 과정의 공부인 《서경(書經)》에 비하여 《주역》은 지혜서이자 제왕학이며 처세의 도를 기술한 당시에는 금서였던 책이었다.

《주역》은 유교 철학에 큰 영향을 주었다. 유교의 철학인 성리학의 주체는 이기설(理氣說)인데 송(宋)의 주돈이(960~1127)의 태극도설에서 시작되었고 근본 사상은 《주역》이다. 성리학은 이후 정이, 주희(1130~1200)에 의해 발달되었고, 우리나라에 와서는 서화담(1489~1546), 이퇴계(1501~1570), 이율곡(1536~1584)에 이르러 대성되면서 동양인의 유교적 철학 사상의 중추를 형성하였다.

5. 《주역》의 괘(卦)와 효(爻)란 무엇인가

1) 괘상(卦象)

그 연원은 역시 하도 낙서에 근거를 두고 있다. 만물이 생(生)하면 그 생하기 전에 벌써 기미가 나타나는 것이고 만물이 사(死)하면 미리 그와 같은 징조가 나타난다. 그 기미와 징조를 포착하는 방법, 즉 상(象)을 제시한 것이 괘(卦)이다. 주역의 64괘 중에서 기본 8괘만 완전히 터득하여도 나머지 56괘의 상은 이 가운데 있다는 결론이 되는 것이다.

☰	일건천	건(乾)	하늘[天]	강건하다	아버지	머리	말
☱	이태택	태(兌)	연못[澤]	기쁘다	소녀	입	양
☲	삼리화	리(離)	불[火]	걸리다	중녀	눈	꿩
☳	사진뢰	진(震)	우레[雷]	움직인다	장남	발	용
☴	오손풍	손(巽)	바람[風]	들어가다	장녀	넓적다리	닭
☵	육감수	감(坎)	물[水]	빠지다	중남	귀	돼지
☶	칠간산	간(艮)	산(山)	그치다	소남	손	개
☷	팔곤지	곤(坤)	땅[地]	순하다	어머니	배	소

2) 팔괘표

팔괘와 북두칠성은 한 세트이다. 모든 주역 괘는 내부에 북두칠성을 가졌다. 고대 중국 전설시대에 복희라는 신비한 여자 황제가 있었다. 소위 삼황오제의 맨 앞에 있는 분으로 천하절색에다가 도력(道力)이 깊은 분이었다. 이분이 천하의 이치를 지을 때 천시, 지리, 인화 곧 천지인 삼재로서 구성된 팔괘를 만들었다.

이 팔괘는 태극이라는 우주의 신비에서 여덟으로 나누어 이 지상의 법칙을 세우는데 자신의 도력(道力)을 넣어 만들었다. 그래서 그때 이후 이 세상에 사는 모든 만물은 그 여덟의 팔괘에 따라 조화롭게 운명 지워지게 하였는데, 이 팔괘를 잘라내다 보니 그 중간마다 일곱 개의 조각이 생겼다. 이것들을 땅에 둔다면 혼란이 생기겠기에 북쪽 하늘로 집어던진 것이 지금도 북쪽 하늘에 보이는 국자 모양의 북두칠성이다. 그러니까 팔괘와 북두칠성은 원래 한 세트인 것이다.

3) 효(爻)란 무엇인가

⚋ 음효(陰爻)　　　⚊ 양효(陽爻)

《주역》에서는 위의 막대기를 효(爻)라고 한다. 남성적이고 외향적인 것이 양효(陽爻)이고 여성적이고 내향적인 것이 음효(陰爻)이다.

세상이 이 음양의 두 가지 힘으로 이루어져 있다는 이분법은 동서양을 넘나들며 인류의 역사만큼 오래되었다. 서양에서는 선과 악으로 분리하여 이분법으로 생각하였으나 《주역》의 음과 양은 어느 것이 좋고 나쁜 것이 아니다. 어느 하나는 늘 길하고 다른 하나는 늘 흉한 것도 아니다. 가령 양은 남성적이고 능동적인 에너지로 상황에 따라서는 남성적이고 능동적인 에너지를 써서 돌파하는 것이 주효할 수도 있지만, 또 다른 상황에서는 사태를 악화시키거나 더 큰 반발을 사서 치명적인 반발을 당할 수도 있다. 반대로 여성적이고 수동적인 에너지는 어떤 상황에서는 사태를 주도하지 못하고 끌려다닐 수 있지만, 다른 상황에서는 맞서는 두 세력과 긴장을 완화시키고 평화적으로 문제를 풀어가는 바탕을 마련할 수도 있다.

《주역》은 이 음과 양의 두 가지 막대로 세상 만물을 모두 표현할 수 있다는 것이다. 《주역》은 인간이 자연의 일부라고 생각한다. 그래서 《주역》은 자연물을 주인공으로 삼았다. 하늘, 땅, 우레, 바람, 물, 불, 산, 연못, 여덟 가지 자연물이다. 《주역》은 이 여덟 가지 자연물을 위아래로 하나씩 배치해 인간이 부딪칠 수 있는 각종 상황을 표현했다. 《주역》의 모든 괘는 두 가지 자연물을 결합해 하나의 상황을 상징한다.

《주역》의 괘는 삼획괘(세 개의 효가 모여 하나의 괘가 됨) 두 개가 겹쳐진 것이다. 즉 8개의 삼획괘가 두 번씩 겹치므로 8x8=64개가 나온다. 이를 육획괘(六劃卦)라고도 하며 그냥 '괘'라 한다. 보통 《주역》에서 괘라 할 때는 64괘의 육획괘를 말한다. 육획괘는 모두 아래와 위, 두 부분으로 이루어져 있고, 아래를 하괘(下卦), 위를 상괘(上卦)라 부른다. 삼획괘의 여덟 가지 자연물 가운데 하늘, 우레, 바람, 불은 대체로 위에 있거나 위로 올라가는 자연물이다. 땅, 물, 산, 연못은 대체로 아래에 있거나 아래로 내려가는 자연물이다. 전자가 위에, 후자가 아래에 있다면 그것은 자연현상과 일치한다. 하늘이 위에 있고 땅이 아래에 있는 '비괘(否卦)의 막힘과 불통의 세상은 소인의 세력이 점차 확대되고 군자의 세력은 축소되는 상황이다. 산 위로 바람이 부는 이미지인 점괘(漸卦)의 '갖추어 시집을 간다' 등이 그런 예이다

실제 자연계에 존재하지 않는 이미지도 있다. 앞에서 말한 땅속에 산이 파묻혀 있는 겸괘(謙卦)라든가 땅이 위에 있고 하늘이 아래에 있는 태괘(泰卦, 태평함) 같은 경우가 그런 예이다.

64괘에서 위에 있을 것이 위에 있고 아래에 있을 것이 아래에 있다고 길한 것은 아니다. 또 위와 아래의 자리가 바뀌었다고 해서 흉한 것도 아니다

《주역》에서 이들은 상징이기에 이런 상황들은 얼마든지 벌어질 수 있다. 우리는 정상으로 보이는 배치 속에서 비정상을 발견할 수 있고 반대로 비정상으로 보이는 배치 속에서 도리어 정상을 찾아낼 수도 있다. 이런 전복적(顚覆的) 사고 훈련을 통해 행운 속에 불운의 씨앗이 있음을 보고, 불행 속에 재기의 발판이 있음을 본다. 이런 훈련을 통해 우리는 관습으로 굳어진 일방적 판단이나 자기 합리화의 사고에서 벗어날 수 있다. 《주역》이 우리에게 줄 수 있는 안목과 지혜이다.

6. 어떠한 자세로 점을 치고 받아들어야 하나

기자(箕子)는 우선 인간이 주체적인 사상을 앞세우고 그래도 안 될 때는 점에 물어볼 수 있지만, 점을 무조건 따르라는 것이 아니라고 했다. 점을 쳐서 얻은 결과와 인간의 사색을 종합해서 결정을 내리라는 것이다. 즉 진인사(盡人事)를 한 후에 대천명(待天命) 하라는 것이다. 사판(事判)을 다 본 후 이판(理判)에 물어보고 그런 다음 이판사판을 하라는 이야기다.

결국 《주역》이 요구하는 덕(德)을 잘 갖추고 지혜의 목소리에 귀를 기울이며, 따라서 맞게 적절히 변화의 물결을 탈 수 있으면 점을 칠 필요가 없다는 것이다. 순자가 "점을 잘 아는 사람은 점을 치지 않는다."라고 한 말이 이것이다. 《주역》의 비괘(否卦, 친밀함의 틀)에서는 원대한 사업에 관한 점이라면 다시 쳐서라도 친밀하게 포용할 대상을 확대하여도 무방하다는 뜻이다. 리더가 자기가 다스리는 공동체의 운명을 책임지고 있는 책임 의식과 주체성을 가지고 사안을 판단하고 행동해야만 하는 원대한 사업이라면 하나의 사안을 두고 수십 번 점을 친 경우도 있다는 것이다.

상(商)나라 때는 하늘의 뜻을 알아내는 일은 왕(王)만이 가능하였다. 그러나 지금은 모든 인간이 각자 뜻을 생각하고 행동함으로써 자신의 길흉을 구체적으로 책임지는 시대가 되었고, 자신의 운명을 누구에게도 맡기지 않겠다는 자세가 필요하다.

인간은 영원히 자기 운명과 미래를 궁금해 할 존재이다. 그럼에도 인간은 영원히 자기 운명과 미래를 알 수 없다. 미래는 결정된 것이 아니라 열려 있고 더구나 운명은 우리가 매일매일 내리는 작은 결정에 따라 달라지기 때문이다. 우리가 운명에 대처할 수 있는 방법은 우리에게 흐르는 기와 운의 큰 흐름과 그 징조와 기미를 느끼고 조심하고 겸손하게 하늘의 뜻을 경청하고 더욱더 노력하고 인화를 잘하는 일일 것이다.

《주역》의 마지막 괘는 세상에 만물이 다할 수 없으므로 미제괘(未濟卦)로 마친다 하는 화수미제(火水未濟) 64번째의 괘이다. 왜 상황이 종료된 기제괘를 마지막 괘로 삼지 않고 상황이 아직 끝나지 않은 미제괘을 마지막 괘로 삼았을까.

우주 삼라만상의 변화는 상황 종료가 된 법이 없음을 보여 주기 위해서이다. 〈서괘전〉에서는 "세상에 만물이 다할 수 없음으로 미제괘로 받아서 마친다."라고 하였다. 하나의 변화 과정이 끝난다고 끝이 아니다. 그것은 다른 변화 과정의 시작이다. 새로운 가능성을 열어 놓기 위해 《주역》을 만든 이들은 '미제괘'를 가장 마지막에 둔 것이다.

7. 국운과 맺는 말들

국운을 보는 점서(占書)나 예언서는 우리나라에서는 《주역》의 이론을 변형시킨 《토정가장결(土亭家藏訣)》 등이 있고, 중국에서는 제갈공명이 구록도인에게 전수받아 지었다는 《교련역법(巧蓮易法)》, 《태을신수》, 선길(選吉)에 속하는 《기문둔갑》 등이 있다.

단순하게 여러 예언서나 천기를 둘러봐도 2020년 경자년(庚子年) 이후의 몇 해는 나라로서는 매우 힘든 날들이 될 듯하다. 예부터 자년(子年), 진년(辰年)에는 병란과 역병 등이 있다 하고, 인(寅), 사(巳), 해(亥)의 년에 혼란과 옥사가 끊이지 않는다는 해들인데 작금의 나라 형편과 세계의 현황들이 예언서나 점술서가 아니더라도 이러한 가능성과 개연성이 있다는 형편임을 누구나 알고 있고 한편으로는 걱정이 많다. 더욱이 코로나라는 역병이 전 세계를 휩쓸고 있다. 세계적인 제약사에서 백신을 개발하여 접종을 하고 있지만, 전 세계적으로는 부족 현상이 심하다. 또한, 백신 제조사에 따른 호불호가 있으며, 아직 바이러스의 원인을 명확히 밝히지도 못한 상태에서 변이종도 유행하고 있다. 어쩌면 인류가 동반자로서 함께 생존하여 스스로의 치유와 예방 능력을 강화해 나가며 견뎌내야 하겠다는 생각이 든다.

인류의 장구한 역사를 둘러보면 흑사병(페스트) 같은 당시 유럽 인구의 절반을 사망하게 한 무서운 역병도 있었고, 현대에서는 인간이 인위적으로 만들어 놓은 인류 전체를 말살할 수도 있는 세균전에 대비한 치명적인 바이러스나 무기들도 소유하고 있는 현실이다. 환경 문제나 주기율적인 이론을 논외로 하고도 현대에서 모든 것이 너무 급격히 변하고 또 전달되어 가는 이면에 천지인의 합일이 순조롭지 못하며 그 균형과 조화가 무너진 것이 아닌가 하는 큰 걱정이 앞선다.

그러나 우리는 지금보다 훨씬 더 어려운 상황과 조건에서도 의연히 일어섰고 또 부활한 큰 저력이 있는 국민이며 나라였다. 지금의 세대들은 모르겠지만 '국민교육헌장'이라는 전 국민에게 주입되고 특히 학생이나 군인들은 강제로 외어야 하는 문장이 있었다. 그때는 그것이 그렇게 싫었고, 강제로 주입시키는 교육 당국이나 나라에 집단주의적 가치를 담고 있다 하며 원망과 항의도 했었는데, 지금 돌이켜보면 그 내용 중 "우리는 우리의 처지를 약진의 발판으로 삼아 창조의 힘과 개척의 정신을 기른다."라는 멋진 문장이 있었다.

그렇다! 우리 민족은 더 어려운 상황에서도 굳건히 견디고 살아오며 우리의 처지를 개선하고 발전시킨 민족이다. 모두의 지혜와 힘을 모우고 진정한 소통과 반성을 하면서 다시 한번 이 민족과 나라의 저력을 보여야 한다.

《주역》의 역(易)은 바꿀 역이다. 궁즉변(窮卽變) 변즉통(變卽通), 즉 궁하면 변화를 해야 하고 변하면 통한다는 말이다.

항룡유회(亢龍有悔) 건괘(乾卦) 1괘가 있다. 너무 높이 올라간 용이니 뉘우칠 일이 있다는 괘이다. 공자는 "너무 높이 올라갔기 때문에 존귀하나 지위가 없고 너무 교만하여 민심을 잃게 되며 남을 무시하므로 보필도 받을 수 없다."라고 말하였다. '다 배웠노라고 교만해진 자는 반드시 재앙을 당하게 된다'는 이치도 같은 이치이고 '일양일음지위도'와 사물이 극에 달하면 그와 반대되는 상황으로 변한다는 '물극필반'의 이치이다.

인생을 살면서 순탄하게만 사는 사람들은 없다. 성공한 많은 사람 가운데 인생의 어려움과 마음과 육체의 고통을 겪지 않은 이는 별로 없을 것이다. 누구도 잠룡(潛龍)의 시기는 피해 갈 수 없는 수령이다. 명말(明末) 주역의 대가였던 왕부지는 청나라에 대한 저항 운동의 실패로 고향인 호남 선산에 은거하며 잠룡의 시대를 《주역 내외전》을 집필하며 사후 모두

71종의 방대한 저서를 남겼다. "육경책아개생면(六經責我改生面) 칠척종천걸활매(七尺從天乞活埋)", 즉 "육경은 모두 익힌 나로 하여금 새로운 얼굴을 내놓으라 책망하고, 칠척 육신은 하늘을 따라 산 채로 묻히기를 애원하노라."라는 뜻이다.

잠룡은 조급함이 없다. 자존감이 높기 때문이다. 잠룡에는 두 가지 뜻이 있다. 하나는 그가 물에 잠겨 있다는 뜻이고, 다른 하나는 그가 용이라는 것이다. 천시(天時, 때)를 타고 여의주와 비바람을 얻으면 승천하는 용이 되지만, 이무기가 땅에 떨어지면 땅강아지의 밥이 될 뿐이다.

실력을 키우고 때를 기다리고 볼 줄 알아야 하며, 기미와 징조를 읽는 눈과 지혜를 키우고, 자기의 철을 알아야 한다는 것이다. 운과 기의 흐름을 알아야 대세를 탈 수 있다.

8. 64 괘상표

상괘 하괘	☰ 하늘	☱ 연못	☲ 불	☳ 우레	☴ 바람	☵ 물	☶ 산	☷ 땅
☰ 하늘	강건한 건(乾)	절단 쾌(夬)	크게가짐 대유(大有)	크게창설함 대장(大壯)	작은 모음 소축(小畜)	기다림 수(需)	큰모음 대축(大畜)	태평함 태(泰)
☱ 연못	밝음 리(履)	연못 태(兌)	어긋남 규(睽)	못 갖춘 혼례 귀매(歸妹)	미더운중용 중부(中孚)	절제 절(節)	밀어냄 손(損)	일함 임(臨)
☲ 불	함께함 동인(同人)	혁명 혁(革)	불붙음 리(離)	풍요 풍(豊)	집안 살림 가인(家人)	물을 건넘 기제(旣濟)	꾸밈 비(賁)	밝음어 다짐 명이(明夷)
☳ 우레	미망 없음 무망(无妄)	따름 수(隨)	깨물어 합침 서합(噬嗑)	우레 진(震)	더함 익(益)	개척 둔(屯)	기름 이(頤)	돌아옴 복(復)
☴ 바람	만남 구(姤)	크게 지나감 대과(大過)	나라 살림 정(鼎)	늘 그러함 항(恒)	바람 손(巽)	우물 정(井)	과거 청산 고(蠱)	오름 승(升)
☵ 물	다툼 송(訟)	괴로움 곤(困)	물을 건너지 않음 미제(未濟)	풀림 해(解)	흩어짐 환(渙)	구덩이 감(坎)	몽매함 몽(蒙)	군사 행동 사(師)
☶ 산	운둔함 둔(遯)	느낌 함(咸)	길 떠남 여(旅)	작게 지나감 소과(小過)	갖춘 혼례 점(漸)	절뚝거림 건(蹇)	산 간(艮)	겸손함 겸(謙)
☷ 땅	막힘 비(否)	모음 췌(萃)	나아감 진(晉)	기쁨 예(豫)	바라봄 관(觀)	친밀함 비(比)	깎임 박(剝)	유순함 곤(坤)

제6부

별 이야기

저녁에

저렇게 많은 별 중에서
별 하나가 나를 내려다본다

이렇게 많은 사람 중에서
그 별 하나를 쳐다본다

밤이 깊을수록
별은 밝음 속에 사라지고
나는 어둠 속에 사라진다

이렇게 정다운
너 하나 나 하나는

어디서 무엇이 되어
다시 만나랴

-김광섭 시집에서-

"내가 생겨나기 전 누가 나였으며 생겨난 후 나는 누구인가?"
-순치제-

인류를 끊임없는 무력감 속에 빠지게 한 이 질문에 대해 장자(莊子)는 "살면서 죽어가고 죽음으로 다시 살아난다."라고 하였고, 에픽테토스는 "어떤 것을 잃게 되면 잃었다 하지 말고 원래 있던 곳으로 돌아갔다고 말해야 한다. 왜냐하면 내 것이라고 착각했던 것도 실은 신이 잠시 동안만 내게 빌려준 것이니"라고 말했다.

아우렐리우스 또한 "신적인 세계 영혼은 불[火]로부터 생명의 기운을 부여받은 우리 인간은 이 영혼(logs)이 부여한 질서에 따라 살아가도록 운명 지어져 있으며 죽게 되면 다시 이 영혼에게로 돌아가도록 되어 있다."라고 믿었다.

기독교의 예수 또한 사후세계가 존재한다는 사실을 분명히 밝혔다(요한복음 14장 1~3절). 대만의 한 작가는 "원한 것은 해와 달, 그리고 별뿐이다. 사람은 너무 미약하다."라고 그의 글 속에서 밝혔다. 하지만 해와 달, 별 또한 불멸의 존재는 아니다. 태양의 수명은 약 50억 년, 이미 장년기에 접어들었다.

나는 어느 별에서 왔으며 어느 별로 가는가?

나 자신을 알기 위한 별 이야기를 시작한다.

자신의 운명이란 지구란 이름의 어머니가 들려준 저 은하 별들의 이야기이다.

1. 동양의 하늘

1) 동양의 하늘

하늘에는 사시(四時)인 춘하추동이 있고, 땅은 육합의 사이에 놓여 있다. 육합(六合)이란 위와 아래 그리고 동서남북 사방(四方)을 말한다. 옛 동양에서는 사방을 그릴 때 북쪽을 아래에 둔다. 그 이유는 북이란 모든 변화의 원천이면서 스스로 변하지 않는 중심축과 같은 방향이기 때문이다. 네모나게 그린 서양의 천문도에 비해 동양의 천문도에는 남반구에서 바라본 별자리가 없기에 둥글게 그린다.

본질적으로 동양의 하늘은 농사를 지을 때 잘 짓기 위한 실용적 학문이었다. 땅을 둘러싼 육합의 하늘 아래 자연은 질서 정연하게 사시의 흐름 속에서 끊임없이 변화하며 이 시간의 질서 속에서 때를 알고 하늘의 질서를 알고자 했으며 사시합기서(四時合其序) 일월합기명(日月合其明)을 외우며 떠돌이별인 행성(行星)들이 거대한 시계와 같은 존재라는 것을 깨달았다.

고구려 사람들은 북두칠성을 시간의 신(神)으로 여겼다. 북두칠성을 거대한 시계이자 달력으로 본 것이다. 북두칠성의 6번째 무곡성과 7번째 파군성을 연결한 선을 두병이라 부르며 이 시곗바늘이 어느 방향을 가리키느냐에 따라서 음력에서 말하는 1년 12달을 결정하였다. 예를 들면 1월의 입춘은 술시(戌時, 밤 7~9시)에 두병이 가리키는 방향인 북동쪽의 인방(寅方)이고, 경칩(驚蟄)은 술시(戌時) 때에 두병이 가리키는 동쪽인 묘방(卯方, 새벽 5~7시), 청명(淸明)은 역시 술시 때에 두병이 가리키는 동남쪽 진방(辰方)이었다. 이를 바탕으로 오늘날의 24절기가 배치된 것이다.

2) 동양의 천문도

(1) 중국 소주의 천문도, 1274년 송나라 때 실제 관측한 천문도이다.

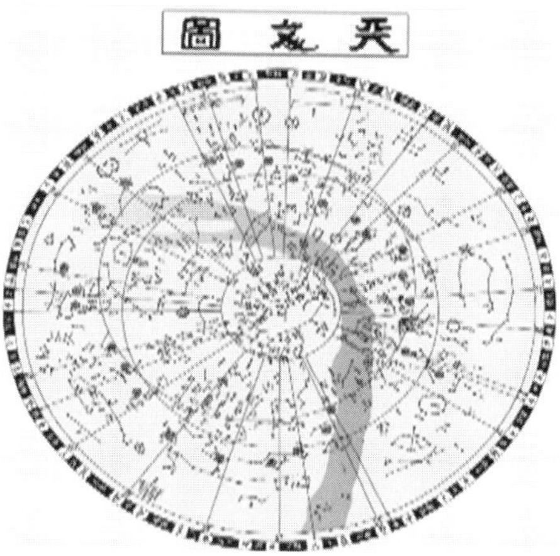

(2) 천상열차분야지도(天象列次分野之圖), 목판본

조선 태조 4년(1395), 왕조의 권위와 유교적 인본주의의 기틀을 위해 돌에 새겼다. 권근 등 학자 12명이 완성하였는데, 첫판은 목판이고 후에 검은 돌에 새긴 것이다. 저본이 된 천문도는 고구려 때 만들어진 평양성 안에 있던 것으로 병란으로 인해 소실되었다.

일본 나라현 아스카촌에서 발견된 7세기에서 8세기 초로 추정되는 기토라 고분의 천장에서 발견된 천체도는 약 600개의 별과 34종의 별자리가 그려진 세계 최고(最古)의 성숙도(星宿圖)로 알려져 있다. 이 그림은 평양 하늘을 그린 것으로 알려져 고구려의 천문 지식이 일본에 전해졌음을 알게 해준다.

3) 북두칠성

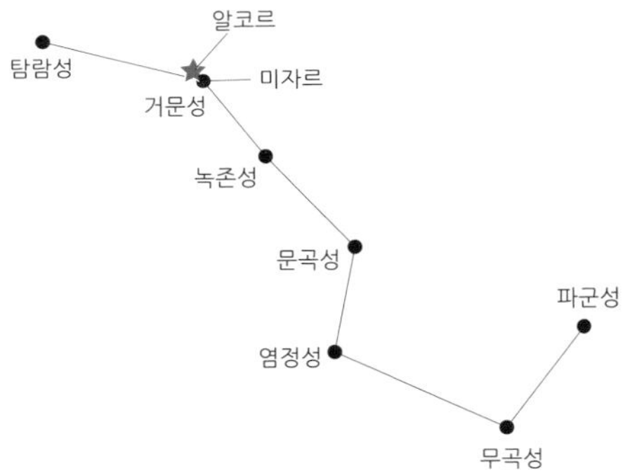

중국 한대(漢代)에 방위의 길흉을 측정하는 점반이다. 여기에는 일월(日月)과 오성(五星)이 운행하는 28수의 이름이 북두칠성 주변을 둥글게 거꾸로 박혀 있는 것이 보인다. 사방에는 각각 7수씩 나누어져 있고 북두칠성과 사방에 각 7수씩 배열된 별들 모두 변하지 않는 하늘의 붙박이 별자리이다.

(1) 북두칠성은 시간의 신

북두칠성은 변하지 않는 북극성을 정점으로 변화를 일으키는 일곱 개의 별(칠성, 칠요)이며, 우주의 시계이자 달력이며 시간의 신이다. 우리는 예부터 사람이 죽으면 '돌아가셨다'라고 한 것도 북두칠성으로 되돌아갔다는 의미였다. 그래서 명이 짧으면 칠성 기도를 드렸고, 사람이 죽으면 칠성판 위에 올려놓고 또한 일곱 매듭으로 묶는 것 또한 칠성임을 나타내었다.

(2) 북두칠성의 각 명칭

1	탐랑(貪狼)	천추(天樞)
2	거문(巨文)	천선(天璇)
3	녹존(祿存)	천기(天璣)
4	문곡(文曲)	천권(天權)
5	염정(廉貞)	옥형(玉衡)
6	무곡(武曲)	개양(開陽)
7	파군(破軍)	요광(搖光)

⋆ 1~4를 괘(魁)라고도 하며 선기(璇機)가 된다.

⋆ 5, 6, 7은 표(杓)라고도 하며 하늘의 소리인 옥형(玉衡)이 된다.

⋆ 개양(開陽)은 땅의 소리(육률, 六律)

⋆ 요광(搖光)은 별[星]로 비유된다

⋆ 좌우의 보성(輔星)과 필성(筆星)을 합쳐 북두칠성을 받들고 있는 보필(補筆)이라고 한다.

4) 북극성과 하늘의 삼원(三元)

하늘의 모든 별의 중심[자미원(紫微垣)]에는 북극성이 자리 잡고 있고 바로 가까이에서 북두칠성이 북극성을 모시고 그 밖으로 28수 안의 태미원(太微垣)과 28수 밖의 천시원(天市垣)이 그 주위를 24시간을 두고 한 바퀴씩 돌면서 하늘의 별들을 다스리고 있다. 동양에서는 천문의 분포를 3원, 28수, 그리고 300의 성좌와 1,460개의 별들로 구성되어 있다고 보았다.

북두칠성은 자미원에 흩어져 있는 각 별과도 연결되어 있으며, 별들을 연결하는 힘은 북두칠성이 보내는 중력의 힘이다. 북두칠성은 자미원 밖으로는 28수와 태양계의 별들을 다스린다. 또한, 북두칠성을 따라서 28수와 5성(목성, 화성, 토성, 금성, 수성)이 따라 움직이고 있다. 모든 별들은 이 북두칠성의 힘에 이끌려 궤도를 이탈하지 않고 자기 갈 길을 가고 있는 것이다. 북극성은 우리가 속해 있는 우주의 중심이다. 태을천(太乙天)이 있는 하늘이라고도 한다.

태양계는 태양계의 모든 별을 거느리고 태양계 자체의 축을 중심으로 북극성 주변을 자전하면서 공전한다. 즉 태양계는 북극성 주변을 자전하면서 공전하는 것이다. 북극성은 자미궁, 천극성, 혹은 북진이라고도 불린다. 고대에는 태자, 제왕, 서자, 후궁, 천구의 다섯 별로 나누어져 있었는데 이는 바로 하도의 중앙 5성을 상징하나 현대에 와서는 1개의 별들로 통일되었다.

자미궁은 하늘의 핵심으로 상제가 머무는 곳이며 제후격인 28수(동서남북 각 7개의 수)의 호위를 받고 28수는 28수대로 해와 달, 목, 화, 토, 금, 수성의 7개 별인 7정(七政=七曜)의 호위를 받고 있다. 하늘이 구천까지 전개되어 있다고 보았기에 자미궁을 구천궁궐이라고도 하며 이를 본떠서 땅의 궁궐을 구중궁궐이라고 부르는 것이다. 우리 조상들은 하늘과 땅, 인간의 합일 사상에 따라 인간은 하늘의 이치에 따라야 인간다운 삶이 이루어진다고 믿었고 하늘은 지상에서의 삶을 마치고 영혼이 돌아갈 고향이라고 믿었다.

우리 조상들은 우주가 1(우주 본체)→ 3(자미원, 태미원, 천시원)→ 7[북두칠성=7개의 별 또는 4(사방)×7=28수]로 배치되어 있다는 것을 알았다. 즉 북두칠성은 천제(天帝)로 대변하는 별로 보았고, 죽어서도 원래 왔던 고향인 북두칠성으로 돌아간다고 믿었던 것이다.

우리 동양의 천문법은 인간과 천제는 하나라는 철학에 근거한 법이었다. 일식(日蝕)과 월식(月蝕)이 인간 운명에 영향을 미치고 하늘의 별은 지상 인간의 운명과 직결된다고 보았다. 즉 천인합일 사상 또는 인간은 소우주라 생각한 것이다.

하늘의 삼원은 자미원(북극성, 천제, 중원), 태미원(상원), 천시원(하원)으로 이루어져 있다. 태미원은 천자의 조정을 상징하며 12 제후의 관아와 같다고 비유한다. 진원과 익궁 사이에 걸쳐 자미원의 안쪽에 위치하는데, 8숙 내에 있으며 봄 하늘에서 항상 볼 수 있는 별자리 무리이다. 서양 별자리에서는 처녀자리, 사자자리, 큰곰자리의 일부가 해당되며 머리털자리를 포함한다. 우리에게 익숙한 삼형제 별로 불리는 삼태성이 여기에 속한다. 천시원은 여름 하늘에서 볼 수 있다. 28수 중 유수와 신수 사이에 걸쳐 안쪽에 위치하고 있으며 22개의 별자리 무리를 이루고 있다. 하늘의 시민들이 살아가는 공간이다.

시골을 여행하던 공명 선생이 날이 저물어서 어느 촌가에 머무르게 되었다. 다음 날 아침, 노부부의 따뜻한 대접에 감사히 생각한 선생이 문득 그 집의 어린 아들을 보고는 혀를 끌끌 찼다.

"댁의 아들은 수명이 열여덟 살을 넘기기 힘들겠군요!"

"선생님 이 아이는 저희가 늘그막에 얻은 하나뿐인 아들입니다. 선생님은 도인이신 듯한데 아들을 살릴 방법이 없겠습니까?"

노부부가 공명의 도포 자락을 붙잡고 수없이 절을 하며 눈물범벅이 되어서 통사정을 하였다.

"내일 점심때 동구 밖에 가면 큰 소나무 아래서 두 노인이 바둑을 두고 있을 것입니다. 대추 한 바구니와 좋은 술 한 독을 준비해서 가되, 아무 말도 하지 말고 가만히 노인들 옆에 놓아두면 좋은 일이 있을 것입니다. 그리고 반드시 아들을 데리고 가세요."

거듭거듭 감사의 절을 하는 노부부를 뒤로하고 이 말을 남긴 채 선생은 떠나갔다.

다음 날 새벽부터 부지런하게 모든 준비를 마친 노부부가 준비된 물건과 아들을 데리고 동구 밖으로 가보니 과연 큰 소나무 아래에 검은 옷과 흰옷을 입은 두 노인이 바둑을 두고 있었다. 두 노인은 바둑에 온 정신을 빼앗긴 듯 주변은 신경도 쓰지 않았다. 이에 아무 말 없이 준비한 대추와 술독을 바둑판 옆에 놓고 근처로 물러가 있었다. 두 노인은 손으로 대추를 집어 먹고 바가지로 술을 퍼서 마시면서도 계속 바둑을 두었다. 그리고 해가 서산에 걸릴 무렵이 되어서야 비로소 바둑을 끝마쳤다.

"아니, 저들은 누구이기에 감히 인간이 이곳으로 왔단 말인가?"

검은 옷을 입은 노인이 벌컥 화를 내면서 소리쳤다.

"어허, 화만 내시지 마시고 대추와 술을 얻어먹었으니 무언가 우리도 보답을 해야 하지 않겠나. 쯧쯧… 보아하니 저 어린 소년이 요절할 상이라서 이런 일을 벌인 것 같으니 수명이나 늘려 주세. 책이나 내어놓게."

검은 옷을 입은 노인이 투덜대면서 책 한 권을 건네주었다. 흰옷 입은 노인이 인자하게 웃으며 책을 펼친 뒤 소년의 이름과 사는 곳 나이를 물었다.

"음, 보자. 여기 소년의 수명이 십팔 세로구먼. 에잇! 붓도 내놓게.

그런데 이것을 어떻게 고친다…. 어흠, 그리하면 되겠군. 18(十八)을 98(九八)로 고치면 간단한 일이로구먼, 자, 되었으니 이만 가세나."

책과 붓을 검은 옷 노인에게 돌려준 뒤, 두 노인은 바둑판을 집어 들고 홀연히 사라졌다. 노부부와 아들은 두 노인이 사라진 쪽을 향하여 한참 동안 절한 뒤에 집으로 돌아왔다. 며칠 뒤 여행에서 돌아오던 공명 선생을 반갑게 맞이한 노부부가 저간에 있었던 일을 선생에게 말하였다.

"그 두 노인은 하늘의 북두칠성을 수호하는 신선들로 인간의 운명과 수명을 담당하는 분들입니다. 이제 운명 책이 다시 쓰였으니 아드님은 장수할 것입니다. 걱정하지 마십시오."

공명의 예언대로 그 아들은 부귀하고 건강하게 98세까지 장수했다고 한다.

운명이란 무겁고 무섭기는 하지만 절대적인 것은 아니다. 또한, 북두칠성을 지키는 두 분 신선은 실재하시는 분들이다. 흰옷 입은 분은 천을선인, 검은 옷을 입은 분은 태을선인인데 각각 하늘과 지상의 일을 맡아서 상제(上帝=천신)를 보좌한다. 말 그대로 사람의 운명을 관장하는 것이다. 근무처는 삼원 중 태미원이 될 것이다. 물론 그들이 인간 개개인의 운명을 관장하지만 넓게는 우주 차원, 좁게는 지구 차원의 운명과 인간 사회와 인간 문명의 전체적 조화 발전을 더욱 중요하게 여기는 것이다. 천을과 태을의 두 신선은 어떤 사람이 인간 사회를 위해서 꼭 필요한 인재라면 그 사람의 운명을 뜯어고쳐서라도 이 문명을 보호하고 번영시키기를 원한다는 것이다. 또한, 진정으로 자연과 인간과 만물을 사랑하는 헌신적인 사람에게는 비록 그가 죽을 운명이라고 할지라도 살 길을 열어주시는 것이다. 그리고 사후에는 하늘로 불러올려 사는 동안의 노고에 대한 상을 내린다.

5) 하늘길, 별들의 질서 칠요, 28수

(1) 일월성신

동양에서는 천좌선 일월성신우행(天左旋 日月星辰右行)이란 말이 있다. 즉 하늘은 좌선하고 일월성신은 우행한다는 뜻이다. 여기서 좌선이라는 것은 시계의 반대 방향으로 돈다는 뜻이고, 우행이라는 것은 시계 방향으로 움직인다는 뜻이다. 이를 바꾸어 말하면 태양은 1년간 하늘 판 위를 시계 방향으로 우행(右行)하고 매일매일 동(東)에서 서(西)로 지는 것은 하늘과 함께 좌선(左旋, 시계 반대 방향으로 돈다)한다는 뜻이다. 그 이유는 지구가 자전하면서 동시에 태양 주변을 공전하기 때문이다. 이로 인하여 하루 24시간 동안 하늘은 우행(시계 방향)으로 1과 1/365만큼 더 돌게 된다.

일월성신이라는 것은 일(日)→ 하루에 땅을 한 바퀴 돌고, 월(月)→ 한 달에 한 번 태양과 만나고, 성(星)의 28수는 경선(經線)으로 하고 오성(五星)을 위선(緯線)으로 한다. 신(辰)은 해와 달이 만나는 곳으로 우주 하늘의 도수(度數)를 12차로 나눈 것을 말한다.

(2) 위선과 경선

현실적으로 보아 하늘의 축은 두 개가 있다. 하나는 북극성의 축으로 지구가 자전하는 축이며 변하지 않는 선이며 이를 경선(經線)이라 한다. 다른 하나는 28수를 돌아가는 칠요성[七星]의 중심축으로 태양이 뜨고 지는 길을 연결한 선을 위선(緯線)이라 하며 이는 계절의 변화에 따라 약간씩 움직인다.

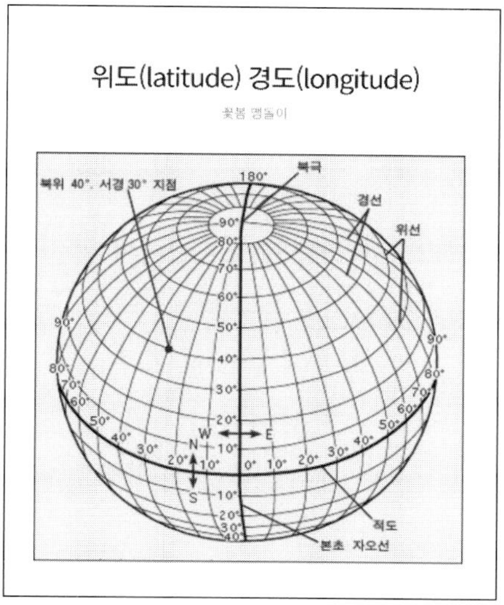

(3) 황도와 백도

지구에서 바라본 하늘을 생각해 보면 황도(黃道, ecliptic)는 해가 가고 있는 길을 말한다. 하루 24시간은 태양이 지구 주위를 한 바퀴 도는 데 걸리는 시간이다. 24시간이 흐르는 사이에 하늘도 역시 시계 반대 방향으로 한 바퀴 하고도 약 1/365바퀴 더 돌게 되는데 그 결과 하루, 즉 24시간 사이에 약 1/365바퀴를 뒤처지게 된다. 그렇게 뒤처진 것이 나날이 쌓여 1년이 지나면 태양은 돌고 있는 하늘에 완전히 한 바퀴가 뒤처지게 되고 천문도 위에 해가 뒤처진 1년간의 위치를 매일 점찍다 보면 하늘 판에서 시계 방향으로 한 바퀴 돈 것처럼 그려지게 된다. 1년간 해가 뒤처져서 걷고 있는 이 길을 황도(黃道)라고 한다.

한편 백도(白道)는 달이 가고 있는 길을 말한다. 백도가 그리는 원과 황도가 그리는 원은 그다지 큰 차이가 나지 않는다. 달의 공전 면과 지구의 공전 면의 차이가 약 5도 9분밖에 나지 않기 때문이다. 그러기에 하늘의 황도와 백도는 거의 같은 길로 보이며, 해와 달이 나름의 주기대로 돌아가고 있다. 달이 지구를 정확히 360도 회전하는 시간을 항성월(恒星月)이라고 하고, 27일 7시간 43분 11.51초가 걸린다. 약 27일 7시간이다.

태양은 황도상을 1년에 한 바퀴 돌고 달은 백도상을 약 27일에 한 바퀴 돌게 되니 1년에 약 12번을 만나게 된다. 해와 달이 정확히 만나 지구와 일직선을 이루면 지구에서는 일식(日蝕)이 일어난다. 그러나 일월의 궤도가 약간씩 차이가 나기 때문에 일식이 자주 일어나지는 않는다. 동양철학에서는 이 12번의 만남을 십이진(十二辰)이라고 부르며, 그 이름들을 각각 자축인묘 진사오미 신유술해(子丑寅卯 辰巳午未 申酉戌亥)라고 부른다

해와 달이 만나서 사이좋게 동에서 떴다가 서쪽으로 지는 날은 하늘에서 달빛을 볼 수가 없다. 이달을 그믐(old moon)이라 부르며 음력으로 달의 마지막 날인 29일 또는 30일을 뜻한다. 반대로 우행하던 해와 달이 북극성을 사이에 두고 정반대에서 마주 보는 날이 있는데, 이날은 태양이 서쪽으로 지면 달이 동쪽 하늘에서 태양의 빛을 가득 담고 둥글게 떠오른다. 이날을 보름(full moon)이라 불렀다. 고대의 중국이나 동양에서는 그믐의 다음 날인 이 삭일(朔日)을 음력 한 달의 초하루를 삼았다.

(4) 28수

태양이 지나가는 황도 주변에 있는 별자리들의 묶음을 수(宿)라고 부른다. 그 수가 28개인 것을 28수라 부르며, 움직이는 방향 또한 시계 방향으로 순서가 정해져 황도의 방향과 일치함을 알 수 있다. 여기에는 우리가 사는 태양계의 해와 달 그리고 다섯 행성은 이 하늘의 천문도에는 그려져 있지 않다. 이 28수는 우리가 칠요, 칠성이라 부르는 별들과 함께 움직이고 있다.

이 28수를 동서남북 사방의 각 방향에 7수씩 배치하고 전설 속 네 짐승의 이름을 붙인 것이다. 북방의 7수는 현무(玄武), 남방 7수는 주작(朱雀), 서방 7수는 백호(白虎), 동방 7수는 청룡(青龍)이라 부른다.

구분	이름	부분의 이름	서양의 별자리
동방 7수	각(角)	청룡의 몸	처녀자리
	항(亢)	뿔	처녀자리
	저(氐)	가슴	청칭자리
	방(房)	배	전갈자리
	심(心)	엉덩이	전갈자리
	미(尾)	꼬리	전갈자리
	기(箕)	꼬리	궁수자리
북방 7수	두(斗)	하늘의 종묘	궁수자리
	우(牛)	견우	염소, 거문고, 독수리
	여(女)	여성	물병, 돌고래, 백조
	허(虛)	비어 있음	물병, 조랑말
	위(危)	위태로움	물병, 페가수스, 세페우스
	실(室)	궁궐 복도	페가수스, 염소, 물병, 남쪽 물고기
	벽(壁)	벽, 담	페가수스, 물고기, 안드로메다
* 서방 7수	규(奎)	무기고	안드로메다, 물고기, 고래, 삼각형, 카시오페이아
	누(婁)	목장, 감옥	양, 고래, 삼각형
	위(胃)	백호	양, 고래, 황소
	묘(昴)	백호의 몸	황소 일부, 에리다누스, 페르세우스
	필(畢)	백호의 몸	황소 일부, 마차부, 오리온, 에르다누스
	자(觜)	머리털, 군량 창고	오리온 일부
	삼(參)	앞발, 효도, 충성, 형벌, 변방	오리온 일부

남방 7수	정(井)	주작 머리	쌍둥이, 작은개
	귀(鬼)	귀신	게자리 일부
	유(柳)	버드나무, 주작 부리, 요리	바다뱀
	성(星)	목, 신하	바다뱀, 사자
	장(張)	모래주머니, 의식용 보물	바다뱀자리 일부
	익(翼)	날개, 도덕, 음악	컵, 바다뱀 일부
	진(軫)	군용 수레	까마귀자리

흩뿌려진 하늘의 변화가 사방의 칠수(七獸)로 화(化)하고 그것들을 다시 지상에 있는 네 짐승으로 상징화된다. 하늘을 태양과 같이 움직이며 돌고 있는 해와 달 그리고 다섯 개의 행성, 일월(日月)과 오성(五星)이다.

우리는 이들을 칠요(七曜)라 부르며 칠성(七星)이라고도 한다. 동양 철학에서 절대적인 영향력을 가진 이 하나하나에 각 7개씩의 별을 골라 묶음으로 나누고 또한 칠요(七曜)가 일으키는 우주 칠정(七政)의 본원으로 북극성 근처의 7개의 별을 골라 북두칠성이라 부른다. 이 7개의 별은 이 지상에 사시(사계, 춘하추동)의 변화를 일으킨다. 즉 북두칠성의 현신(現身)이 칠요이고, 칠요는 하늘의 사시를 운행하면서 자신의 역량을 흩뿌려 놓고 인간은 그 영향을 받는 것이다.

2. 자미두수(紫微斗數), 동양의 천문학

하늘을 지키는 칠요(七曜)와 28수의 별무리 중 어느 하나와 개인은 연결되어 있으며 이 별들이 땅에 내려와 운집하여 이룩된 12개의 별자리 중 하나의 별에 올라타고 우리는 살아가고 있다.

동양에서는 이 별들의 현실인 음양오행에 의하여 자미두수, 사주명리학, 칠정사여(오성술), 십팔비성, 구성학 등으로 발달하였다. 여기서는 최근 대만, 홍콩, 중국 등에서 유행하는 자미두수를 소개하고 사주학(四柱學)과 구성학(九星學)에 대해서는 이 책에 수록된 '사람 이야기'의 '사주명리학' 편과 '궁합' 편에서 그 개념과 의미들을 다루며 소개한다.

1) 역사

자미두수는 중국 오대(五代) 시대(AD 950 전후), 도교의 도사인 '진희이'에 의해 시작된 점성술이다. 다른 설에서는 '여순양'에 의해 창제되었다고도 한다. 세상에 알려지기로는 명(明)의 가정제 29년(AD 1550) 진희이의 18대 법손인 진도가 《자미두수 전집》이라는 책을 냄으로써 비로소 세상에 알려지게 되었다. 천지조화와 부귀 빈천, 길흉화복을 예지하는데 정확성이 뛰어나고 귀신도 탄복한다 하여 당 태종 때는 금서(禁書)로 분류되어 책들이 불태워진 적도 있다.

한편 송(宋)대에 유행했던 오성술[五星術: 과노성종(果老星宗) 혹은 칠정사여(七政四餘)]이 잘 맞지 않자 이것을 간략히 체계화하여 '십팔비성'이라는 신명술을 만들었고, 이 십팔비성을 다시 체계화한 학문이 바로 자미두수라는 설이 신빙성이 크다. 결국 자미두수는 오성술에 뿌리를 두고 있다는 말이다.

그 후 오랜 세월 비인부전(非人不傳)의 학풍으로 인해 은밀히 전해오

다가 중화민국 초기에 관운주인(觀雲主人)의 《두수선미(斗數宣微)》와 1950년 초 홍콩에서 육빈조 선생의 《자미두수 강의집》이 나오면서 비로소 크게 유행하기 시작했다. 연이어 1975년 북파의 장개권 선생의 《자미두수 추명술》 출판과 1981년 대만의 혜심제주가 쓴 《자미두수 신전》을 필두로 많은 서적이 출간되었으며 현재 대만과 홍콩에서는 많은 인기를 얻고 있다. 이 점성술은 가장 최근인 1970년대에 정리되고 인기를 얻은 학문이며 오늘날 자미두수의 학파는 북파, 남파, 중주파, 점험파, 비성파, 현공사화파, 투파, 도전파 등 매우 많지만, 1990년대 중반에 일어난 홍콩의 중주파(왕정지)가 가장 정밀하고 체계화된 자미두수를 보급하고 있다는 것이 정설인 듯하다.

한국에서는 조선 선조 때 대제학 심곡, 김치 선생이 《심곡비결》이라는 자미두수 저서를 내고 오늘날 《심곡비결》을 기초로 한 술사들이 곳곳에 있다.

2) 특징

사주명리학은 절기(節氣)를 살펴 사주를 배치하는 태양력을 쓰지만, 자미두수는 절기를 사용하지 않고 순수한 태음력만으로 명반을 만들며 별을 배치하는 방법과 명반 작성자의 음력 생일을 알고 있다면 복잡한 만세력 없이도 작성할 수 있다는 큰 장점을 가지고 있다.

사주명리학은 간결하고 일침견혈(一針見血) 하는 맛이 있으며 대국을 보는데 용이하다는 장점이 있는 반면 변화를 판단하고 강약을 판단하여 운명의 길흉을 판단하기 어려운 경우가 많은 것도 사실이다. 반면에 자미두수는 자미(북극성)를 위시한 십사정성과 여러 별을 십이궁에 배치하여 길흉을 판단한다. 복잡하기는 하지만 한 개인의 성격, 개성, 부귀 귀천뿐만 아니라 그 외 여러 가지에 대하여 십이궁별로 세밀한 추론이 가능하고 어떤 사건의 원인과 결과를 분명히 파악할 수 있다는 장점이 있다. 사주명리학과 자미두수를 겸해서 추론했을 때 적중률과 해석이 높아지고 정확해질 수 있다. 그런 까닭에 대만과 홍콩에서는 실제 그렇게 하는 경우가 많다.

자미두수가 한국에 널리 알려지지 않은 데는 학문의 성격이 은밀히 전해진 이유도 있지만, 별이 많아 명반 작성이 매우 어렵다는 이유도 있었다. 100여 개 이상의 별들로 이루어진 명반을 작성하기는 쉽지 않았을 것이라고 짐작된다.

자미두수는 기존의 7행성 대신에 북두칠성과 남두육성 일월로 대표되는 태양과 달을 중심으로 많은 허성(虛星)들을 놓고 점성술의 천궁도 같은 명반을 또 펼쳐 놓고 운(運)을 보는 점성술이다. 또 사주명리학과 다른 점은 자신과 관계된 일 혹은 육친에 대해 12궁으로 나누어 세밀하게 본다는 것이다. 자신을 중심으로 부모, 형제, 배우자, 자녀, 재물, 질액, 활동하는 밖의 상황, 노복(奴僕), 관록(官祿), 전택(田宅), 복덕(福德)을 궁(宮)으로 지정하여 볼 수 있으니 사주명리만 공부했던 분들에게는 또 다른 신세계라 할 수 있다.

또한, 진희이 선생은 3대 관상서의 하나인 《마의상법(麻衣相法)》을 정리하였다. 선생의 관상 이론에도 12궁의 이론이 있음으로 필자의 '관명운기학'에서의 주장과 같이 12궁의 각 연관을 추후 연구하는 것이 또한 과제가 된다고 본다. 자미두수에서 시(時)는 매우 중요하다. 사주에서는 시를 몰라도 연월(年月)만으로 대충 추론이 가능하지만 자미두수에서는 아예 불가능하다. 반드시 시(時)를 알아야 하고 그것도 정확해야 한다. 옛날과 다르게 현대에 있어서는 탄생의 시(時)가 병원에서 정확히 결정되기에 자미두수의 추론이 더 정확성을 가질 수 있으며 중요해진다고 본다.

3) 명반 해설의 예

이 책은 서문에서 설명하였듯이 전문서가 아니고 개념을 정리하고 이해를 돕기 위한 책이며 목마른 독자를 물까지 안내하는 책이다. 훗날 각 권의 전문서로서 다시 만날 날을 고대하면서 이하에서는 몇 분의 명반 해설을 예로써 자미두수의 소개를 매듭짓는다. 최근에는 인터넷상으로도 음력 생일과 정확한 시(時)만 입력하면 많은 명반을 만드는 창들도 만날 수 있다. 본인의 운명을 한 번 살펴보면서 더 자세하고 정확하고 세밀한 추론을 바랄 때는 전문가를 찾거나 전문서를 통하여 더 많은 연구와 진전이 있기를 바란다. 이하에서는 몇 개의 명반을 예로써 들어 참고로 소개한다.

(1) 제갈공명

天燈 天幅 截空 將軍 長生 白虎 癸巳 24【夫婦宮】	紫微 天魁 紅總 成也 小耗 養 福德 甲午 14【兄弟宮】	左輔 右弼 寡宿 青龍 胎 中客 乙未 4【命宮】	破軍 陀羅 鈴星 恩光 陰煞 力上 絕 病符 丙申 114【父母宮】
七殺 姚 台輔 三合 才 奏書 浴 龍德 壬辰 3【子女宮】	金 4 局	乾命 辛西 4月 10日 戊時	祿存 地劫 天官 天哭 博士 墓 太歲 丁酉 104【福德宮】
太陽 天梁 化權 天虛 飛廉 冠帶 歲破 辛卯 44【財 · 財帛宮】			廉貞 天府 羊刃 八座 天貴 官符 死 太陽 戊戌 94【田宅宮】
武曲 天相 曲 絨 化科 劫煞 大耗 喜神 臨官 死符 庚寅 4【疾厄宮】	天同 巨門 火 祿 地 池 閣 解 旬 病符 帝旺 官符 辛丑 64【遷移宮】	貪狼 文昌 化忌 天刑 天喜 封誥 大耗 衰 太陰 庚子 74【奴僕宮】	太陰 天馬 孤辰 伏兵 病 喪門 己亥 84【官祿宮】

제갈공명은 《삼국지》의 중요 등장인물로서 촉의 재상 겸 군사이며 기문둔갑과 책략에 능한 불세출의 기인이나 그 꿈을 이루지 못한 영웅이다. 자미두수로는 명궁(命宮)에 보필(輔弼)이 동궁하면서 '명주출해격'을 이룬다. 보필에 자미가 암합(暗合)하여 군(君)이 신방(臣訪)한 후 항상 군주를 모시는 격이니, 늘 유비 곁에서 보필하였다. 더구나 녹(祿), 권(權)과 천마, 용지, 봉각이 회합하니 더욱 아름답다. 신궁(身宮)도 '일출부상격'을 이루고 화권이 동궁하며 녹존(祿存)이 대조하면서 국과 맥이 소통하니 더욱 귀한 명이 되었다.

(2) 노자

중국 고대의 철학자며 도가(道家)의 창시자인 노자의 《도덕경(道德經)》을 모르는 사람은 없을 것이다. 사실 자미두수도 노자의 《도덕경》에 뿌리를 두고 있다.

	巨門 鈴星 天福 伏兵 帝旺 白虎 壬午 66 【身 · 遷移宮】	天相 昌曲 鉞 院 合 座 真 截空 宮符 衰 福德 癸未 76【疾厄宮】	天同 天梁 存 馬 急 地 恩 貴 要 博士 病 客 甲申 86【財帛宮】
	火 6 局	乾命 庚戌 2月 15日 卯時	武曲 七殺 右 羊 化權 台輔 力士 死 病符 二西 96【子女宮】
天府 咸池 宮神 浴 死符 己卯 36【田宅宮】			太陽 化祿 大利 天才 青龍 墓 太歲 丙戌 106【夫婦宮】
旬空 地劫 天姚 龍池 飛廉 長生 官符 戊寅 26【福德宮】	紫微 破軍 天魁 奏書 養 太陰 己丑 16 【父母宮】	天機 鳳閣 解神 陰煞 將軍 胎 喪門 戊子 6【命宮】	天官 喜 孤 劫然 小耗 絶 太陽 丁亥 116【兄弟宮】

노자의 명반을 살펴보니 자궁(子宮) 명궁에 묘왕한 천기가 해신, 봉각, 음살을 동궁하고 녹마, 화과, 천복, 천귀와 회합하며, 천괴귀인이 암합하고 태양신과 태음신이 상협한다. 게다가 천기[木]가 목생화(木生火)하여

국(局)을 상생(相生)하니 귀격(貴格)이 되었다. 신궁(身宮)도 오궁(午宮)의 묘왕한 거문이 석중은옥격(石中隱玉格)에 천복귀인을 동궁하고 미궁(未宮)에서 창곡, 천월, 삼태, 팔좌가 암합하며, 화록과 용지, 봉각이 회합하고 용덕, 복덕이 상협한다. 영성이 동궁하지만 입묘했고 화(火) 6국이라 두렵지 않다. 명신궁에 일월과 창곡, 태양신, 태음신 등의 문명지성이 회합하니 그 명석함을 이루 말할 수 없다. 천기와 천량을 수명하면 진리를 추구하거나 정신세계를 접하기를 좋아하는데, 음살을 수명한 데다 신궁에 영성이 동궁하고 천형이 회합되니 더욱 그러하다.

* 상기 두 명반의 해설은 《자미두수총론》(박종원 저, 동학사)에서 인용하였음을 밝힌다.

3. 서양의 별 이야기(천문학)

만일 한 번만이라도
한데서 밤을 새워 본 일이 있는 분이라면
인간이 모두 잠든 깊은 밤중에는
또 다른 신비로운 세계가
고독과 적막 속에 눈을 뜬다는 것을
누구나 알고 있을 것입니다

낮은 생물들의 세상이지만요
그러나 밤이 오면 그것은 별들의
세상이랍니다

–알퐁스 도데 '별' 중에서–

대문자	소문자	이름	발음
A	α	alpha	알파
B	β	beta	베타
Γ	γ	gamma	감마
Δ	δ	delta	델타
E	ε	epsilon	엡실론
Z	ζ	zeta	지타
H	η	eta	이타
Θ	θ	theta	시타
I	ι	lota	요타
K	κ	kappa	카파
Λ	λ	lambda	람다
M	μ	mu	뮤

대문자	소문자	이름	발음
N	ν	nu	뉴
Ξ	ξ	xi	크사이, 크시
O	ο	omicron	오미크론
Π	π	pi	파이
P	ρ	rho	로
Σ	σ	sigma	시그마
T	τ	tau	타우
Y	υ	upsilon	입실론
Φ	φ	phi	파이
X	χ	chi	카이, 카
Ψ	ψ	psi	프사이, 프시
Ω	ω	omega	오메가

1) 북쪽 하늘의 별

(1) 큰곰자리

북쪽 밤하늘 별들 중에서 북두칠성은 매우 친숙하고 우리의 삶에 많은 영향을 끼치고 있는 별이다. 봄철의 밤하늘, 북동쪽에 위치하며 우리나라 어디서나 쉽게 찾을 수 있으며 다른 별자리를 찾을 수 있게 도와주는 길잡이 별이다. 큰곰자리를 찾기 위해서는 북두칠성과 사자자리 사이에 위치한 곰의 발톱을 찾는 것이 포인트이다. 작은 별이 두 개씩 나란히 있고 띄엄띄엄 3군데 계속되어 있는 것이 곰의 발톱이다.

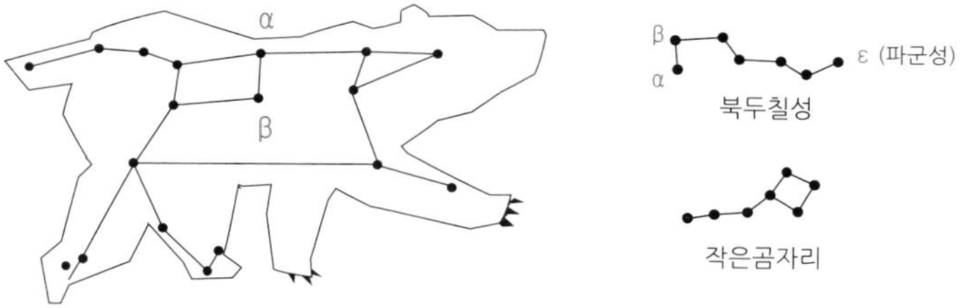

북두칠성의 두병(斗柄)을 이어서 5배 정도 연장하면 밝은 별이 하나 보이는데 이 별이 북극성(Polaris)이다.

아라비아에서는 북두칠성을 관을 메고 가는 낭자들의 모습으로 보고 있고, 손잡이의 제일 끝 별인 이타η 별을 관을 인도하는 사람으로 보아 매우 불길한 별로 생각했다.

동양에서도 북두칠성을 인간의 죽음을 결정하는 별로 여기며 η별을 파군성(破軍星)이라 부른다. 제갈공명이 생명을 연장하기 위해 7개의 촛불을 켜고 주문을 외울 때 하늘에서 유성이 북두칠성으로 흘러 파군성이 붉게 타오르는 것을 보고 하늘이 거부하는 것을 알았다. 이때 문을 열고 들어온 부하에 의해 바람이 불어 촛불이 모두 꺼지면서 공명이 피를 토하며 죽음에 이르렀다는 고사의 바로 그 별이다.

북두칠성은 북극성을 축으로 하여 하루에 한 번씩 그 주의를 회전하므로 밤에는 시계의 역할을 한다. 또 국자 모양의 손잡이인 두병의 방향에 따라 계절과 시간을 알 수도 있다.

아래의 그림은 월(月)에 따른 밤 9시(戌時)의 북두칠성의 위치를 나타낸다. 하늘은 좌선하고 있다.

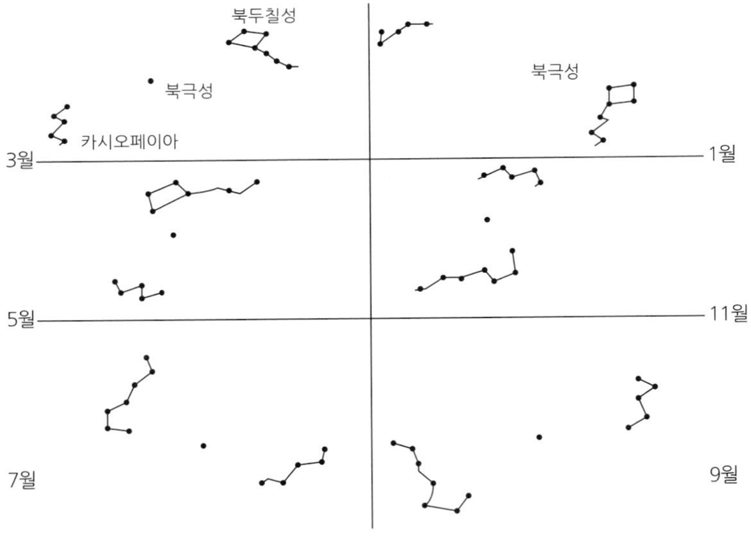

제우스와 사랑에 빠진 칼리스토(Callisto) 공주가 낳은 아들 아르카스(Arcas)와 함께 제우스의 아내 헤라의 질투로 인해 큰 곰과 작은 곰이 되어 하늘로 올라가 휴식 없이 맴도는 별자리의 전설이 전해 오고 있다.

(2) 작은곰자리

큰곰자리보다 더 북쪽 하늘, 하늘의 북극에 작은곰자리라고 불리는 작은 국자 모양의 별자리가 있다. 이 별이 유명한 이유는 북극성이 이 별자리의 별이라는 것 때문이다. 북극성을 포함한 작은곰자리는 1년 내내 밤하늘에서 볼 수 있는 북반구 하늘의 대표적인 별자리이다. 이 또한 일곱 개의 별들이 작은 북두칠성을 연상하게 한다. 그래서 이 별들을 북두칠성에 대하여 작은 국자라고도 부른다.

작은곰자리의 알파별인 북극성(Polaris)은 별들의 일주 운동에 있어서 중심이 되는 별이다. 이 북극성을 찾게 되면 작은곰자리는 쉽게 알아볼 수 있다. 한편으로 북극성을 찾는데 지침이 되는 별자리는 카시오페이아자리(Cassiopeia)와 큰곰자리이다. 실제는 북극성 근처에는 밝은 별이 없기 때문에 북쪽 방향만 알면 정북(正北) 방향의 중간 정도 높이에서 북극성을 찾는 것이 어렵지 않다.

1 찾는 방법

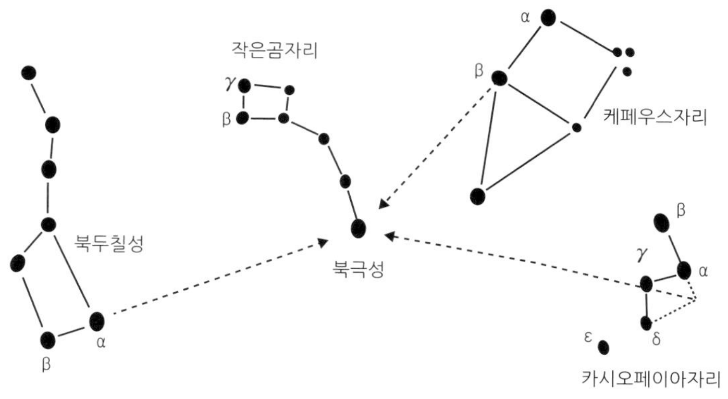

(3) 용(龍)자리

북쪽 하늘 넓은 영역에 걸쳐 고대 이집트인들에게 매우 친숙한 전설의 동물 용(龍)의 별자리가 있다. 용자리는 밤하늘의 별자리 중에서 매우 큰 별자리에 속하므로 찾기에는 별 어려움이 없으나 워낙 크기 때문에 전체를 찾아 연결하기는 그리 만만하지 않다. 이 별자리를 찾는데 기준이 되는 별자리는 큰곰자리와 작은곰자리 그리고 백조자리이다.

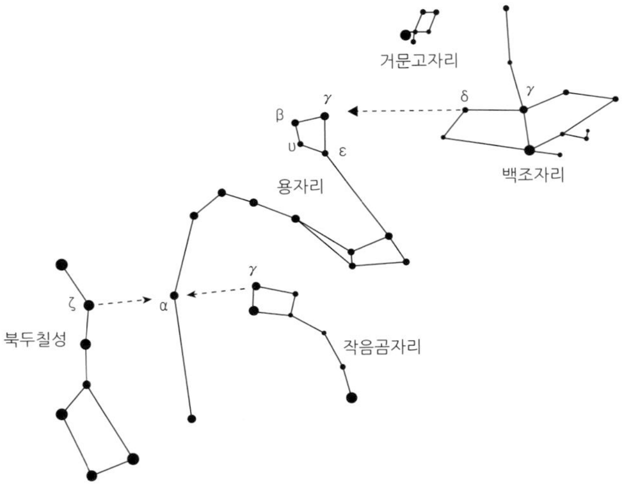

용의 꼬리 부분에 위치한 α별 투반은 약 4800여 년 전 고대 이집트의 북극성으로 유명하다. 피라미드나 신전을 세울 때도 용의 머리에 해당하는 γ별 엘타닌이 보이도록 지었다고 한다. 아마도 용을 하늘의 수호신으로 생각한 듯하다. 몇몇의 신화가 있지만 그중 하나는 헤라클레스의 12가지 고역 중 열한 번째의 고역인 사과나무를 지키는 용을 죽이고 사과를 가져오는데 헤라클레스의 발아래 짓밟혀 있는 용이 바로 용자리의 주인공이다.

(4) 카시오페이아자리

여름이 떠나고 가을의 하늘이 오면 북두칠성은 지평선 가까이 내려가 보기가 힘들어진다. 이쯤에서 북쪽 하늘을 보면 W자 모양을 한 카시오페이아가 높이 떠 있는 것을 발견할 수 있다. 7월의 밤하늘에 보이기 시작하여 가을이 깊어갈수록 더욱 높이 떠오른다. 은하수의 끝부분에 있기에 많은 별 속에 묻혀 있는 작은 구슬 같은 W자를 보게 된다. 옛 서양 사람들은 아름다운 에티오피아의 왕비를 여기에 그렸다.

1 찾는 방법

카시오페이아자리는 북극성을 중심으로 하여 북두칠성의 반대편에 자리하고 있다.

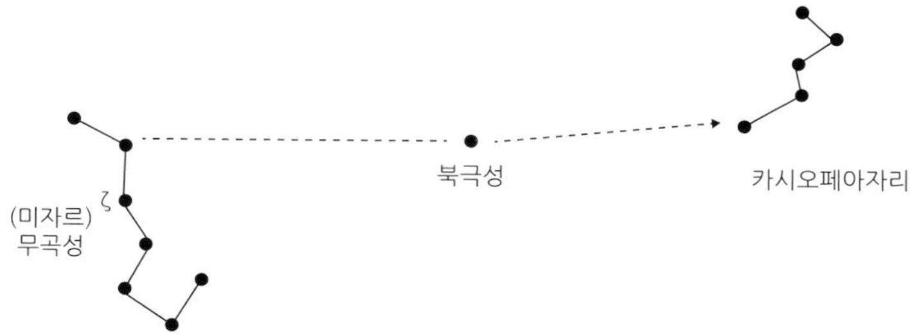

2 신화와 전설

아름답지만 허영심이 많은 에티오피아의 왕비였던 카시오페이아는 바다 요정들의 미움을 받게 되고 그의 딸 안드로메다를 바다의 신 포세이돈(Poseidon)이 보낸 고래(Cetus)에게 제물로 바치게 된다. 안드로메다는 당대의 영웅 페르세우스에 의해 구출되지만, 카시오페이아는 포세이돈에 의해 하늘로 올려져 별자리가 되고, 그 허영심에 대한 벌로 하루의 반을 의자에 앉은 채 거꾸로 매달려 있게 된다.

(5) 케페우스자리

카시오페이아가 보일 때면 그 위에 오각형으로 이루어진 에티오피아의 왕 케페우스의 별자리가 보인다. 이들의 뒤에는 딸인 안드로메다 공주의 별자리가 사위 페르세우스의 별자리와 같이 나란히 위치하여 늦가을의 북쪽 하늘은 케페우스 왕가의 가족 별자리로 가득 차 있다.

1 찾는 방법

카시오페이아자리의 윗부분에 시골의 작은 교회당이 거꾸로 서 있는 듯한 느낌을 주는 오각형의 별들이 있고 오각형의 아래에 작은 삼각형을 이루는 별들이 있는데, 이 시골 교회를 지키는 귀여운 개의 모습을 연상시킨다. 북두칠성과 함께 가장 찾기 쉬운 별자리이다. 매니큐어를 칠한 다섯 개의 손가락으로 여기고 '헤나의 물들인 손'이라고도 부른다.

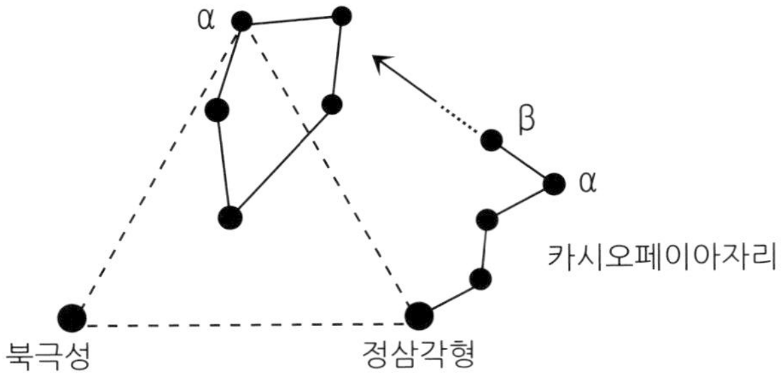

(6) 기린자리

추운 겨울날 북동쪽 하늘에는 북두칠성과 이미 M자로 바뀐 카시오페이아자리 외는 뚜렷한 별들이 없는데, 이들 사이를 자세히 보면 희미한 별들이 조금 흩어져 자리를 잡고 있는 것을 발견할 수 있다. 이 별들은 목이 긴 기린을 나타내는 별자리이다. 이 별자리는 17세기 후반경 하늘의 빈 공간을 메우기 위해 만들어진 별자리라서 신화나 전설 이야기가 거의 없다. 이 자리는 1690년 폴란드의 헤벨리우스(J. Hevelius)에 의해 만들어진 별자리이다.

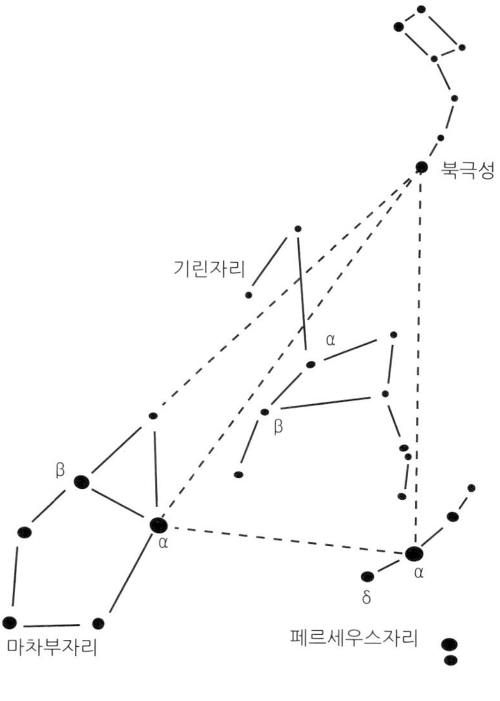

이 별자리는 찾기 어려운 별자리이나 기린자리를 찾을 수 있는 독자라면 수준에 도달했다 할 수 있다.

별빛이 반짝이는 이유

별들을 바라보고 있으면 별들이 계속해서 반짝이고 있다는 것을 금방 알게 된다. 또 하늘 높은 곳에 있는 별들보다 지평선에 가까운 별들이 더 반짝인다는 것을 느끼게 된다. 별들이 반짝이는 이유는 지구에 대기가 있기 때문이다. 별빛이 지구의 대기를 통과하면서 산란을 일으키게 되고 이때 별이 반짝이는 것이다. 작은 별일수록 더욱 반짝반짝 빛이 난다. 지평선에 가까운 별들일수록 더 많은 대기를 통과하기 때문에 그 산란의 정도가 심하며 바람이 부는 등 대기 상태가 불안정할 때는 더욱 반짝인다. 이것을 인류가 최초로 알아낸 것은 2차 세계대전 발발 직전인 1938년 미국 코넬대학의 한스 베테(1906~2005)에 의해 비로소 인류는 별이 빛나는 이유를 알아내었다.

2) 사계절 별자리

【봄 하늘 별자리】

(1) 사자자리
(2) 작은사자자리
(3) 살쾡이자리
(4) 머리털자리
(5) 육분의자리
(6) 바다뱀자리
(7) 컵자리
(8) 까마귀자리
(9) 목동자리
(10) 사냥개자리
(11) 왕관자리
(12) 처녀자리
(13) 천칭자리

그대 그리운 별

그대 사랑할 때
별이 되고 싶어라
하늘에서 이슬 머금은 별
유난히 반짝이지 않는 그리움의 별

사랑 하나로 별이 되고
그리움 하나로 별이 되고
바람이 될 수 있다는 걸
그대는 아시려나

그대 사랑하면 외로움으로
허공 중에 표류한다는 걸

그대 사랑할 때
외로운 별이 되고
바람이 되어도

온몸에
눈물 머금어 이슬 되어도
맺힐 수 없고
반짝일 수 없다는 걸
그리운 그대는 아시려나

차마 바람이 되고
별이 될 수 없다는 걸
그대는 아시려나

–박장락–

* 봄 하늘의 천궁도

출처: https://astronomy.com/observing/astro-for-kids/2008/03/learn-the-constellations

(1) 사자자리

새봄을 알리는 대표적인 별자리는 사자자리이다. 동쪽 하늘에 사자자리가 보이기 시작하면 봄 하늘은 큰 동물원을 옮겨다 놓은 것처럼 북쪽 하늘에는 기린과 큰곰, 작은곰이 보이고 서쪽 하늘에는 양과 황소, 그리고 고래는 아직 모습을 보이지 않고 있지만 남쪽 하늘에는 토끼, 큰개, 작은개, 외뿔소 등이 보인다.

1 찾는 방법

북두칠성은 봄철의 동쪽 하늘에서는 가장 확실한 길잡이 별이다. 북두칠성이 높이 떠 있는 봄철의 밤하늘에서 사자자리를 찾는 일은 어려운 일이 아니다.

■ 황도 제5궁(The fifth sign of the zodiac)

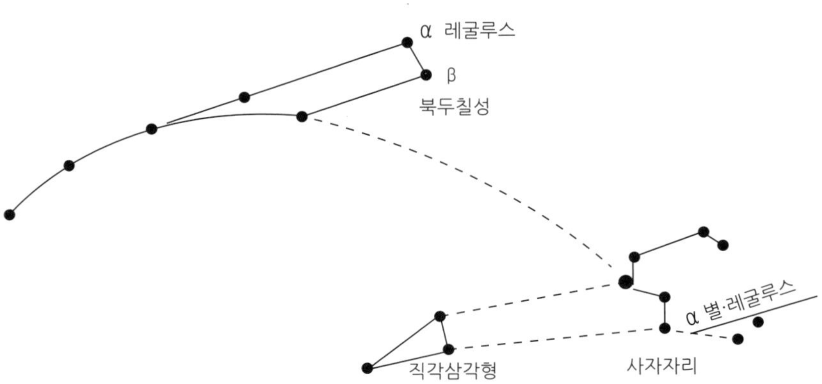

사자자리는 황도상에 있는 별자리 중의 하나로 황도 12궁 중 제5궁에 속한다. 태양은 매년 8월 7일경부터 9월 14일까지 이곳을 통과한다. 수천 년 전 옛날, 하지에 태양이 이곳에 이르게 되면 대단히 더워졌기 때문에 백수의 왕 사자가 이곳에 놓이게 되었다고 전해진다.

레굴루스(남쪽의 황제 별, The southern Royal star)

사자자리의 알파별인 레굴루스(Regulus)는 고대 페르시아 시대에 하늘의 네 수호자로 알려진 네 개 황제 별의 우두머리였다. 초기의 서양 점술가들은 레굴루스를 왕의 별로 삼아 이 별 아래서 태어난 사람은 명예와 부, 권력을 모두 가지게 된다고 믿었다. 봄철의 하늘에서 맨 처음 등장하는 레굴루스는 그 위용이 대단한 별이다. 지구에서 약 79광년 떨어져 있는 항성이다.

2 신화와 전설

헤라클레스의 신화 속에 그가 입고 있는 사자 가죽옷이 바로 이 사자이다. 그리스 신화 속에 먼 옛날 네메아 나라의 계곡에 유성이 떨어져 변한 포악한 사자를 이 나라의 왕인 에우리테우스가 헤라클레스에게 처치를 명령했다. 헤라클레스가 맨손으로 격투를 하여 사자를 죽이고 가죽을 얻었는데 이 사자의 가죽은 어떤 무기로도 뚫을 수 없는 방탄 가죽이다. 제우스는 이를 기억하기 위해 사자를 하늘의 별자리로 만들었다는 신화가 전해진다.

(2) 작은사자자리

(3) 살쾡이자리

이른 봄 하늘 머리 위에는 쌍둥이자리와 마차부자리의 1등성들이 밝게 빛나고 있고, 북두칠성은 북쪽 산등성이 위로 선명한 모습을 나타내고, 동쪽 하늘에는 백수의 왕 사자가 위엄 있는 모습으로 포효하는 것을 볼 수 있다. 그러나 이들 사이의 공간에는 특별히 밝은 별들이 없어 허전한 느낌을 주는데, 이 공간을 채우기 위해 17세기 후반 두 개의 별자리가 만들어졌다. 그것이 바로 살쾡이자리와 작은사자자리이다. 이 두 별자리 역시 1690년 폴란드의 헤벨리우스에 의해 만들어진 자리이다. 사자자리와 바다뱀자리 사이의 육분의자리와 사냥개자리 역시 헤벨리우스에 의해 같은 용도로 만들어진 자리이다.

(4) 머리털자리

(5) 육분의자리

(6) 바다뱀자리

바다뱀자리는 봄철의 남쪽 하늘에 보이는 대단히 긴 별자리이다. 머리는 이미 2월 초저녁 하늘에 보이기 시작하며 꼬리는 여름의 대표적인 별자리인 전갈자리 근처까지 뻗어 있다. 그 길이가 얼마나 긴지 가을이 시작될 때까지도 그 모습이 다 사라지지 않는다. 이 별자리는 길이뿐만 아니라 면적에서도 밤하늘의 많은 별자리 중에서 가장 넓은 면적을 차지하고 있는 별자리로 알려져 있다.

1 **찾는 방법**

바다뱀자리의 정확한 모습을 찾는데 가장 좋은 지침이 되는 별자리는 사자자리이다.

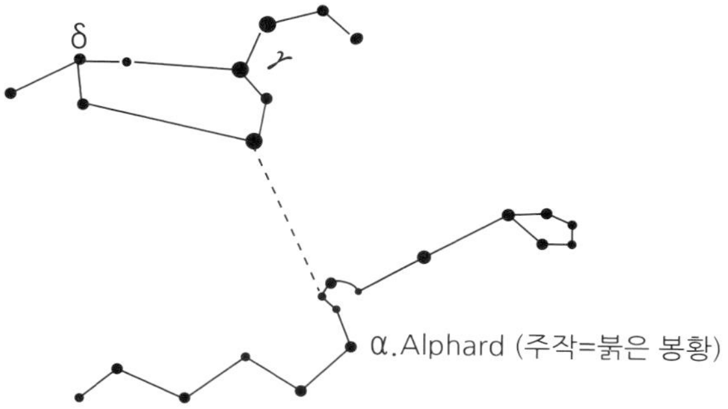

가장 큰 별자리

밤하늘 88개의 별자리 중에서 가장 길게 넓은 영역을 차지하고 있는 별자리이다. 서쪽의 작은개자리에서 동쪽의 천칭자리에 이르기까지 거의 100도에 걸쳐 있다. 보름달의 지름으로 따진다면 200개의 보름달이 나란히 놓여 있는 것과 같은 길이다. 바다뱀자리의 가장 밝은 알파별은 알파르드 별로 바다뱀의 심장이라는 뜻에 걸맞게 바다뱀 가슴 부분에 위치해 있다.

2 **신화와 전설**

바다뱀자리는 헤라클레스가 그의 두 번째 모험에서 물리친 머리 아홉 달린 괴물 물뱀 히드라(Hydra)의 별자리로 알려져 있다.

(7) 컵자리와 (8) 까마귀자리

봄철의 남쪽 하늘은 어두운 바다뱀자리가 길게 누워 있는 것을 제외하고는 뚜렷하게 눈에 띄는 별들이 거의 없다. 바다뱀자리의 별들도 4등성 이하의 별들이 대부분이어서 북쪽의 밝은 별들과는 대조를 이룬다. 그런데 이곳에는 새순처럼 눈에 띄는 사다리꼴의 작은 별무리가 유일하게 시선을 끌고 있다. 까마귀자리이다. 그 동쪽으로 컵의 별자리가 있다. 모양은 그럴듯한 별자리인데 워낙 어두운 별들로 이루어져 있어 찾아내기가 힘든 별자리이다.

1 찾는 방법

두 별자리 모두 처녀자리의 스피카(Spica) 1등성을 기준으로 찾는 것이 바람직하다. 그런 다음 까마귀자리를 찾고 그다음 동쪽에서 컵자리를 찾는 것이 좋다. 북두칠성에서부터 목동자리의 아크투르스(Arcuturus), 알파별 Boo를 거쳐 스피카로 내려오는 봄철의 큰 곡선은 봄의 별자리를 찾

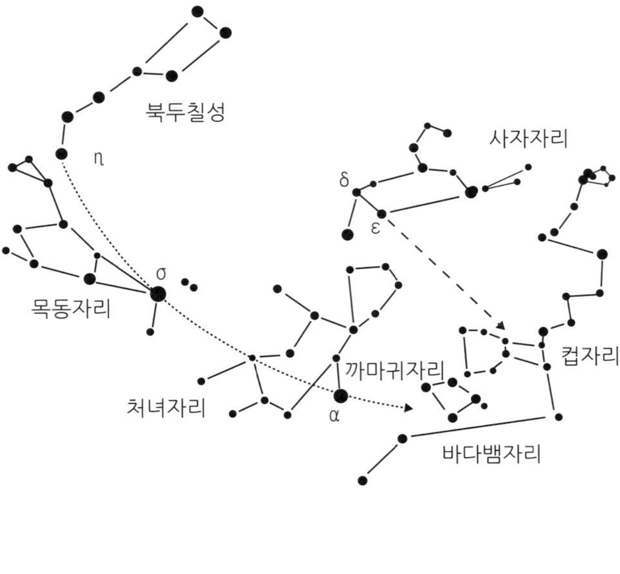

는 데 가장 좋은 길잡이다. 이 봄철의 큰 곡선을 남쪽으로 약 15도 정도 더 연장하면 까마귀자리가 나타난다.

2 신화와 전설

컵자리

술의 신 디오니소스(Dionysus)의 술잔이라고도 하고 또는 아폴로 신의 술잔이라는 말도 있다.

까마귀자리

그리스 신화에 의하면 까마귀는 해의 신 아폴로가 키웠던 은색의 날개를 가진 아름다운 새였다고 한다. 아폴로 신의 애완조였던 까마귀는 인간의 언어를 사용하는 영리한 새였는데 대단한 수다쟁이며 거짓말쟁이였다. 어느 날 아폴로는 그의 아내 코로니스가 간통하고 있다는 까마귀의 거짓 보고에 속아서 마중 나온 코로니스를 죽이고 만다. 아내가 죽은 후에야 거짓 보고에 속은 것을 안 아폴로는 아름다운 까마귀를 새까맣게 바꾸어 버리고 두 번 다시 인간의 말을 사용하지 못하게 하였다. 그래도 화가 안 풀린 아폴로는 까마귀를 하늘에 매달아 더 이상 나쁜 짓을 하지 못하게 하였다고 한다. 하늘에서 까마귀는 컵자리 옆에 약간 떨어져 있는데 이것은 아폴로가 본보기를 보이기 위해 컵의 물에 까마귀의 주둥이가 이르지 못하게 하였기 때문이라고 한다.

(9) 목동자리

봄이 한창 무르익을 무렵 동쪽 하늘 산등성 위로 북두칠성의 손잡이의 곡선을 따라 금색의 아주 밝은 1등성(정확히는 0등성)의 별 하나가 모습을 보이기 시작한다. 우리나라 밤하늘에서 볼 수 있는 별들 중에서 큰개자리의 시리우스(Sirius)를 제외하고는 가장 밝은 아크투루스(Arcuturus)라는 별이다. 이 아크투루스를 포함하고 있는 별자리는 그리스 시대에는 곰 사냥꾼 또는 목동의 모습으로 알려진 목동자리이다.

1 찾는 방법

봄날의 밤, 하늘 높이 떠 있는 오렌지색의 아크투루스는 그 빼어난 밝기로 인해 눈에 쉽게 띄는 별이다. 목동자리를 찾는 방법은 북두칠성의 손잡이를 따라 선을 연장하여 30도 정도 움직이면 밝은 오렌지색의 아크투루스가 반갑게 맞을 것이다.

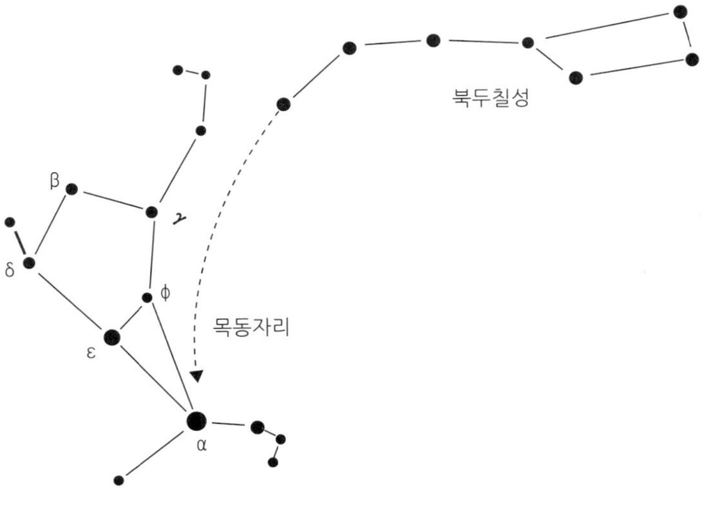

아크투루스(Arcturus)

달력이 없었던 옛날에는 계절 변화의 길잡이 별이었다. 고대의 의학자 히포크라테스는 "동쪽 하늘에 아쿠투루스가 보이기 시작하면 건조한 계절이 시작된다. 이때가 되면 여자들이나 습한 체질을 가진 사람들은 자연적으로 무기력해진다. 그러나 이것은 성마른 성격의 사람들에 가장 유해하다."라고 말했다. 이집트에서 이 별은 나일 신전의 숭배 대상 중 하나인 신전의 별(Temple Star)로, 그리고 아라비아에서는 '하늘의 수호성'으로 부르는 매우 신성한 별이었다.

2 신화와 전설

사냥꾼 아르카스(Arcas)는 큰곰자리에 나오는 칼리스토(Callisto)의 아들로 훌륭한 사냥꾼이며, 후에 작은곰자리의 주인공이 되기도 한다. 또 아르카스는 두 마리의 소가 끄는 쟁기를 발명하기도 한다.

(10) 사냥개자리

(11) 왕관자리

북두칠성에서 시작하는 봄철의 큰 곡선이 처음으로 만나는 목동자리의 동쪽 옆에 반원형의 작고 아름다운 별자리이다

1 찾는 방법

이 별자리를 찾는 데 가장 좋은 길잡이 별자리는 목동자리이다.

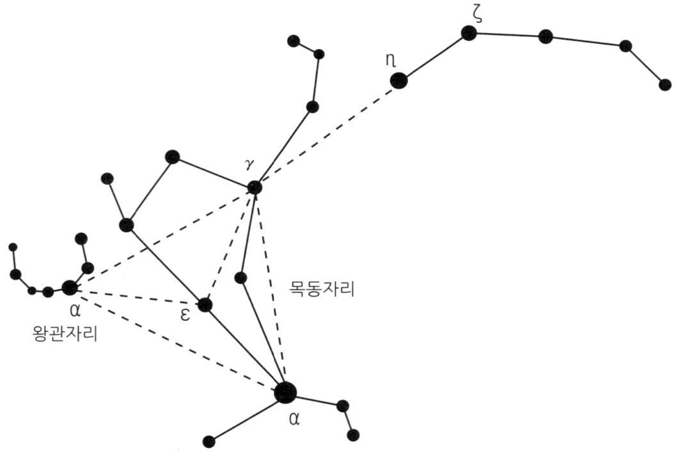

2 신화와 전설

크레타섬의 공주 아리아드네(Ariadne)를 구한 술의 신 디오니소스가 그녀와 결혼할 때 혼수품으로 준 7개의 보석이 붙은 왕관이라고 전해지고 있다.

(12) 처녀자리

약동하는 봄의 기운이 가득할 즈음에 철모르는 겨울 하늘의 1등성들은 봄 별들을 인도하는 사자의 포효에 놀라 서쪽 하늘로 달아나 버리고 하늘에는 새로운 별들만이 봄 밤하늘을 밝히고 있다. 이즈음 동쪽 하늘의 지평선과 맞닿은 1등성 별 하나가 주의를 끄는데 황도 12궁의 6궁에 해당하는 처녀자리의 으뜸별 스피카(Spica)이다. 스피카의 창백하리만큼 차갑게 빛나는 아름다움에서 이 별자리의 이름이 처녀자리라 작명한 것에 감탄한다.

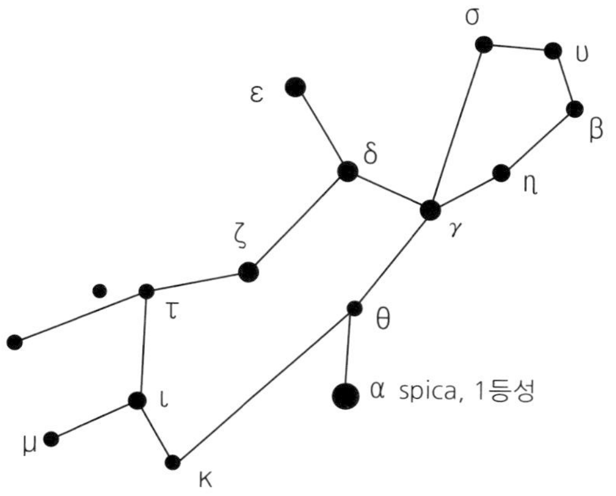

1 찾는 방법

아름다운 처녀자리가 동쪽하늘의 지평선 위로 나타날 때쯤이면 이미 봄철의 별들이 하늘 가득히 나타나 있다. 처녀자리를 찾는 가장 좋은 방법은 북두칠성의 손잡이 곡선을 따라 내려가는 것이다. 이 곡선을 따라 내려가다 보면 먼저 목동자리(Bootes)의 알파별 '아크투루스(1등성)'와 만나고, 이어서 '처녀자리'의 으뜸별 '스피카(1등성)'에 도달하게 된다.

이 별이 '스피카'라는 것을 확인하는 방법은 아크투루스와 스피카를 두 점으로 하는 '봄철의 정삼각형'에서 다른 한 꼭짓점인 '사자자리'의 베타 별 '데네볼라Denebola'를 찾는 것이다.

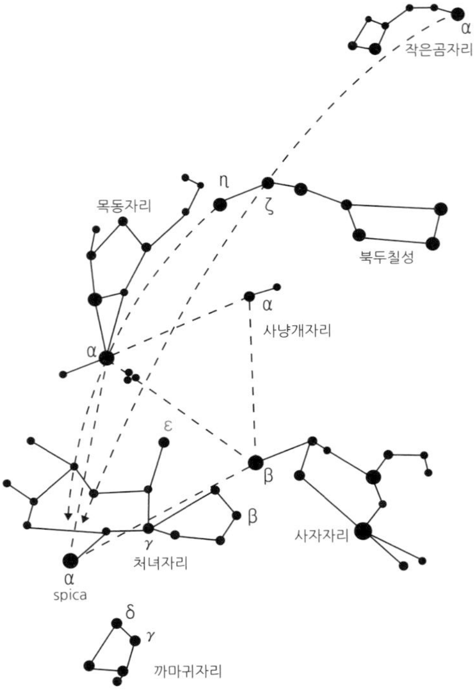

봄 처녀의 별 스피카(Spica)

처녀자리의 알파별 스피카는 목동자리의 아크투루스와 더불어 봄의 밤하늘에서 가장 밝은 별이다. 특히 봄철 남쪽 하늘에 밝은 별은 오직 처녀자리의 으뜸별인 스피카만 존재한다. 아크투루스의 화려한 금색 빛에 비하여 스피카는 왠지 차가운 아름다움을 느끼게 하는 하얀색을 띠고 있어 세계 각지에서는 공통적으로 처녀, 순결함 등의 이름으로 부르고 있다. 그러나 스피카의 색이 하얗게 보이는 까닭은 표면 온도가 2만 도가 넘는 초고온의 별이기 때문이다. 태양의 1만 배 정도의 초고온으로 온순하며 만만한 처녀 별이 아니다. 차갑게 빛나는 처녀의 아름다움 속에 접근하지 못할 무서움이 있다는 것이다.

포도 따는 별 빈데미아트릭스(Vindmiatrix)

처녀자리 Y자 왼쪽 끝에 있는 3등성의 엡실론별(ε)에 '포도 따는 여인'이라는 이름이 붙어져 있는 별이 있다. 해 뜨기 전에 이 별이 동쪽 하늘에 떠오르게 되면 포도의 계절이 시작되기 때문에 붙여진 이름이다. 빈데미아트릭스는 그리스어로 포도 따는 여인이다.

2 신화와 전설

많은 전설이 있다. 가장 널리 알려진 것은, 토지의 여신 데메테르(Demeter)의 딸 페르세포네(Persephone)가 가을날 땅 위의 옥수수밭을 거닐던 지하 세계의 지배자 하데스(Hades)에게 발견되어 납치를 당하고 강제로 그의 아내가 되어 하데스의 애정으로 풍족하게 살지만, 고향인 땅을 생각하며 슬픔에 빠지곤 하였다. 이를 안 엄마인 토지의 여신이 슬퍼하자 땅은 메말라 갔고 들에서는 곡식이 제대로 여물지 못하였다. 이에 제우스의 중재로 1년의 절반 동안은 지하 세계에 머무르고 나머지 절반은 지상에서 지낼 수 있게 되었다. 그 후 페르세포네는 봄 하늘의 별자리가 되어 지하 세계로부터 동쪽 하늘로 떠오르게 되었다. 그 후로 겨울에는 추위가 오고 풀이 돋아나지 않게 되었고, 이것은 토지의 여신이 딸을 그리워하여 슬픔에 빠져 있기 때문이라고 전해온다. 그러나 봄이 와서 하늘의 처녀자리가 나타나면 데메테르는 슬픔이 가시게 되고 대지는 다시 활기를 띠고 초목이 자라게 된다.

(13) 천칭자리

여름이 오면서 봄의 별자리들은 서서히 서쪽 하늘로 사라지기 시작한다. 이 무렵 남쪽 하늘에 봄과 여름의 갈림길에 선 작은 별자리 하나가 나타난다. 황도 12궁의 제7궁을 차지하는 천칭자리이다. 천칭이란 이름이 붙여진 것은 옆에 놓인 처녀자리를 정의의 여신 아스트라이아(Astraea)로 보는 서양의 점성학에서 기인한 것 같다.

1 찾는 방법

봄철의 대표적인 별자리인 처녀자리와 여름철의 전갈자리(Scorpius) 사이에 위치한 별자리이다. 천칭자리를 찾기 위해서는 북두칠성의 마지막 별 알카이드(파군성)를 목동자리의 알파별에 연결하여 약 1.5배 남쪽으로 연장하면 된다. 전갈자리가 보이는 여름이면 천칭자리를 찾기는 더욱더 쉽다.

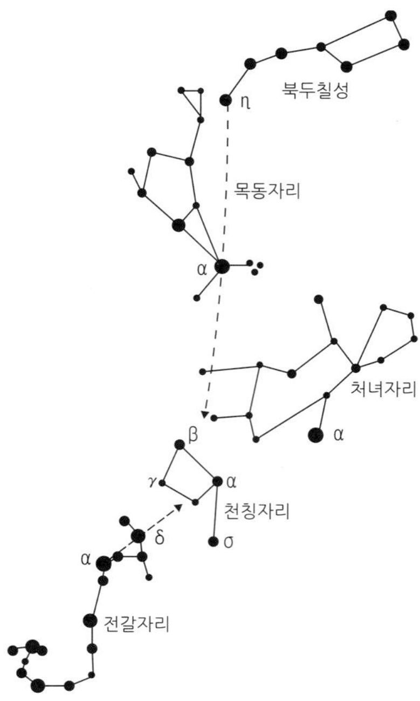

2 신화와 전설

처녀자리(Virgo)의 주인공으로 알려진 정의의 여신 아스트라이아(Astraea)가 지닌 정의의 저울대로 알려져 있다. 옛 성좌 그림에는 이 별자리에 천칭을 들고 있는 여신의 모습이 멋있게 그려져 있다.

1682년 나타난 대혜성(大彗星)

이슬람교도인 터키인들에게 유럽을 침공하는 계기를 만들어 주었다. 독일인들은 이 혜성을 그리스도교에 대한 큰 위협의 징조라고 생각하여 큰 혼란에 빠졌고, 터키인들은 이 혜성의 출현을 유럽 침공의 절호 기회로 여기고 빈을 침공하였다. 터키군의 침공은 이미 혜성의 출현으로 혼란에 빠진 그리스도교도들을 커다란 위기로 몰아갔고 모든 그리스도교인이 이슬람교도들인 터키군에게 정복당할 위기까지 몰리게 되었으나 폴란드의 왕 소비에스키가 나타나 터키군을 격퇴시키고 그리스도교인들을 구했다. 그리하여 빈도 위기를 탈출했고 그 기쁨과 기념으로 모든 제빵소에서 터키 국기의 초승달 모양을 빵으로 만들어 먹었다. 그 후 합스브르그 왕가의 막내 공주인 비엔나의 마리 앙투아네트가 프랑스 루이 16세와 혼인을 할 때 가져간 빵이 크루아상(Croissant)이다. 프랑스어로 크루아상은 초승달을 의미한다.

로마 시대 이래 혜성은 포도주의 맛과 큰 관계가 있다고 알려져 왔다. 혜성이 지구의 온도를 상승시키고 그로 인하여 포도의 당분이 증가하며 알코올 함유량이 많아져 좋은 와인을 만들 수 있다는 이론이었다. 1811년 나타난 혜성은 매우 큰 것이었다. 이 혜성은 당시의 포도주 회사에 많은 이익을 가져다주었는데, 19세기 말까지 1811년 빈티지 포도주는 '혜성 포도주'로 불리며 매우 비싼 값으로 거래되었다.

【여름철의 별자리】

(1) 거문고자리
(2) 헤라클레스자리
(3) 땅꾼자리
(4) 뱀자리
(5) 전갈자리
(6) 백조자리
(7) 독수리자리
(8) 돌고래자리
(9) 사수자리
(10) 화살자리
(11) 작은여우자리
(12) 방패자리

별

가슴에 별을 간직한 사람은
어둠 속에서 길을 잃지 않는다

소멸하는 빛 흐느끼고
별이 낡은 구두를 벗어 놓는다

절대 고독, 허공에 한 획 긋는다
별을 삼킨 강 뒤척인다

가슴에서 별이 빠져나간 사람은
어둠 속에서 절벽을 만난다

-신형주-

* 여름 하늘의 천궁도

출처: https://astronomy.com/observing/astro-for-kids/2008/03/learn-the-constellations

(1) 거문고자리(하프자리)

견우와 직녀의 전설을 들은 추억이 있을 것이다. 은하수 위로 밝게 빛나는 1등성의 별이 여름 하늘에 아름답게 빛나고 있는 직녀별이다. 서양에서는 이 별의 모습을 신의 음악을 연주하는 하프라고 생각하였고, 우리의 선조들은 아름다운 직녀와 견우의 사랑 이야기를 만들어 냈다. 동서양을 넘어서 여름밤의 가장 아름다운 별자리로 여겼다.

1 찾는 방법

은하수가 빛나는 밤하늘에서 푸른색의 아름다운 1등성 별이 빛나는 모습을 볼 수 있다. 거문고자리는 여름 하늘의 작은 별자리이지만 아름다운 직녀별 베가를 간직하고 있어 모두에게 사랑을 받아왔던 별자리이다.

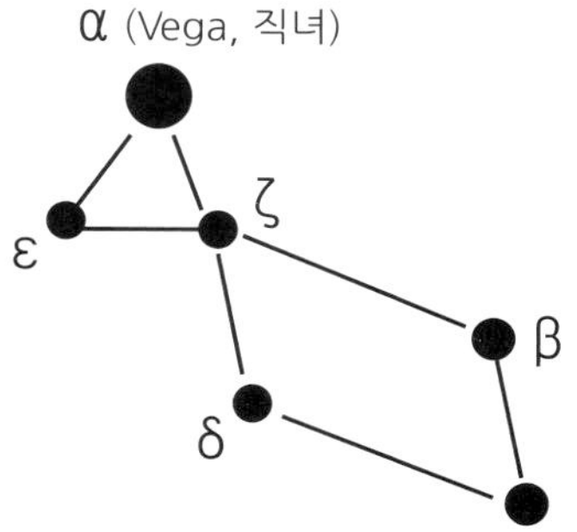

직녀별 베가(Vega) 1등성

하늘의 가장 밝은 별(The Arclight of the sky), 여름밤의 여왕, 전 하늘에 하나뿐인 다이아몬드 등의 형용사가 붙을 정도로 밝고 아름다운 별이다. 밤하늘에서 가장 밝은 별은 겨울 밤하늘에서 만나는 큰개자리의 시리우스(Sirius)지만 베가는 또 다른 사파이어 빛의 아름다운 별로 목동자리의 아크투루스(Arcuturus)와 더불어 여름밤의 가장 밝은 별이다.

우리나라를 비롯한 동양에서는 직녀별로 잘 알려져 있다. 이집트에서는 독수리별로 부른다. 베가 근처의 엡실론별과 지타별이 독수리의 좌우 날개를 이루고 있고, 이들이 만드는 작은 삼각형은 독수리가 날개를 접고 있는 모습으로 전해진다. 이 별이 사막의 하늘을 낙하하는 독수리라는 의미의 베가(Vega)라는 이름을 갖게 된 것도 이러한 연유이다.

거문고의 현

거문고자리의 지타 별, 베타 별, 감마 별 그리고 델타 별이 만드는 사변형은 거문고(서양의 하프)의 현에 해당한다. 신화에는 전령의 신 에르메스(Hermes)가 거북이의 갑옷에서 뽑은 실로 이 거문고를 만들었다고 한다.

선녀와 나무꾼

베가와 엡실론 그리고 지타가 이루는 작은 삼각형에는 유명한 선녀와 나무꾼의 전설이 있다. 날개옷을 빼앗긴 선녀가 하늘로 오를 수 없게 되자 결국 선녀는 나무꾼과 결혼하여 두 명의 자식을 낳게 되지만, 어느 날 나무꾼이 숨겨둔 날개옷을 발견하고 자식들과 함께 하늘로 올라간다. 그때의 자식이 엡실론과 지타이고 선녀는 베가라고 한다.

2 신화와 전설

옛날에 에르메스(Hermes)라는 이름의 사람이 거북 껍데기를 이용하여 하프를 만들었다. 그는 이 하프를 태양신 아폴로에게 가져가 신들의 전령을 표시하는 카두세우스(Caduseus, 지팡이)와 바꾸어 전령의 신이 되었다.

아폴로는 거문고를 음악의 천재인 아들 오르페우스(Orpheus)에게 주었는데 오르페우스의 아름다운 아내인 에우리디케(Eurydice)가 불행히도 뱀에 물려 죽어 슬픔을 참지 못한 오르페우스는 죽음의 나라로 아내를 찾아 떠났는데 황천을 지키던 보초는 하프의 음색에 취해 문을 열어 주었고 보초견도 짖는 것을 멈추었다.

오르페우스는 지옥의 지배자 하데스와 그의 아내 페르세포네 앞에서 하프를 연주하며 아내 에우리디케를 돌려줄 것을 간청한바, 지옥문을 나설 때까지 뒤를 돌아보지 않는다는 조건으로 에우리디케를 보내 주기로 했다. 이승을 향하여 걸음을 재촉하던 오르페우스는 아내가 뒤에서 잘 따라오는가 하는 궁금증을 참지 못하고 뒤를 돌아보았고 그 순간 에우리디케는 지옥의 어두운 길로 다시 돌아가 버렸다. 실의에 젖은 오르페우스는 하프를 타고 트라케 언덕을 방황하였고, 연정에 휘말려 트라케 여인들의 활에 맞아 죽임을 당하고 주인 잃은 하프는 그의 품에서 슬프고 아름다운 곡을 계속 연주했는데 이를 들은 제우스가 그의 하프(거문고)를 하늘에 올려 별을 만들었다.

여름밤 거문고자리를 바라보며 아내를 극진히 사랑했던 오르페우스의 아름다운 하프 소리를 들으며 서양의 별자리를 감상하기 바란다.

(2) 헤라클레스자리

여름이 시작되면서 은하수는 점점 뚜렷한 모습을 보여주기 시작하며, 봄 하늘의 가장 밝은 별인 목동자리의 아크투루스는 이미 서쪽 하늘로 기울어지고 있으며 여름 하늘의 직녀는 이미 그 아름다움을 뽐내고 있다.

이 무렵 목동자리와 거문고자리의 사이에 하늘을 거꾸로 걷는 사나이인 그리스 신화의 영웅 헤라클레스가 하늘의 정상에 자리하게 된다. 비록 밝은 1등성이나 2등성의 별들은 가지고 있지 않아 관심을 끌지 못하는 별자리지만, 그럴듯하게 사람의 모습을 하고 있는 여름철 밤하늘의 커다란 별자리이다. 그리스 사람들은 이 별자리를 무기를 들고 괴물 히드라를 무찌르는 영웅 헤라클레스의 모습을 하늘에서 찾은 것이다.

1 찾는 방법

주변의 왕관자리와 거문고자리의 위치를 정확히 알고 찾으면 쉽게 찾을 수 있다.

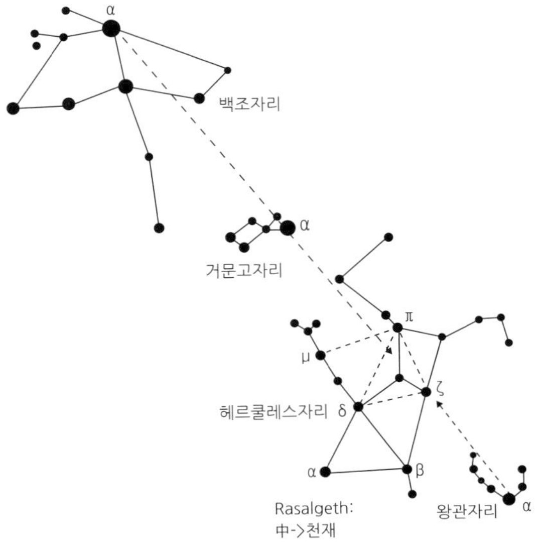

라스알게티(Ras Algethi)

고대 중국에서는 이 별을 3원의 하나인 천시원(天市垣, 목동, 땅꾼, 뱀자리를 포함하는 별자리이며 삼원 중 하늘의 신민들이 사는 곳을 의미한다)으로 불렀다.

2 신화와 전설

헤라클레스는 제우스와 알크메나(Alcmena) 사이에서 태어난 아들이다. 제우스의 아내인 헤라의 질투로 에우리테우스 왕의 노예가 된 헤라클레스는 자유를 얻는 대가로 유명한 헤라클레스의 12가지 교역(The Twelve Lavors of Heracles)를 행하게 된다. 그 후 데자니라와 결혼하고 강을 건널 때 그를 속인 반인반마의 네수스를 활로 죽였다. 그런데 이 반인반마인 켄타우르가 그의 피를 데자니라에게 주면서 그것이 헤라클레스의 데자니라에 대한 사랑을 영원히 지켜줄 것이라 하면서 사랑이 의심스러울 때가 오면 그의 갑옷이나 의복에 그의 피를 묻히면 영원히 헤라클레스가 그녀에게 충실할 것이라고 했다. 그 후 데자니라는 헤라클레스가 노예 소녀와 사랑에 빠졌다고 생각되었을 때 그의 옷에 네수스의 피를 발랐는데, 그로 인해 헤라클레스는 스스로 불을 붙여 죽고 말았다. 이것을 바라보던 제우스는 하늘에서 내려와 아들의 몸을 불에서 꺼내서 하늘에 올려 별이 되었다.

망원경의 발명

최초의 망원경은 1608년 네덜란드의 렌즈 제작자 리페르세이다. 그러나 실제 별을 관측할 수 있는 천체망원경을 만든 것은 이탈리아의 갈릴레오(Galileo, 1564~1642)이다. 그는 자신의 망원경을 이용해서 달의 분화구, 태양의 흑점, 목성의 위성(갈릴레이 위성이라 불림) 등을 관측했다.

(3) 땅꾼자리

(4) 뱀자리

본격적인 여름이 시작되면 서쪽 하늘의 봄 별들이 하나둘 모습을 감추기 시작한다. 이때 동쪽 하늘을 바라보면 헤라클레스자리와 전갈자리 사이의 넓은 공간에 작은 별들로 이루어진 커다란 별자리가 있는 것을 발견하게 되는데, 바로 물뱀을 양손에 쥐고 있는 땅꾼자리이다.

1 찾는 방법

땅꾼자리를 찾는데 가장 편리한 길잡이 별은 직녀와 견우다. 라스알하게(Rasalhague, 2등성)가 직녀성(Vega), 견우성(Altair)과 커다란 이등변 삼각형을 이루고 있기 때문이다.

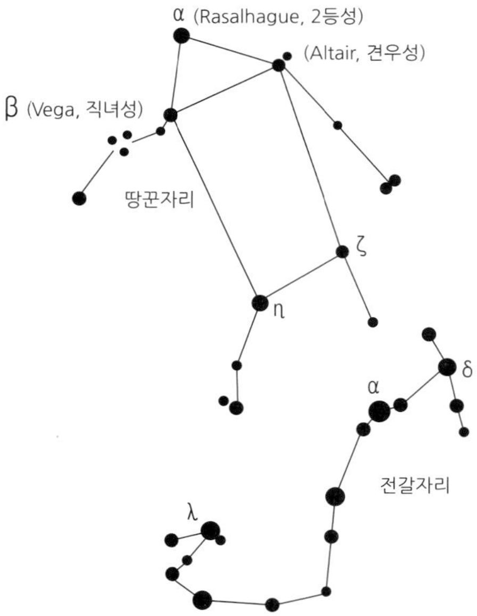

(5) 전갈자리

1 찾는 방법

전갈자리의 알파별 안타레스(Antares, 1등성)가 화성의 라이벌 별로 알려져 있다. 그것은이 별의 붉은빛이 전쟁의 신이라 불리는 화성(Ares)과 비슷하고 2년에 한 번씩 화성이 근처를 지나가며 그 붉은 기를 빼앗아가는 것이라 알려졌기 때문이다. 중국에서는 화성이 안타레스에 접근할 때 왕이 궁궐을 벗어나면 불길한 일이 생긴다고 전해지며 이 별을 심(心), 화(火), 대화(大火)라고 불렀다.

땅꾼자리(ophiuchus)의 바로 남쪽이다. S자의 끝에 위치한 2등성의 샤울라(shaula, λ)를 꼭 확인해야 한다.

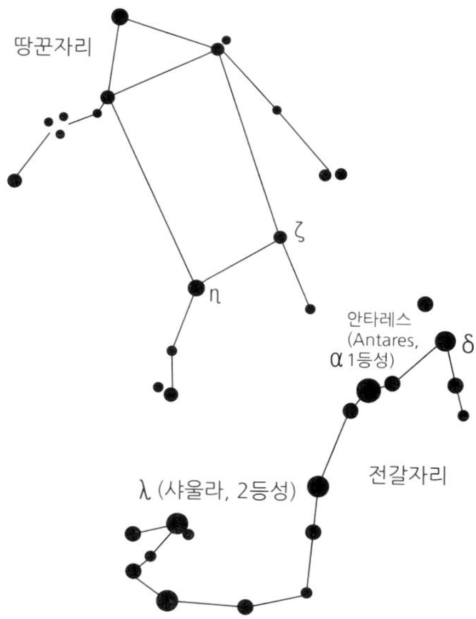

▀▄ 황도 제8궁(The eighth sign of the Zodiac) 전갈자리

황도 12궁의 제8궁에 해당하는 별자리인데, 태양은 매년 11월 21일부터 12월 16일 사이에 이 별자리를 지난다.

2 신화와 전설

전갈자리의 꼬리 끝, 독침에 해당하는 람다별 샤울라(Shaula, 2등성), 업실론별 레사쓰(Lesath, 3등성)는 어린 시절의 옛날이야기가 전해져 온다. 호랑이에게 쫓기던 어린 오누이가 나무 위에 숨어 있다 결국 잡히게 되었는데 하늘에서 금색의 줄이 내려와 이들 착한 오누이를 구해 주었다는 전설이다. 이때 어린 오누이가 매달린 긴 금줄이 전갈자리의 별들이고 꼬리 끝의 별과 v별이 오누이들이 매달려 있는 것이라고 한다. 또 그리스 신화에서 이 전갈은 사냥꾼 오리온(Orion)을 죽이기 위해 아폴로 신이 풀어놓은 전갈이라 한다.

(6) 백조자리

북쪽 하늘의 별자리로 일명 고니자리라고도 불린다. 밤하늘의 수많은 별자리 중에서도 가장 그럴듯한 별자리 중의 하나가 여름밤의 은하수 위를 날고 있는 백조자리일 것이다. 여름 하늘의 은하수를 따라서 견우와 직녀별 사이를 날아가는 백조의 우아한 모습은 감탄사가 절로 나올 정도이다. 남십자성에 대응해 북십자성이라고도 한다. 이 별자리가 견우와 직녀별 사이의 은하수에 자리하고 있기에 중국에서는 일직이 백조자리를 하늘의 강을 건너 주는 배로 보고 있으며, 은하수의 나루터를 의미하는 천진 별자리가 백조의 날개 부분에 자리 잡고 있다.

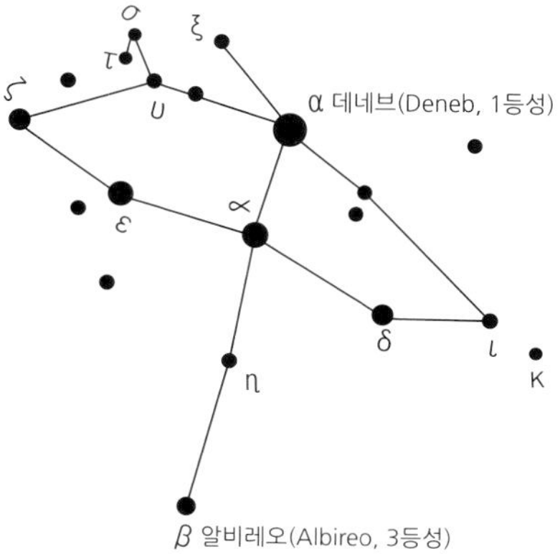

백조자리의 알파별 데네브(Deneb, 1등성)는 영어의 의미가 꼬리를 의미하듯 백조의 꼬리에 자리 잡고 있다. 베타별 알비레오(Albireo, 3등성)는 백조의 머리에 해당하고 북십자가의 나머지 별들은 몸통이다. 그럴듯한 백조의 모습이 아닌가?

1 찾는 방법

백조자리는 뚜렷이 밝은 별들이라서 찾는 데 별 어려움이 없을 것이다. 또한, 백조의 머리 양옆에 견우와 직녀별이 있어서 찾는 데 도움을 주고 있다.

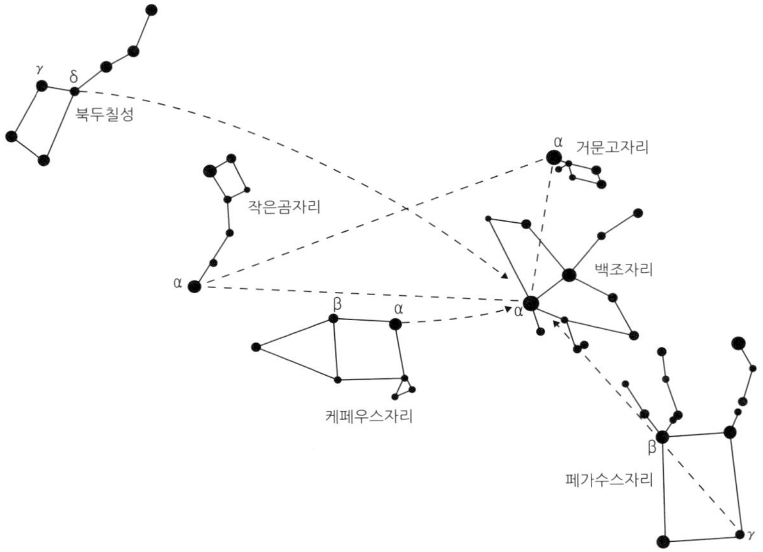

북십자성(The Northern Cross)

알파별(데네브, 1등성)을 가운데 두고 베타별, 엡실론별, 델타별, 감마별이 큰 십자가를 그리듯이 펼쳐져 있고 우리나라에서는 볼 수 없는 남쪽 하늘의 남십자성보다 훨씬 웅장하고 모양도 더 훌륭하다. 북십자성이 완전하게 보이는 것은 백조자리가 서쪽 하늘로 넘어가는 겨울밤이 되어야 한다.

■ 알비레오(Albireo)

백조의 주둥이 부분에 해당하는 베타별 알비레오(Albireo, 3등성)는 가장 아름다운 이중성(二重星)임에도 불구하고 맨눈으로 두 별을 구별하는 것은 거의 불가능하고 망원경으로 보면 금빛의 3등성에 푸른빛을 띤 작은 별이 달라붙어서 금색과 푸른색의 멋진 조화를 이루며 빛나고 있어 발견하는 즐거움을 줄 것이다.

2 신화와 전설

독수리자리의 전설과 같이 제우스의 변신이라는 것이 가장 유명하다. 제우스가 스파르타의 왕비 레다(Leda)의 미모에 빠져 유혹하려 했으나 아내 헤라(Hera)의 질투가 무서워 백조로 변하여 레다를 만나러 갔다. 그 후 결국에는 레다는 제우스와의 사랑으로 2개의 알을 낳게 되는데 그중 하나에서는 카스토로(Castor)란 남자아이와 크리타이메스트라는 여자아이가 탄생했고, 두 번째 알에서는 남자아이 폴룩스와 헬렌이라는 여자아이가 탄생했다. 훗날 남자아이들 카스토로와 폴룩스는 로마를 지켜 주는 위대한 영웅인 수호신이 되었고, 헬렌은 절세미인으로 그 미모로 인해 트로이 전쟁의 원인이 된 이야기다.

(7) 독수리자리

독수리자리는 여름 무렵 동쪽 하늘에서 볼 수 있으며 거문고자리와 은하수를 끼고 서로 마주 보는 위치에 있다. 견우가 있는 별무리로 친숙한 별자리들이며 음력 칠월칠석이 가까워지면 낮은 곳에 머무르던 밤하늘의 견우는 하늘 높은 곳으로 자리를 옮긴다. 이 무렵이면 견우별과 거문고자리의 직녀별, 백조자리의 데네브가 만드는 커다란 직각삼각형의 모습이 하늘의 중앙에 나타나 있게 된다. 우리나라와 중국에서는 은하수 강을 건너는 배들로 잘 알려져 있다.

1 찾는 방법

은하수를 건너는 배의 일부인 독수리자리는 견우별로 옛날부터 동양에서는 매우 친근한 별들로 알려져 왔다. 알파별 알타이르(Altair)가 배가(Vega, 직녀), 데네브(Deneb)와 어울려 은하수에 큰 삼각형을 만들고 있

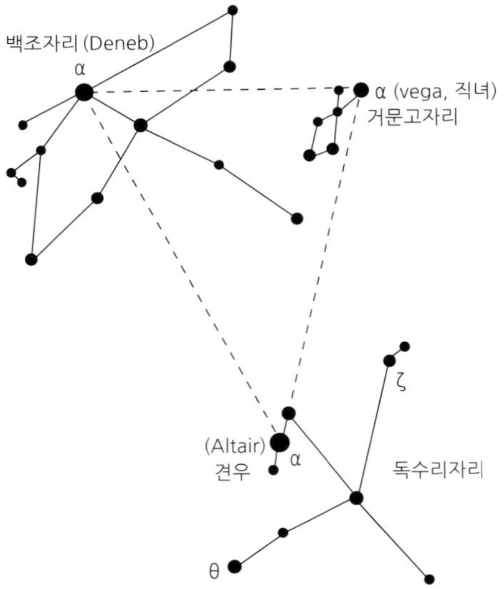

다는 것을 이해하면 어렵지 않게 찾을 수 있다. 이 여름의 대삼각형은 주변의 별자리를 찾는 길잡이 별 역할을 하므로 잘 활용하는 것이 좋다.

■ 여름밤의 대삼각형(Summer Triangle)

독수리자리의 알파별 알타이르(Altair, 1등성)는 견우별이다. 이 별과 거문고자리의 직녀별 그리고 백조자리의 베타별 데네브(1등성)는 은하수를 사이에 두고 큰 삼각형으로 연결되어 있다. 이들이 만드는 이것을 여름의 '대삼각형'이라고 부르는데 모두가 1등성의 밝은 별들이므로 쉽게 찾을 수 있다. 길잡이 별이므로 여름의 밤하늘에서 이 대삼각형을 꼭 기억해 두자.

2 신화와 전설

거문고자리의 직녀별과 독수리자리의 견우별에는 잘 알려진 사랑의 이야기가 있다. 옥황상제에게는 직녀라는 딸이 있었는데, 직녀는 옷감 짜는 여신이었다. 어느 날 직녀가 창 너머 하늘의 강을 우연히 바라보다가 하늘의 궁중, 삼원의 양과 소 떼를 몰고 가는 잘생긴 목동을 보게 되었다. 첫눈에 반하여 자신의 남편감으로 생각하고 아버지인 옥황상제에게 결혼시켜 줄 것을 간청하였다. 결국 상제는 결혼을 수락했다.

그 후 결혼을 한 신혼부부는 신혼의 달콤함에 젖어 자신들의 일을 망각하였다. 그러지 말라고 여러 번 주의를 주었음에도 개선되지 않기에 노한 옥황상제는 마침내 이들을 영원히 떼어 놓을 결심을 하였다. 그 결과 견우는 은하수 건너편으로 쫓겨났고 직녀는 그의 성에서 쓸쓸히 베틀을 돌려야만 했다.

이를 불쌍히 여긴 옥황상제는 1년에 단 한 번, 즉 일곱 번째 달, 일곱 번째 날의 밤에만 강을 건너 만날 수 있게 허락하였다. 그 후 이들은 음력 7

월 7일이 되면 배를 타고 하늘의 강을 건너서 만나게 되는데, 그날 비가 오면 강물이 불어 배가 뜨지 못해 만날 수 없게 된다. 강 언덕에서 직녀가 울고 있으면 까치들이 날아와 날개로 하늘의 다리를 지상에 내려 이 가련한 연인들을 만나게 해준다고 하며, 강을 건네주는 배를 '칠일월(七日月)'이라 부르고 하늘이 내린 다리는 무지개로 나타난다고 한다.

중국 등에서는 칠월칠석날 까치가 보이면 '빨리 하늘의 강으로 날아가라!'라고 말하면서 돌을 던지는 풍속이 있다. 그리스 신화에서는 독수리자리는 가니메다(Ganymeda)를 납치하기 위한 제우스의 변신이라고 전해진다. 청춘의 여신 헤베(Hebe)가 발목을 다쳐 더 이상 신들을 위해 술과 음식을 나를 수 없게 되어 제우스가 그녀의 일을 대신하기 위해 트로이의 양 떼를 돌보고 있던 망자 가니메데를 발견하고 독수리로 변신하여 그를 납치했고, 컵에 물이 넘쳐흐르도록 따르고 있는 물병자리(Aquarius)의 미남 젊은이가 바로 가니메다라고 한다

(8) 돌고래자리

여름 하늘의 대표적 별자리 중의 하나인 독수리자리의 동쪽에 돌고래라는 이름의 작고 귀여운 돌고래자리가 있다. 4등성의 별들이기에 약간 어두운 밤하늘이라야 잘 발견할 수 있다.

1 찾는 방법

돌고래자리를 찾기 위해서는 주변의 밝은 별을 기준 별로 삼는데 독수리자리의 알파별 알타이르(Altair 견우)가 기준 별로는 적격이다.

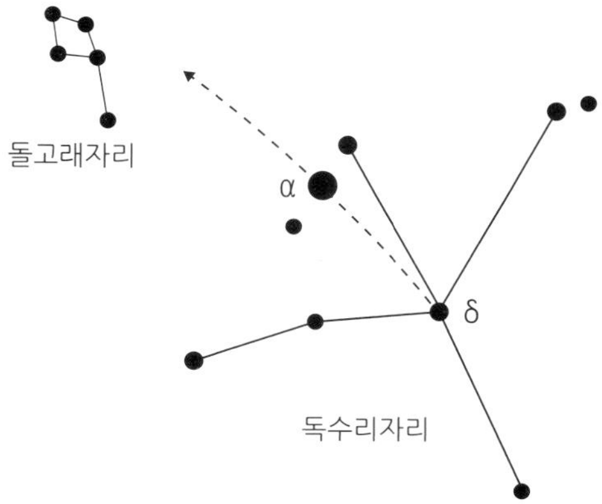

베틀의 북

돌고래자리의 마름모꼴 별들에서는 견우와 직녀의 재미있는 이야기가 있다. 결혼 후 견우는 매일 놀기만 했다. 빈둥거리는 모습에 화가 난 직녀가 어느 날 베틀을 돌리다 창밖에서 놀고 있는 견우에게 베틀의 북을 던져 버렸는데, 돌고래자리의 마름모가 바로 그 북이다.

(9) 사수자리

한여름에 해변이나 계곡, 특히 남쪽 하늘이 터진 곳에 있는 사람들은 은하수가 환하게 불이 켜져 있는 듯한 하늘에 놀란 경험이 있을 것이다. 그곳이 바로 황도 12궁 중 제2궁인 반인반마(半人半馬)의 켄타우르(Centaur, 사수자리)이다. 우리나라에서는 남쪽 지방에서 일부를 볼 수 있을 뿐이다. 사수자리는 은하수의 중심 부분에 자리하고 있기에 별들의 늪이라고 할 만큼 많은 별이 모여 있다.

1 찾는 방법

황도 12궁 중 하나이며 사수자리의 위치는 전갈자리(Scorpius)의 동쪽, 염소자리의 서쪽, 독수리자리(Aquila)의 남쪽에 있으며 켄타우로스로 묘사된다. 밝은 별들이 주전자의 형태를 한 것이 특징이다. 남쪽의 낮은 하늘에서 구름이 걸려 있는 것처럼 은하수가 뭉쳐 있는 부분을 찾는 것이 중요하며 그곳이 사수자리가 있는 곳이다. 사수자리는 은하수의 중심이기에 이 부근의 은하수가 특별히 밝게 빛난다.

남두육성(南斗六星)

서양에서는 이 별들을 우유 국자(Milk Dipper)라고 부른다. 동양에서는 북두칠성을 죽음을 결정하는 별로 보고 있고, 남두육성은 탄생을 결정하는 별로 여기고 있다. 사람이 태어나면 북두의 신선과 남두의 신선이 의논하여 그 사람의 수명을 결정한다고 전해지고 있다. 우리나라에서는 윗부분의 별들만 볼 수 있다. 우리 눈에 보이는 별들은 그 모양으로 인하여 서양에서는 주전자(Teapot)라 부른다. 여름밤 남쪽 하늘의 은하의 중심에서 김이 피어오르듯 특별히 밝은 곳이 사수자리이다.

(10) 화살자리

(11) 작은여우자리

(12) 방패자리

수많은 별이 구름처럼 모여 있는 은하수에는 별로 알려지지 않은 작은 별자리들이 몇 개 있다. 독수리자리 북쪽에 있는 화살자리와 작은여우자리, 남쪽에 보이는 방패자리이다. 어두운 별들로 이루어진 별자리들이어서 은하수에서 이들을 찾아내기는 사실상 힘든 일이다. 실제로 화살자리를 제외하고는 나머지 두 별자리 모두 그 이름과는 관계가 전혀 없는 형태를 하고 있어 찾아내기도 어려울 뿐만 아니라 별다른 관심의 대상이 되지 못하고 있다.

1 찾는 방법

작은여우자리와 방패자리는 아마 우리가 육안으로 볼 수 있는 별자리들 중에서 가장 발견하기 어려운 별자리들일 것이다.

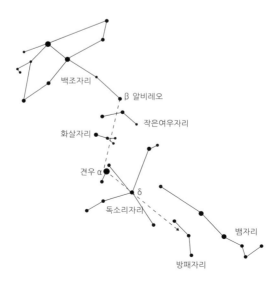

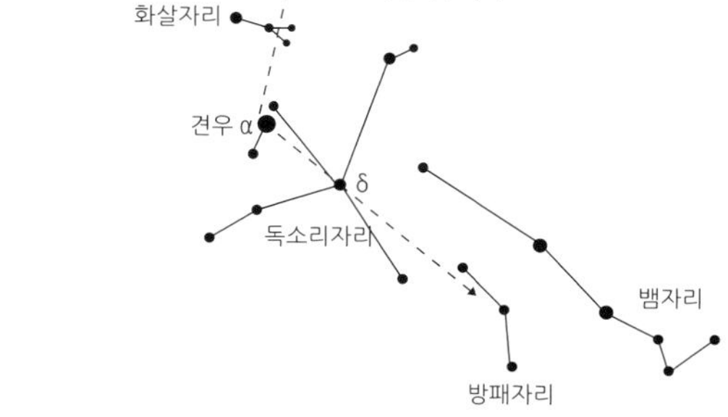

화살자리

네 개의 4등성으로 이루어진 옆의 돌고래자리와 같이 귀여운 별자리이다. 그리스 신화에 사랑의 신 에로스(Eros, 큐피드)가 쏜 화살이라고 한다. 다른 이야기는 황소자리의 플레이아데스(Pleiades)의 잃어버린 한 자매인 엘렉트라(Electra)가 북두칠성의 손잡이 별 미자르(Mizar, 무곡성)로 날아가는 모습이라 한다.

* 작은여우자리와 방패자리는 17세기 후반 헤벨리우스에 의해 만들어진 자리이다.

【가을철의 별자리】

(1) 염소자리

(2) 페가수스자리

(3) 물병자리

(4) 남쪽물고기자리

(5) 조랑말자리

(6) 도마뱀자리

(7) 안드로메다자리

(8) 페르세우스자리

(9) 고래자리

(10) 양자리

(11) 삼각형자리

(12) 물고기자리

별 헤는 밤

계절이 지나는 하늘에는
가을로 가득 차 있습니다.

나는 아무 걱정도 없이
가을 속의 별들을 다 헤일 듯합니다.

가슴속에 하나둘 새겨지는 별을
이제 다 못 헤는 것은
쉬이 아침이 오는 까닭이요,
내일 밤이 남은 까닭이요
아직 나의 청춘이 다하지 않은 까닭입니다.

별 하나의 추억과
별 하나의 사랑과
별 하나의 쓸쓸함과
별 하나의 동경과
별 하나의 시와
별 하나의 어머니, 어머니,

어머님, 나는 별 하나에 아름다운 말 한마디씩 불러봅니다. 소학교 때 책상을 같이 했던 아이들의 이름과 패, 경, 옥, 이런 이국 소녀들의 이름과 벌써 아기 어머니가 된 계집애들의 이름과, 가난한 이웃 사람들의 이름과, 비둘기, 강아지, 토끼, 노새,

노루, 프란시스 잠, 라이너 마리아 릴케, 이런 시인의 이름을 불러봅니다.

이네들은 너무나 멀리 있습니다.
별이 아스라이 멀듯이.

어머님
그리고 당신은 멀리 북간도에 계십니다.

나는 무엇인지 그리워
이 많은 별빛이 내린 언덕 위에
내 이름자를 써 보고,
흙으로 덮어 버리었습니다.

딴은 밤을 새워 우는 벌레는
부끄러운 이름을 슬퍼하는 까닭입니다.

그러나 겨울이 지나고 나의 별에도 봄이 오면
무덤 위에 파란 잔디가 피어나듯이
내 이름자 묻힌 언덕 위에도
자랑처럼 풀이 무성할 거외다.

-윤동주-

가을 하늘의 천궁도

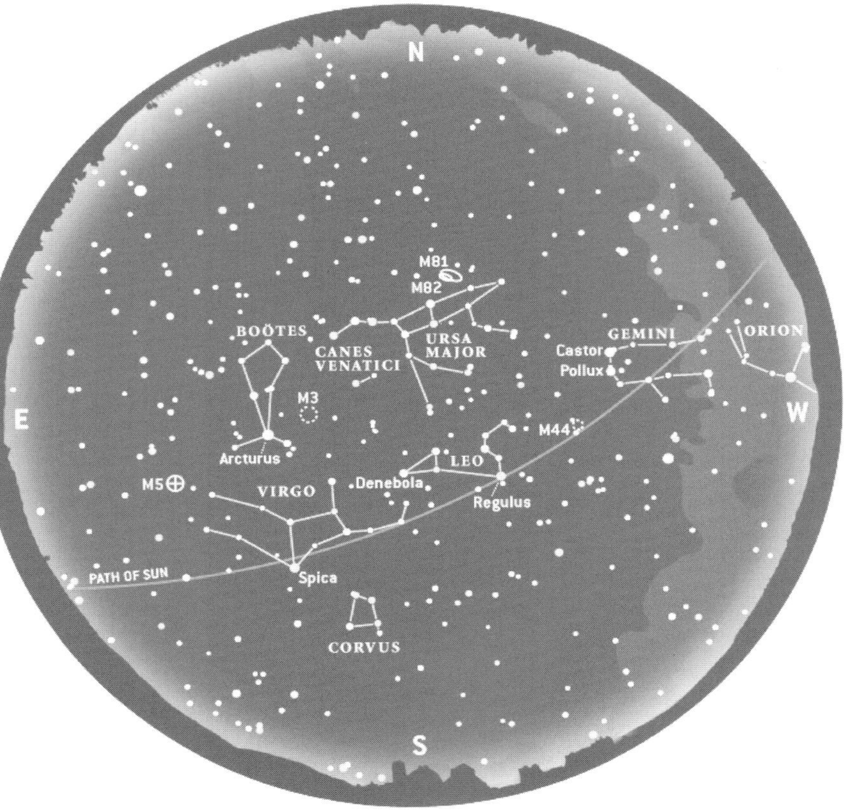

출처: https://astronomy.com/observing/astro-for-kids/2008/03/learn-the-constellations

(1) 염소자리

가을이 시작하면서 은하수는 더욱더 하늘 높은 곳으로 오르고 동쪽의 하늘에는 가을을 알리는 첫 번째 별자리인 목동의 수호신 판(Pan)이 변하여 된 염소자리가 드러나기 시작한다.

1 찾는 방법

염소자리를 찾으려면 먼저 독수리자리의 알파별(견우, Altair, 1등성)과 거문고자리의 직녀별(Vega, 1등성)을 찾아야 한다.

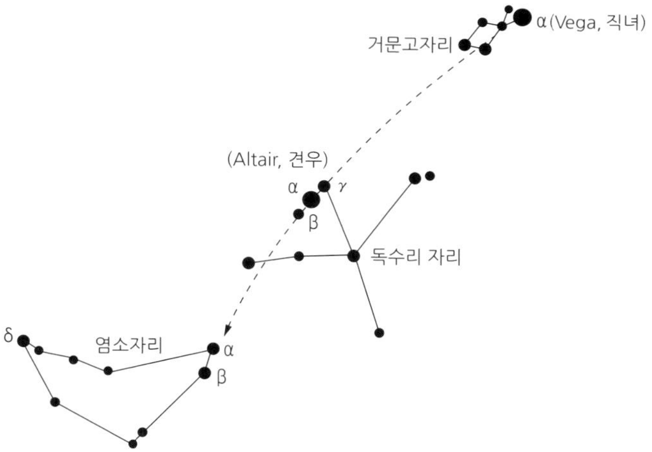

■ 황도 제10궁(The tenth sign of the Zodiac)

태양은 매년 1월 18일경부터 2월 14일경까지 이곳을 통과한다. 태양이 염소자리에서 가장 멀리 있는 때인 8월 말에서 10월까지가 이 별자리 관측에 가장 좋은 시기이다. 동양과 중국에서는 마갈궁(磨羯宮)이라 부르는 별자리이다.

2 신화와 전설

목동의 수호신인 판(Pan)이 다른 신들과 나일강 가에서 연회 중에 거인족 티폰(Typhon)이 나타나 신들과 함께 도망가다가 위기에 처한 제우스를 뿔피리를 불어 구했다. 제우스는 그 보답으로 하늘의 별들 속에 바다 염소(Sea-Goat)를 만들어 판의 도움을 기억하게 하였다.

(2) 페가수스자리

천마(天馬) 페가수스는 가을의 가장 대표적인 별자리로 가을철의 말답게 살찐 커다란 별자리이다. 페가수스의 몸통에 해당하는 사각형은 가을 하늘의 한복판에 자리 잡고 있기에 가을 하늘의 다른 별자리를 찾는 길잡이 별의 역할을 한다.

1 찾는 방법

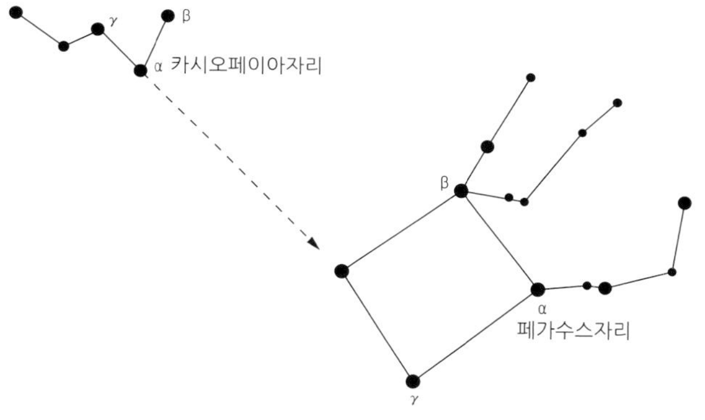

2 신화와 전설

천마 페가수스는 그리스 신화의 영웅 페르세우스(Perseus)의 모험 이야기의 마지막에 나오는 동물이다. 즉 오만해진 빌레로폰이라는 청년이 천마 페가수스를 타고 신들의 세계로 가기 위해 하늘로 높이 날아올랐을 때 불쾌한 마음의 제우스가 말 파리를 보내 페가수스를 쏘게 하였다. 그에 놀란 천마는 주인을 떨어뜨리고 하늘로 올라가 버렸고 빌레로폰은 땅에 떨어져 장님에다 절름발이가 되어 비참한 최후를 마쳤다고 한다. 자기 철을 모르고 날뛴 철부지의 종말이었다.

(3) 물병자리

가을이 한창 깊어지고 하늘은 추수 후의 들판처럼 허전해진다. 페가수스자리의 남쪽 아래에 그리 밝지 않는 별들이 모여 있는 넓은 공간이 있다. 이곳이 바로 황도 12궁의 11번째에 해당하는 물병자리가 있는 별자리이다. 물병자리는 종종 바다라고 불릴 만큼 하늘의 물과 관련된 별자리들이 많다. 이 물병자리에서 흘러내리기 시작하여 페가수스의 머리 아래쪽에서 남쪽 물고기자리를 향하는 물이 별들의 강물을 이루고 있는데 이들 별자리에는 특히 행운의 별들이 많이 모여 있다.

1 찾는 방법

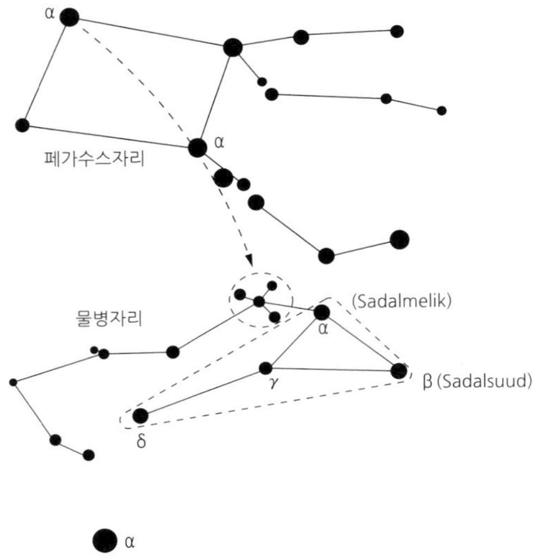

■ 행운의 별

알파별 사달멜리크(Sadalmelik)와 베타별 사달수우드(Sadalsuud)는 모두 행운 중의 행운이라는 의미를 가지고 있다. 별의 근처에 태양이 오게 되면 우기(雨期)가 시작되며, 옛날에 사막에서 생활하는 아라비아 사람들은 비를 가져다주는 이 별이 행운의 별로 보이게 되었다. 물병자리라는 이름 자체도 사막 생활을 할 때 매우 필요한 데서 나온 말이라 한다.

■ 황도 제11궁

황도 제11궁에 해당하는 별자리이다. 태양은 매년 2월 14일부터 3월 14일까지 이 별자리를 통과한다. 이 별자리의 최적 관측 시점은 태양이 가장 멀리 떨어져 있는 9월에서부터 11월 사이의 기간이다. 동양권과 중국에서는 보병궁(寶甁宮)이라고 부른다.

2 신화와 전설

신들에게 시중을 들던 여신 헤베가 발목을 다쳐 더는 술을 따를 수 없게 되었다. 제우스가 그녀의 일을 대신할 사람을 찾기 위해 독수리의 모습으로 변신하여 지상에서 찾던 중 이다산에서 트로이의 양 떼를 돌보던 한 청년을 발견하고 올림푸스산으로 납치하여 술 시중을 드는 일을 시켰다. 이 청년이 트로이(Troy)의 왕자 가니메데(Ganymede)이다.

(4) 남쪽물고기자리

남천(南天)에 자리 잡은 작은 별자리이다. 가을철의 밤하늘은 다른 계절에 비해 뚜렷하게 밝은 별들이 없기에 여름이 스쳐 지나간 서쪽 하늘을 제외하고는 텅 빈 느낌이지만, 눈을 돌려 남쪽 하늘 낮은 곳을 보면 붉은 빛의 밝은 1등성 별 하나가 외롭게 빛나고 있다. 이것이 우리가 남쪽물고기자리에서 유일하게 볼 수 있는 물고기의 입 자리의 별이다.

1 찾는 방법

알파별 포말하우트(Formalhaut, 1등성)는 가을을 상징하는 대표적인 친숙한 별이며, 이 별자리에서 가장 밝은 별이다. 가을 하늘 별자리를 찾는 최고의 길잡이 페가수스 사각형이 포말하우트로 길을 인도한다.

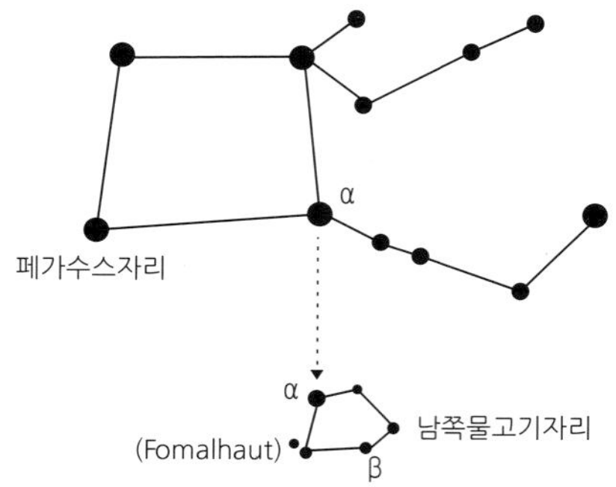

외로운 별(Lonely Star)

서양에서는 '외로운 별'이라고 부르고, 중국에서는 북락사문(北落師門)이라 부르는데, 실제 장안성의 북문을 가리키는 이름이다. 실제로는 하얀색의 별인데 우리나라에서는 약간 붉게도 보인다.

② 신화와 전설

그리스 신화에서는 사랑의 여신 아프로디테(Aphrodite)가 괴물 티폰에게서 물고기로 변장하여 도망할 때 바로 그 물고기가 남쪽물고기자리의 별로 변하였다고 한다.

(5) 조랑말자리

(6) 도마뱀자리

현재 우리나라에서 볼 수 있는 가장 작은 별자리는 조랑말자리다. 4등성 이하의 희미한 별들이 작게 모여 찌그러진 사각형을 그리면서 길게 펼치며 페가수스의 코 바로 앞에 보인다. 페가수스의 앞다리 위에서 백조자리와 안드로메다자리의 희미한 별들에 끼어 어두운 별들로 두 개의 사각형을 만들고 있는 또 다른 작은 별자리가 도마뱀자리이다. 두 별자리 모두 초보자들에게는 사실상 찾기 어려운 대표적인 별자리들이다.

② 신화와 전설

조랑말자리에는 전령의 신 헤르메스(Hermes)가 쌍둥이자리(Gemini)의 형 카스트로에게 준 켈레리스(Celeris)라는 명마이며, 이 말은 페가수스의 동생이다.

도마뱀자리는 최근에 와서 만들어진 별자리이다. 17세기 후반 헤벨리우스가 하늘의 빈 곳을 메우기 위해 만들었다.

(7) 안드로메다자리

에티오피아의 공주 안드로메다의 별자리는 봄철의 남쪽 하늘에서 보았던 처녀자리와 함께 전체 하늘의 별자리 중 단 두 개뿐인 숙녀의 별자리이다.

1 찾는 방법

가을 하늘에서 페가수스 사각형의 뒤를 이어 올라오는 안드로메다의 별들은 알파, 베타, 감마의 2등성 별들이 나란히 있어 쉽게 발견할 수 있다. 먼저 페가수스사각형(The great square)을 찾아야 하며 그 북동쪽 모서리에 자리 잡은 별이 안드로메다의 알파별 알페라츠이다. 페가수스의 알파별과 알페라츠를 선으로 이어가면 안드로메다의 나머지 2등성들이 모두 나타난다.

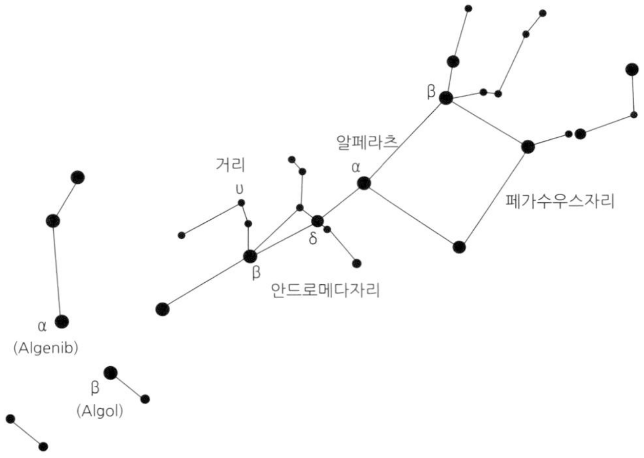

안드로메다은하(The Andromeda Galaxy)

어두운 곳에서는 맨눈으로도 볼 수가 있다. 베타별 미라크(Mirach, 2등성) 북쪽에 두 개의 4등성 별이 나란히 있는데 그 두 번째의 감마별 근처에 희미하게 큰 구름 같은 것이 환하게 빛나는 것을 볼 수 있다. 이것이 그 유명한 안드로메다은하로 우리은하와 가장 비슷하며 가장 가까운 은하이다. 그러나 우리가 보고 있는 안드로메다 은하는 200만 년 전의 은하의 형체이다. 빛이 지구까지 도달하는데 그만큼의 시간이 걸린다는 의미이다.

2 신화와 전설

카시오페이아자리나 페르세우스자리의 신화에 나오는 에티오피아 공주의 이름이 안드로메다이다. 쇠사슬에 묶여 괴물 고래(Cetus)에게 희생되는 찰나에 페르세우스에 구출되고 후에 그의 아내가 된다. 그리스 신화 중 가장 행복한 해피 엔딩 중 하나이다.

태양을 맨눈으로 볼 수 있는 별은 얼마나 될까?

금세기 초까지만 하더라도 태양이 우리은하의 중심인 줄 알았다. 그러나 이제는 그것이 잘못된 생각이라는 것이 밝혀졌고 태양도 다른 별과 다름없는 평범한 별이라는 것을 알게 되었다. 우리가 별로 관심 없이 바라보는 어두운 별에서는 태양이 보이지 않을지도 모른다. 그렇다면 밤하늘의 별 중에서 태양을 맨눈으로 볼 수 있는 별은 얼마나 될까?

태양을 볼 수 있는 한계

별이 맨눈에 보이는 한계를 6.5등성으로 본다면 태양을 볼 수 있는 최대 한계는 약 65광년 정도이다. 태양으로부터 65광년 이내 별들의 개수는 약 1,500개로 본다. 따라서 우리가 밤하늘에서 볼 수 있는 약 6,000개의 별 중 그 1/4 정도에서만 태양을 볼 수 있다. 어두운 별이라고 무시할 것이 아니라는 이야기이다.

(8) 페르세우스자리

가을 하늘 북동쪽에 카시오페이아의 뒤를 이어서 페르세우스자리가 보이게 되면 케페우스 왕가의 가족 모임이 되고 가을은 깊어 간다. 밤하늘의 별자리 중에서 가장 행복한 남자의 별자리라면 바로 페르세우스자리를 말하는데, 아름다운 부인 안드로메다가 항상 옆에 있고 장인 케페우스 왕과 장모 카시오페이아가 앞에서 길을 인도해 주고 있다.

1 찾는 방법

이 별자리를 찾는 데 길잡이 별들은 안드로메다 자리의 2등성들이다. 안드로메다 자리의 알파별 알페라츠(Alphheratz)에서 베타별 미라크를 지나 감마별 알마크(Almach)에 이르는 2등성들의 별을 계속 이어가면 자연스럽게 페르세우스자리의 알파별 알게니브(Algenib, 2등성)에 도달한다.

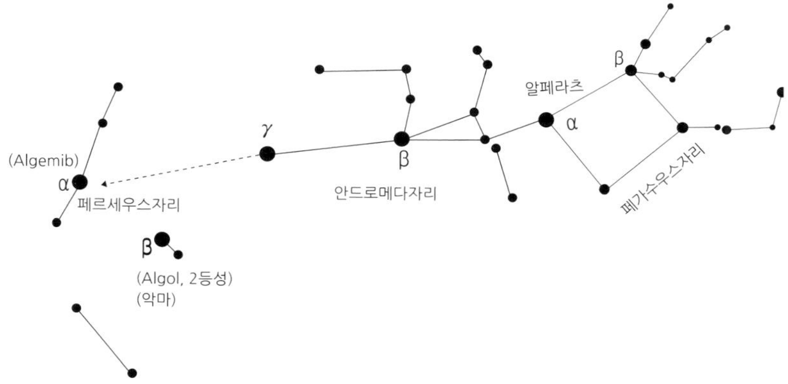

■ 악마의 별 알골(Algol)

'알골'이란 아랍어로 악마라는 의미다. 페르세우스자리의 두 번째로 밝은 베타별로서 메두사의 머리 부분에 자리하고 있으며, 성좌의 그림에서도 메두사의 머리로 그려진다. 이 별의 밝기가 2.87일을 주기로 하여 정확하게 2등성에서 3등성으로 변화하는 특징으로 인해 붙여진 이름이다.

■ 페르세우스의 호(Seqment of Perceus)

페르세우스의 델타별에서 시작하여 알파별을 거쳐 감마별과 에타별에 이르는 북동쪽을 향한 곡선을 페르세우스호라고 한다. 페르세우스호의 아래로 내려가면 황소자리의 묘성(昴星)은 플레이아데스(Pleiades)성단 앞에서 낚싯바늘 모양같이 서쪽으로 약간 꺾이는데 묘성(물고기)을 낚기 위한 낚싯바늘로 느껴지기도 한다.

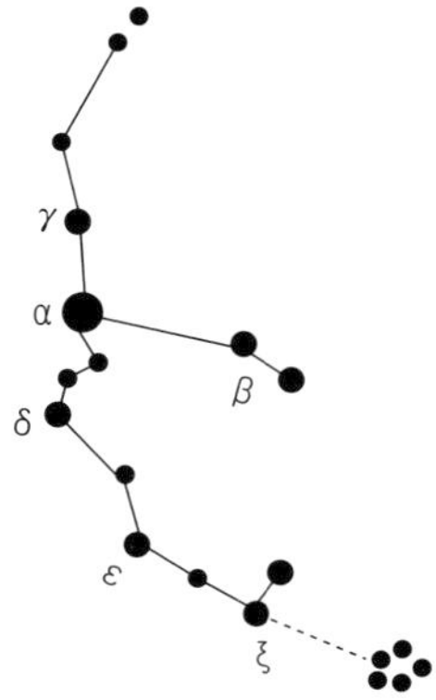

2 신화와 전설

그리스 신화의 초기에 가장 화려하게 활약한 인물이다. 뒷날 활약한 영웅 헤라클레스 또한 페르세우스의 자손이다. 그리스 남부의 아르고스 왕국의 아름다운 공주였던 다나에는 황금비로 변한 제우스에 의해 페르세우스를 낳게 되고, 아트리시우스 왕은 손자가 자신을 죽인다는 신탁을 믿고 모자를 모두 상자에 넣어 바다에 던져버렸다. 그 후 세리푸스섬에 도착하였고, 섬의 왕은 페르세우스의 어머니 다나에가 탐나 음모를 꾸며서 섬의 모든 청년에게 선물을 바칠 것을 요구하였는데, 가난하여 선물을 마련하지 못한 페르세우스에게 벌로 괴물 메두사(Medusa)의 머리를 가져오게 하였다. 이를 가엾이 여긴 아테네 여신과 전령의 신 에르메스는 그에게 거울처럼 빛나는 방패와 하늘을 나는 구두를 주었다. 마침내 메두사의 머리를 얻은 페르세우스는 동쪽의 헤스페리데스에 도착하였고 이미 페르세우스가 자기의 귀중한 보물을 가져간다는 신탁을 알고 있는 이 땅의 왕인 아틀라스는 그가 제우스의 아들이라는 이유로 추방령을 내렸다. 화가 난 페르세우스는 메두사의 머리를 이용하여 왕을 돌로 만들어 버렸는데, 아프리카 북부의 아틀라스산이 그것이다. 제우스의 아들이 보물을 가져간다는 신탁은 그 후 오랜 세월이 흐른 뒤 헤라클레스에 의해 결국은 이루어진다.

그 후 페르세우스는 케페우스(Cepheus) 왕이 다스리는 에티오피아로 가서 그곳의 허영심 많은 카시오페이아 왕비를 혼내 주기 위해 포세이돈이 만든 괴물 고래(Cetus)의 제물로 바쳐진 안드로메다 공주를 구하고 공주와 결혼한다. 그 후 모든 원한을 정리한 페르세우스는 메두사의 머리를 아테네 여신에게 바쳤고, 아테네는 그녀의 방패 한가운데 붙였다. 그 후 우연히 참가한 원반던지기에서 원반이 잘못 튀면서 한 노인을 죽였는데 그가 바로 아크리시우스였다. 결국 손자의 손에 죽게 된다는 신탁이 이루어진 것이다. 훗날 페르세우스와 안드로메다가 죽게 되었을 때 아테네는 이들을 케페우스, 카시오페이아, 고래가 있는 곳에 두 개의 별자리로 만들어 준다.

(10) 양자리

(11) 삼각형자리

특별히 눈에 들어오는 밝은 별이 거의 없는 가을 하늘에는 별자리들이 상당히 넓은 공간에 펼쳐져 있다. 몇 개의 별자리가 예외적으로 모여 있는데 양자리와 삼각형자리이다. 두 별자리 모두 고대부터 있어온 48개의 별자리 중 하나이고, 주변이 어둡고 이들이 비교적 가까이에 모여 있어 발견하기도 그리 어려운 일이 아니다. 안드로메다의 남쪽 하늘에 세 개의 별이 가늘게 긴 삼각형을 만들고 있고 그보다 더 남쪽에는 이들보다 작은 또 다른 3개의 별들이 찌그러진 삼각형의 모양으로 놓여 있다.

1 찾는 방법

이 두 개의 별자리들을 찾는 최고의 길잡이 별들은 '페가수스 사각형이다.

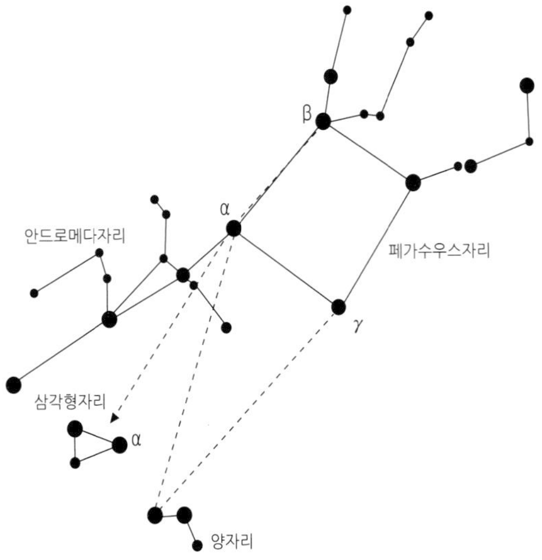

황도 제1궁(The first sign of Zodiac)

양자리는 황도 12궁 중 제1궁에 해당한다. 태양은 매년 4월 15일부터 5월 13일까지 여기를 통과한다. 황도상에 있는 첫 번째 별자리는 물고기자리인데도 이 별자리가 제1궁으로 된 것은 춘분점이 세차운동으로 바뀌었기 때문이다. 기원전 100년경에는 춘분점이 양자리에 있었기 때문에 양자리가 황도 제1궁이 되는 것은 당연한 일이었다.

2 신화와 전설

삼각형자리에는 별다른 신화나 전설은 없지만, 양자리에는 다음과 같은 이야기가 전해진다.

그리스 테살리 땅의 아타마스 왕에게는 일찍이 어머니를 사별한 두 남매 프릭수스(Phrixus)와 헬레(Helle)가 계모 슬하에서 너무 괴롭힘을 당했다. 그것을 알게 된 전령의 신 에르메스가 구출을 결심하고 황금 양피를 가진 초능력의 숫양(Aries)을 보내어 양의 등에 태우고 동쪽 하늘을 날아가다 어린 헬레는 그만 손을 놓쳐 아시아와 유럽의 경계 해협 아래로 떨어졌다. 훗날 사람들은 헬레의 가엾은 운명을 애틋이 여겨 이 해협을 헬레스폰트(Hellespont)라고 불렀다.

한편 프릭소스는 계속 날아가 흑해의 동쪽 연안 콜키스(Colchis)에 도착하여 그곳의 왕 에테스의 후한 대접을 받고 살게 되었다. 프릭소스는 감사의 뜻으로 황금 양을 제우스에게 바치고, 그 양의 황금 양피는 에텍스 왕에게 선물하였다. 제우스는 이 공로를 치하하여 하늘의 별자리로 만들어 주었다.

(12) 물고기자리

물병자리와 양자리 사이에 놓여 있는 황도 12궁 중 하나이다. 페가수스 사각형의 남과 동쪽에 희미한 별들로 이루어진 비교적 큰 별자리이다. 비록 밝지는 않지만 춘분점에 놓여 있어 옛날부터 관심을 받아온 이 별자리는 물고기 두 마리가 끈으로 연결되어 있는 모습을 하고 있는 바로 물고기자리이다. 춘분날 태양이 떠오르는 별자리로 구분한 시대에서 현재는 물고기자리의 시대이며 종교의 시대, 예수 그리스도의 시대이다. 따라서 그리스도를 뜻하는 많은 상징은 물고기를 사용했다.

1 찾는 방법

초보자들에게는 찾기 어려운 별자리이다.

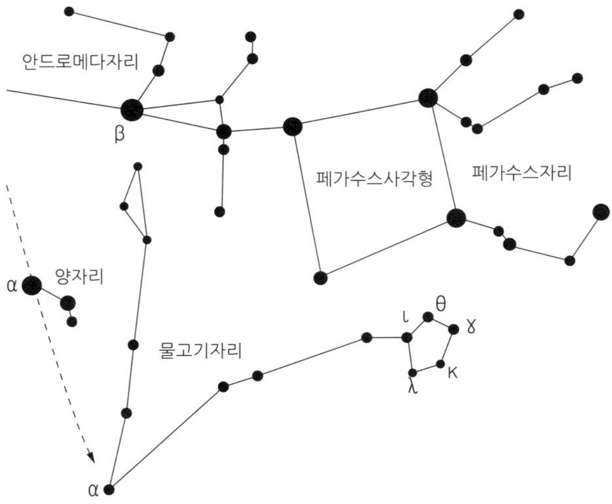

■ 황도 제12궁(twelfth sign of the Zodiac)

황도상에 있는 첫 번째 별자리이며 황도 12궁 중 마지막 궁이다. 중국과 동양권에서는 '쌍어궁(雙魚宮)'이라 부르고 있다. 태양이 황도상을 지날 때 하늘의 적도와 만나는 춘분점(The vernal Equinox)을 가지고 있기에 옛날부터 주목을 받아온 별자리이다. 천문학자들은 이 춘분점을 기준으로 하여 별들의 적경(赤經, The right ascension)을 매긴다. 물고기자리의 적경이 0h인 이유도 춘분점을 가지고 있기 때문이다. 춘분점은 북극성의 위치가 변하는 것과 같은 이유로 황도상을 따라 약 2만 6000년을 주기로 한다.

2 신화와 전설

미(美)의 여신 아프로디테(Aphrodite, 비너스)와 아들 에로스(Eros, 큐피드)가 유프라테스강 언덕을 거닐고 있었다. 괴물 티폰이 나타났다. 깜짝 놀라 도망가기 위해 물고기로 변신하여 강 속으로 도망쳤는데, 후에 이 변한 모습이 하늘의 별자리가 되었다고 전한다.

【겨울철의 별자리】

(1) 황소자리

(2) 마차부자리

(3) 오리온자리

(4) 에리다누스자리

(5) 쌍둥이자리

(6) 토끼자리

(7) 큰개자리

(8) 작은개자리

(9) 외뿔소자리

(10) 게자리

별들은 따뜻하다

하늘에는 눈이 있다
두려워할 것은 없다
캄캄한 겨울
눈 내린 보리밭 길을 걸어가다가
새벽이 지나지 않고 밤이 올 때
내 가난의 하늘 위로 떠 오른
별들은 따뜻하다

나에게
진리의 때는 이미 늦었으나
내가 용서라고 부르던 것들은
모두 거짓이었으나
북풍이 지나간 새벽 거리를 걸으며
새벽이 지나지 않고 또 밤이 올 때
내 죽음의 하늘 위로 떠오른
별들은 따뜻하다

-정호승-

겨울 하늘의 천궁도

출처: https://astronomy.com/observing/astro-for-kids/2008/03/learn-the-constellations

(1) 황소자리

가을 하늘의 대표적인 별, 천마(天馬) 페가수스가 서쪽 하늘로 방향을 틀기 시작하면서 동쪽 하늘에는 커다란 V자 형태를 한 아름다운 별들이 보이기 시작하며, 그 옆으로 아기자기한 별들이 어울린 작은 별무리가 내려다보고 있다. 바로 황소자리이다. 황소자리의 가장 밝은 별인 알데바란(Aldebaran, 1등성)은 그 분위기에서 황소의 큰 눈을 잘 그려내고 있다. 다소간 떨어져 보이는 플레이아데스성단(The Pleiades)은 황소의 어깨 부분에 새겨진 검은 반점으로 예부터 이해되어 왔다.

1 찾는 방법

하이데스성단(The Hydes)과 플레이아데스성단이 속하는 황소자리는 겨울이 시작하는 남쪽 하늘의 대표적인 아름답고 멋진 별자리들이다. 이 별자리들의 길잡이 별은 겨울 밤하늘의 가장 아름다운 별인 오리온(Orion)이다. 오리온의 벨트에 해당하는 삼태성(제타, 엡실론, 델타)을 풀어 북쪽으로 이어가면 황소자리의 하이데스성단을 지나 플레이아데스성단에 도달하게 된다.

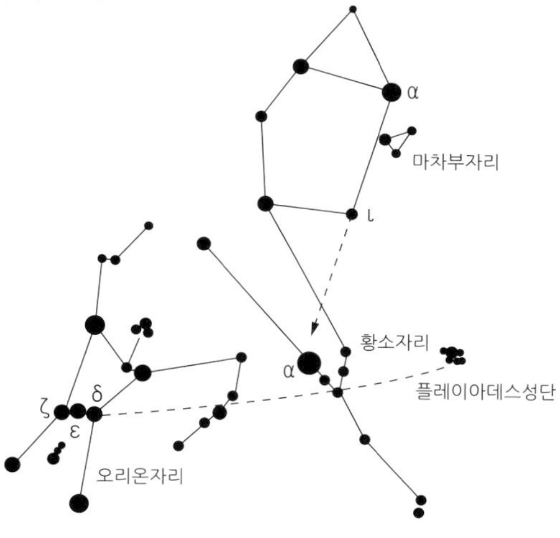

황도 제2궁

황도 12궁 중 제2궁에 속한다. 태양은 매년 5월 13일부터 6월 18일까지 이곳을 통과하고, 황소자리가 밤하늘에 떠오르기 시작하는 것은 이로부터 여섯 달이 지난 11월 중순경부터이다. 중국과 동양권에서는 이를 금우궁(金牛宮)이라 부른다.

플레이아데스성단(The Pleiades)

플레이아데스 산개성단은 7자매별(Seven Sisters)이라고도 부른다. 우리나라에서는 묘성(昴星, 좀생이별), 28수의 18수째의 별이라도 하고, 일본에서는 스바루라고 하며 자동차 회사의 엠블럼에도 나타나 있다.

플레이아데스는 3등성인 에타별 주위로 작은 별들이 엉겨 붙어 있으며 그리스 신화의 거인 아틀라스와 풀레이오네 사이에서 태어난 일곱 공주를 상징하는데 이 중 여섯 개 별은 쉽게 확인 가능하다. 이 성단이 이루는 작은 국자 모양의 손잡이 부분에는 아버지 아틀라스와 어머니 풀레이오네의 별이 있다. 이 별은 17세기에 리치올리(Riccioli, 이탈리아)로 작명한 별이며 이로써 완전한 가족 별로 이루어지게 되었다. 보이지 않는 마지막 7번째 별은 엘렉트라가 사라진 형체라고 하며, 이 성단이 흐릿하며 물기를 띤 듯한 이유는 남은 여섯 자매가 엘렉트라를 그리워하며 슬퍼하기 때문이라 전해진다.

히아데스성단(The Hyades)

황소의 얼굴 부분에는 알파별 알데바란(Aldebaran, 1등성)을 포함한 일곱 개의 별들이 V자 형태로 펼쳐져 있는데 이를 히아데스성단이라고 부른다. 히아데스는 그리스 신화의 아틀라스와 애트라(Aethra) 사이에서 태어난 딸들인데 플레이아데스와는 배다른 자매이다. 히아데스가 동쪽 하늘에서 떠오를 때부터 우기가 시작된다고 하여 '비의 히아데스' 또는 '눈물의 히아데스'라고 한다.

게성운(Crab Nebula)

황소의 뿔에 해당하는 제타별 옆에 게성운이라 불리며 잘 알려진 가스 성운이 있다. 이 성운은 1054년 동양에서 가장 먼저 발견되어 알려진 초신성의 폭발 잔해이다. 당시에 중국에서도 관측되었으나 현재는 어두워 맨눈으로는 보기가 어려운 성운이다.

2 신화와 전설

황소자리에 전해 오는 신화 중 하나는 제우스가 공주 에우로파(Europa)를 유혹하기 위해 변신한 하얀 소라는 것과 다른 하나는 강의 신 이나코스(Inachus)의 딸 이오(Io)가 제우스의 왕비 헤라에게 미움을 받아 변해 버린 소라는 것이다.

플레이아데스(Pleiades)

플레이아데스는 거인 아틀라스와 플레이오네의 일곱 명의 딸이다. 다른 이야기는 오리온이 반하여 끈질기게 따라다녔던 아르테미스(Artemis)의 시녀인 일곱 요정이라고 말한다. 그 후 일곱 명의 플레이아데스 중에서 언니이며 가장 미인인 마이어(Maia)가 제우스와의 사이에서 에르메스(Hermes)를 낳았고, 제우스는 그녀에 대한 사랑의 표시로 5월에 그녀의 이름 May를 붙여 주었다. 한편 황소자리를 떠난 엘렉트라는 북쪽 하늘을 방황하다가 큰곰자리 미자르(Mizar)의 한 모퉁이에 자리를 잡았고 그 옆의 작은 별 알코올(Alcol)이 바로 엘렉트라이다.

■ 겨울밤의 별들이 유난히 반짝이는 까닭은?

겨울밤의 별들이 유난히 잘 보이고 밝게 빛나는 것은 날씨나 특별한 대기의 변화 등의 이유나 현상 때문이 아니고 단지 겨울철 하늘에 밝은 별들이 많이 모여 있기 때문이다. 실제로 밤하늘에 보이는 1등성의 절반 이상이 겨울 하늘에 모여 있다.

(2) 마차부자리

겨울을 맨 처음 알리는 전령의 별로 카시오페이아자리를 흐르고 있는 은하수의 남쪽에 위치한 납작한 오각형의 별자리이며, 북동쪽 하늘을 밝히기 시작한 것은 마차부자리의 알파별 카펠라이다. 카펠라의 등장은 긴 겨울밤 동안 계속되는 1등성 별들의 화려한 축제를 알리고 있다.

1 찾는 방법

알파별 카펠라는 거의 1년 내내 우리와 가장 오래 만나는 1등성이면서 북극성에 가장 가까이 있는 1등성이기에 쉽게 알고 또 찾을 수 있다.

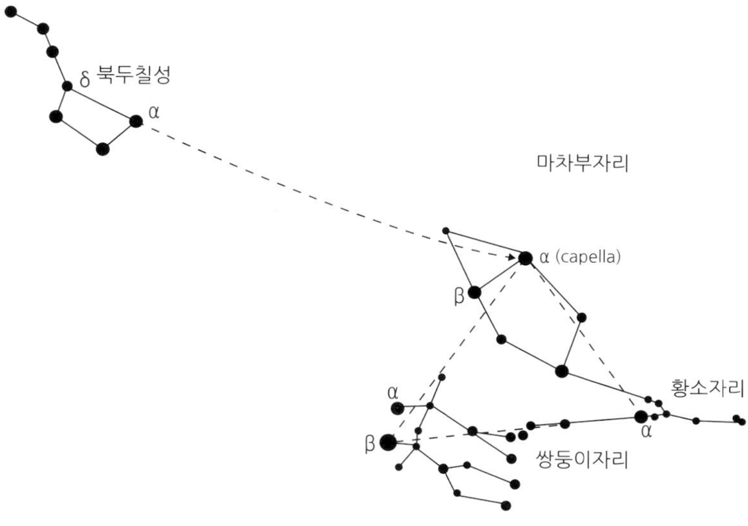

▪ 카펠라

알파별 카펠라는 밤하늘의 모든 1등성 중에서 북극에 가장 가까이 있으며 1년 중 7월을 제외하고는 항상 찾을 수 있다. 아랍에서는 별의 수행자 또는 묘성을 끌고 오는 낙타 심부름꾼이라는 이름으로 전해지고 있으며, 밝은 하얀색으로 인정되고 있다.

2 신화와 전설

옛 성좌도에 마차부자리는 아테네 여신의 아들이며, 후에 아테네의 네 번째 왕이면서 네 마리의 말이 끄는 수레를 발명한 것으로 알려진 에릭토니우스의 모습으로 그려져 있다. 일설에는 포세이돈이 바다에서 나올 때 해마들이 끄는 마차를 탄 모습이라고도 전해져 오고 있다.

(3) 오리온자리(Orion, The Great Hunter)

별자리의 왕자, 거인이나 용감한 사냥꾼의 모습으로 알려진 매우 익숙한 별자리이다. 이 별자리를 장고(북) 별이라고 부르기도 한다.

1 찾는 방법

겨울밤의 가장 대표적인 별자리 오리온자리는 천구의 적도에 걸쳐 있는 눈에 띄는 큰 별자리로 우리나라에서 볼 수 있는 약 60개의 별자리 중에서 1등성 별을 두 개나 가지고 있는 유일한 별이다. 이 별자리는 그 주위의 다른 별자리들을 찾을 때 꼭 필요한 길잡이 별이 되기 때문에 확실히 알아두는 것이 좋다. 두 개의 1등성이 가운데에 놓인 삼태성(제타, 입실론, 델타)을 경계로 대칭을 이루고 있어 겨울의 남쪽 하늘에서 오리온을 찾는 것은 어려운 일이 아니다.

삼태성

민타카(Mintaka, 델타별), 아르니람(Alnilam, 입실론) 아르니탁(Alnitak, 제타별)은 모두 2등성 별로 삼태성이라는 이름으로 알려져 있다. 삼태성은 하늘의 적도상에 자리하고 있어 어느 곳에서 보아도 정동(正東)에서 떠올라 정서(正西)로 별이 뜨고 진다. 삼태성을 남쪽으로 쭉 연결하면 큰개자리의 시리우스(Sirius)에 이르고, 북쪽으로 연결하면 황소자리의 히아데스성단을 거쳐 플레이아데스성단에 다다른다. 삼태성이 뜨는 위치를 알게 되면 자신이 서 있는 곳에서 동쪽이 어디인지 쉽게 알 수 있다.

술그릇별

삼태성과 작은 삼태성에 3등성의 에타별을 더해서 술그릇별이라고 잘 알려져 있다. 주정뱅이 묘성(플레이아데스)이 술을 마시고 도망치기 때문에 술집 주인이 쫓아가 간신히 서쪽 하늘에서 붙잡았다는 전설이 있다.

오리온자리 유성군(Orionids)

이 별자리의 북쪽을 복사점으로 매년 10월 20일에서 22일 사이에 작은 유성군이 출현하는 것으로 잘 알려져 있다.

2 신화와 전설

바다의 신 포세이돈의 아들인 오리온은 잘생기고 힘도 센 사냥꾼인데 달의 여신 아르테미스(Artemis)와 사랑하는 사이였다. 아르테미스의 오빠인 태양신 아폴로는 이들 사이를 못마땅하게 생각하여 오리온에게 태양의 금색 빛을 씌어서 보이지 않게 만들고 아르테미스를 속여 오리온에게 활을 쏘게 하였고, 결국은 그 화살을 맞은 오리온은 죽고 말았다. 그 후 이를 안 아르테미스는 비탄에 빠져 제우스에게 부탁해 오리온을 별로 만들고 자신의 은 수레가 달릴 때는 언제라도 볼 수 있게 하였다.

또 다른 이야기는 아폴로가 오리온을 죽이기 위하여 보낸 전갈이라고 전해진다. 전설에 걸맞게 오리온자리는 전갈에 쫓긴다고 여겨지며, 같은 하늘에서 오리온과 전갈이 동시에 나오지 않고 전갈이 사라진 뒤에야만 오리온이 나타나는 이유라고 한다.

(4) 에리다누스자리(The River)

남쪽 하늘에서 볼 수 있는 별자리로 현재 이탈리아 포강의 그리스 이름으로부터 명칭이 유래되었다고 한다. 사냥꾼 오리온의 발아래, 동쪽의 토끼자리를 끼고 서쪽의 고래자리를 밀어내며 일련의 어두운 별들이 갈지(之)자 띠를 이루고 있는 것이 보이는데 이곳이 하늘에서 지옥으로 강이 흐른다는 죽음의 강 에리다누스이다.

[1] 찾는 방법

오리온의 베타별 리겔(Rigel, 1등성)에서 북서쪽으로 조금 떨어진 곳에 에리다누스강의 발원인 베타별 쿠르사(Cursa)를 찾은 다음, 서쪽과 남쪽으로 흐르는 별들을 연결해 내려가면 어렵지 않을 것이다.

가장 밝은 별인(α, 1등성) 아케르날은 지평선 맨 아래에 위치하고 있어 우리나라에서는 보이지 않는다.

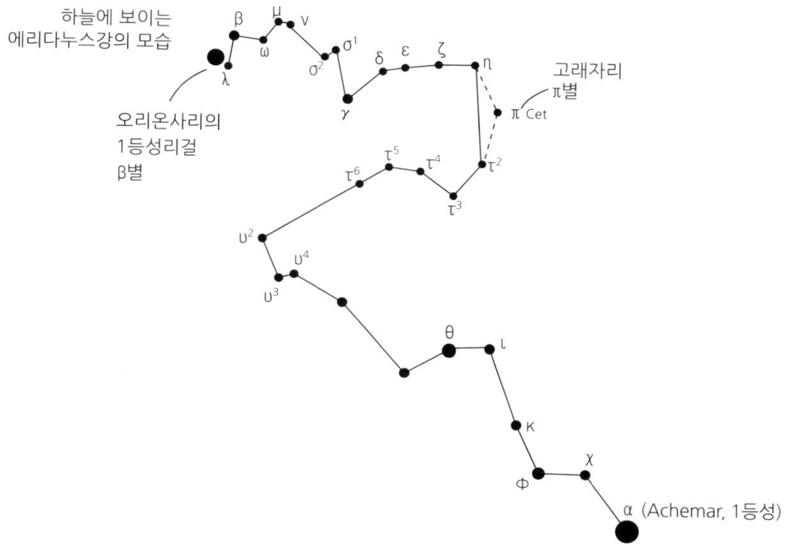

[2] **신화와 전설**

바빌론에서는 이 강을 유프라테스강으로, 이집트에서는 하늘의 나일강으로 보았다. 그리스 신화에서는 이 강을 아폴로의 아들 패톤이 아버지의 마차로 하늘을 달리다가 떨어져 죽은 강이라고도 하고, 아폴로의 다른 아들 오르페우스가 황천으로 아내를 구하러 갈 때 건너갔던 강이라고도 한다. 아마도 이 별자리의 끝부분이 지평선 아래와 접해 있어 황천과 지상을 연결하는 죽음의 강으로 본 것일 것이다.

(5) 쌍둥이자리(The Twins)

1등성 별 폴룩스(Pollux)를 대동하고 두 줄기의 별들이 다정하게 정감을 보이며 마차부와 오리온자리의 뒤를 이어 겨울 밤하늘의 화려한 별들의 축제에 나타난다. 바로 쌍둥이자리이다. 윗부분에 있는 별이 형인 카스트로이고 아래가 동생인 폴룩스이다.

1 찾는 방법

길잡이 별은 오리온자리이다. 오리온의 1등성 리겔(Rigel, 베타별)과 베텔기우스(Betelgeuse, 알파별)를 연결하여 길이의 약 두 배 정도 나가면 이 별자리의 알파별 카스토르와 베타별 폴룩스를 만날 수 있다.

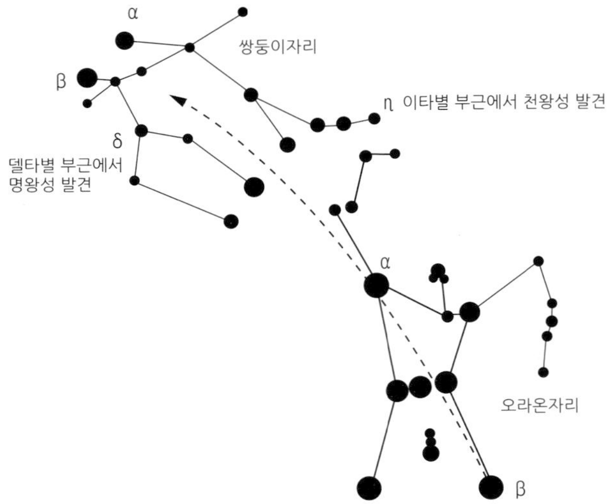

황도 제3궁(The third sign of the Zodiac)

중국과 동양권에서는 음양궁(陰陽宮)으로 부른다. 황도 12궁 중 가장 북쪽에 있는 별자리이며 하지점(夏至點)을 포함하고 있다. 태양은 매년 6월 18일에서 7월 18일까지 이곳을 통과한다. 그러므로 이 별자리는 10월경부터 그다음 해의 5월 이전까지만 보는 것이 가능하다.

카스토르(Castor, 2등성)와 폴룩스(Pollux, 1등성)

중국에서는 이 두 별을 북하(北河)라고 불렀다. 남하(南河)는 작은개자리의 알파별과 베타별을 말한다.

천왕성과 명왕성의 발견

1781년 영국의 윌리엄 허셜(W. Herchel, 1738~1832)이 카스트로의 발목에 위치한 이타(η)별 프로푸스(Propus, 3등성)의 근처에서 천왕성을 발견했다. 또 폴룩스의 허리 델타별에서는 1930년 미국의 클라이드 톰보(C. W. Tombaugh)가 명왕성을 발견했다. 우리가 사는 태양계의 모든 행성들은 황도상에 운행하기에 황도를 벗어나 별들을 발견하는 것은 사실상 어렵다.

쌍둥이 유성군

매년의 12월 중순경에는 쌍둥이자리를 중심으로 하여 많은 유성이 떨어지는 것이 유명한데 이를 쌍둥이 유성군이라고 한다.

2 신화와 전설

카스토로와 폴룩스는 제우스가 백조로 변신하여 스파르타의 레다(Leda)를 유혹하여 낳은 쌍둥이 형제다. 이 쌍둥이들은 또 트로이전쟁의 원인이기도 하였던 절세 미인 헬렌(Helen)의 남매이기도 하다. 황금 양피를 찾아 나간 아르고호 모험의 일행이었으며, 이 항해로 인해 모험가의 수호신으로 명성을 얻게 된다. 그 후에 아름다운 두 자매를 얻기 위해 자매들의 약혼자와 싸움을 하는 도중 불사신이었던 폴룩스는 무사했으나 카스토르는 심한 부상으로 죽게 되었다. 불사신의 몸이어서 따라 죽을 수도 없는 폴룩스는 아버지인 제우스를 찾아가 자신의 죽음을 간청했다. 제우수는 형제들의 우애에 감동하여 이들 형제가 하루의 반은 지상에서 나머지 절반은 지하세계에서 함께 지낼 수 있도록 허락했고, 이 형제의 우애를 기리기 위하여 이들의 영혼을 하늘에 올려 두 개의 빛나는 별로 만들어 주었다고 한다.

(6) 토끼자리

(7) 큰개자리

겨울의 밤하늘에서 가장 화려하고 밝은 별은 단연코 큰개자리의 알파별 시리우스일 것이다. 큰개자리는 알파별 시리우스 이외에도 네 개의 2등성 별을 가지고 있어 굉장히 화려하고 자연스레 눈길이 가는 별자리이다.

1 찾는 방법

겨울 하늘의 대표 별인 시리우스는 남쪽 하늘에서 쉽게 찾을 수 있다. 큰개자리를 금방 발견하기 어려우면 오리온자리의 삼태성을 먼저 찾아보는 것도 요령이 된다. 삼태성(제타, 입실론, 델타)을 따라서 남쪽 방향으로 약 20도 정도의 위치를 보면 반갑게 빛나고 있는 시리우스를 만나게 될 것이다.

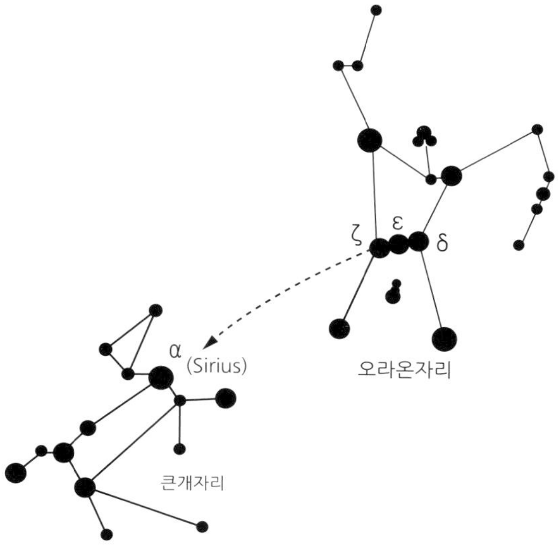

■ 시리우스(Sirius)

모든 하늘에서 가장 밝은 별이다. 1등성 표준 밝기의 약 10배의 밝기이므로 상상하기 바란다. 원래도 시리우스는 '눈이 부시게 빛난다', '불태운다'라는 의미가 있으며, 중국과 동양권에서는 천랑성(天狼星)이라고 한다. 그리스 등에서는 시리우스가 낮에 남쪽 하늘에서 보이는 7월과 8월의 가장 더운 기간을 개의 날(Dog days)이라고 부른다. 그 연유는 가장 더운 시절에 시리우스의 별빛이 더하여 한층 더 더워졌다는 것에서 비롯되었다 한다. 고대의 이집트에서는 일출(日出) 직전의 시리우스가 떠오르는 날을 1월 1일로 하여 1년 365.24일의 달력을 만들어 사용하였다 하고, 시리우스가 일출 직전 시간이 나일강의 범람기와 일치하였기에 이 별을 홍수를 예보하는 '나일강의 별'이라고 하였다.

2 신화와 전설

시리우스는 바로 작은개자리와 함께 사냥꾼 오리온이 데리고 다니던 사냥개라는 전설이 가장 잘 알려져 있다.

(8) 작은개자리

겨울 밤하늘에 가장 마지막으로 모습을 나타낸다. 겨울의 끝자락과 초봄의 남쪽 하늘, 은하수 부근에서 유달리 눈부시게 빛나는 작은 별자리다. 1등성은 작은개자리의 알파별 프로키온이다.

1 찾는 방법

알파별 프로키온은 주위에 밝은 별이 없어 찾기가 쉽다. 이 별은 오리온자리의 알파별 벧텔게우스와 큰개자리의 알파별 시리우스와 삼각형을 이룬다.

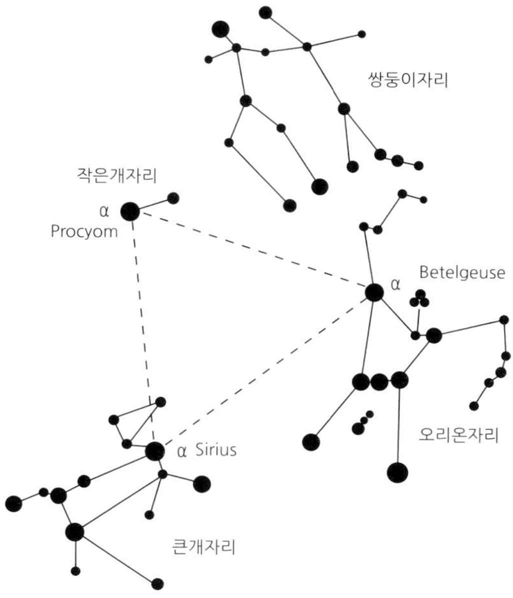

(9) 외뿔소자리

(10) 게자리

게자리는 겨울의 마지막쯤 겨울 별들이 하늘 높이 올라가고 동쪽 하늘 멀리 새로이 나타나기 시작한 봄 별들과의 과도기적 사이에 그 허전한 공간을 메워 주는 별자리이다. 4개의 4등성 별과 더 어두운 나머지 별들로 이루어져 별 관심이 가지 않는 별이다. 그러나 이 별은 황도 제12궁 중 네 번째 별로 약 2000년 전의 하지 무렵에는 태양이 이곳에 걸려 있었다.

1 찾는 방법

쌍둥이자리의 1등성인 베타별 폴룩스와 작은개자리의 1등성인 프로키온, 그리고 사자자리의 1등성인 레굴루스를 연결하는 삼각형 안에 의자 모양으로 놓여 있는 희미한 별자리가 게자리이다.

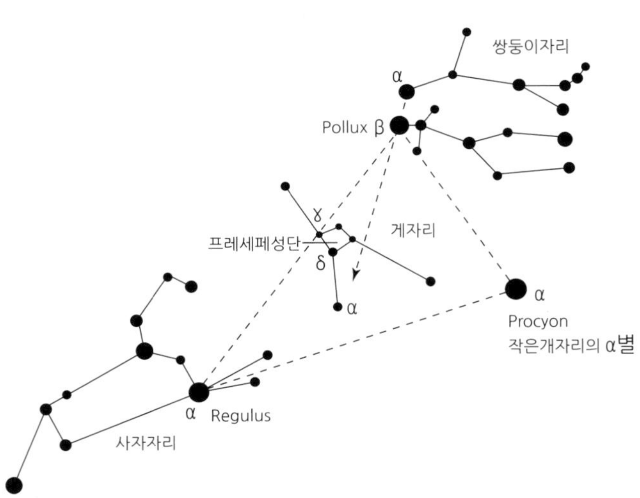

황도 제4궁

쌍둥이자리 다음에 오는 별자리이며 태양은 7월 18일부터 8월 7일 사이에 이 별자리를 통과한다. 중국과 동양권에서는 게자리를 거해궁(巨蟹宮)이라고 한다. 이 별자리의 감마별과 델타별은 일명 '당나귀 별'이라고도 알려졌는데, 고대에는 이 별들이 흐려지면 정확하게 비가 내린다고 믿었다.

2 신화와 전설

게자리는 헤라클레스의 발에 밟혀 죽은 불쌍한 게의 별자리이다. 헤라클레스가 겪는 두 번째 고역은 네메아 계곡의 물뱀 히드라(Hidra)를 죽이는 것이었는데, 그를 미워했던 헤라(Hera)가 히드라를 돕기 위해 게(Cancer)를 보냈고, 게는 헤라클레스의 발가락을 물다가 밟혀 죽었다. 그 후 헤라가 하늘로 올려 별자리를 만들었다고 한다.

4. 서양의 점성술

현대에 들어 서양의 문화가 들어오면서 서양 점성술을 연구하고 즐기는 사람이 많아졌다. 서양의 점복학(占卜學=점성술)이라고 하면 주로 타로만을 떠올리는데 점성술은 대중에게 그렇게 알려지지 않는 상태이다. 흔히 점성술이라고 하면 '별자리 점'으로 생각하지만 별자리 점과 점성술은 완전히 다른 '점학(占學)'이다. 영국 옥스퍼드대학의 고전학부에 점성술을 학술적으로 연구하는 연구실과 연구 과정이 있다.

점성술(占星術, Astrology)은 사람의 세계에서 하늘의 현상과 사건이 밀접한 관계가 있다고 믿는 고대로부터 일종의 신앙 체계를 바탕으로 하고 있다. 점성술은 일(日), 월(月) 그리고 다른 행성들의 위치에 기반하여 사람의 성격을 설명하고[天性], 그들의 미래에 일어날 일들을 예언하는 천궁도로 이루어져 있다.

인도, 중국, 남미의 마야인들은 하늘의 천체 관찰로부터 지상의 사건을 예언하기 위한 정교한 체계들을 발전시켰다. 동양의 명리학(命理學) 역시 서양 점성술의 영향을 받았다. 서양 점성술의 애스팩트(Aspect)가 사주명리학의 '합 충 형 파 해'로 발전하였다는 설득력 있는 이론의 주장도 있다.

점성술에서 각(角) 또는 애스팩트는 천궁도에서 행성이 다른 행성뿐만 아니라 상승점과 중천점, 하강점 그리고 천저점과도 또한 점성학적인 중요성을 지닌 다른 감응점 및 가상점과도 서로 맺는 각도이다. 각은 지구에서 볼 때의 두 점 사이의 황경이 도(度)와 분(分)으로 표기되는 각(角)의 거리로 측정된다. 점성술의 전통에 따르면 그것들은 사람의 생애와 지구와 연관된 사건들에 있어서 발달상의 변화나 변천의 시점을 나타낸다. 고전 점성술은 애스팩트보다 행성의 본질과 상태를 더욱 상위 개념으로 보고 있으나 심리 점성술이 유행하면서 애스팩트를 중요시하는 분위기가 만연하였다.

한국도 19세기 천문수학자 남병철은 호르스코프 점성설(Horscopic astrology)의 영향을 받아 《성요(星要)》를 저술한 바 있다. 하늘을 지키는 태양과 9개의 별, 태양계의 10개의 별 중 하나가 이 땅의 사람에게 기(氣)의 감응이라는 형태로 연결되어 있으며, 다른 형태의 별들이 운집하여 이룩된 12개의 별자리가 각각의 운명을 기억하고 있어 인간은 예외없이 이 12개의 별자리 중 하나의 영향을 받았다는 것이다. 19세기에 혜강 최한기는 그의 '기학(氣學)'에서 "차색(茶色)의 안경으로 눈을 싸면 보이는 것이 차색이 아닌 것이 없고, 남색의 안경으로 눈을 비추면 보이는 것이 남색 아닌 것이 없다. 이 안경을 제거하면 곧 기경(氣鏡)이다. 사람이 평생 보는 것은 기경을 쓰고서 해 · 달 · 별 따위를 보는 것이니 기경을 벗고 하늘을 바라보는 사람은 없다. 바라보는 별들도 기경을 따라 빛깔을 달리하는 것이지, 별들 자체의 빛깔이 변화무쌍한 것은 아니니다. 가리고 있는 기경은 눈앞 일, 이십 리에 있고 보이는 별들은 수천 리, 수만 리 밖에 있어서 혹은 낮은 것이 올라와 높게 보이기도 하고, 작은 것이 크게 비치기도 한다. 여러 변괴는 모두 요동하는 기경 때문에 생기는 것이니, 이른바 재앙과 상서러움을 알리는 하늘의 현상[災祥]이 이것이다. 그러하니 이것으로 국가의 화복을 점친다면, 여러 가지 빛깔의 안경을 바꾸어 끼고서 인물의 빛깔과 모양을 논하고 사무의 성패를 판단하는 것과 어떻게 다르겠는가?"라며 기학적 입장에서 비판하였다.

동양에서는 음양오행에 의한 사주명리학, 북두칠성과 28수 등에 의한 '자미두수'와 같은 것이 보다 정밀하게 체계적 이론의 발전과 함께 역학 등으로 발전했고, 서양에서는 점성술이란 이름으로 발달해 나간 것이다.

그러나 동양과 달리 서양에서의 점성술은 17세기 후반 천문학의 태양 중심설 같은 개념이 대두되면서 점성술에 대한 의문을 불러일으켰고, 그 후의 여러 번의 실험에서 그의 예언적 가치를 확증하는데 실패하였다. 그로 인하여 사실상 점성술은 그 학문의 이론적 입지를 상실하였다. 즉 서양에서의 점성술은 통제된 연구에서 그 유효성이 증명되지 않았고 과학적인 타당성이 없는 의사과학으로 평가된 것이다.

동양의 역(易) 사상은 우리를 자유인의 길로 인도했다. 서양의 점성술과 달리 유교, 불교, 선교의 높은 이치로 배경을 삼고 전개되면서 술(術)에서 도(道)의 경지로 한 단계 높아지며, 운명의 상태를 수동적으로 받아들이는 것에서 능동적으로 변화하는 것으로 이해하면서 퇴락한 서양의 점성술과 또 다른 활로의 길로 걷게 된다.

동양 우주의 삼라만상은 하늘(별들)의 변화 현상을 연구하는 학문의 대상이다. 즉 별들의 생장, 소멸작용이 어떤 원리에서 일어나는 것이며 또한 어떠한 법칙에 의하여 동정(動靜)하는가를 연구하는 대상이다. 화(化)하는 과정은 생장을 촉진하고, 변(變)하는 과정은 성숙이 매듭을 맺는다.

우주론은 변화 과정을 설명하는 데 있어서 시간적 계기와 필연적 계기라는 두 개의 조건을 제시하였다. 만물의 변화는 '인과적이냐? 목적적이냐?'라는 인과의 법칙으로서 인과율(Law of Causality)이 있다. 즉 어떠한 결과는 반드시 그 결과 이전에 원인이 있다고 보는 것이다.

땅 이야기(地)

【연대표】

동양	연대	서양	연대	한국	연대
장량	BC 262-186	히포크라테스 ‘체액설’	BC 450		
제갈공명	AD 181~234				
		갈레노스 ‘체액설’	AD 129~199		
위진남북조 (춘추전국)					
진, 곽박 ‘장서’	276~324				
당(唐) ‘나경’ 활용	732 당 현종				
기문둔갑	922-992			선덕여왕 풍수전달	606-647
연파조수가, 조보				고려건국	918
송(宋) 주자 ‘산릉의장’	1194				
				조선 건국	1392
				기문, 서경덕	1489-1546
				허준 《동의보감》	1613
		몽테뉴 수상록	16C 1580		
				동무 이제마 ‘사상체질’	1837~1900
청(淸) 왕도형 ‘나경투해’	1823				
				청와대 흉지설 주장 최창조	1993

머리말

지리(地理)란 조화(調和)와 질서를 합한 뜻인 조리(調理)다. 산천(山川)의 이루어짐은 하늘에 의한 것이나 산천의 만들어 짐은 사람에 의한 것이다. 여기에 땅과의 조화가 깃들어지면 천지인 합일이 된다.

하늘의 뜻은 땅에 깃들고 사람은 그 땅위에 사는 존재이다. 운기(運氣)는 지구라는 땅에서만 이루어지고 그 의의가 있을 따름이다. 사람이 운명을 개척하려면 땅이 변해가는 섭리와 그 땅을 알아야만 한다. 사람은 땅 위에 잠시 머물다가 돌아갈 따름이다. 머무는 동안 그 땅의 이치를 알고 조화롭게 생활하며 즐기며 추억을 가지고 떠날 뿐이다.

지리의 첫걸음은 하늘에 운행하는 28수 별자리를 땅의 방위에 하나하나 배치하는 것에서 시작된다. 하늘을 땅에서 찾고자 하는 갈망이다.

지상에서 일어나는 모든 현상은 지구가 23.5°의 자전축이 가울어진 채 밤낮이 차례대로 이어지며, 이 지구상의 존재는 구체적 객체성을 이루고 있는 이 우주적 결함에서 출발한다.

하늘이 땅을 변화시키며 땅의 변화에 대한 가장 큰 결과는 지각의 움직임이고, 지각의 움직임에 의한 형성된 대륙 위에 '풍한서습조화'라는 육기(六氣)가 휘몰아치게 되며 천문도를 바탕으로 오늘날의 24절기가 배치되었고 가장 추운 곳을 북쪽으로 하여 땅에서의 기준이 정해졌다.

천시(天時)와 인화(人和)와 지리(地理)는 우주관으로서뿐만 아니라 삶의 중요한 입지처로서 거론이 된다. 또 그 기본 본질은 역시 기(氣)이다. 즉 운기학이 그 원질(原質)이다.

제1부

기문둔갑(奇門遁甲)

《삼국지》에는 제갈공명이 비바람을 부른다는 구절이 몇 차례 나온다. 제갈공명은 선왕 유비와의 약속을 지켜 바보 유선을 삼국 통일의 위업을 달성케 해주려고 온갖 궁리를 다한다. 북벌 계획을 세운 후 처음으로 패한 위나라의 사마의를 가장 두려운 존재로 여겼다. 계략을 통해 사마의를 좌천시켰지만, 다시 복권한 사마의에 의해 북벌이 번번이 막히면서 노심초사하다가 피를 토하고서 몸져누웠다. 제갈공명은 제단을 세우고 인간의 생사를 주관하는 북두(北斗)에게 49개의 등과 본명등(本命燈)을 밝히고 일기(一紀: 12년)만 더 살기 해달라고 간절히 기도한다. 기도하는 동안 본명등이 꺼지지 않으면 북두(北斗)가 그 기도를 들어준다고 믿고 있었다. 엿새째 되는 날 적이 쳐들어왔다며 호들갑을 떨며 뛰어든 위연의 발길에 본명등이 꺼지자 제갈공명은 하늘을 우러러보며 "이제 내 운명은 다 되었구나!"하며 탄식한다.

이런 내용은 모두가 기문둔갑과 관계가 있는 의식이고 예언이다. 제갈공명은 실제 기문둔갑의 대가였다. 그의 부인 황월영 또한 상당한 수준의 술사로 실제 제갈공명을 많이 도왔다.

기문둔갑은 동양오술 중에서 복(卜) 분야의 선길(選吉, 길함만을 가려 받는다)에 해당되며 팔문둔갑학(八門遁甲學), 둔갑학, 기문학(奇門學)이라고도 부른다. 천시를 선택해 지리를 취하고, 인화를 일으켜 좋은 결과를 얻는 비술(秘術)이다.

예로부터 동양의 신묘삼수(神妙三數)인 기(寄), 을(乙), 임(壬) 가운데 적어도 하나를 모르는 자와는 역학을 논하지 말라는 말이 있다. 삼수(三數) 또는 삼식(三式)은 기문둔갑, 태을수(太乙數)*, 육임학(六壬學)*을 말하며, 기문둔갑은 시간과 구궁(九宮)이라는 공간의 개념을 같이 배열하여 이용한다.

기문둔갑은 특히 정치와 병법에 많이 응용되어 국가에서 배우는 것을 금하는 시기도 있던 술수이다. 병법에서 공중전, 잠수전이 없고 곡사화기가 없던 근대 이전에 기문둔갑의 활용도는 매우 컸다고 본다. 기문법으로 다양한 진영을 세워 군사를 주둔시키고 형세에 따라 적정을 탐지하고 군사를 매복함으로써 전쟁에서 승리하도록 한 것이다.

본래 기문둔갑은 방위술이다. 각각의 시간에 따라 무수히 변화하는 각 방위상의 기운을 다스려 목적한 것에 대한 운(運)을 최대한 상승시켜 주는 방법이다. 그렇기에 피흉취길(避凶取吉)이자 선길(選吉)의 대표적인 술수로 알려진 것이다. 그러나 현대에 들어와서는 사람의 앞날에 대한 길흉의 판단에 있어서 어느 유사 학문보다 특장(特長)이 있고 정확하다고 알려지고 있다.

---

* 태을수(太乙數): 천문을 관측하여 정립된 이론을 적용하며 태을식이라 함은 국가의 크고 작은 일을 점치는 술수를 말한다.
* 육임학(六壬學): 인간사를 아는 데는 육임학만 한 것이 없다고 전해지며, 절묘한 신장(神將)의 이름으로 시간을 포착하여 사과(四課), 삼전(三傳)을 발용(發用)시킨다. 대육임이라 함은 인사(人事)를 점치는 술수를 말한다.

1. 기문둔갑의 역사

기문둔갑에서 일종의 헌법 조문처럼 등장하는 '연파조수가(煙波釣叟歌)'에 고대 중국의 헌원 황제(軒轅皇帝)가 치우 천왕과의 전쟁에서 고전하고 있을 때 천신에게서 받은 것으로 알려져 있다. 헌원 황제는 이 전쟁에서 승리하기 위해 7일간 하늘에 제를 올렸고, 구천현녀가 강림하여 헌원에게 가르침을 주고 전쟁에서 승리할 수 있게 해 주었다고 한다. 이때 구천현녀로부터 배운 것이 '기을임삼식(奇乙壬三式)' 중 하나인 기문둔갑이다. 이후 강태공, 황석공, 장량(장자방), 제갈공명, 이순풍, 원천강, 이정, 악비, 유백온 등이 기문둔갑을 활용하여 천하 통일의 기반을 만들었다. 《기문둔갑비급대전》과 청나라 건륭제 때 《협기변방서》와 《사고전서》에도 둔갑에 관한 부분이 실려 있다.

우리나라는 《홍연진결(紅煙眞訣)》, 《설강국비결》과 술서에 속하는 《현무발서》, 《기문둔갑장신법》, 《신통력도술천서》 등이 있다. 고구려의 재상 을파소와 통일신라 시대의 사천박사 《둔갑입성지법(遁甲立成之法)》을 저술한 패강(浿江)에 진을 치고 백성들에게 팔진병법을 가르쳤으며, 고구려의 감강찬은 호풍환우(呼風喚雨), 축지법과 역귀법을 썼고, 조선 시대의 서화담, 토정 이지함, 이율곡, 기로사 등이 유명하다. 한대(漢代)의 장량은 고조 유방이 한을 건국하는데 큰 공을 세웠고, 당대(唐代)의 장현령과 두여회는 태종이 당나라를 세우는데 크게 기여하였으며, 명대(明代)에 와서는 유백온이 태조 주원장을 도와 대명(大明)제국을 세우는데 또한 큰 공을 세웠다. 역사상 이것들을 잘 활용하고 알려진 인물은 제갈공명이라고 할 수 있다.

2. 기문둔갑의 명칭과 구성

기문둔갑은 특히 홍국수리오행(洪局數理五行)에 근거하여 이 땅에서 발전한 《홍국기문》이 보태어져 한층 더 심오한 이론 체계를 이루고 있다. 또한, 우주의 순환 원리를 음양수리오행에 기초하여 전개해 나가면서 여타의 모든 학설을 포괄하는 유연성과 자가발전하는 유기체적인 시스템을 갖추고 있다. 더욱이 그 촉구하는 바가 천문, 지리, 인사를 전 우주의 시공간 개념을 한 이치로 꿰뚫어 보고자 하는 것이니 천지인 합일도(道)의 길에 적합한 학문이라 할 것이다. 그 이론을 전개하는 방식과 추구하는 목적에 따라 '홍연기문', '연파기문', '투파기문', '삼원기문', '유씨기문' 등으로 각기 주장하는 파들이 있는데, 우리나라 특유의 기문 방식은 '홍연기문(洪燃奇門)'이며, 중국에서는 삼원파를 진전으로 삼고 있으며 천, 지, 인의 세 가지 위반을 활용하고 천기, 천후, 국운, 가운 등을 점단한 바 주로 구궁을 중심으로 하여 기학(氣學)이라 하여 퍼져 있는 상태이다. '홍연진결'은 홍국과 연국의 진결이라는 뜻으로 홍국은 주로 국가나 개인의 미래 운명을 점단하고, 연국은 방위학, 구성학, 풍수학 등 방위를 연구한다.

기문둔갑을 운용할 때는 구궁[九宮, 우리나라에서는 구성(九星)이라고도 한다]이라는 장소에 시간이 더해진 국(局)을 사용한다. 이 국은 크게 홍국과 연국의 두 가지로 나누어지며, 이 국들은 일정한 원칙에 따라 포국되어 여기에 배치되는 요소 가운데 국의 삼기(三奇)는 기(奇)를, 팔문(八門)에서는 문(門)을, 구궁에 갑(甲)이 숨어서 나타나지 않는 뜻의 둔갑(遁甲)이라고 하는 것이다. 갑을병정무기경신임계(甲乙丙丁戊己庚辛壬癸)를 십천간(十天干)이라고 하는데, 기(奇)란 을병정(乙丙丁)을 말한다.

기문둔갑에서 갑(甲)이 빠져나간 9간(干)을 활용하는데 원래는 10간이었으나 갑(甲)은 칼날을 두려워하여 여동생인 을(乙)을 아내로 두거나 도망쳐다닌다는 뜻에서 둔갑이라는 이름이 나왔다. 문(門)이란 '개휴생상두경경사(開休生傷杜景驚死)'를 팔문(八門)이라 하며 첫 자가 있는 문을 말한다

둔(遁)은 숨긴다는 뜻인데 천간의 선두 갑(甲)을 숨긴다는 뜻이다. 기문둔갑의 주요 내용은 구궁을 기본으로 삼아 천간과 팔문, 구성을 배합하여 이들의 움직임을 보고 길흉화복을 살피는 것이다.

통달하면 신출귀몰하는 재주를 부리고 마음먹은 대로 사라졌다 나타날 수 있을 뿐 아니라 연기나 바람 등으로 변할 수 있다 하며, 그 비법도 전하고 있으나 실제 사용은 주로 병법에 사용되었다.

3. 기문둔갑의 활용

명리학이 시간을 다루는 학문이라면 기문둔갑은 방위를 다루는 학문이랄 수 있다. 시간은 언제나 한 방향으로 흘러가는데 비해 방위는 사람의 의지대로 선택할 수 있으니 명리학은 숙명론에 가깝고 기문둔갑에는 개운법, 처세술, 방액법, 전술학 등이 있어 운명을 헤쳐나가는 방법을 찾을 수 있다. 기문에는 그 폭이 넓어 인사에도 적용하여 운명학으로도 활용하는데 구궁과 팔괘의 다양한 변화에 천시, 지리, 인화의 천지인 삼재를 더하면 당연한 일의 점사에서부터 평생 운의 흐름까지 놓치는 곳이 없다. 기문에 통달하면 천기(天機)를 훔치고 귀신까지 속이는 경지에 이른다.

현대 사회에서는 이미 기문둔갑장신법 중 상당한 부분의 효용은 이미 잃어버렸거나 현대의 초과학이 이미 달성한 바 있다. 축지법은 이미 비행기나 자동차, 에스컬레이드 등에 의해 이루어지고 있고, 인중법(引重

法)은 기중기나 로봇팔에 의해 이루어졌고, 천리안술은 초망원경으로 우주를 탐색하는 경지이고, 운무장신법 또한 연막탄 등이 멋지게 그 대응을 하고 있다.

우리나라에서는 술수를 종교처럼 생각하는 사람이 많지만 실제로 종교와는 전혀 다른 것이며, 중국에서는 과학과 비슷하지만 과학이 아닌 것을 말한다. 과학은 인간의 존재를 도외시하여 자연을 객관화하지만 술수는 인간을 중심으로 본다는 것이 아주 다른 점이다. 우리나라에서 기문둔갑을 실생활에 활용되는 여행, 건강, 연애, 사업, 선거 등의 비결에 관한 서적들이 있는데, 이는 주로 삼원파의 구성기학에 가까운 원공술(元空術)과 그중의 애성법(挨星法)을 활용한 술(術)이다.

제2부

풍수(風水)

1194년, 성리학의 대학자 주자는 당시 송(宋)의 황제 영종에게 '산능의장(山陵儀狀)'이라는 풍수론을 올린다. 선황, 효종의 장지를 6년이 지났는데도 이기파(理氣派) 풍수 이론인 좌향(방위학) 때문에 능 자리를 정하지 못하고 있을 때였다. 주자는 "풍수의 핵심은 산세의 아름답고 추함에 있다."라면서 황제의 성(性) 조(趙) 씨가 목(木)에 해당되어 상생(相生)하는 방향으로 능의 좌향이 정해져야 한다는 오행 논쟁에 성씨에 따라 들어갈 묏자리가 있고 들어가서는 안 될 자리가 있다는 오류를 반박하며 종지부를 찍는다. 당(唐)나라 복응천의 풍수지리서인 《설심부(雪心賦)》에는 "지리란 조리(調理, 조화와 질서를 합한 뜻)이며 땅의 조화로움과 그가 지닌 질서를 아는 것이 풍수이다."라고 적혀 있다.

이는 하늘의 별들이 땅에서도 그대로 작동되는 것을 풍수에서는 질서라는 논리를 나타내고 있다. '산천의 이루어짐은 하늘에 의한 것이나 산천의 만들어짐은 사람에 의한 것이다'라는 천인 합일은 하늘과 땅과 인간의 상호 유기적 연결과 관계에서 천시(기후), 인사(사람의 노력), 지리(토지의 여건)들의 천지인 합일이라는 우주의 근본적 조화가 이루어지며 이것이 풍수로 나타난다. 전통적인 중국에서의 풍수 사상 역시 그 맥락이 같은 것이다. 특히 우리 선인들은 풍수적인 사고를 통해 환경을 인식

했고 장소에 질서를 부여했다. 그리고 자연과 인간과의 관계를 조화롭게 처리하는 방식으로서 풍수는 오랫동안 우리 공간상에 투영되어 왔으며 그 공간은 인간의 운명도 바꾼다고 믿어 왔다.

곽박은 《장서(葬書)》, 《금남경》, 《청오경》에서 장지(葬地)는 생기(生氣)에 의존한다고 하였다. 천시와 지리는 우주뿐 아니라 현실 삶의 중요한 입지처로서 거론되며 그 기본 원리는 기(氣)이다. 이 기를 이해하고자 하는 노력이 경학(經學)이고, 그것을 감응하고자 하는 노력이 위학(緯學)이다. 경학이 합리성과 과학성과 보편적 타당성을 추구한다면 위학은 신비와 독단과 특수성을 그 본질로 한다. 이 양자는 천지만물의 실상을 보는 씨줄과 날줄로서 어느 하나 무시하고 내버릴 성질의 것이 아니다. 다시 말하면 위학적 안목이 결코 혹세무민의 미신이나 방술, 혹은 외도의 학문이 아니라는 것이다.

풍수는 인문학이다. 그러므로 본능과 직관이 필요하다. 동물적 본능과 직관으로 감지될 수 있는 하늘과 땅과 사람의 '기'의 운용에 관한 지혜가 이해 불가능한 미지의 것으로 되어 버린 것은 사람의 책임일 것이다. 땅에도 팔자가 있다. 즉 사람의 체질이 그 땅의 지기에 맞는 경우와 그렇지 않은 경우가 있기 때문에 좋은 땅이 언제나 그리고 누구에게나 좋다는 말을 할 수가 없다. 결국 따뜻한 남쪽 땅, 인간과 자연의 조화된 삶을 누리기 위해서는 산과 수와 방위와 사람, 즉 풍수의 4요소가 서로 상생상보 관계에 놓여야 된다는 것이다.

풍수에서 산과 물과 터를 보는 것은 사람의 관상을 보는 것과 같다. 사람을 평가할 때 소위 객관적인 기준인 가족관계, 학벌, 장래성, 건강, 성품, 외모, 재산 같은 것들이 고려 대상이 될 것인데, 이러한 모든 조건이 만족스러운데도 불구하고 왜 그런가? 뭔가가 찝찝한 느낌이 드는 문제가 발생한다는 것이다. 바로 그 느낌이 풍수를 고르는 요체가 된다. 그러므로 주관적이고 본능이 끼어들고 판단할 수밖에 없게 되는 것이다. 그 객관성이나 체계화는 애초에 불가능에 가까운 일이기에 '좋은 땅은 없다. 단지 어떤 사람에게 무슨 용도로 맞느냐? 맞지 않느냐?', '명당은 당신 마음속에 있다. 명당은 찾아야 할 대상이 아니라 만들어 가야 하는 대상'이라는 말들이 있는 것이다.

사람이 살 수 없는 계곡에다 집을 지을 수 없고, 물이 고여 썩고 벌레가 들끓는 곳에 조상의 시신을 묻을 수는 없다. 그리고 산사태가 일어나는 곳, 물이 부족한 곳, 홍수가 잦은 곳, 맞바람을 그대로 받는 곳, 습기가 많아 눅눅한 곳 등에도 집을 지을 수는 없다. 적어도 상식선에서 본인이 편하고 행복한 집, 풍수의 이론과 수맥, 기타 난해하고 복잡한 이론들을 떠나서 건축학, 토목학, 가상학, 방위, 인테리어 등 비교적 합리적이고 과학적인 최소한의 근거 위에 본능과 직관으로 매력을 느끼는 그러한 땅과 집을 선택하려면 풍수를 활용할 필요는 당연하게 필요한 것이고, 또 최소한의 노력과 관심과 애정을 쏟지 않으면 안 되는 것이다.

반드시 이론을 알아야 한다. 그렇지 않고 풍수를 하면 두 가지 오류, 교만과 무지에 빠질 뿐 아니라 말 그대로 반풍수(半風水)가 된다. 잘못하면 운기(運氣)의 방향을 잘못 안내하고 그 잘못된 운기는 운명에 악영향을 미칠 수가 있다.

1. 풍수란 무엇인가?

1) 풍수의 연구 대상

풍수의 연구 대상은 크게 음택(陰宅)과 양택(陽宅)으로 나눈다. 음택은 일반 묘지를 말하며, 양택은 살아 있는 사람들이 생활하는 주택, 공장, 사무실, 점포 등을 말한다. 결국 풍수학은 바로 이러한 음택과 양택이 사람들에게 어떤 영향을 미치는지를 연구하는 학문이다.

2) 문헌상의 역사

양택풍수의 기원은 중국 주(周) 초기 또는 은상(殷商) 시대로 보고, 음택풍수의 기원은 춘추전국시대로 본다. 양택의 가장 오래된 기록은《상서(尙書)》라 보며 음택의 가장 오래된 기록은 사마천이 쓴《사기(史記)》이며, 실제 오늘날의 풍수학과 가장 밀접한 영향을 준 것은 수(隨), 당(唐) 때부터라고 보고 있다. 그 후 한(漢)을 거쳐 위(魏)-진(晋) 시대(우리나라의 삼국시대 초기)에는 진(晋)의 곽박이 저술했다고 알려진《장서(葬書)》가 오늘날에 이르기까지 풍수학의 발전에 많은 공헌이 있었다. 물론《장서》가 후세 사람들이 곽박의 이름을 도용한 저술이라던가 실제는 그의 스승인 곽공의 저서라는 설 등의 논란이 있다. 그 후 수(隨)나라 때에 지금의 풍수학을 지칭하는 전문용어인 '감여학(堪餘學)'이라는 말이 처음 나왔으며 독립적인 학문으로 전개되었다고 본다.

우리나라의 통일신라 시대에 해당하는 당나라 때에는 많은 인재 배출과 함께 간단한 나경(羅經, 패철)을 활용하는 새로운 이론과 응용 방법이 활용되며 오늘날의 풍수학에 직접적으로 많은 영향을 미치고 양균송과 같은 뛰어난 인물을 배출하기도 했다. 송(宋)나라 때 풍수학은 이기(理

氣) 방면에 직접 영향을 받은 하도, 낙서의 도수(圖數)와 소강절의 '방원육십사괘도진(方圓六十四卦圖陳)'에 의해 새로운 관념으로 단순하지만 24개의 방향을 측정하여 길흉의 연도를 계산하는 식으로 전개하는 등 크게 발전하였다.

명(明)나라 때의 풍수학은 오늘날에 깊은 영향을 끼쳤다. 삼원구궁운동(三元九宮運動)의 응용으로 이기 분야에 새로운 학설을 개척하며 나경학설의 성행과 발전으로 이전보다 더욱더 세밀한 부분을 측정할 수 있었으며, 시공을 서로 연관성 있게 다루었다. 유명인의 조상 묘지를 실측과 관찰하여 이론의 일치를 확인하고 표준을 삼는 것이 유행하였으므로 근거 없는 이야기는 신뢰받지 못했다.

청(淸)나라 때는 건륭 연간에 궁(官)에서 제정한《협기변방서》등을 비롯하여 점차 조명택일(造命擇日) 방면을 중요시하여 더욱 복잡한 양상으로 발전하였다. 나경 역시 최초에는 8방위가 간단하게 구분되어 있던 것이 24방위까지 세분되어 사용되어 오던 것을 더욱더 세밀하고 복잡하게 나경 혼합설로 발전되며 왕도형이 작성한 '나경투해도형(羅經透解圖形)'은 오늘날의 모든 나경의 모체이기도 하다.

중국의 마지막 왕조인 청나라가 무너지고 서양의 신학문이 도입되면서 과학적인 입증이 결여된 풍수학에 대해 신학문을 공부한 이들은 많은 부분을 부정적인 측면으로 보기 시작했으나, 여전히 수천 년 동안 활용된 이 학문을 이어온 뜻있는 사람들은 국민당 정부가 대만으로 건너오면서 계속 발전시켜 왔으며 일부는 본토와 홍콩에 남겨졌다.

우리나라의 풍수학은 삼국시대 때 중국으로부터 전해졌다는 설이 설득력이 있다. 형국(形局) 분야는 많은 전문 지식을 습득하여 수준에 이른 사람들이 있다고 보는 반면 이기(理氣) 분야는 형태가 없고 눈으로 직접 확인도 어려울 뿐만 아니라 음택의 경우 장래 문화도 많이 바뀌고 있어 전문가의 양성이 쉽지 않다는 것이 정설이다.

그러나 양택 분야는 오늘날 유행하는 가상학(家相學) 등과 함께 매우 활발히 논의되고 있다. 이 역시 역학과 우주 변화의 원리에 얼마만큼 내공이 있느냐에 따라 매우 큰 차이가 나기에 운명을 논하는 이 학문의 활용에 겸허해야 할 것이다.

3) 풍수의 논리 체계

《장경》에서 기승풍측산 계수측지(氣乘風測散 界水測止, 바람을 만나면 흩어지고 물이 닿으면 머문다)와 장풍득수(藏風得水, 바람을 갈무리하고 물을 얻는다)라는 말은 풍수지리의 기본 용어라 볼 수 있다.

예로부터 풍수지법(風水之法)은 득수위상(得水爲上)이고 장풍차지(藏風次之)라고 했다. '물을 만나면 최상이요, 바람을 만나는 것이 그다음' 이란 뜻이다. 땅은 저마다의 독특한 특성을 가지고 있다. 땅의 성격을 다르게 만드는 것이 지기(地氣), 즉 땅기운이다. 지기에 가장 큰 영향을 주는 것은 빛과 바람과 물이다. 바람과 물은 지기를 운반하는 존재이며 빛은 바람을 일으키고 물을 끊임없이 순환시키는 동력이다. 명당은 원래 산[山, 풍수에서는 용(龍)이라고 한다]이 뻗어 오다 낮아져서 멈추고 물과 만났을 때 그 사이에 펼쳐지는 평평한 땅을 지칭하는 말이다. 지기(地氣) 중에서 살아 있는 기(氣), 생기(生氣)를 찾아내고 그 생기가 머무는 명당의 중심을 혈(穴)이라고 하고, 이 혈을 찾는 것이 풍수의 본질이라고 본다. 풍수는 크게 보아 땅에 대한 이치를 연구한 경험 과학적 논리 체계와 지기가 어떻게 인사(人事)에 영향을 미치게 되는가를 밝힌 기(氣) 감응적 인식 체계로 구분될 수 있다.

2. 음택풍수

1) 전통적 음택풍수

음택은 죽은 자를 안장할 묘지에 관한 것이다. '조종(祖宗)'의 체백(體魄, 죽은 시체)은 무덤 가운데로 돌아가고, 그 '정기(精氣, 혼)'는 운화(運化) 가운데로 돌아간다. 음택이나 양택의 터를 고르는 이름이나 방법은 별반 다를 것이 없다. 풍수의 5대 요소이며 '지리오결(地利五決)'이라고도 하는 '용혈사수향(龍穴砂水向)'에 의해서 좋은 터와 향(向)을 정한다. 산줄기인 용맥(龍脈)을 통하여 지기(地氣)를 전달하는 용(龍)이 용맥으로부터 전달받은 지기를 한 곳에 모아 놓은 혈(穴), 그 지기가 바람에 흩어지지 않도록 주변 산들이 감싸주는 사(砂), 지기를 가두고 멈추게 하는 수(水), 좋은 천기를 받을 수 있도록 좌향을 결정하는 향(向)이다. 이렇게 정한 터에 죽은 자의 묘를 지하에 마련하면 음택풍수이고, 산 사람을 위한 거주 공간을 지상에 마련하면 양택풍수가 된다.

보국(保局)과 혈의 크기에 따라 음택지와 양택지가 구분되기도 하는데 보국이 크면 양택지, 보국이 작으면 음택지가 되며, 도시가 들어설 만한 큰 보국에 개인의 묏자리는 적합하지 않으며 오히려 흉을 불러일으킨다. 반대로 묏자리나 적합한 작은 보국에 큰 집터나 공공 기물 등도 또한 적합하지 않다.

조상의 묘지가 후손에게 좋고 나쁜 풍수지리 영향이 미치는 것은 동기감응(同氣感應)의 원리라는 게 대부분의 일치된 견해이다. 양택에 있어서는 어떤 장소의 '기'가 그곳에 거주하는 사람과의 '기'가 서로 감응한다는 것인데 현재 대부분 음택의 경우로 이해되고 있다.

공명(共鳴)이란 우주 안의 모든 사물은 고유한 파장과 진동수를 갖고 있는데 고유 진동수가 같은 두 가지 물체가 서로 거리가 떨어져 있어도 한쪽이 진동되면 다른 쪽도 함께 진동되는 현상(카오스의 원리와 나비 효과)을 뜻한다.

생물학적으로도 거의 같은 DNA를 가진 조상과 후손은 일정한 파동의 진동으로 접속된다는 것이 '동기감응론'이다. 그러나 화장을 하면 DNA 구조가 파괴되기 때문에, 즉 백(魄)은 그 영향력이 후손에게 전달되지 않는다. 풍수학적으로 동기감응의 뜻은 같은 기를 가진 사람들끼리는 서로 영향력을 준다는 이론으로 부모와 자식 간이 가장 강하게 작용하고 촌수가 멀어질수록 그 동기감응력은 약해진다. 라디오 주파수를 맞추거나 TV 채널을 바꾸는 것 또한 공명 현상의 원리가 적용된다.

한(漢) 무제 때 미양궁에 있는 종(鐘)이 스스로 울렸다. 이상하게 생각한 무제는 동방삭을 불러 그 까닭을 물었다. 동방삭은 서쪽에 있는 구리 광산이 무너졌기 때문이라고 대답했고, 그 이유는 미양궁의 동종이 서쪽의 광산에서 구리로 주조되었기 때문이라는 것이었다. 이를 확인한 무제가 감탄하며 "이처럼 미천한 물질도 서로 감응을 일으키는데 만물의 영장인 사람은 조상과 후손 사이에 얼마나 많은 감응을 일으킬 것인가"라고 말했다.

현대 과학적인 측면에서 보면 1960년도 노벨화학상을 받은 윌라드 리비(Willard Libby) 교수가 인체의 14종의 방사성 원소의 원리, 즉 조상과 후손은 같은 혈통 관계를 맺고 있기 때문에 서로 동일한 유전자를 다량 내포하고 있는바, 조상의 시신이 형성하고 있는 여러 가지 원소에서 발생하는 방사선 파장도 후손과 서로 같은 것이 많을 것이며 또한 동일한 파장은 서로 감응을 일으켜 좋고 나쁜 풍수지리 현상이 나타난다고 할 수 있다는 것이다. 그리고 사자(死者)의 경우 여러 가지 원소는 시간이 지날 수록 점점 퇴화된다고 한 월라드 리비 교수에 의하면 오래되지 않은 묘지일수록 퇴화가 적은 관계로 감응하는 정도가 더욱더 좋고 나쁜 영향도 더 크게 나타날 것이다.

현대에 들어서 후손들이 좋은 영향을 받기 위해서 조상의 묘지를 풍수학적으로 '천지인 합일'을 이룰 수 있게 하는 것은 현실적으로 매우 어렵다. 그러한 조건의 땅도 구하기 어렵지만 보통 3일장을 위주로 행해지는 장례 관습으로는 매장의 일시 등 택일과 다른 조건과의 조화를 이루는 것도 어려워 균형을 파괴할 가능성이 크다. 또한, 국토 개발에 의해 주변의 변화가 심하여 좋은 혈이 나쁜 혈로 얼마든지 바뀔 수도 있는 것이 현실이어서 음택 이론의 무용론까지 대두되고 있다.

2) 석물이 음택에 미치는 영향

음택에 쓰이는 석물(石物)로는 상석(床石), 망주석(望柱石), 비석(碑石) 등이 있다. 상석은 무덤 앞에 제물(祭物)을 차려 놓는 돌로 된 상(床)이고, 망주석은 무덤 앞 양쪽에 세우는 두 개의 돌기둥으로써 묘지를 지키는 상징적인 역할을 하는 것이다. 비석은 누구의 무덤이라는 것을 표시하는 조그마한 석패와 조상의 행적이나 업적을 기념하기 위해 만든 커다란 석판으로 되어 있다. 경제 발전으로 인한 윤택함과 조상의 묘지를 단장하고자 하는 후손의 열망이 상업주의와 맞아떨어져 여유가 있는 사람들은 과하게 묘지를 꾸미고 있고 또 관심을 가지고 있다. 그러나 풍수지리학의 이론상 묘지에 장식된 상석, 망주석, 비석의 위치는 무덤 속에 안장된 조상의 유골에 좋지 않은 영향을 미칠 요소들이 내포되어 있음으로 주의하여야 한다.

상석의 경우 적당한 규모와 격식을 갖추어 놓는 것은 편의성과 위치상

권유되나 혈장의 격국에 비해 규모가 크거나 다리가 달린 상석 등은 마음대로 놓으면 상석에서 발생하는 살기(煞氣)가 무덤 속의 유골을 누르는 압관 현상(壓棺現象)이 나타나 괴로움을 주기 때문에 나쁜 영향을 주어 상석(傷石)이 될 수도 있다.

망주석은 일반적으로 묘지 앞 약 45도쯤 되는 양쪽 지점에 세우는 석물이다. 풍수학상 이 지점은 천형(天刑)과 지겁(地劫)의 위치가 되기에 망주석의 살기가 조상의 유골을 나무나 다른 물질의 토막으로 찌르는 것과 같은 현상을 나타나게 만든다. 더욱이나 세워진 지점이 요살(曜殺)의 위치가 되면 끝이 뾰족한 대침으로 찌르는 것과 같이 되어 조상의 유골을 매우 괴롭히게 된다. 실제 망주석은 상징적인 수호와 장식적인 효과 외에는 없는 것이기 때문에 차라리 세우지 않는 것이 현명할 수도 있다는 것이다.

비석은 누구의 무덤인지를 간단히 표시하는 것과 조상의 행적이나 업적을 기리기 위해 세우는 것이 있다. 누구의 묘지인지를 간단히 표시하는 비석은 상석과 마찬가지로 적당한 규모와 격식을 갖춘 비석은 누구에게나 권장되고 좋은 석물이다. 하지만 상석과 마찬가지로 혈장이 격국에 비해 크면 압관 내지 찌르는 것과 같은 현상이 나타나 비석(悲石)이 될 수도 있다. 특별한 업적이 있는 조상 외에는 세우지 않는 것이 좋다. 세상 이치가 과유불급이다. 무엇이든 지나치면 해가 된다. 조상을 위한 마음으로 비용과 정성을 들여 갖춘 석물들이 오히려 조상의 유골에 괴로움을 끼치고 나아가 후손들에까지 나쁜 기운의 감응으로 해가 되는 불행을 초래하지 않아야 할 것이다. 결론적으로 석물은 혈장 격국의 규모와 사자(死者)의 선업이나 행적, 후손의 번영 등에 따라 균형과 조화를 이루는 것이 가장 좋다.

3) 생기풍수

동양학 혹은 동양 오술로 통칭되는 학과 술 중에서 역학, 주역, 사주학, 자미두수, 기문둔갑, 관상학 등은 인간의 운명을 탐구하고 분석하는 것으로는 대단히 훌륭한 학문이지만 많은 수련과 공부 없이는 인간의 운명을 더욱 좋아지게 만들기는 어렵고, 기타 분야에 속하는 학문이나 술수도 기(氣)의 수련 없이는 그 목적을 달성하기가 어렵다.

기의 수련 없이 기를 받는 방법은 풍수의 술법이나 성명학 정도 등이 있을 뿐이다. 생기풍수는 현재 풍수지리학이 가장 발달한 대만에서 음택풍수와 양택풍수의 장점을 살려 근래에 개발한 것이다. 생기풍수는 방법상으로는 모든 조건을 갖추고 있는 좋은 혈장에 죽은 사람의 시신을 매장하는 음택풍수와 같으나 매장하는 것은 사자(死者)가 아니라 살아 있는 사람의 손톱, 발톱, 머리카락 등 신체의 일부이기 때문이다. 강력한 생기(生氣)가 응결된 혈장에 매장된 손, 발톱, 머리카락 등에서 발산되는 좋은 기운의 방사성 파장과 당사자의 파장은 동일인의 것으로 완전히 같기 때문에 조상과 후손 사이에 이루어지는 것보다는 훨씬 강력한 감응이 이루어진다는 것이고 따라서, 음택풍수에 비해 생기풍수가 당사자에게 미치는 좋은 영향이 더 크다고 볼 수 있다는 것이다.

또한, 시술하는 일시(日時)에 있어서도 음택풍수와 같이 관습이나 현실적인 문제에 제약받는 일이 전혀 없어 다른 여러 가지 조건과 모두 조화를 잘 이루는 좋은 날을 자유롭게 선택할 수 있어 음택풍수에서 나타나는 이러한 문제들이 쉽게 해결된다고 보는 것이다.

또한, 생기풍수는 한 사람이 여러 곳에 정기적으로 시술함으로써 더욱 더 좋은 효과를 얻을 수 있을 뿐 아니라, 한 곳에 여러 사람의 것을 단체로 시술할 수도 있다는 장점이 있다는 것이다.

그러므로 생기풍수를 정확하게 시술할 수 있는 지식을 충분히 갖춘 전문가를 만난다면 자기 소유의 땅이 전혀 없는 사람도 천문학적으로 당운(當運)이 되면서 강력한 생기가 응결된 혈장, 소위 명당을 매개체로 하여 좋은 영향을 많이 받을 수 있다고 본다. 다시 말하면 생기풍수는 인간의 신체 일부를 당운이 되면서 강력한 생기가 응결되니 천기와 지기가 융화를 잘 이루는 혈장에 독특한 이론과 기법에 따라 매장함으로써 상서로운 기운을 받은 자기 신체 일부에서 발산되는 방사선 파장과 서로 동일한 파장으로 감응을 일으켜 좋은 영향을 미치게 하는 것이라고 할 수 있다.

불면증이 심하고 몸이 아파서 병원을 찾지만 진찰을 해도 확실한 원인과 이상이 없는 것으로 나타나 괴로움을 겪는 사람들을 간혹 볼 수 있다. 이 경우 풍수병(風水病)을 앓고 있는 경우가 많은데, 이 경우에는 음 · 양택풍수의 교정, 예를 들어 잠자리의 방향을 바꾸거나 인테리어의 비보(裨補)로 효과가 나타나기도 하며, 생기풍수(生氣風水)의 시술로 좋은 효과를 얻을 수 있다는 것이다.

생기풍수는 음 · 양택풍수와는 달리 자연환경의 훼손도 없고 제한도 적어 비교적 자유로운 가운데 시술이 가능하다. 음택풍수보다는 훨씬 강한 감응을 이룰 수도 있고 양택풍수보다는 훨씬 강력한 생기가 결집되어 상서로운 기운과 동기감응을 이룰 수 있는 장점이 있기에 우리의 건강과 생활을 향상시키는 데 활용하면 대단히 좋다. 필자 역시 이 이론에 동의하며 시술로서 그 긍정적인 측면을 인정하고 있다.

4) 한국의 8대 명당(음택)

(1) 강원도 춘천 신숭겸 장군 묘(평산 신씨 시조 묘)

(2) 경기도 안동 김씨 김번 묘

(3) 충주 한씨 한남공의 묘

(4) 전북 순창 광산 김씨 김극뉵의 묘

(5) 부산진구 동래 정씨 시조 정문도의 묘

(6) 경북 예천 동래 정씨 정문도의 묘

(7) 경북 영천 광주 이씨 이당의 묘

(8) 경북 고령 신씨 시조 묘

5) 한국의 10대 명당, 십승지지(十勝之地), 사찰, 양택, 음택

(1) 충남 예산, 남연군 묘, 2명의 황제(고종, 순종)

(2) 강원도 강릉 선교장, 조선 최고의 상류 주택

(3) 강원도 홍천 수타사 : 공작산의 수타계곡과 함께 공작이 알을 품고 있는 형국에 있다. 예전의 절터는 지금의 위치가 아니라 다리를 건너기 전 왼쪽에 있었다 한다

(4) 경북 예천 금당실 마을 : 병마와 환란이 들지 못한다는 십승지지이다.

(5) 경북 봉화 닭실마을 : 금계포란(金鷄抱卵)의 형국, 《택리지》에서 안동의 앞내마을과 풍산의 하회마을, 경주의 양동마을과 함께 삼남(三南)의 4대 길지로 뽑았다.

(6) 경북 김천 수도암 : 도선국사가 이 암자의 터를 발견하고 7일 동안 춤을 추었다는 명당이다. 수도하기에 최적이라는 뜻으로 수도암이라고 이름 지었다.

(7) 전남 구례 운조루(運鳥樓) : 금환락지(金環落地)의 99칸 옛집이다.

(8) 전남 순천 조계산 선암사 장군대좌형 명당이다.

(9) **경남 합천 모산재 무지개 터** : 비룡(飛龍)이 하늘을 날아오르는 지형, 이곳에 묘를 쓰면 개인은 대대로 부귀영화와 천자가 난다는 땅이나 나라는 가뭄이 든다는 명당이다.

(10) **전북 고창 병바위 일대 선인취와형(仙人醉臥形)의 명국이다.**

3. 나경(羅經) 해석

풍수지리에서는 산(山)의 맥을 용(龍)이라 하고 생기(生氣)가 맺히는 곳을 혈(穴)이라 한다. 즉 기(氣)에서 혈을 찾는 것이 요체이다. 그런 혈을 얻으려면 바람을 갈무리하고 산줄기에서 혈장 주변을 포근하게 감싸 안고 흐르는 물을 얻어야 한다. 혈을 얻기 위한 이론은 형국론(形局論)과 이기론(理氣論)으로 크게 나눌 수가 있다.

형국론은 물형론(物形論)이라고도 하며, 산의 형세를 사물이나 짐승에 비유하여 혈을 잡아 길흉화복을 찾는 이론이다. 산의 형세를 사물과 짐승, 동물, 문자 등의 형상을 모아 혈을 정한다.

이기론은 주역 8괘와 음양오행설에 기본을 두고 득수(得水), 득파(得破)로 나경을 이용하여 국(局)을 정하고, 국에 따라 내룡(來龍)과 수구(水口)의 좌향을 보고, 땅의 기운을 나경을 통해서 활용한 이론들로 길과 흉을 판단하여 좌와 향을 정한다.

즉 나경이라 함은 이기론에 필요한 도구로 쇠, 또는 패철, 나경 등으로 부른다. 그 근본은 태극이며 천지인의 천반봉침(天盤逢針), 인반중침(人盤中針), 지반정침(地盤正針)으로 분별하여 용을 관찰하여 혈을 찾아 뫼자리 등을 정하는 데 중요한 역할을 하며 좌향이나 용맥, 사수향(砂水向), 음양오행의 상생과 상극 관계를 특정하며 이의 측정에 따라 혈의 성격이 판정되어 길과 흉을 찾게 되는 것이다.

1) 나경의 사용법

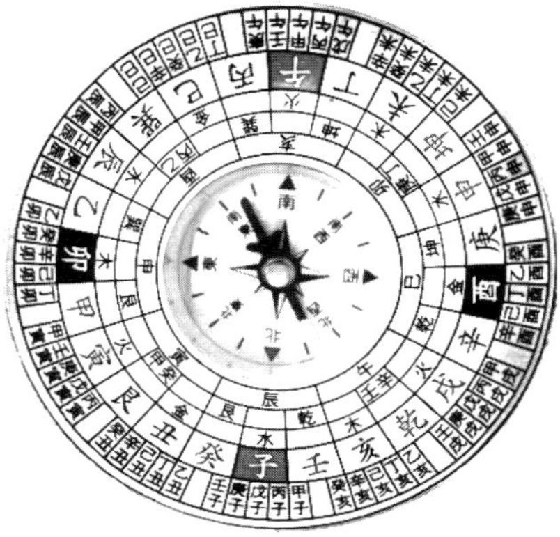

(1) 나경의 正(가운데)은 나침반이다.

(2) 정음정양법(淨陰淨陽法) : 나경 4층의 24방위는 정음 12자, 정양 12자로 구성되고 정양은 붉은색이나 황색의 굵은 선이고, 정음은 검은색이나 청색이다.

(3) 일반 지도에서는 위쪽이 북쪽을 의미하지만 나경에서는 그 반대가 되어 북쪽인 자(子) 자가 밑에 오고 남쪽인 오(午) 자가 위에 있다. 이는 만물이 모두 물[水]로부터 형성되었다는 우주와 동양 철학의 원리에서 비롯된 것이다.

2) 양택(陽宅)에서의 사용법

(1) 양택은 나경의 4층으로 좌를 본다. 중앙의 정에서 바깥쪽으로 1층에서 8층까지 순서대로 층을 정한다.

(2) 나경을 놓는 위치는 놓고자 하는 모든 건물의 중앙이다. 나경을 건

물 중앙에 놓고 대문, 안방, 부엌[문(門), 주(主), 조(灶)]이 나경 4층의 주역 8괘 중 어느 궁에 속하는지를 살피고 동사택(東四宅)인지 서사택(西四宅)인지를 살펴 길과 흉을 판단하는 것이다.

(3) **양택의 3대 요소는 문(門), 주방(主房), 부엌[廚房]이다.** 아파트나 빌라에서는 현관을 출입문으로, 부엌은 가스레인지가 놓인 곳을 방위로 보면 된다. 이 3대 요소는 동사택과 서사택으로 구분되는데 동사택은 동사택끼리, 서사택은 서사택끼리 만나야 길하다는 것이 현재의 이론 추세이다. 물론 이 이론 자체의 근거가 약하고 무효하다는 다른 이론도 있다.

동사택(24방위 중)은,
임자계(壬子癸) 방위 =감궁(坎宮)
갑묘을(甲卯乙) 방위 = 진궁(辰宮)
진손사(辰巽巳) 방위 = 손궁(巽宮)
병오정(丙午丁) 방위 = 이궁(離宮)

서사택(24방위 중)은,
축간인(丑艮寅) 방위 = 간궁(艮宮)
미곤신(未坤申) 방위 = 곤궁(坤宮)
경유신(庚酉辛) 방위 = 태궁(兌宮)
술건해(戌乾亥) 방위 = 건궁(乾宮)

예를 들어 건물을 신축할 때는 대지(垈地)의 중심에서 출입문의 위치를 선정하여 동사택에 해당되면 동사택의 좌(坐)를 놓아야 할 것이다. 화장실과 오수시설 등의 추하고 위험을 초래하는 것은 흉살방(凶煞房)에다 설치해야 한다.

3) 나경 각층의 용도

먼저 24방위와 좌(坐)와 향(向)을 이해해야 하며 오(午)가 위쪽이고 자(子)가 아래쪽이다. 나경의 이론과 도구를 보는 것은 일반인들에게는 난해할 것이지만, 풍수의 기본적인 이해를 위해 언급하였다. 전문적인 공부에 관심이 있는 분들을 위해서 간략한 소개로 대처한다.

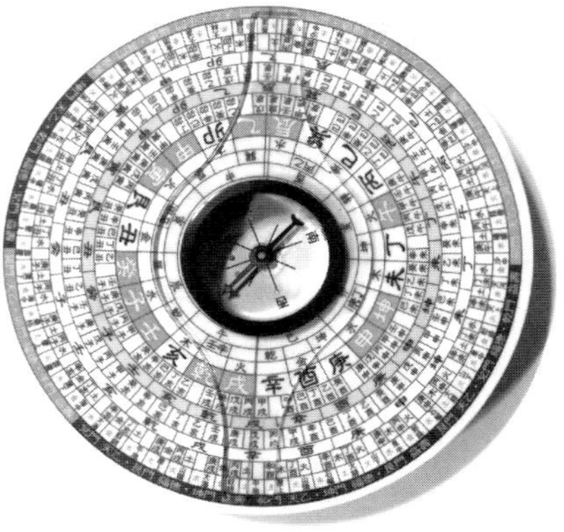

12지(支) = 12개이나 천간이 8개만 보이는 것은 토기(土氣)인 무(戊), 기(己)는 제외되었다.

사유(四維) = 건(乾), 손(巽), 간(艮), 곤(坤)

4층은 지반정침(地盤正針)인 용(龍)을 보는 선이며, 나경 4층을 지반정침이라고도 부른다. 24방위의 용맥(龍脈)과 입수(入水)를 격정(格定)하는 층이다.

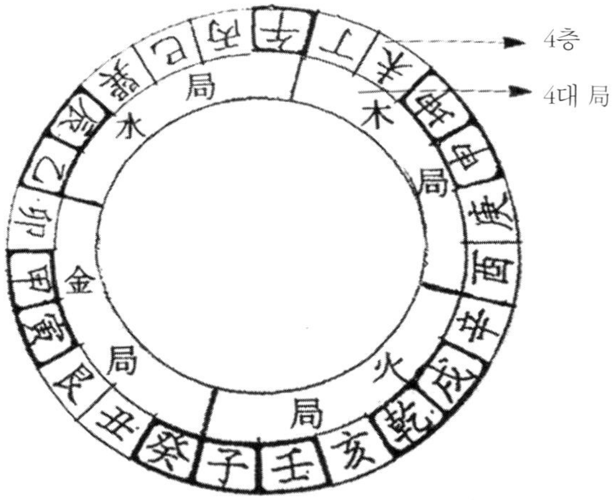

사대국(四大局)

- 수국(水局) = 乙辰 巽巳 丙午
- 목국(木局) = 丁未 坤申 庚酉
- 화국(火局) = 辛戌 乾亥 壬子
- 금국(金局) = 癸丑 艮寅 甲卯

⋆ 포태법에서는 계축(癸丑)이 명국(名局)의 기포점이 된다. 사대국을 논하는 것은 땅의 기운을 12운성을 이용한 포태법으로 알기 위해서이다. 산등성에서 나경을 놓고 내룡(용맥)이 나경 4층의 어느 방위로 내려오는지를 보고 어떤 용(龍)이라 격을 정할 때 이러한 내룡이 쌍산으로 배합되었는가 아니면 배합이 되지 않았는지를 살펴야 한다.

내룡은 반드시 임자(壬子), 계축(癸丑), 간인(艮寅), 갑묘(甲卯), 을진(乙辰), 손사(巽巳) 등과 같이 천간(天干)과 지지(地支)가 쌍산으로 배합되어야 동궁으로 길격이고 배합이 되지 않은 용은 잡용이라 한다.

⋆ 쌍산 → 쌍산오행(雙山五行)

나경 4층(지반정침)의 24방위의 동궁

(1) **나경의 1층**

나경의 1층은 팔요황천살(八曜黃泉殺)을 보는 층이며, 1층은 들어오는 물[水]만 본다. 나경 1층은 진(辰), 인(寅), 신(申), 유(酉), 해(亥), 묘(卯), 사(巳), 오(午) 8칸으로 표시하며 나경 4층 24방위에 대한 황천팔요살을 가리킨다.

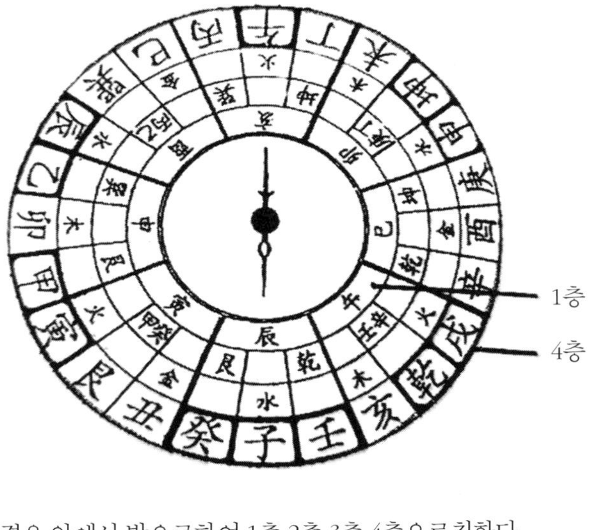

나경은 안에서 밖으로하여 1층 2층 3층 4층으로칭한다.

1층 도표

* 1층은 8층에서 본다. 나경 1층은 진(辰), 인(寅), 신(申), 유(酉),해(亥), 묘(卯), 사(巳), 오(午) 8칸으로 표시하여 4경 4층 24방위에 대한 팔요황천살을 가르킨다.

4선 임자룡(壬子龍)에서 진향(辰向)으로 묘를 쓰면 용상필살이 되고, 나경 4층에서 물이 들어오면 '황천살'이 된다. 그 이유는 1층의 진(辰)은 오행상에서 토(土)가 되고 4층의 임자계(壬子癸)는 주역에서 감궁(坎宮)으로서 수(水)에 해당되므로 오행상에서 상극(相剋)의 원리가 적용되어 토극수(土克水)하기에 팔요황천살이 되는 원리이다. 나경 1층은 '용상팔살'이라고 하여 풍수의 흉살(凶殺) 중에서 가장 무서운 살이므로 피하는 것이 좋다. 이 살에 걸리게 주택이나 묘지의 좌향을 놓으면 시작부터 재앙이 덮친다는 흉살이다.

(2) 나경의 2층

황천살 수(水)와 풍(風)을 보는 층이다. 2층은 들어오는 물과 나가는 물, 바람, 세 가지 모두를 본다.

(3) 나경의 3층

삼합(三合)을 보는 선이다. 즉 쌍산오행 및 삼합오행을 말하며 오행의 삼합으로 4대국을 본다.

(4) 나경의 4층

나경 4층은 지반정침(地盤正針)이라고도 하며 용을 보는 선이다. 6층과는 7.5도 우측으로 허용하고 24방위의 용맥과 입수(入首)를 격으로 정한다.

(5) 나경의 5층

천산(穿山) 72용 입수맥(入水脈)을 보는 선이다. 천산이란 정기(精氣)가 통하고 흐른다는 뜻이다.

(6) 나경의 6층

인반중침(人盤中針)과 사격(砂格)을 살핀다. 사(砂)라고 하는 것은 혈장을 중심으로 산과 들, 강과 물, 나무, 연못, 건물, 도로, 비석 등의 석물들이 모두 사에 해당된다.

(7) 나경의 7층

투지(透地) 60용(龍)의 분금을 보는 선이다. 투지 60용이란 입수(入首)에서 혈(穴)까지의 용맥을 말한다. 투지 60용과 망자(亡者)의 생년을 납음오행과의 상생, 상극 관계를 살펴볼 때 좌(坐)의 관계를 살펴서 하관시(下棺時)에 투지분금을 사용한다. 분경은 7층 나경일 때는 7층을 사용하고 9층 나경일 때는 9층으로 사용한다. 투지 60용은 혈장 내에서 혈의 중앙을 판단하는 칸으로 혈의 내용의 중심선에 잡고 사자(死者)의 배꼽을 어디에 두는지를 결정하는 층이다.

(8) 나경의 8층

천반봉침(天盤逢針) 좌에서 득수(得水)와 파수(破水)를 보는 선이며 나경 24방위에서 득수나 파수를 보며 좌와 향을 결정하는 층이다. 4층으로 내룡(來龍)의 이기(理氣)를 정하고 8층 천반봉침으로 묘의 좌와 향을 놓는다. 물을 보고 향을 결정할 때는 4층 지반정침 대신에 8층 천반봉침으로 좌향을 본다. 만약 4층으로 향을 결정하면 8층과의 차이가 7.5도가 생겨 정확한 물의 기운을 얻기 어렵기 때문이다.

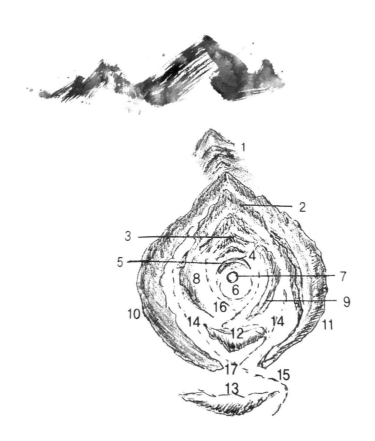

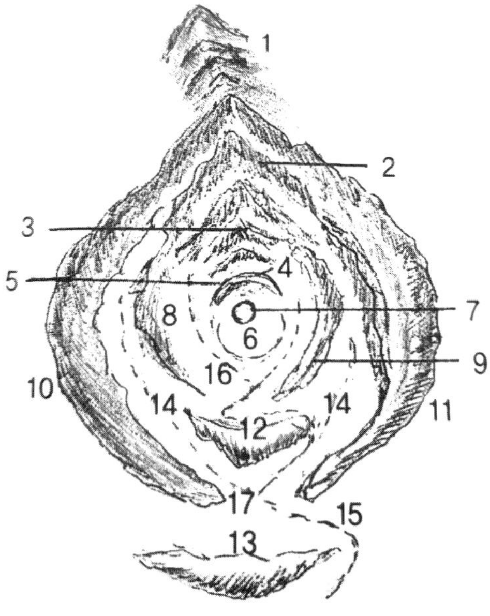

4) 음택의 명칭

(1) 조산(祖山): 주산 뒤의 산

(2) 주산(主山): 혈이 맺히는 뒤의 산

(3) 입수(入首): 혈이 맺기 전 맥에서 들어 오는 것

(4) 두뇌(頭腦): 입수와 혈 뒤의 봉긋한 곳

(5) 미사(眉砂): 입수부터 혈로 이어지는 곳

(6) 명당(明堂): 혈 앞의 모든 국세를 말한다.

(7) 혈(穴): 생기가 맺혀 있는 곳

(8) 내백호(內白虎): 혈의 우측에 있는 산

(9) 내청룡(內青龍): 혈의 좌측에 있는 산

(10) 외백호(外白虎): 내백호의 밖에 있는 산

(11) 외청룡(外青龍): 내청룡의 밖에 있는 산

(12) 안산(案山): 혈 앞에서 처음 보이는 산

(13) 조산(祖山): 안산 뒤의 산

(14) 수(水): 혈장 내의 모든 물

(15) 외수구(外水口): 혈 밖 좌우의 청룡 밖의 물

(16) 내수구(內水口): 혈장 내에 있는 물

(17) 파수구(破水口): 혈장 내에서 물이 빠져나가는 곳

- 용(龍): 산(山)을 말한다.
- 맥(脈): 산과 산 사이에 이어져 내려오는 줄기를 말한다.
- 사(砂): 혈 주의의 모든 암석, 강, 바다, 하천, 나무 등
- 전순(氈脣): 혈 앞에 있는 땅

• 선익(蟬翼): 혈의 좌우를 감싸도록 한 곳
• 장풍(臧風): 기(氣)가 흩어지지 않도록 바람을 가두는 것

5) 장례 날짜 잡기

장례는 물론 이장 또한 중상일(重喪日)과 중복일(重複日)은 피해야 한다. 다만 '천월덕일(天月德日)'에는 괜찮다. 흔히 3일장을 많이 치르지만 3일째 날이 중상일과 중복일과 겹친다면 2일장이나 4일장으로 하여도 무방하다.

예를 들어 인월(寅月) 초상이면 갑(甲), 경(庚), 사(巳), 해(亥)일만 피해서 장사를 치른다. 장례를 치르는 데 있어 입관 길시(入棺吉時)와 하관 길시(下官吉時), 정상기방(停喪忌方, 상여나 영구차를 대기시킬 경우 상여나 영구차를 세워 두는 것을 피해야 할 방위나 묘지에서 임시 안치 시 피해야 할 방위), 제주불복방(祭主不伏方, 상주가 영좌(靈座) 앞에 서서 절하고 엎드리고 곡할 때 피해야 하는 방위), 호충살(呼沖殺, 하관 시 피해야 할 사람) 등이 있으나, 솔직히 나라의 장례(국장)도 아니고, 장례식에 참석해 주는 것만 해도 이 바쁜 현대의 삶에서 고마운 일인데 참석할 사람의 선호까지 가려본다거나, 영구차를 원하는 방향으로 주차하는 것 등은 현실과도 좀 동떨어진 일이 될 것이다. 참고로 하면 될 것이며 고인에 대한 진정 어린 마음으로 가시는 길에 대한 정성과 추모면 될 것이다. 다만 후손들이 아쉬운 마음으로 더 자세한 일자나 내용을 알고 싶을 경우 인터넷이나 시중에 유통하는 책력 등을 보면 비교적 자세하게 도표로 나와 있다. 다만 중상일과 중복일은 가능한 지키는 것이 좋다고 본다.

6) 사격론(砂格論)

혈장을 둘러싼 주변의 산, 물, 건물 등을 사(砂)라고 하며, 그 형태로 보

아 어떤 인물이 나올 것인가를 예측할 수 있고 사신사(四神砂, 좌청룡, 우백호, 주작, 현무)로도 판단할 수 있다. 전국의 산봉우리에 붙은 풍수적 명칭이나 우리나라의 지명이 성립된 배경에는 풍수적 요인을 고려하거나 환경과 기후 등에 맞추어 작명하거나 미래에 대한 예언을 한 지명이나 역사적 사건, 음양오행에 의해 작명된 경우 등이므로 사격론의 기본은 산세론이나 형국론(물상론) 등의 이해에 있어서 도움이 될 것이다.

(1) 사(砂)의 명칭

1 산(山)

산이란 육지에서 주위의 땅보다 높이 솟은 부분으로 평평한 들판과 대립되는 개념이다.

2 봉(峯)

산의 능선에서 가장 높은 곳 또는 일부 지역이 높은 것이다.

3 사(砂)

풍수학, 특히 비보풍수에서 필요 시 모래를 이용하여 산의 모양을 만들어 보였기 때문에 산을 사(砂)라 한 것이다.

4 성(星)

혈장 주변의 산들이 어떤 인물을 배출하느냐 하는 영향력을 판단할 때 성(星)이라 한다.

5 장풍(藏風)

사방에서 들어오는 바람을 갈무리하여 생기(生氣)를 응집시키는 것을 말한다.

(2) 사신사(四神砂)

혈(穴)을 중심으로 왼쪽 산을 청룡(靑龍), 오른쪽 산을 백호(白虎), 앞쪽 산을 안산(案山) 또는 주작(朱雀), 뒤쪽의 산을 주산(主山) 또는 현무(玄武)라 부르며 이 네 가지의 산을 사신사라고 한다.

1 청룡(靑龍)

혈의 좌측에 있는 산이며 남자 후손의 건강과 수명에 연관이 있다. 특히 장손이 큰 영향을 받는다. 청룡이 끊어지면 집안의 후손이 끊어지거나 드물게 되며 남자 쪽 후손이 단명하거나 병치레가 많다. 또한, 청룡이 혈장을 포근히 감싸는 형세가 아니라 등을 돌리고 있는 형세거나 바깥쪽으로 꾸부러진 형태이면 불효자가 나고 청룡의 끝머리에 암석이 돌출해 있으면 인재가 난다고 하였다.

2 백호(白虎)

혈의 우측에 있는 산으로 딸이나 며느리, 여자 후손의 운세나 재물을 관장한다. 백호가 빼어나면 재색을 겸비한 부자가 나오고 백호가 부실하거나 추하면 여자 후손이 빨리 죽거나 남자 후손이 홀아비가 되고 굶어 죽는 후손이 나온다고 한다. 또 그 끝이 끊어진 듯하거나 그렇게 밋밋하면 후손이 끊어지거나 과부가 난다고도 한다.

3 안산(案山)

혈 앞에서 낮게 엎드려 있는 산으로 앞쪽에서 혈장으로 들어오는 바람을 막아 주는 역할을 한다. 고전에서는 "그 높이는 높아도 눈썹이고 낮으면 가슴의 위치로 가지런하여야 길(吉)하다."라고 하였다. 또 너무 가까우면 내당이 협착하여 '기'를 모우기가 어렵고 너무 멀면 혈장 앞으로 불어오는 바람을 가두기 어려워 혈장에 살풍이 불어오게 되고, 이 경우 후손이 빈곤하며 대가 끊기게 된다. 만약 안산이 높아 생기를 누르는 앞 혈이 되면 후손 중에 눈이 멀거나 불구자가 태어난다.

4 주산(主山, 현무)

혈의 뒤에 있는 주산을 말한다. 주산은 내룡(來龍)의 세 번째, 네 번째 산봉이 높게 일어나 오행의 형태 가운데 하나를 갖춘 후에 낙맥(落脈)하여 혈이 맺어지는 것이라 한다. 주산은 존중되고 귀하게 된다고 하나 다소곳이 머리를 숙이며 공손하게 보여야 진혈(眞穴)이 된다고 알려진다.

안산의 뒤편 너머에 있는 조산의 높이는 주산의 기세를 누르는 높이와 위세는 바람직하지 않다. 혈장에서 보아 눈썹의 위치가 가장 좋다고 할 것이다. 조산의 모양이 문필이라면 문필봉(文筆峯)으로 부르며 문장가나 학자가 태어난다고 보며, 둥글게 곡식을 쌓은 형상이라면 거부(巨富)가 태어난다 한다. 일반적으로 토형(土形)을 제1로 치며 금형(金形)과 목형(木形)을 다음으로 본다.

(3) 사격의 산 형태와 의미

1 목형산(木形山)

원통형의 나무나 세모꼴의 나무가 선 것과 같은 형태이다. 주로 귀(貴)를 주관한다.

2 화형산(火形山)

불꽃이 타오르는 듯한 날카로운 형태이다. 또한, 붓끝처럼 뾰족하여 문필봉(文筆峰)이라고도 한다. 문장과 학문을 주관한다.

③ **토형산(土形山)**

산의 에너지가 충만하면 산의 정상이 단정방평(端正方平)하게 되어 측면에서 보면 일(一)자로 보인다. 부와 귀를 주관하며 크기가 풍요로울수록 부귀가 크다.

④ **금형산(金形山)**

쇠로 만든 가마솥이나 모자나 종을 엎어 놓은 것 같다. 혹은 재물과 곡식을 쌓아둔 모습과 같다 하여 부봉사(富峰砂)라고도 부른다. 에너지가 충만하고 원정(圓正)하게 아름다우면 부를 주관한다.

⑤ **수형산(水形山)**

산이 연속으로 이어져 물결이나 파도가 물 흐르는 듯한 모습의 산이다. 주로 예재(藝才)를 주관한다.

7) 장풍득수(藏風得水)

(1) 장풍(藏風)

바람은 음풍과 양풍으로 나눌 수 있는데, 음풍은 산의 정기가 흩어져 해롭지만 어느 방위의 음풍이냐에 따라 경중의 차이가 있다. 양풍은 해가 없다. 음풍이란 요풍(凹風)과 골짜기에서 거세게 불어오는 바람이고, 양풍은 넓고 평평한 들판이나 평지에서 불어오는 바람을 말한다. 결국 풍수학에서 장풍이란 '사신사'가 잘 이루어져 바람을 갈무리해 주는 것이 장풍이 잘된 국세이다.

(2) 득수(得水)

풍수학에서의 길지라 함은 먼저 물을 잘 만나야 하는 것이고, 그다음이 바람을 가두고 갈무리해야 한다. 혈을 맺으려면 반드시 득수와 음양의 조화를 얻어야 길룡(吉龍)이 된다. 득수란 개념은 물이 실제로 흐르지 않더라도 물이 흐를 수 있는 정도의 어느 지점을 말하고, 바람을 갈무리한다는 것도 터인 곳이 있으면 바람이 닿는 느낌을 말할 수 있는 지혜를 필요로 한다.

8) 형국론(形局論)

당대(唐代) 복응천의 《설심부(雪心賦)》에 "물(物)은 사람, 물(物), 금(禽), 수(獸)의 류로 이루어 헤아릴 수 있고 혈(穴)은 형(形)으로 말미암아 취한다."라고 하였다.

산천의 형세는 사람, 물체, 날짐승, 들짐승 무리 등의 형상에 유추하여 판단하면 비교적 쉽게 지세의 개관과 길흉을 떠올릴 수 있다는 것이다. 이는 만물은 모두 고유의 이(理)와 기(氣)와 상(象)을 갖고 있고, 그 물체의 형상에는 그것에 상응하는 기상(氣象)과 기운(氣運)이 내재해 있다고 보는 원리에서 시작된 것이다. 즉 풍수학에서 형국이란 용혈(龍穴) 형세와 보국(保局) 현상에 따라 이에 상응하는 산천의 정기가 그 땅에 모여 엉켜 있다고 보는 것이다.

(1) 인간에 비유한 형국(形局)

1 여인에 비유한 형국

- 옥녀단장형(玉女端粧形): 아름다운 여인이 곱게 화장하는 듯한 형국
- 옥녀산발형(玉女散髮形): 아름다운 여인이 긴 머리를 늘어뜨린 듯한 형국
- 옥녀세족형(玉女洗足形): 아름다운 여인이 발을 씻는 듯한 형국
- 옥녀직금형(玉女織錦形): 아름다운 여인이 비단을 짜는 듯한 형국
- 옥녀등교형(玉女登空形): 아름다운 여인이 하늘에 오르는 듯한 형국

· 옥녀개화형(玉女開花形): 아름다운 여인이 활짝 피어난 꽃처럼 아름다운 자태를 드러내는 듯한 형국
· 미녀현화형(美女獻花形): 아름다운 여인이 꽃을 꺾어 바치는 형국
· 아미명수형(蛾眉明秀形): 아름다운 여인의 반달형 눈썹과 같은 형국

2 신선에 비유한 형국

· 선인독서형(仙人讀書形): 신선이 책을 읽는 듯한 형국
· 오선위기혈(五仙圍碁穴): 다섯 신선이 장기를 두는 형국
· 선인격고형(仙人擊鼓形): 신선이 북을 두드리는 형국
· 선인과마형(仙人跨馬形): 신선이 말에 걸터앉은 듯한 형국
· 선인대좌형(仙人對坐形): 신선이 단정하게 앉은 듯한 형국
· 선인무선형(仙人舞仙形): 춤을 추고 있는 신선과 유사한 형국

3 장군에 비유한 형국

· 장군대좌형(將軍對坐形): 여러 장군이 서로 작전을 의논하는 듯한 형국
· 장군출진형(將軍出陣形): 장군이 적진으로 나아가는 듯한 형국
· 장군무검형(將軍無劍形): 장군이 적진에서 칼을 휘두르는 형국
· 장군패검형(將軍佩劍形): 장군이 칼을 차고 있는 형국
· 장군전기형(將軍展旗形): 장군이 기를 펼치고 진을 친 형국
· 장군격고월적형(將軍擊鼓越敵形): 장군이 북을 울리며 적을 뒤쫓는 형국

4 승려와 어부에 비유한 형국

· 호승배불형(胡僧拜佛形): 불상 앞에 합장한 형국
· 유승예불형(遊僧禮佛形): 예불하는 형국
· 어부설망형(漁夫設網形): 어부가 그물을 치는 형국
· 어옹철망형(漁翁撤網形): 어부가 그물을 거두어 올리는 형국

· 어옹수조형(漁翁垂釣形): 낚시를 드리운 형국

(2) 동물에 비유한 형국

1 용이나 뱀에 비유한 유형

· 갈룡심수형(渴龍尋水形): 목마른 용이 물을 찾는 형국
· 비룡함주형(飛龍含珠形): 용이 구슬을 물고 나르는 형국
· 비룡승천형(飛龍昇天形): 용이 하늘로 솟구치는 형국
· 용마음수형(龍馬飮水形): 용마가 물을 마시는 형국
· 잠룡입수형(潛龍入首形): 용이 머리를 들어내고 나오는 형국
· 오룡쟁주형(五龍爭珠形): 다섯 마리의 용이 구슬을 갖기 위해 노니는 형국
· 와룡형(臥龍形): 누워 있는 용
· 황룡도강형(黃龍渡江形): 용이 물을 건너는 형국
· 황룡출수형(黃龍出水形): 용이 물 밖으로 나오는 형국
· 회룡은산형(回龍隱山形): 용이 돌아와서 숨어 있는 형국
· 사두형(蛇頭形): 뱀의 머리 형국
· 초사토설형(草蛇吐舌形): 뱀이 풀 속에서 혀를 내밀고 나오는 형국
· 생사청와형(生蛇聽蛙形): 큰뱀이 개구리를 뒤쫓아 가는 듯한 형국

2 거북이에 비유한 유형

· 금구음수형(金龜飮水形): 거북이 물 마시는 형국
· 금구입수형(金龜入水形): 거북이 물로 들어가는 형국
· 구미형(龜尾形): 거북이 꼬리 형국
· 금구하전형(金龜下田形): 거북이 밭으로 내려오는 형국
· 영구하산형(靈龜下山形): 거북이 산에서 내려오는 형국
· 금구몰니형(金龜沒泥形): 거북이 뻘에 묻힌 형국

3 호랑이에게 비유한 유형

- 맹호출림형(猛虎出林形): 호랑이가 숲에서 나오는 형국
- 복호형(伏虎形): 호랑이가 엎드려 먹이를 노려보거나 기다리는 형국
- 맹호하산형(猛虎下山形): 맹호가 산에서 마을로 내려오는 형국
- 갈호음수형(渴虎飮水形): 호랑이가 물 마시는 형국

4 말에 비유한 유형

- 옥마형(玉馬形): 귀한 말의 형국
- 갈마음수형(渴馬飮水形): 목마른 말이 물 마시는 형국
- 천마시풍형(天馬嘶風形): 천마가 울부짖으며 바람을 가르는 형국
- 주마탈안형(走馬脫鞍形): 달리는 말이 안장을 벗어 놓은 형국

5 소나 토끼에 비유한 유형

- 와우형(臥牛形): 소가 한가롭게 누워 되새김질을 하는 형국
- 우면형(牛眠形): 소가 잠을 자는 형국
- 옥토망월형(玉兎望月形): 토끼가 달을 바라보는 형국

6 봉황에 비유한 유형

- 비봉포란형(飛鳳抱卵形): 봉황이 날개를 펴서 알을 품고 있는 형국
- 봉소포란형(鳳巢抱卵形): 봉황이 알을 품는 형국
- 비봉귀소형(飛鳳歸巢形): 봉황이 둥우리로 날아 들어오는 형국

7 새에 비유한 유형

- 금계포란형(金鷄抱卵形): 닭이 알을 품고 있는 형국
- 평사하낙형(平沙河雁形): 백사장에 기러기가 내리는 형국
- 오봉쟁주형(五鳳爭珠形): 다섯 마리 봉이 구슬을 갖고 노는 형국
- 앵소포란형(鶯巢抱卵形): 꾀꼬리가 둥지에서 알을 품고 있는 형국

· 금계감적형(金鷄龕跡形): 닭이 한쪽 발을 감추고 있는 형국
· 선학하전형(仙鶴下田形): 학이 밭으로 내려 앉는 형국
· 연소형(燕巢形): 제비집과 같은 형국

8 꽃에 비유한 유형

· 연화출수형(蓮花出水形): 연꽃이 물 위로 떠오르는 형국
· 연화도수형(蓮花渡水形): 연꽃이 물속으로 떨어지는 형국
· 연화부수형(蓮花浮水形): 물 위의 연꽃
· 모란반개형(牧丹半開形): 모란꽃이 반쯤 핀 형국
· 도화만개형(桃花滿開形): 복사꽃이 활짝 핀 형국
· 이화낙지형(梨花落地形): 배꽃이 땅에 떨어진 형국

(3) 조안응대(朝案應對)

어떠한 물체의 형국에는 이와 상응하는 물체의 형상이 서로 응사해야 풍수에서 길한 형국이 이루어진다는 것이다. 마치 조산과 안산이 서로 적절히 응사하는 것과 같은 이치이다. 조안응사(朝案應砂)는 전안(前案)에서 응대함이 가장 길하고 보국 내에 응사가 있으면 그다음이라 했다. 예를 들면 아래와 같다.

1 옥녀의 형국

옥녀가 화장을 할 때는 반드시 거울이 있어야 하고, 머리를 빗을 때는 빗이 있어야 하는데, 이에 상응하는 물상(物象)의 전안이 있어야 한다.

2 신선형

신선이 바둑을 둘 때는 바둑판과 같은 물상형인 네모 형태의 전안이 필요하고, 책을 읽을 때는 책과 같은 형태의 물상의 전안이 있다면

길한 것이다.

3 노승형

불상을 닮은 물상의 전안과 목탁을 닮은 전안 등이 필요하다.

4 노서하전형(老鼠下田形)

창고와 벼를 쌓은 듯한 노적의 물형인 전안이 필요하다.

5 행주형(行舟形)

노와 돛이 있어야 한다.

9) 점혈 시 주의할 점들

(1) 먼저 산세를 살펴보고 물형(物形)의 상을 판단한다.

먼저 산을 오르기 전 밑에서 산과 사 등을 살피고 그 후 정상에 올라 다시 살펴야만 한다.

(2) 등산 전, 파구(破口)의 위치와 지점을 봐 둔다.

산을 올라 다행히 혈 자리에서 바로 파구가 내려다보이면 좋지만 나무 등에 가려서 파구를 볼 수 없는 경우가 많으므로 오르기 전 산 밑에서 기억해 둔 파구의 위치와 지점을 기억해 낼 수 있다. 파구에 물이 없을 때는 좌청룡 우백호의 끝자락을 보고 정해 둔다. 파구에 따라 국이 정해지면 물의 흐름이 좌선(左旋)인지 우선(右旋)인지를 알고 12포태법으로 길흉을 판단한다.

(3) 산에 올라서 용맥을 살핀다.

패철 4층의 24방위 중 어떠한 용인지를 보고 그 생기가 입수와 두뇌를 거쳐 혈에 도달했을 때 혈을 정한다. 물론 혈 주변의 선익과 전순, 사신사, 주산, 안산, 좌청룡, 우백호 등의 사격을 살핀다.

(4) 향(向)을 정하고 파구를 정한다. 이로써 좌(坐)와 국(局)이 정해지는 것이다.

(5) 사격(砂格)을 살핀다.

사격으로는 발복을 가늠할 수 있는데 아무리 좋은 혈이라 할지라도 사신사(四神砂)의 어느 하나가 혈을 압박하고 근본적으로 용(龍, 산)의 형상이 천상(賤象)이거나 빈상(貧象)이나 흉상(凶象)이면 발복하지 못한다.

4. 양택풍수(陽宅風水)

살아 있는 사람들을 위한 생활 공간을 구하는 이른바 양택풍수는 거주를 목적으로 하는 주택과 일하는 터전인 자영업의 점포, 많은 사람이 이용하는 레스토랑과 백화점, 쇼핑몰, 복합 주거 공간들, 공장, 사무실 등의 환경이 우리 인간에게 어떤 좋고 나쁜 영향을 미치는지를 연구하는 철학이 가미된 생활환경 과학이라 볼 수 있다. 양택풍수는 살아있는 사람들이 직접 생활하는 곳이기에 그곳에서 생활하는 사람들에게는 직접적인 영향이 미치는 것이 당연하며, 음택풍수는 조상의 묏자리를 통해 후손들과 감응을 일으키기에 간접적인 영향을 미친다고 볼 수 있다.

특히 현대에 있어 묏자리의 여러 상황과 조건들에 의해 음택 무용론까지 주장되고 있어 실제 자신이 생활하는 건물이나 집을 비롯한 주위 환경에서 발생되는 여러 가지 좋고 나쁜 영향을 직접 받고 가장 많은 생활을 하는 양택풍수의 중요성은 더욱더 강조되고 중요하게 다루는 것이 당연한 것이다. 특히 현대 도시의 양택풍수에서는 옛날에 도읍이나 군현 등의 기지의 적합 여부를 판단하는 전통적인 양기론(陽氣論)보다는 도시 내부에서 새로이 형성된 인위적인 용맥을 분석하는 것을 중심으로 초점을 맞추는 좁은 범위의 양기론이 선호되고 있으며, 고층 아파트와 빌딩 등의 영향으로 기를 받기 어려운 지하의 생기론(生氣論)보다 하늘의 기(氣)인 천기(天氣) 분야를 중요하게 여기고 있으며, 그러기에 천지인 합일의 조화와 균형을 이루는 것이 더욱 절실해지고 있는 것이다.

1) 전통적 양택풍수

전통적 양택풍수의 이론은 우주의 원리와 음양오행 사상을 근간으로 하여 주역과 그 외 여러 가지 이론들이 가미되어 오랜 세월의 경험과 실측에 따른 경험 과학의 소산이다. 실제 우리 인간들은 하늘의 크고 작은 별자리와 인간과 동식물을 직접 눈으로 보며 느끼고 있으며 여기에서 발산되는 자력(磁力), 인력(引力), 전파, 전력, 방사선, 전자파 등을 비롯해 공기, 바람, 기압 등 직접 눈으로 볼 수 없는 물질인 기(氣)의 영향을 받으면서 생활하고 있다.

전통적 양택풍수는 이러한 유·무형의 환경 요소들을 전통적 이론에 따라 적절히 안배하는 인위적인 방법으로 피흉취길(避凶取吉)하는 것을 택하는 것이다.

결국 양택풍수는 시간, 방향, 장소의 변화에 따라 미치는 영향을 건축물에 적용하는 이론이다. 볼록렌즈로 태양의 빛을 한곳에 모으면 강력한 열을 얻어 물건을 태울 수 있는 것같이 양택에 해당하는 각종 건축물이 태양의 빛을 모우는 매개체인 볼록렌즈 비슷한 역할을 해서 그 속에서 생활하는 사람에게 좋고 나쁜 영향을 주는 것이라 말할 수 있다. 묵자가 일찍이 그의 우주관에서 "금수지기(金水之氣)가 거울[鏡]을 형성하게 되고 그 거울이 바로 렌즈 작용을 함으로써 인신상화(寅申相火)가 형성된다."라고 한 바로 그 우주관에서의 지구에 미치는 영향력인 것이다. 볼록렌즈가 시간, 장소, 방향, 거리 모두 균형을 이루어야 빛의 초점이 이루어지면서 강력한 열의 효과를 얻을 수 있는 것과 같이 양택의 각종 건축물도 마찬가지로 적절한 조화가 이루어져야 비로소 좋은 기를 받아들이고 나쁜 기운은 피할 수 있다.

뮌헨대 교수인 유럽 입자물리학연구소(CERN)의 하랄트 프리츠슈(Harald Frizsch)는 그의 저서 《물질의 창조(The creation of Matter)》에서 "지구는 공간에서 날아온 입자 복사에 의해서 끊임없이 폭격당하고 있다."라고 했는데 그의 입자 복사 역시 사람에게 호불호(好不好)의 요소를 가지고 있다고 보고 있으며 건축물 역시 구조, 방향, 위치, 시간 등에 따라 다양한 입자 복사의 피폭 현상이 달라지면서 그 영향력을 받는다고 본다.

지자기(地磁氣)에 의한 자력선 이론은 원래 0.5가우스(gauss)의 자력선이 공기 중에 지나가는 것이지만 빌딩이나 기타 인공 건조물에 의하여 아파트 등 실제 거주지에서는 그 절반인 0.25~0.26가우스밖에 받을 수 없기에 이것이 신체에 이상을 유발시킨다는 이론이다. 그러므로 고층에서는 하늘의 기(氣), 즉 천기(天氣)에 의존이 더 많다는 것이다. 양택풍수의 핵심 요소 가운데 하나는 방위, 즉 방향이다. 좌향론(坐向論)은 방위에 관계된 술법으로 가장 어려운 '풍수술'이다. 좌향은 결국 국면 전반의 어떤 쪽으로 기댈 수 있는 연류성 방위를 선택하는 것을 원칙으로 한다. 일시적으로 이 위치를 밝히는 도구가 '나경'이다.

이것은 천지인의 방향론이 종합적으로 적용되는 것이다. 인명학(人命學)적인 방향의 예를 하나 들면, 배가 바다를 항해하는 도중 외딴섬을 만나게 되면 나침반에 교란이 일어나 방향에 오차가 발생하는 경우가 있다고 한다. 배 자체에 있는 자성과 외딴섬에 내포되어 있는 철분에서 발생되는 자성(磁性)이 서로 감응을 일으키기 때문이다. 이때는 반드시 배에서 발생되는 자성의 위치를 찾아 조정을 해야 정확한 항해를 할 수 있는데, 자성의 위치를 찾으려면 반드시 배가 만들어진 조선소의 도크(Dock)의 방향을 알아야 한다고 한다. 즉 배가 만들어진 조선소 도크의 방향과 자성의 위치는 밀접한 관계를 맺고 있기 때문이다. 이렇게 되는 원인은 지구의 북극 자장에 의한 자성 감응이 일어나기 때문이라 한다.

배가 만들어진 조선소 도크의 방향을 알면 배에서 발생되는 자성의 위치를 쉽게 찾을 수 있듯이 사람도 태어난 해를 알면 당사자에게 감응되는 좋고 나쁜 방향을 쉽게 구별할 수 있다.

또한, 당(唐) 현종 때 궁궐에 매달려 있는 구리종[銅鐘]이 바람도 없는

데 스스로 뎅그렁 울렸는데 훗날 알아보니 멀리 윈난성의 구리 광산에 그 시간에 지진이 나서 광산 전체가 울렸다는 것이며, 현악기의 G선을 퉁겼는데 부근에 있는 악기의 G선이 울리는 것 역시 파동이 전달되는 것이다. 쇠붙이까지도 제 근본을 이같이 따르는데 하물며 신기지물인 사람에 이르러 더 말해 무엇 하랴 하는 예증인 것이다. 양택과 양기(陽基)에서는 어떤 장소의 기와 그곳에 거주하는 사람과의 기가 서로 감응한다는 것이다. 지자기 체계가 인간에게 강력한 영향을 준다는 '지자기 방위학'의 영향을 받아 한때 자석을 이용한 치료법이 유행한 적도 있었지만 현대 도시문명은 지자기를 무시하여도 될 만큼 강력해졌고, 설혹 지자기가 인체에 영향을 미친다 하여도 미미할 수밖에 없게 되었다. 결국은 하늘로부터의 기(氣)의 수용이 상대적으로 더 커졌고 햇빛과 바람의 문제가 더 중대한 작용을 한다는 것이다. 양택론의 좌향론이나 방위학도 태어난 시기를 중심으로 한 근간에서 이제는 천기로의 관심이 증폭되어야 한다는 이론에 무게가 실릴 수밖에 없다 할 것이다.

2) 자생풍수(自生風水)

풍수는 천상(天象)과 지리를 관찰하는 것이기에 감여(堪輿)라 했다. 또한, 풍수는 환경과 건축, 예술에 관련된 학문이다.

인간이 살 수 없는 장소나 계곡에 집을 세울 수 없다. 사람들은 반드시 좋은 환경을 선택해서 가장 좋은 곳에다 집을 지어야 하고, 풍수설의 양택 이론은 이와 같은 문제를 해결해야 한다.

자생풍수의 기원은 통일신라 시대 말기의 도선국사라 한다. 그는 중국과 풍토가 다른 우리나라만의 자생풍수를 만들었다. 그의 풍수에는 불교와 도교 그 외의 외래 종교와 사상들이 담겨 있다. 도선의 자생풍수 개념은 치유와 비보(裨補) 사상이다. 풍수적으로 완벽한 명당은 없다고 생각한 도선은 수동적 명당을 고르는 것이 아니라 아픈 땅을 고쳐서 좋게 만들어야 한다고 봤다. 특히 명당이나 길지에 집착하는 것은 도선의 자생풍수가 아니었다고 한다. 즉 완벽한 사람이 없듯이 완벽한 땅도 없으니 명당은 찾아야 할 대상이 아니라 만들어 가야 할 대상이라는 의미와 상통한다.

현대에 와서 우리나라에서 이 자생풍수의 현대적 개념을 정리하고 발전시킨 사람이 최창조 교수라는 데는 이의가 없으리라 본다. 그는 한국풍수지리학에 또 다른 지평과 목표를 준 풍수지리학자이다. 특히 그의 도시의 명당 개념과 환경에 대한 견해 등은 매우 탁월한 발상과 현대의 풍수지리학에 정혈을 찍었다고 생각한다. 그는 "풍수는 인문학이다. 여기에 본능, 직관, 사랑이 들어가지 않는다면 그게 오히려 비정상이다."라고 하였다. 과학이 아니면서 과학 흉내를 내다가 인문학의 특성인 균형 갖춘 시각과 총괄적인 입장 정리의 자세를 잃게 되었다는 것이다. 그러므로 "땅을 사람 대하듯 하라."면서 오늘날 강력하게 대두되는 지리학사조는 인간주의적 관점이며 우리나라의 풍수사상은 그에 매우 적합한 지리 사상으로 간주될 수 있다고 하였다. 현대 도시 풍수에서 예술의 전당을 설계한 고 김석철 교수는 "인간은 공동체로 존재한다. 건축도 마찬가지다. 건축이 도시 공동체의 일원으로 태어날 때 그 자리에서 가장 아름다운 짓을 해야 하고 주변 경관과 어울리면서 최고의 기능을 해야 한다."라고 한 그의 주 종목은 도시 설계였다. 간룡법(看龍法)은 풍수학의 전통적 술법인데 산줄기가 뻗어 오는 흐름인 맥을 살피는 일을 간룡이라 한다. 생기가 흐르는 통로가 산(山)이고, 산(山)을 용(龍)이라고 한다. 풍수에서 말하는 산의 개념은 일반적인 개념의 산과는 다르다. 극단적으로는 주위보다 한 자만 높아도 산이라 본다. 논두렁 밭두렁에도 지기가 흐른다는 것은 이를 두고 나온 말이다. 장풍법(藏風法)은 명당 주변의 지세

(地勢)에 관한 풍수 이론을 통칭하여 말하며, 결국 장풍법을 통하여 정혈(定穴)도 이루어지는 것이다. 자생풍수에서는 이 용을 도시의 빌딩군으로, 도로를 물로 보았다. 대도시의 간선도로와 주 고속도로에서 지방 고속도로로, 또 도시 순환도로에서 도시 진입 간선도로를 생기의 흐름을 타는 물[水]로 본 것이다. 장풍법은 명당 주변의 지세에 관한 풍수 이론을 통칭하여 말하며 결국 장풍법을 통하여 정혈도 이루어지는 것이다.

득수법은 "용은 물을 만나면 멈춘다. 물이 흐르는 곳에 용궁이 있으며 그 용이 멈추는 그 곳에 혈이 있다." 즉 흐르던 기가 그곳에 모이기 때문이라는 이론이다.

정혈법은 장풍과 득수가 적격임을 인정한 명당 중에서도 혈처를 찾는 방법을 말하고, 좌향론은 국면 전반의 어떤 쪽이 기댈 수 있는가 하는 선호성 방위를 선택하는 것이다.

자생풍수에서는 이 용과 물을 도시의 빌딩군과 도로를 의미하며 대도시에서의 간선도로와 주 고속도로에서 지방 고속도로, 또 도시 순환도로에서 도시 진입 간선도로를 생기의 흐름을 타는 물로 보았다.

건축가 최문규 교수가 설계한 인사동의 쌈지길은 도로와 도로를 연장하여 물길을 건물[山] 안으로 득수(得水)한 방법의 경우이다. 도시 풍수에서 건물의 스카이라인을 용으로 보고 도로를 물로 보는 개념이면 도시 풍수에서도 역시 혈이 분명히 있을 것이다. 특히 저층의 건물과 단순한 도로가 있던 시절의 사거리나 큰 길가에 위치한 점포나 건물 등이 고층과 고가도로 등으로 환경이 엄청나게 바뀐 현대에 있어서는 그 판단의 기준이 다를 것이다. 지하철 정류장이나 버스 정류장 등과 같은 곳들이 혈 자리일 가능성도 있으며, 주차가 어려운 곳(장풍이 어려움) 등은 옛날과 기준이 많이 달라진 것이다.

한편 현대의 도시 풍수에서는 인공을 악으로 규정하는 태도는 공박되어야 한다고 주장한다. 인공을 삶의 필수 조건으로 인정하자는 것이다. 일부 환경론자들의 주장대로 혐오스러운 현대 문명이지만 이만큼 여유를 가지고 먹고살게 된 것이 무엇 때문인가를 본다면 해답은 자명해진다는 것이다. 그렇지 않으면 도시의 빌딩을 산으로 도로를 물길로 보는 현대 도시 풍수의 의도는 망상이 될 것이다.

3) 가상학(家相學)

(1) 역사와 활용편

오늘날 우리가 가상학이라 부르는 것은 사실상 일본에서 시작했다. 일본의 건축업자와 인테리어 전문가들이 대거 미국에 진출하는 시기에 특히 캘리포니아주를 중심으로 할리우드의 유명 연예인이나 대기업가들이 상호 원하는 바의 요구가 맞아떨어져 기존의 풍수 이론을 건축과 특히 인테리어 등에 접목하면서 시작되었다는 것이 정설일 것이다. 그 후 홍콩이나 대만 등에서도 성행하였고 그 여세는 지금도 매우 강하게 유행되고 있다. 우리나라에서도 많은 관련 서적이 출간되었는데, 가상학이 환경심리학 분야에서의 충분한 연구 가치가 있고 그 필요성과 주거자의 운기에 미치는 영향이 매우 큼에도 불구하고 미신화 취급 내지 비하되고 있는 면이 있어 안타깝기만 하다.

그 이유 중의 하나는 아마도 풍수학과 역학의 기본 원리에 기반을 둔 건축학이나 지리환경학의 경험자들이 이 이론을 소개하는 것이 아니라, 폐기된 풍수 이론들로 무장한 이들이 가상학을 소개하거나, 충분하지 못한 역학과 건축 등의 지식과 우리 주거 건축이 가진 독특한 국민 정서 등이 한 원인이 된다고도 본다. 이 작업은 국제적 감각과 건축 예술학적인 감각이 첨가되고 노련한 풍수학적 이론과 직관으로 보아야 하는 작업이기에 더욱 그러하다.

필자는 실제 미국뿐만 아니라 세계 유수의 양택 건축들이 가상학과 풍수 이론을 실제 활용하고 개인의 주거지나 오피스에 사용할 발주 자재, 특히 목재류를 직접 눈으로 본 경험이 많았다. 예를 들어 빌 게이츠의 주택에 사용될 티크목과 여러 종류 기둥재 등의 자재를 대만에서 직접 확인하였고, 세계 유수의 재벌들이 발주한 흑단, 백단 등의 자재들도 여러 나라의 공장들을 들러 직접 확인한 바도 있다. 물론 가상학의 이론에 의해 사용될 자재였다. 우리나라에서도 필자가 한창 현역에서 일할 때, 모 재벌의 집무실이나 주택에 같은 연유로 볼리비아의 장미목이나 미국산의 고급 활엽수 목재를 활용한 것을 잘 알고 있고, 싱가포르의 최고층 건물에도 공급되어 사용한 것을 알고 있다.

집에 사용하는 자재에 따라 생사가 달라질 수 있다. 또한, 건강하거나 병들거나, 편하게 잠들거나 불면증에 시달리는 등의 다양한 영향을 받는 것이 집이다.

집안에 있는 물건이나 집을 지은 땅은 전부 기(氣)를 가지고 있다. 그 기(氣)가 좋거나 나쁘거나 보통이거나 치명적이거나 한다. 나무도 고유의 기(氣)가 발산되고 있으며, 우리가 사는 집(양택)은 우리의 운명을 좌우할 정도로 중요하다는 것을 알아야 한다.

미국의 '미주신문'에 다음과 같은 글이 실렸었다.

"실제 물건들은 나름대로 힘을 지니고 있다. 실제 사람이 사는 집은 평온해 보이고 아늑해 보이고 비싸 보이고 호화롭게 보이기도 하고 초라하거나 비참해 보이기도 한다. 그러나 보이지 않는 힘도 있다. 집을 짓는 나무도 에너지를 발산하고 있고 가구에서는 예전에는 없었지만 합판을 만들면서 접착제를 사용하는 데서 독성 물질도 나오고, 라돈 같은 것을 발산하는 돌덩어리도 들어갈 수 있고, 곰팡이가 많이 자랄 수도 있다. 거기다가 수맥이 있을 수도 있고 방사능 물질을 발산하는 물질이 있을 수도 있다. 미국에서 돌집이 비싼데 우라늄 광산에서 저급 우라늄이 들어 있는 화강암을 강변에 버려둔 것을 보고 웬 떡이냐 하면서 가져다가 멋진 돌을 붙여서 고급 주택단지를 만들었는데 이 집에서 하루에 X-ray 10여장 이상을 찍는 정도의 방사능을 조사(照射)받게 되면서 암으로 많은 사람이 죽은 적이 있다. 이처럼 집을 짓는 자재나 위치에 따라서 생사가 달라질 수 있고 건강하거나 병들거나 편하게 자거나 불면증에 시달리거나 다양한 영향을 받는 것이다. 집은 우리가 하루 10시간 이상 거주하는 공간으로 엄청 중요한 영향을 받는 공간이다. 집 안에 있는 물건이나 집을 지은 땅은 전부 에너지를 가지고 있으며 그 에너지에 따라 치명적이 될 수 있다"

이렇게 활용되고 있는 가상학의 특장점이 국내에서는 미신화 취급 내지 건축과 인테리어 정도에 활용될 뿐이고 다른 중요한 요소들은 활용하지 못하고 오로지 방위학의 이론과 문, 주, 조(門, 主, 灶) 등의 기초 이론들로 양택을 정좌 내지 건축하고 있어 운기의 흐름을 충분히 활용하지 못해 건강이나 사업, 인생의 행로에서 피흉취길(避凶取吉) 하지 못하는 것이 안타깝다. 물론 과도하게 과학이라는 미명을 앞세우며 동양의 풍수를 활용하여 베스트셀러가 되고, 또 그것이 신드롬을 일으켜 일반인들에게 유행이 된 경우도 있다.

한 실례를 들면 독일의 구스타프 프라이헤르 폰 폴이 쓴 《지전류(地電流, Earth currents)》는 인구 3,300명의 독일의 한 작은 마을을 모델로 선정하여 지전류 지도를 만들어 암 환자의 원인을 설명하였다. 벌침의 항암 효과와 식물의 경우 참나무(Oak)는 지전류를 매우 좋아해 생명력이 질기고 벼락에도 좋은 표적이 되고, 너도밤나무(Beech)는 지전류에 민감하여 지전류의 맥이 교차하는 곳에서는 살 수 없다. "그래서 천둥, 번개가 치는 날에는 참나무 근처에도 가지도 말고 너도밤나무 밑으로 대피하는 것이 좋다."라고 했다. 또 임신 중인 여성은 "지전류가 강한 곳에서는 잠을 자지 말아야 한다."라고 주장하였다. 결국 이들은 근거와 과학성이 없는 이론으로 그 후 밝혀졌다. 가상학은 과학에 기반을 두고 인문학적인 감성과 더 나아가 디자인과 건축까지를 망라한 직관이 필요한 분야이다. 기초를 닦은 젊은 세대들이 그 활용도가 무궁한 이 분야에서 큰 활약과 발전이 있기를 기대한다.

실제 거주할 양택을 가상학의 관점에서 본 주의할 점과 생활에서의 활용에 관해서는 대체로 아래와 같을 것이다

① 본인(택주)의 사주 등을 기본으로 하여 《주역》의 방향 이론에 특히 주의하여 나경을 활용해 기본을 보아야 하며, 그 이후에 부족한 부분은 비보(裨補)로 보완하여야 한다. 현재 가장 많이 사용되는 부분은 '문, 주, 조'의 방향을 나쁜 방향을 피하는 것이고, 대문은 생기 방향에 있거나 그것이 아닐 때에는 네 방향 중 하나여야 한다.
서제와 책상 또한 길한 방향 네 곳 중 하나의 방위에 맞춘다. 화장실은 택주의 흉한 방향에 위치하고 침실과 잠자는 위치는 잠자는 침대나 머리 방향이 생기 방향으로 향해야 하고, 직장에서도 책상의 방향이 이와 같아야 한다. 참고로 집 풍수가 사무실 풍수보다 중요

하다. 동사택(東四宅), 서사택(西四宅)을 엄격하게 적용하는 이론이 전통적으로 행해져 오고도 있다.

② 주택의 경우 특히 집주인의 사주 등을 기본으로 하여 가능한 내·외부 자재가 본인과 상생되는 것으로 하고 양생과 체질 등을 고려하여 적합한 자재로 활용하는 것이 좋다. 회사 건물의 경우 최고경영자나 실제 주인의 사주에 맞추면 될 것이다. 예를 들어 목(木)이 용신인 사람은 상생, 상극 이론을 적용하여 목의 기운을 살리는 것이 좋다. 마루, 벽지, 내외의 벽, 지붕, 테라스나 데크 등의 자재들도 매우 중요하다. 최근에 유행하는 황토나 석재, 목재 등의 자재들도 집주인에 맞추어 사용하는 것이 좋을 것이다.

③ 12운성의 이론으로 어느 장소에서 샘물이 가장 건강하게 성장해 결실을 보기 적당하고 알맞은 양의 양기가 흐르는가를 살펴 최적의 양기를 취하는 방향 또한 바로 택지의 좌향을 바르게 하는 것이다.

④ 집 안에서의 거울의 사용은 신중해야 한다. 특히 침실에서 잠자는 모습이 대부분 비치는 경우는 인체에서 발산되는 기(氣)가 반사에 의해 혼란을 일으켜 정신건강에 나쁜 영향을 주어 이성관계에 지장을 주고 특히 노처녀의 경우 결혼이 잘 성사되지 않으니 직접 잠자는 모습이 비치게 하지 않거나 커튼 등으로 대안을 하는 것이 좋다.

⑤ 가상학에서도 비보의 중요성은 매우 강조된다. 택지나 사는 터의 기운이 일방적이어서 균형이 맞지 않을 경우나 사는 사람과 상생의 관계가 형성되지 않을 때 그 기(氣)를 누르거나 살리는 것으로 균형과 조화를 만드는 데 이를 비보(裨補)라 한다. 이는 풍수적 결함을 보완하기 위하여 인위적으로 고치는 술법이다. 비보의 본뜻은 형성된 길지(吉地)가 완전하지 못할 때 그 부족함을 보충하는 것이다. 그러나 흉지를 길지로 전환하기 위한 비보는 없고 이미 형성된 지

기를 보호하기 위한 보완책이다. 사찰에서 탑을 세운다거나 택호를 작명한다거나 나무숲을 조성한다거나 자연스럽게 돌무더기나 장승, 연못, 조각, 그림 등으로 가능하며 집안의 인테리어로서도 가능하다.

⑥ 어항과 분수 및 작은 폭포 등도 재운을 발복하고 장식으로 좋으며 이 또한 택주와 상생하는 방향과 관리에 신경을 쓰면 금상첨화가 될 것이다.

⑦ 침실은 조금 어두워야 하고 가스레인지(火)나 수도꼭지(水)는 최대한 떨어져 있는 것이 좋다.

2) 청우지헌(聽雨之軒) 이야기

필자가 30여 년간 들러 쉬기도 하고 공부도 하는 호수가 옆의 나무로만 지어진 누옥이 한 곳 있는데, 당나라의 시인 이백(李白)의 말대로 눈 내리는 정경과 비 오는 날의 운치가 좋아서 원래 '청우헌'이라 작명하고 간혹 빗소리를 벗 삼아 즐기고는 하였다. 한국의 대표적 도시 한옥 건축가의 한 사람인 황두진 씨가 설계한 강릉 경포대의 6성급 호텔 씨마크의 한옥 호안재 안채인 청우헌과 같은 이름이다.

원래 청우헌은 중국 4대 정원에 손꼽히는 소주의 졸정원(拙政圓) 안에 있는 집이다. 필자의 누옥은 이 집들과 같이 화려한 집이 아니다. 큰 물이 바라보이는 이점이 있는 평범한 누옥이며 빗소리를 듣거나 눈 내리는 풍경이 아름다워 즐기고는 하였는데, 내 운기의 흐름이 여의치 않고 혼란스러운 일들이 있고는 하여 여러 상황을 살펴보고 호수가 바라보이는 창에 붙은 책상을 1미터 정도 좌측으로 옮기고 택지의 작은 흠이라 보는 좌청룡의 약한 부분을 보완하고자 청우헌을 '청우지헌'으로 지(之) 자(字)로 비보를 하고 방안을 정리하고 나니 이 작은 변화가 주는 편안함에 행복을 느끼고 운기의 흐름을 그나마 바로잡은 듯하다.

서울 동대문의 본래 이름이 흥인문(興仁門)이었는데 훗날 흥인지문(興仁之門)으로 비보하고 지금도 현판에 흥인지문이라고 있는 것 역시 같은 이유임을 밝힌다. 명당은 찾아야 할 대상이 아니라 만들어 가야 하는 대상임을 다시 한번 일깨우며, 건축가 황두진이 표현한 대로 "집을 나에게 맞추지 않고 나를 집에 맞추어라."라는 얘기도 언급한다. 복잡하고 난해한 풍수학의 이론들을 떠나서 비교적 상식선에서 단순하게 정의하고 있는 가상학의 기본을 이해하면 본인이 편하고 행복한 비보 책을 발견하여 운기의 흐름을 역행하지만 않는다면 여의길상(如意吉祥), 모든 것은 마음먹기에 달린 것이다.

3) 집은 사는 곳이지 투기하는 곳이 아니다.

강남의 아파트 시세가 약 30여 평형이 안 되어도 이제 호가만 20억 원을 넘게 부른다. 미화로 거의 200만 달러이다. 사실 이 금액이면 세계 어느 곳이든 몸 붙일 곳이 있고 살만하다는 것은 아는 사람들은 다 알고 있다.

사람의 인연이나 업(業)에 얽히고설킨 상황만 아니라면 까짓것 마음대로 주유천하(周遊天下) 하면서 한번 살아볼 만한 거금이다. 그런데 인생이란 팔자나 연(緣)이 그렇게 쉽게 허락하지를 않는다. 그렇게 하려면 전생에서부터 그러한 업이 현생에 있어야 한다는 것이다. 사랑하는 가족과 눈에 넣어도 아프지 않을 자녀들의 학군, 같이 만나 노닥거리는 벗들, 처가나 친정집 식구들, 새로 구매한 명품들과 신형 차 또한 주변에서 인정도 받고 자랑도 하려면 이곳에 있어야 하고, 동호회나 친목회에 참석도 해야 하고 또 종교인인 경우 교우들도 만나야 한다.

새삼스럽게 압구정 개발이니 말죽거리까지 들먹이지 않더라도 한 30

여 년 전까지만 해도 대치동이나 도곡동이나 잠실은 물론 청담동까지도 지금같이 부유하고 아파트나 집값이 그렇게 나가는 지역이 아니었고, 반포 잠실의 주택공사의 아파트나 개포동의 작은 아파트들은 사실 중산층의 주거 터도 아니었다. 그것이 경천동지(驚天動地)할 만큼 바뀌고 부동산 정책의 실수인지 한국 경제의 구조적 모순인지 과다한 유동성 돈 때문인지 모르지만 최근 들어서는 더욱더 기세가 거세지며 천정부지로 치솟고 있어 국민들에게 희비를 안겨 주며 많은 이들을 불편하게 하고 있다.

한국 경제의 고도성장과 부동산 정책의 실패에 의한 것일 수도 있지만 주거를 전제로 한 중상층의 변동이 많이 있었다. 사업에서도 격동하는 사회에서는 얼마든지 있을 수 있는 현상들이다. 이 몇 년 사이 한국의 정치, 경제, 문화 상황들 역시 또한 세대의 격변과 변화를 일으키고 있고 새로운 권력층과 중산층들이 나오면서 새로운 권력과 부의 이전과 축적이 진행되고 있다고 본다. 그것이 어느 곳에서 어떤 형태로 나타날지는 논외로 할지라도 우리는 이런 것들을 운이나 투자에 재능이 있는 사람들의 능력이라고 보기도 한다.

하지만 역학이나 동양의 철학에서는 다르게 보고 있다. 그들은 업이나 팔자에서 가질만하니 그렇게 되었고 또 그렇지 못한 이들은 또 다른 형태로 그들의 권력과 재물의 부침(浮沈)이 있을 뿐이다. 주의할 것은 권력과 재물을 떠나보내면 아쉽지만 보낼 수는 있으나 그들이 떠날 때는 큰 풍랑과 파도가 일렁거린다. 그들이 들어올 때도 마찬가지이다. 교만과 배려가 없는 권력과 재물은 또다시 떠나가며, 떠날 때는 더 크게 풍랑과 파도가 일렁거린다. 사주학의 육친론에 재물을 지니지 못할 팔자의 비겁(比劫: 형제, 자매, 친구, 동료 등을 의미)이 과도한 재물을 가질 때는 자식이나 형제간의 재산 분쟁 등으로 피나는 싸움 끝에 원수지간이 되는 바로 그러한 것이다.

재벌이나 졸부나 우애가 없는 집안의 사람들이 다음 세대에 재산 분배를 하거나, 갑자기 생기거나 오른 부동산 등의 재물이 생겼을 때 많이 볼 수 있는 경우이다. 갑자기 지가나 집값이 치솟아 큰 덕을 보는 사람들 가운데 10%나 20% 정도는 물질적인 풍요와 큰 행운을 가질 것이다. 아마도 그들의 부모나 조상들이 전생에 좋은 업을 쌓았을 것이다. 그러나 그것을 지키려면 재물을 제대로 써야 한다. 그것이 행복과 운을 지키고 유지하는 비결이다. 그렇지 않으면 재물과 권력만 잃으면 다행이라 할 만큼 하루 아침에 운이 급락한다.

천유불측지풍운(天有不測之風雲) 인유조석지화복(人有朝夕之禍福). 하늘에는 예측하기 어려운 비구름이 있고, 인간의 삶에는 아침저녁으로 화와 복이 바뀔 수 있다.

집은 본인과 가족이 거주하는 곳이다. 사는 곳으로 족하다. 공자는 "반소사음수(飯疏食飮水) 곡굉이침지(曲肱而枕之) 낙역재기중의(落亦在其中矣)"라고 하였다. 즉 "나물 먹고 물 마시며 팔꿈치를 베개 삼고 지내도 기쁨과 즐거움이 그 가운데 있도다."라는 뜻이다.

집은 투자와 재물을 불리는 도구가 아니다. 자기에게 맞으면 그곳이 바로 명당이다. 명당에서 편안하게 안주하고 가족이 행복하면 행운을 불러들이고 이웃들과의 화목이면 그것으로 족하다. 천지인의 합일이 되고 그것이 조화와 균형을 이룰 때 명당을 얻을 수 있는 것이다. 이 가운데 어느 한쪽의 과다한 기운으로 그 균형이 깨어질 때 명당으로서의 조건을 잃는 것이 된다. 아무리 집값이 오르더라도 좌절하고 이 사회에 대한 불만을 품기보다는 자기의 페이스를 지키며 안주한다면 언젠가 행운의 기회가 다른 방향에서 반드시 온다.

5. 고택(古宅) 이야기

고택은 우리의 삶에서 조상들이 남긴 매우 소중한 삶의 지혜와 살아온 역사를 보여 주는 귀중한 유산이며 가깝게는 백 년, 멀리는 수백 년 동안 그렇게 남은 집은 신화와 역사를 후손에게 고스란히 들려주고 있다.

풍수지리학적 입장에서도 이상적인 위치에 양기(陽基)와 좌향(坐向)을 하였고 혹 미비한 부분은 비보책(裨補策)으로 보완하면서 대를 이어 지속되어온 대표적 양택들이다. 그 후손들 또한 선대의 좋은 업을 계승하여 대부분 잘 유지하여 오고 있다. 많은 고택이 있는 가운데 강릉의 선교장, 안동의 군자마을, 안동 지례예술촌을 언급하는 데는 한국의 대표적 명가의 고택이란 점도 있지만, 필자가 옛 시절 직접 가보았고 개인적인 인연이 있었기에 이 세 고택에 대하여 간단하게나마 언급한다.

1) 선교장(船橋莊)

효령대군 11대손인 가선대부(嘉善大夫) 무경 이내번(李內蕃)이 지은 조선 후기의 대표적인 상류 주택으로 안채, 동서 별당, 열화당, 활래정, 행랑채와 많은 부속 건물들로 이루어진 고택으로 지금도 관리와 보수 등으로 잘 보존되고 있는 귀중한 유산이다. 특히 비원의 부용전(芙蓉亭)을 본떠서 지은 활레정은 아름다운 정자로서 눈길을 끈다.

지금은 도로와 논밭인 선교장의 앞이 옛날에는 경포대와 연결된 호수였기에 배와 다리를 만들어 건너다녔다 하여 선교장이라 부르게 되었다 한다. 선교장의 매표소 입구에서 앞쪽을 바라보면 나지막한 둥근 봉우리가 안산(案山)인데 이른바 노적봉(露積峯)이다. 노서하전형국(老鼠下田形局)에서 노적봉이 안산이니 부자 발복의 전형적인 풍수인 데다가 더욱 조상으로부터 선업을 쌓았으니 금상첨화이다.

백두대간에서 뻗어온 용맥이 태장봉을 세우고 여기에서 산줄기는 경포천을 사이에 두고 남쪽으로는 오죽헌으로 북쪽으로는 선교장으로 들어와 정혈 되었다. 주산의 맥을 뒤로하니 정남향이 아니고 남서향 좌[艮坐坤向]이다. 동산을 뒤로하여 전저후고(前低後高)의 지형에 자리 잡아 배수가 좋고 반듯한 부지 형태에 건물의 규모나 담장 등의 조화와 균형이 매우 아름답다. 용맥을 따라온 원진수(元辰水)가 집 안의 우물에 모이고 이 물을 활례정으로 불러들이는데 활례정의 수구가 적당하여 재물이 불어나고 새어 나가는 것을 막아 주는 역할을 한다. 원래 원진수는 혈의 바로 앞에서 합쳐진 가까이 있는 물을 말하며 모여 나갈 때 교쇄직결(交鎖織結)을 분명히 하고 천할전사(穿割箭射) 사흉(四凶)은 피해야 한다고 《설심부(雪心賦)》에도 강조한 이론이다.

'강릉 인심이 좋다'라는 말이 선교장에서 비롯되었다 할 만큼 대대로 인심이 후하였고, 기근이 와도 소작인들과 주변의 사람들이 굶지 않도록 배려와 적선을 집안의 전통으로 이어와 적선지가(積善之家) 필유여경(必有餘慶)의 전형이며 한국의 '노블레스 오블리주(nobles oblige)를 실천한 가문의 전통 고택이다. 선교장의 이강백 관장은 효령대군 19대손이며 지금의 선교장을 만드는 데 많은 노력과 정성을 다했을 뿐만 아니라 한국고택문화재협회 회장으로 우리나라의 많은 고택 문화재의 전통을 수호하는 데 큰 역할을 한 전형적인 선비이며 명문가의 후손다운 품격을 지닌 분으로 기억한다. 필자는 오래전 선교장을 방문하여 하룻밤을 머물며 차 대접을 받은 기억이 있는데 목제 가구의 복원에 많은 애정을 표현하며 선교장의 장래 계획과 이곳저곳의 안내를 받은 추억이 있다. 무척 맑고 강한 기를 느낄 수 있는 분이었다. 아무쪼록 더 건강하셔서 한국 고택 문화의 큰 맥인 선교장의 전통을 잘 이어주었으면 하는 바람이다.

2) 군자마을

안동의 와룡면 오천리에는 조선조 초기부터 광산 김씨 예안파의 집단 촌인 군자마을이 있다. 후조당(後彫堂) 김부필을 비롯한 명망 높은 인물들을 배출하여 '오천 7군자'라고 불리게 한 명문가이다. 원래는 안동군 예안면 오천동에 있었으나 안동댐 건설로 인하여 1974년에 현재의 오천리 위치로 이전하였다.

영화 〈광해〉, 〈미인도〉, 〈관상〉 등의 촬영지로 인하여 그 단아한 모습들이 많은 사람에게 알려진 고택이다. 현재 자리하고 있는 이 마을 터는 건너편 계곡에서 물결이 다가와 마을 앞을 부딪치고 되돌아 나간다. 명당이나 혈은 물의 흐름이나 기운이 산의 기운과 부드럽게 서로 만나는 곳에서 이루어진다. 즉 혈에서 보아 물이 흘러들어오는 형상이라야 길하며 그 흐름이 부드럽고 완만해야 한다. 마을의 입지를 다루는 양택풍수에서는 마을이 양지바른 곳에 좌향하고 뒤는 산으로 둘러싸이고 마을 앞으로는 띠를 두른 듯 하천이 감싸 안고 흘러야 좋은 마을이다. 그래야 바람이 갈무리되는 것이다. 현재의 위치도 고즈넉한 배산에 사방의 산들이 아늑하게 감싸는 곳이며 좋은 길지의 마을 터이다.

군자마을은 후조당 김부필 선생의 호를 딴 별당이 있다. 6층 대청마루를 두고 오른쪽 2칸 온돌과 연이어 돌출된 마루 1칸과 온돌 1칸이 있는 독립된 별당인데 조선조의 민간 건축 양식으로는 특이하다. 이 후조당 천장에서 조선 초기 1500년경의 우리나라 최고서(最古書) 음식 요리서인 《수운잡방(需雲雜方)》이 발견되었다. 이 책은 탁청정(濯淸亭) 김유 선생이 과거에 낙방하여 지내던 힘겹던 날을 견디며 그 인고를 역경으로 바꾼 작품이었다.

그 옆으로는 그의 아호를 딴 정자(亭子) 탁청정이 자리 잡고 있는데 영남 지방의 개인 정자로는 그 규모가 가장 크며 우아하다고 정평이 나 있다. 이 정자의 현판은 조선조 중종 36년(1541) 명필 한석봉이 11세 때 이 정자에서 직접 쓴 작품이라 한다. 탁청정의 정명(亭名)은 중국 초나라의 굴원의 〈어부사〉에서 따온 "창랑의 물이 맑으면 내 갓끈을 씻고, 창랑의 물이 흐리면 내 발을 씻으리라."라는 글귀이다.

이는 세상이 도를 펼칠 수 있을 정도로 맑으면 벼슬을 하고 그렇지 않으면 세상을 등지고 은일의 삶을 즐기겠다는 뜻이다. 굴원이 초나라에서 추방되어 가장 어려웠던 시기에 걸작 〈이소경(離騷經)〉을 지었듯이 탁청정 김유 역시 벼슬에 연연하지 않고 조선의 영웅들과 음식과 술, 시를 나누며 한세상 시름을 잊고 살겠다는 의미로 탁청정의 정명을 현판으로 한 것으로 보인다.

필자는 오래전에 인연이 있어 머물기 어려운 후조당에서 그리운 지인과 하룻밤을 머물며 깊어 가는 가을밤을 보낸 추억이 있다. 또한, 탁청정에서 여러 사람과 어울려 밤새 시를 읊으며 토론과 음악회와 특별히 마련해 준 국화주를 밤새 기울인 추억도 가지고 있다.

군자마을의 김방경 관장은 말 그대로 양반이다. 안동 문화원장과 한국고택문화재소유자협의회의 명예회장이셨던 고 김준식 선생을 장형으로 두고 그의 큰 그늘에서 수업과 체험을 한 후 오늘날의 군자마을을 실제로 굳건하게 다진 장본인이다. 사진작가로의 길을 열심히 가던 모습이 눈에 떠오르며 서울의 가로수길에서 지인들과 같이 와인을 즐긴 추억이 생생하게 떠오른다.

3) 지례 예술마을

안동의 외곽 임동면에 자리 잡은 이 고택은 의성 김씨 지촌파(芝村派)의 후손으로 조선조 숙종 때 대사성을 지낸 지촌 김방걸과 동생 김방형의 자손이 340여 년간 동족 마을을 이루며 살아온 전형적 사림의 마을이다.

임하댐의 건설로 수몰을 면하기 위해 현재의 위치로 올라와 터를 잡았으며 지금의 앞면 호수가 원래의 마을 터였다고 한다. 현재의 이 고택 터에 머물며 풍수적 지형을 살펴보면 풍수의 전문가가 아니더라도 사람이 사는 곳의 기본 원리를 충실히 지킨 양기(陽基)와 좌향을 한 터라는 것을 알게 될 것이다. 배산임수(背山臨水)의 원칙에 충실하게 앞에는 호수, 뒤에는 배산, 좌우 양측에는 약간의 구릉으로 좌청룡 우백호의 원리를 지키며 기운이 살아있는 빼어난 산세가 좋은 터임을 느끼게 하고 있다. 포국의 크기가 크지는 않으나 고택과 한 가문의 피흉취길의 운기로는 충분한 길지(吉地)이다. 더욱이 우측 위쪽에는 문필봉(文筆峰)이 있어 이 가문에서 뛰어난 인물들이 배출되었고, 현재도 바로 이전의 관장이었으며 1989년에 이 예술촌을 개촌하여 '전통 한옥의 활용을 통한 생산적 보존 방안'에 관한 논문과 함께 칼럼 및 끊임없는 문화 활동을 이 공간에서 만들어 낸 설립자 김원길 시인이나 현재의 관장이며 지촌 종가 14대손인 김수형 관장 또한 도시 재생 이론가이자 지역사회 발전을 위한 뛰어난 기획자임을 볼 때 문필봉의 영향력이 있다고 본다.

필자가 오래전 김원길 전 관장을 처음 뵐 때 그분 같은 강한 기를 느낀 경우가 많지 않았다는 기억을 뚜렷하게 기억하고 있다. 그 강한 기처럼 더욱더 건강하시고 장수를 누리시어 지례예술촌과 한국의 고택 문화의 거목으로 계속 계셔 주길 바라는 마음이다.

필자는 김수형 관장과는 오래된 인연이 있다. 2017년 가을에는 옛 친구들 십여 명과 고택 음악회를 즐기는 중 우연히 같이 입촌한 모 경영대학원 동기 모임 20여 명도 합세하여 대원군이 삼남(三南) 지방을 유람하며 지례를 들렀다가 상경 후, 감사의 증표로 보낸 현판을 배경으로 한 간이 무대를 만들고 성악과 국악으로 가을밤의 호사를 누린 행복했던 기억이 소록소록 떠오른다. 김수형 관장 같은 젊은 피의 수혈로 더 새로워진 멋진 기획들로 한국의 고택 문화를 한 단계 올리는 계기가 될 것을 확신하며 많은 기대를 한다.

필자가 한국의 고택들, 특히 위 세 곳의 고택을 체험하면서 느낀 바로는 관장들 모두가 매우 강한 기(氣)의 소유자였고, 또한 그 기가 맑고 단아(端雅)한 기(氣)였다는 것이다. 아마도 오랜 역사와 전통이 녹아 있는 가문의 자부심과 자존감 등의 영향이 스며든 것과 선대로부터 이어온 선업과 적선이 쌓인 결과가 아닌가 생각한다. 풍수의 현대적 의미에서 강조되는 사람의 중요성이 고택과 명당이란 지기(地氣)와 조화를 이루는 지인 합일(地人合一)이 되었고 그것이 때를 만나 천지인 합일(天地人合一)의 균형과 조화를 이루었기에 그것이 기(氣)와 품위로 나타난 것이라 본다. 원래 고택(古宅)은 사람이 많이 모여 들끓지 않으면 외로운 집, 고택(孤宅)이 된다.

6. 청와대 이전과 천도론(遷都論)

조선이 건국하면서(1392년) 서경에서 한양으로 천도하고 정궁인 경복궁을 건립하여 나라의 기틀을 만들고 국가를 경영하며 왕조를 이어 왔었다. 일제의 지배를 받은 35년간 정궁인 경복궁에 조선총독부와 총독 관저를 건축했고 식민지 시대가 끝난 후 대한민국이 건립되면서 총독부 건물과 그 관저였던 청와대의 이전과 수도의 이전 문제는 꾸준히 제기되었던 국민의 큰 관심이 쏠린 문제였고 한국 풍수학의 큰 논쟁 대상이었다. 또한, 한국의 대표적 풍수학자와 풍수가들은 대부분 여기에 대하여 나름의 이론을 주장한 바 있었다.

조선조 관리의 선발 과정에서 풍수를 다루는 지관을 선발할 때 응시자들이 반드시 읽어야 하는 풍수 책에 《탁옥부(琢玉斧)》가 있었다. 이 책은 풍수지리가 가장 중요시하는 '나라를 세우고 도읍지를 정하는 것'이라고 단언하고 있다. 그만큼 한 나라의 국운을 좌우하는 도읍지가 국운과의 연관이 크다는 것을 의미한다. 청와대는 그 도읍지 중에서도 가장 중요한 국가의 대통령이 거주할 뿐만 아니라 실질적으로 국가를 운영하는 관청의 역할을 하는 기능이 모여 있는 핵심이고 혈이다. 그러므로 풍수학적으로 매우 중요하고 또한 여러 상황과 정황상 민감할 수밖에 없다. 지금까지 여러 명의 한국의 대표적 풍수학자들이 청와대의 입지와 천도에 대해 각자의 이론을 밝혔으며, 실제 현재의 정권에서도 집권 공약으로 청와대의 이전을 발표했지만 현실적으로 이미 어려워졌다. 한국의 대표적 풍수학자 중 한 명인 김두교 교수도 이에 대해 과거에 조선조 초기부터 경복궁이 길지가 아니라는 주장이 있고, 청와대는 길지(吉地)이나 문화 예술의 융성을 위한 활용의 터가 되는 것이 더 좋다며 부정적인 결론을 내렸으나 현실적으로 천도의 어려움이 크고 대통령의 집무실 이전 또한 간단한 것이 아니니 주어진 여건에서 최선의 선택을 권하는 절충론으로, 수도가 과천이나 세종로로 이전하거나 대통령 집무실의 경우 경복궁 동쪽의 국립현대미술관의 서울관이나 대한항공의 송현동 빈터, 혹은 기존의 경복궁을 활용하거나 경희궁을 대통령 궁 등으로 하는 대안들을 제시한 바 있다.

청와대 흉지설을 주장한 대표적 풍수학자는 전 서울대 최창조 교수이다. 그는 1993년에 "청와대 터의 풍수적 상징은 그곳이 살아 있는 사람들의 삶터가 아니라 죽은 영혼들의 영주처거나 신의 거처"라고 그의 《한국의 풍수지리지》에서 얘기했다. 역대 조선 총독들뿐만 아니라 역대 대통령들이 신적인 권위를 살다가 뒤끝이 안 좋았다는 주장이다.

역사적으로 청와대 흉지설의 근거는 조선 초기에 잠시 대두된 태종(1404년)이 당대 최고의 풍수사인 이양달, 윤신달 등을 불러 "내가 풍수책을 보니 먼저 물을 보고 다음에 산을 보라고 했더라. 만약 풍수 책을 참고하지 않았다면 몰라도 참고한다면 이곳은 물이 없는 땅이니 도읍이 불가함이 분명하다. 너희가 모두 풍수지리를 아는데 어찌 이 까닭을 말하지 않았는가?"라고 물었다는 기록이 있다.

세종 15년(1433년)에 풍수 관리 최양선이 "경복궁의 북쪽 산이 주산이 아니라 목멱산(남산)에서 바라보면 향교동(현재의 운니동 부근)과 이어지는 지금의 승문원의 자리가 실로 주산(主山)이 되는데 도읍을 정할 때 어째서 거기다가 궁궐을 짓지 아니하고 북악산 아래에다 했을까요?"라면서 경복궁 흉지설을 제기한다.

여기에다 풍수에 일가견이 있는 청주목사 이진도 가세하여 "대체로 궁궐을 짓는데 먼저 사신(四神)의 단정 여부를 살펴야 합니다. 이제 현무인

백악산(북악산)은 웅장하고 빼어난 것 같으나 감싸주지 않고 고개를 돌린 모양이며, 주작인 남산은 낮고 평평하여 약하며, 청룡인 낙산은 등을 돌려 땅 기운이 새어 나가며, 백호인 인왕산은 높고 뻣뻣하여 험합니다."

이에 대하여 이양달, 고중안, 정안과 같은 풍수 관리들은 경복궁 길지설을 견지했고 최양선 등은 흉지설을 계속 주장했다. 경복궁 길지설을 주장하는 측은 "백악산(북악산)은 삼각산 봉우리에서 내려와 보현봉이 되고 보현봉에서 내려와 평평한 언덕이 되었다가 우뚝 솟아 일어난 높은 봉우리가 곧 북악이다. 그 아래에 명당을 이루어 널찍하게 바둑판같이 되어서 1만 명의 군사가 들어설 만하게 되었으니 이것이 바로 명당이고 여기가 곧 명당 앞뒤로의 한복판이 되는 땅이다."

결국 결론이 도출되지 않자 세종이 직접 백악산에 올라가 지세를 살피면서 결론을 내렸는데, "오늘 백악산에 올라서 오랫동안 살펴보고 또 이양달과 최양선 등의 양쪽 말을 들어왔으니 지금의 경복궁이 제대로 된 명당이다."라고 하였다.

영원한 것이 없다는 것은 우주 변화의 원리이고 동양학에서의 일관된 진리 중 하나다. 지기(地氣)나 지령(地靈) 또한 오랜 세월이 지나면 퇴색된다는 것 또한 풍수학의 원리이다. 역사적으로 보아도 한 왕조의 흥망이나 그에 따른 도읍지나 왕궁의 변화와 흥망의 부침을 보는 경험론에서 선험론이 자연히 도출된다. 한 나라의 국가 원수의 집무실을 옮기는 것은 거기에 딸린 제반 사항을 살펴보면 쉬운 일도 아니고 '천지인 합일'의 기운이 이루어져야만 가능한 일이다.

한국 풍수학에서 많은 논란이 있는 청와대의 이전과 수도 천도론에 대한 두 거목의 이론을 간략하게나마 소개하면서 현실적으로는 효용이 있는 필자의 '광화문 광장론'으로 이를 대체하고자 한다.

7. 광화문 광장 이야기

광화문은 경복궁의 정문이다. 또한, 세종로와 광화문 광장을 비롯한 그 일대를 통칭하는 대유법적 이름이다. 한국의 서울, 그 중심에 자리 잡은 이곳은 조선 왕조 600년 도읍지의 중심이었다는 역사성과 정치, 행정, 외교의 중심이었고 한국 현대사에서 중추적 의미를 축적해 온 복합적 공간인 동시에 정치적 상징성, 시민의 여론이 모이고 폭발하는 공공성이 혼재된 공간이며 실제로 대한민국의 중심이며 혈처(穴處)이다.

특히 근래에 들어와 광화문 일대나 세종로에서 벌어진 파괴와 창조의 과정은 도시의 공간 디자인이나 철거, 복원, 재생의 과정은 물론 풍수학적 이론까지도 배제한다. 풍수학적 결론은 경복궁은 배산(背山)의 역할이 연약하다고 본다. 그 약한 주산인 북악의 물의 기운이 광화문 광장을 중심으로 펼쳐진 열기를 누르기에 역부족하다는 것이다. 촛불집회라든가 각종 시민단체의 열기, 천막 농성의 열기, 이 모든 열기를 약한 북쪽의 차가운 물의 힘으로 제압하기에는 역부족이라는 말이다. 오행의 상생, 상극의 기본적 이치에서도 물과 불의 기운의 균형이 잡혀야 하는데 그 균형과 조화가 깨어진 것이다.

《역경》은 마지막 64괘에 화수미제(火水未濟) 괘를 두었다. 63괘인 수화기제(水火旣濟) 괘는 "사물의 이치가 건너가서 모든 것이 다 끝나 버리게 둘 수는 없으니 다시 새로운 것으로 건너가야 하는 미제괘(未濟卦)로 마치게 됨이라"고 설명하고 있다. 하루해가 동쪽 하늘에서 서쪽 하늘로 건너가고 나면 하루가 다 끝나게 되지만 그렇다고 세상이 모두 끝난 것은 아니다. 다시 내일 아침이면 동쪽 하늘에서 해가 떠서 서쪽 하늘로 건너가게 됨을 우리는 알고 있다. 그러므로 내일 아침을 기다리는 오늘 밤은 아직 건너가지 못한, 그러나 장차 건너감을 기약하는 미제(未濟)가 되어 하루를 끝내게 되는 것이다. 내일 아침이면 다시 새로운 날이 되기에 《역경》은 64괘의 괘 중 마지막에 화수기제가 아닌 화수미제를 두는 것이다.

《주역》의 49괘는 택화혁이다. 괘상은 연못 아래에 불이 있는 모습이며 물은 아래로 내려와 불을 끄고 불은 위로 타올라 물을 말려 버리는 상극(相剋) 관계로서, 현 상태가 유지될 수 없는 변혁의 시기를 말하며 '개혁과 혁명'을 말한다.

다음 괘는 50괘 화풍정(火風鼎)이다. 괘상(卦象)은 아래는 바람(風), 위는 불(火)로 구성되어 있다. 불 밑에 바람이 불고 있으니 아궁이에 불을 피우는 모습이다. 정(鼎)은 다리가 3개 달린 밥솥을 뜻하고 조화와 분배를 의미하는 괘이다.

51괘는 중뢰진(重雷震)이다. 괘상은 위도 천둥 우레고 아래도 천둥 우레이다. 온 세상에 천둥 번개가 치면 얼마나 무서운지 알아야 하는 자연의 공포를 의미하는 괘이다. 이 세 괘를 풀이하면, 개혁과 혁명의 시기를 거쳐 아궁이에 불 조절을 잘하여 밥 속의 밥을 잘 지어 모두가 잘살도록 하는 조화와 분배를 하도록 하여야 하며, 그렇지 못하면 하늘이 노한다는 의미를 우리에게 암시하고 있다.

혁명은 그다음의 화합과 국가적 합심과 공통한 나눔이 반드시 따라야 성공할 수 있는 것이다. 국민이 나누어져 아귀다툼이 계속되고 풍요로움에 따른 안일함과 나태가 계속되고 경제가 침체되는 가운데서 코로나 사태라는 팬데믹(pandemic)이 세계적으로 유행되면서 더욱 나라의 입지와 경제 상황이 어려워질 때 모두가 현명하게 이 상황들을 판단하고 나라를 진정 위하는 길이 무엇인가를 가슴 깊이 물어보며 개개인이 할 수 있는 바의 최선을 다해야 할 것이다. 위정자들 또한 겸허하고 공손하게 천지인 합일을 이루는 길이 무엇인지를 살펴보고 국정과 각자가 맡은 업무에 한 점 사심(私心) 없이 국정에 임해야 한다. 그렇지 않으면 하늘이 노할 것이고 훗날 철없는 짓들에 대해 모두가 후회하게 된다. 또한, 물극필반(物極必反)의 이치를 항상 가슴에 담아 두고 이를 긍정적이고 발전적으로 활용하기 바란다.

수승화강(水升火降), 광화문 광장의 열기는 북악과 북쪽 물의 기운으로 그 열기를 반대 방향인 남대문으로 바로 내려보내야 한다. 북대문 격인 숙정문(肅靖門)과 남대문인 숭례문(崇禮門)은 다행히 그 각이 거의 일직선상에 이루어져 기통이 순조롭게 흘러가고 있다. 결론적으로 광화문 광장의 열기(熱氣)와 수기(水氣)를 막는 모든 장애물과 건조물은 철거되어야 하고 운영되어서는 안 된다. 문화적인 행사조차도 세종문화회관 뒤편과 인사동, 북촌, 서촌, 남촌에서 행사답게 멋지게 벌이고 광장은 비워두어야 한다. 이순신 장군의 동상과 세종대왕의 동상까지도 경찰청 앞과 세종문화회관 앞쪽으로 이전하고 광장은 뻥 뚫리게 두어야 한다.

농성과 정치적 이념의 다툼으로 인한 화기(火氣)가 빠져나가지 못하면 남대문이 불만 나는 게 아니다. 서울시가 흉한 것뿐만이 아니고 나라 전체가 대흉이 날 우려가 있다. 나라의 주(主) 광장에서 행하여지는 것은 국가적 행사나 공식 퍼레이드 정도이다. 원래가 그런 것이다. 그것조차도 독재 국가나 사회주의 국가에서 즐겨 하는 방식이라는 것은 우리가 많이 보아온 장면들에서 익숙하게 알 수 있다.

제3부

건강(健康)과 양생(養生)

1. 건강과 운기(運氣)

정신이 육체를 지배하는가? 육체가 정신을 지배하는가? 혹은 사람은 정신과 육체가 교효(交互) 운동으로서 살고 있는가?

오늘날같이 문명이 발달한 시대에서도 아직 이러한 의문이 남게 된 주요 원인은 인간은 '형이상 계'와 '형이하 계'의 혼합적 구성체로서 오직 두 개의 기능의 조화작용에 의하여 정신적 영위와 육체적 활동을 하는 것인데도 불구하고 철학이나 생리학 심리학 등과 같이 매양 전제에서 시작하였기 때문이다. 즉 항상 편파적인 일면만 관찰하였기 때문에 인간의 정체를 완전히 직시할 수 없었다.

인간은 형(形)인 육체가 정신과 생명을 보호함으로써 생(生)을 영위하는 것이며, 사람은 천기(天氣) 소생이 못 되고 지기(地氣) 소생이므로 음양이 균형되지 못하여서 이러한 결과가 생기는 것이다. 왜냐하면 지기에는 운기학(運氣學)에서 설명한 인신상화(寅申相火)*라는 불[火]이 하나 더 있음으로 양(陽)의 '과항'을 초래하기 때문이다. 이러한 바탕인 지

⋆ 인신상화: 지구는 그 축이 23.5도 기울어졌기에 인신상화(寅申相火)라는 새로운 불이 하나 더 불어나 오운(五運) + 상화(相火) = 육기(六氣)로 나타난 것이다.

기(地氣)에서 소생한 것이 인간이므로 언제나 형(形)인 육체가 견디어 내지 못하여서 죽게 되는 것이며 따라서 정신의 명암(明暗)도 여기에 연유하여서 일어나게 되는 것이다. 결국 삶과 죽음, 건강과 병약이 기(氣)에 의하여 이루어지는 것이다. 인간은 선친(先親)으로부터 받은 원기(元氣)와 우주의 자기인 대기(大氣) 그리고 식물로부터 받은 곡기(穀氣)를 먹고 생(生)을 영위하는 것이다. 사람 몸의 혈맥과 오장육부는 운화를 따라 번성하고 쇠퇴하여 잠시라도 멈추지 않는다. 결국은 인생이란 그릇에 담긴 기(氣)의 움직임을 뜻하는 것이다.

그렇다면 천지에 미만한 기나 사람 몸속에 있는 기가 같은 기(氣)인데 왜 그것이 교류되지 않는지 의문이 생긴다. 그것은 사람들이 저 스스로 나는 천지 만물과 분립되어 있다고 믿는 자의식이 그것을 차단하고 있기 때문이다. 천지인의 합일이 이루어지지 않는 것이다. 신선술(神仙術)이나 좌선(坐禪)은 이 자의식을 떼어 내는 일로부터 시작한다. 좌선이나 명상이 효과적이고 중요한 이유는 사람은 자고 있을 때의 인체의 상태가 자의식이 가장 희박하기 때문이다. 이러한 수련과 노력 없이 기(氣)를 받는 방법으로는 작명과 풍수 정도가 있을 뿐이라고 볼 수 있다.

사람이 늙는다는 것은 금(金)과 수(水)의 응고작용 때문이지만, 이것을 그의 이면에서 관찰해 보면 인간의 생사(生死)는 인간의 갱생을 위한 천도(天道)의 작용이라는 것을 의미하는 것이다. 죽음은 언제, 어떻게 오느냐의 문제이지 누구에게나 오고, 어떤 형태로도 오며, 또 운이 나빠 건강을 잃었더라도 인생의 역전이 가능하다는 것을 알아야 한다. 이것은 어려움을 극복하면 행복이 온다는 불교적 관점에서의 무상의 원리이다(諸行無常). 건강을 잃은 사람도 노력하여 양생하면 운이 돌아오고 건강이 돌아와 행복이 가능하다는 원리이다.

우리의 인생의 여로에서 흉한 일이 도리어 더 큰 재앙을 막아 주는 호신부(護身符) 역할을 하는 경우가 다반사이다. 인생의 굽이마다 절박한 문제들이 비수가 되어 날아온다. 운명의 여신이 질투하지 않는 인생은 그 어디에도 없다.

명(明)의 문인 육소형은 "하늘이 사람에게 재앙을 내리고자 할 때는 반드시 작은 복으로 그를 교만하게 만들어 그가 복을 받을 수 있는지를 본다. 하늘이 사람에게 복을 내리고자 할 때는 반드시 작은 재앙으로 그를 경계하도록 만들어 그가 재앙을 이겨낼 수 있는지를 본다."라고 말했다.

지금 건강하다고 뽐내며 자만하지 말고, 지금 건강을 잃었다 해서 좌절하지 말라는 뜻이다. 물론 역경과 시련이 우리를 단련시켜 주는 것은 틀림없지만 저절로 단련시켜 주는 것은 아니다. 그것을 이겨내기 위한 노력은 역경을 만난 사람의 몫이다.

1) 건강이란?

1946년 세계보건기구(WHO) 주체로 개최된 건강 관련 주제 회의에서 '건강이란 질병이 없거나 허약하지 않는 것 외에 신체적, 정신적, 사회적으로 완전히 좋은 상태에 놓여 있는 것'으로 정의하였다.

2) 건강과 운기(運氣)의 관계

큰 재산과 권력을 지녔다 할지라도 건강이 무너지면 무슨 소용이 있겠는가? 모든 생활과 생존은 건강의 연장선으로 볼 수 있다. 따라서 인간의 운세는 건강과 밀접한 관계가 있을 수밖에 없다는 여러 주장이 상당한 설득력이 있다.

겉보기에는 멀쩡하나 실제로는 몸의 건강에 이상이 있는 경우에는 좋지 않은 운세(運勢)가 건강을 지배하기 때문이다. 운세는 오장육부(五臟六腑)의 기운(氣運)에 우주의 기(氣)가 영향을 미치는 상태를 말하는 것이기에 운세가 나쁘면 건강도 나빠진다는 것은 자연스러운 일이다. 즉 운세가 나쁘다는 것은 자신이 우주에서 타고난 기운 중에서 가장 필요로 하는 기운이 막힌 것을 뜻한다. 우리가 기분(氣分)이 좋다 나쁘다 할 때의 기분이란 운기(運氣)의 적절한 배분을 말하고 기운(氣運)이 잘 나누어진 상태를 의미하는 것이다. 기운은 음양오행의 생체 에너지를 뜻하고 우리의 몸은 이 기운을 대체로 세 가지 방법으로 체득한다.

생체 에너지 체득 방법은 다음과 같다.

① 천기(天氣) – 명상과 수행, 종교활동, 선행/하늘 기운 – 폐

② 지기(地氣) – 식품, 한약, 양약, 풍수지리 등/땅 기운 – 위장

③ 인기(人氣) – 매너, 도덕성, 명예, 성관계, 이성교제 등/사람의 기운 – 심장

인간은 결국 운세에 따라 움직이며 대우주의 영향을 받는 '소우주'일 뿐이다. 그리고 운세는 대우주가 소우주에 미치는 영향을 말하는 것이다. 오장육부의 최고 상태는 고효율의 생산성과 번쩍이는 창조력 및 에너지를 창출한다. 정신적으로나 육체적으로 최고의 상태를 유지하려는 노력이 바로 건강이다. 자신의 운명과 철을 알면 인생을 순조롭게 이끌어 갈 수 있다. 운명도 건강하여야 성공적으로 만들어 가는 것이다. 건강한 자라야 능히 성공한다는 뜻이다. 건강하고 좋은 운을 사는 비결은 우선 자기 몸을 이해하고 아는 것부터 시작된다.

3) 병에 대한 또 다른 견해

《적천수(適天髓)》의 〈질병론〉에 "오행이 화목하면 일생에 병이 없고 오행이 일그러지면 일생에 병 자루라네(五行化者 一世無災 血氣亂者 平

生多病).”라고 했다.

오행(五行), 운기의 흐름, 즉 기(氣)’의 흐름이 원활하지 못하면 병이 온다는 것이며, 건강이란 좋은 기가 강하고 고르게 배분되어 기분이 좋은 상태를 의미한다. 이는 또 음양오행의 생체 에너지가 원활하다는 뜻이다. 건강을 자신하는 사람은 도리어 그 수명을 다하지 못하는 경우가 다반사다. 자기의 건강을 너무 과신하는 나머지 무리를 하게 되고 이것이 나중 치명적으로 건강을 해치는 경우를 주변에서도 많이 보았다. 옛 도인들은 ‘병을 인생의 동반자’라고 생각했다. 적과의 동침이다. 자기 몸 안에 병 하나쯤 간직하게 되면 그것 때문에 무리하지 않고 조심하게 되고 그 덕에 천수(天壽)를 누리게 된다. 주어진 여건을 약진의 발판으로 삼아 자기의 결점과 운명을 좋은 방향으로 개척한 것이다. 역경을 순경으로 바꾼 것이며 전화위복의 경우이다. 그렇게 만드는 것은 순전히 역경을 만나 사람의 몫이다.

피할 수 없는 죽음에 대해서도 마찬가지다. 죽음을 예측할 수 있다면? 사실은 영원한 숙제였으나 미리 죽음의 기미나 징조 등을 감지할 수 있다면, 자기 주변의 정리나 마음의 준비를 함으로써 얻는 안정감과 두려움에서 벗어나는 데 도움이 될 것이다. 삶과 죽음은 단지 하나의 생명의 흐름에서 나타나는 현상일 뿐이다. 생명은 삶이요 곧 죽음이다(生命是生是死). 또한, 생명의 흐름은 움직임과 조용함을 함께 동시에 드러내는 현상이며 태어나서 자라고, 늙어 병들어 죽음은 ‘대기(大氣)’가 운행하는 바니 이는 회피할 수 없는 것이다. 예언자가 아니더라도 일생을 맑게 산 사람 중에는 그런 도인 같은 분들도 많다. 설혹 선업(善業)을 쌓아 ‘천을선인’과 ‘태을선인’과의 인연으로 1/360-1/365 차이의 하늘이 준 여분의 이치를 활용하여 수명을 연장한다고 하여도 언젠가는 겪어야 하는 일이기에 알고 싶고 예측이라도 해보자는 마음이다. 상당한 비전(秘傳)에 속하고 역학이나 점복을 다루는 사람에게는 수명과 죽음에 대하여 다루는 것은 금기로 되어 있지만 나쁜 목적이나 돈벌이의 수단이 아닌 좋은 뜻이라면 가능하다고 본다. 미리 예측을 하고 준비된 삶을 살면서 조심하고 선행을 하면, 설혹 다소 잘못 예측을 하였더라도 무엇이 그리 큰 문제가 될 것이며 혹은 하늘의 배려로 수명이 연장된다면 그 또한 행복하지 않겠는가.

4) 운과 체질

많은 사람이 당장 아프지 않다는 이유로 병을 키우는 것을 많이 보았다. 씨앗이 땅속에 있을 때는 절대 보이지 않지만 새싹이 돋아나고 보일락 말락 할 때가 되어서야 비로소 알 수 있듯이 병을 아는 것 역시 이와 같아 치료를 하거나 양생을 할 때를 놓치는 경우가 다반사다.

오행은 그 목적에 있어서, 목(木)의 목적은 금(金)을 만들려는 데 있고, 금(金)의 목적은 목(木)을 만들려는 데 있고, 수(水)의 목적은 화(火)를 만들려는 데 있고, 화(火)의 목적은 수(水)를 만들려는 데 있다 할 것인데, 금(金)과 목(木)이 서로 대립하여 화수(火水)가 서로 상극 관계에 놓여 있지만 이것은 모순을 위한 대립이 아니고 발전과 통일을 위한 우주 본연의 필요극(必要剋)이라는 것을 밝혀 놓기 위함이다.

동무 이제마는 기존의 오행관이 아닌 새로운 오행관을 제시함으로써 금수(金水)는 사지(死地)가 아니라 생지(生地)이며 목화(木火)는 생지가 아니라 사지라는 것을 밝혀 놓으며 인간 정신은 영생을 원칙으로 한다는 것을 암시하였으며 이를 '사상의학의 체질론'으로 제시하였다.

동무 이제마의 독특한 체계론은 독보적이나 우리만이 착상한 이론은 아니다. 서양에서도 '히포크라테스의 체액설'과 그를 더 발전시킨 서양 고대 의학의 대표적인 존재인 갈레노스(Galenos, 129~200년경)는 네 체액의 분포도에 따라 인간을 크게 네 부류인 다혈질, 담즙질, 점액질, 우울질로 나누었다. 즉 체질이라는 요소를 추가한 것이다. 특히 '갈레노스의 체액설'이 확고한 자리매김을 하게 되는 중세에서는 체액설이 점성학과 관상학 등과 결합하면서 일상생활에 깊이 파고들었다.

서양의 체액설 내지 체질설의 이론과는 또 다른 방향으로 이제마의 독특한 이론 체계는 동방에서 아름다운 꽃을 만개하였다. 일반적으로 오행의 운동을 논함에 있어서 생장 과정인 목화(木火)는 질적 변화를 중심으로 하고 수장 과정인 금수(金水)는 양적 변화를 논한다. 그러나 이제마는 반대로 목화(木火) 과정을 양적 변화로 논하고 금수(金水)의 질적 변화를 표준으로 하고 논술하였다. 이는 매우 독특하고 획기적인 발생이었으며 실제 적용도를 높이고 더 정밀하게 되는 계기가 되었다.

《황제내경》과 이제마의 질량 변화 개념 비교표

	內徑(본질적인 면)					東武의 개념(양적인 면)				
五臟	肝	心	脾	肺	腎	肝	心	脾	肺	腎
五行	木	火	土	金	水	金	土	火	木	水

四象	太陰人	太陽人	少陰人	少陽人	太陰人	太陽人	少陰人	少陽人
四象形態	肝大肺小(大大全小)	肺大肝小(金大木小)	腎大脾小(水大士小)	脾大腎小(土大水小)	肝大肺小(金大木小)	肺大肝小(木大金小)	腎大脾小(水大火小)	脾大腎小(火大水小)

	태음인	태양인	소음인	소양인
特質	예의와 위엄이 있고 언어에 절도가 있으며 한번 뜻을 세우면 움직이지 않는다. 시작하면 끝을 보는 의지도 있으며 부러지되 꺾이지 않는 결점도 있다. 혹은 음흉하며 혹은 다정한 감정에 흐르기 쉽다. 이제마 선생은 태음인이 서로 정답게 사귀는 것을 좋아하고 몸을 닦고 스스로 삼감을 잘한다고 했다.	의위무도(儀威無度)하고 언어불절(計言語不節)하며 여광여취(如狂如醉)하고 교이불손(驕而不遜)한 경향이 있다. 총명하여 이해력이 풍부하며, 만일 태양인이 高壽를 누리게 되면 그 총명함은 이루 말로 표현할 수 없다. 見聞(보고 듣는 것을 좋아하며) 能敬愛(사랑하고 공경하는 것을 잘한다)' 고 평했다.	두뇌가 명철하며 위인이 똑똑하고 성품이 유화하다. 반면에 국량(局量)이 편협하며 또는 감정에 흐르기 쉬운 결점이 있다. 항상 소화불량의 경향이 있으니 경계해야 한다. 동무는 잘 헤아려서 방책을 내기를 좋아하고 숨기고 감추는 것을 잘한다 했다.	용기가 있고 억압이나 탄압에 목숨을 걸고 대항하려는 성향이 강하나, 교이불손(驕而不遜)하는 경향도 있다. 기억력이 많아 총명하나 신수(腎水)가 불급(不及)하기 쉬우니 항상 음허화동(陰虛火動)을 경계하여야 한다. 동무는 소양인을 이르기를 날쌔고 거친 것을 좋아하며, 나는 듯 달리는 것을 잘한다고 평했다.

우리는 한의학이란 범주가 양지로 나타난 특별한 나라이며, 더욱 한의학(韓醫學)이란 체계가 만들어진 나라이다. 한국에서 한의학은 1960년대 월광에서 벗어나 일광 속으로 나왔었다. 《동의보감》의 발간 이래로 굳건한 자리를 차지하던 한의학 체계는 조선 시대 말, 서양의학이 전해지고 명성황후 시해 사건의 전후에 황실의 후원을 받은 서양의학이 급부상하는데 반하여 급락하던 한의학은 현대에 들어와서 대학의 정식 학문이 되면서 양지로 다시 나왔고 TV의 〈동의보감〉이나 〈허준〉 등의 효과도 일조하면서 대중적 사랑과 성장을 하였다고도 한다.

그것이 정치 논리이건 의학적 논리이든 생계 논리인지는 중요하지 않다. 한의학 체계에서 6년 이상을 교육받은 우수한 젊은이들만을 선정하여 정규 교육을 받은 후 한의사와 한의학 박사들까지 만들어 낸 인재들이 TV 등의 건강 프로 같은 프로에 출연하여 서양의학과 그의 아류 내지 지류 같은 류의 이론에서 나온 것들을 가지고 무리하게 한의학과의 접목이란 미명하에 아옹하거나 서양의학의 보조 내지 흉내를 내는 식의 접근을 아침 프로 등에서 시청률에 목숨 건 방송사와 패널들과의 코미디를 연출하는 것을 볼 수 있는데, 간혹 이건 아닌 것 같다는 생각이 든 것은 필자만의 생각이기를 바라는 마음이다.

한의학은 그 출발과 이론의 구성이 근본적으로 다르며, 그 접근 방법도 한의학적 측면에서의 접근과 논리의 전개가 되어야 할 것이다. 이렇게 하여야 더 큰 시각으로 볼 때 한의학과 서양의학의 상호 발전에 모두 도움이 되리라고 본다. 한의학은 상수학(象數學)에 뿌리를 둔, 우주의 본체를 연구하고 자연법칙이 곧 우주의 법칙이며, 우주 변화의 기본인 인간을 소천지(小天地) 내지 소우주(小宇宙)로 보고 연구하는 학문이다.

한의학의 확실하고 기본 체계 위에서 접목과 독자적인 연구와 발전을 이룰 때 한의학은 마침내 동양과 서양에서까지도 아름다운 꽃을 피울 것이다. 필자는 경희대 한의대 백유상 교수*의 〈무뉘론〉을 읽은 기억이 있었다. 참신한 자극이었음을 피력한다. 또한, 최근 사주와 관상 등 여러 명(命) 분야를 결합하여 한의학 이론과 접목을 시도하는 경우도 보았는데 매우 참신하고 가능성이 많다는 믿음이 있다. 뜨거운 열정과 차가운 이성을 가진 뛰어난 한의학도들의 배출이 계속되기에 큰 기대를 하고 있다.

5) 건강과 운을 살리는 운동

체질과 건강은 선천적으로 타고난다. 그러나 건강 상태는 노력에 따라 변화하기도 하나 선천성 체질이 우선이라는데 무게를 둔다. 우리나라에서 세계 최초로 사상의학(四象醫學)이 나왔다는 것은 우주 변화의 원리에서 보면 뚜렷한 사계절과 무관치 않다. 아마 단결이 잘 안 되고 개성이 강하고 세계에서 가장 종교가 난립하는 이유 등도 여기서 찾을 수 있을 것이다. 사상 체질을 달리 말하면 네 가지로 분류되는 체질 및 인간의 심성도 되는 것이며, 사람의 체질이나 사주와 관상 등의 전제 조건은 선천성을 인정한다는 것이다.

건강을 구별하는 한의학적 구별은 기(氣)와 혈(穴)이다. 육체적인 건강은 혈이 중심이고 기가 부수적이나 정신적인 건강은 기가 중심이고 혈이 부수적이 된다. 그러므로 육체노동자는 혈의 맥이 강하여 팔뚝에 핏줄이 불끈불끈 솟아 있으나 정신노동자는 기가 강한 면이 있어 눈빛이 빛나고 정신력이 강하다. 무엇보다 중요한 것은 눈빛[神]이다. 눈은 오장육부의

* 백유상: 英 옥스퍼드대학 의료인류학 연구소 근무, 現 경희대학교 한의대 교수. 《사상의학이 가진 한국 한의학적 특성에 관한 고찰》, 《황제내경과 주역의 음양론 외교》 등의 저서가 있음.

기능이 총체적으로 모인 곳이라 할 수 있고, 눈빛이 맑게 빛나면 오장육부의 기능이 아주 좋다는 근거가 된다.

기(氣)를 알아야 기를 펴고 살 수 있다. '기'란 한마디로 혈을 움직이는 에너지다. 한의학적으로 보자면 '기'는 인체를 움직이는 기운을 구성하는 요소이고 사주나 관상에서 보면 기는 운기(運氣)라 하여 운세를 보는 중요한 요소이다. 종로 탑골공원에 거의 매일 출근하다시피 와서 외로이 시간을 보내는 노인이 한 분 있었다. 관상적으로 거의 완벽한 분이었는데 왜 저렇게 외롭고 어렵게 계실까 하는 의문을 품었다는 일화가 있다. 전문가들의 공통된 의견은 당시 눈에 기(氣)가 없다는 것이었다. 혹자는 관상을 볼 때 눈의 정기가 관상의 90%라고까지 하고 있다.

사람은 기가 없으면, 즉 기운이 없으면 일면 '재수가 없다'는 뜻이며 재수(財數)가 없으면 재물이나 주위에 사람도 잘 생기지 않으며 불운이 연속해서 찾아온다는 것이다. 그러나 '기'가 차면 매사 자신감이 넘쳐흐르니 무슨 일이든지 순조로우며 시작보다 결과가 더 좋다. 물론 '기'는 동물에게도 해당된다. '기'가 약한 동물일수록 약한 동물이다. '기'가 센 동물은 거의 강한 동물이 많다. 기품(氣品)이 있다는 뜻도 양질의 기, 좋고 우아한 기가 많다는 것을 뜻하며, 탤런트나 가수나 정치가 등은 '기' 중에서도 사람을 모으는 인기(人氣)가 많이 있는 경우이다.

남자는 양기(陽氣)가 있어야 성기를 일으킬 수 있어서 정력이 강한 것이며, 여자는 자기 몸을 다스리는 음기가 있어야 육체나 정신이 건강하다. 모두가 정력인 하단의 기(氣)이다. 옛날에는 여자가 50을 못 넘기고 폐경기를 맞이하는데 지금은 여자들도 60대가 훨씬 넘어도 성생활이 가능하다고 한다. 현재의 지구의 음기가 강해졌고 건강과 양생을 잘 챙긴 결과이다. 이 기(氣)는 성생활 이외의 활동력 자체를 또한 의미하는 것은 물론이다.

운동(運動)은 움직인다는 말[運]과 돌린다는 말[動]을 하나로 묶은 것이다. 운(運)은 무엇인가를 돌린다는 뜻이고 동(動)이란 무엇인가 움직인다는 뜻이다. 운동을 하면 단순히 혈액순환이 잘되어 건강이 좋아진다는 정도가 아니고 그 사람을 둘러싸고 있는 기운의 흐름까지 좋아진다. 그것이 바로 운(運)이다. 즉 움직이고 변화해야 운이 들어온다는 이치이다.

사람마다 성격과 취향이 다르고 체질이 다르다. 체질은 선천적인 것이 더 크다. 운을 키우는 운동은 사람의 전체적인 기운의 균형과 배합을 잡아주고 또 그것은 습관과 반복에 의해 만들어지는 것이다.

2. 양생(養生)

1) 양생이란?

양생은 섭생(攝生) 혹은 보양(保養)이라고도 불리며, 동아시아 문화권에 공통으로 존재하는 특유의 문화 개념으로서 신체적, 정신적 안정을 추구하고 자연과 조화로운 생활을 이상(理想)으로 하는 인간 철학의 원리이며 동양의학과 한의학의 핵심 영역이기도 하다.

양생은 이를 위해서 신체의 균형을 깨트리지 않고 음양과 생리 균형을 유지하기 위한 여러 노력을 시도하여 우리의 몸을 조리하며 건전한 심신의 단련으로 질병을 물리치고 몸과 마음을 자연의 이치대로 살아가게 하는 다양한 방법이 강구된 예방의학적 건강학이기도 하다. 동양의학은 양생에서 출발하여 치료학으로 전개되므로 육체적인 건강에 앞서 정신적인 건강을 매우 중요시하였다. 정신적 양생법은 크게 도덕 수양과 마음 조양으로 나누어 도덕 수양은 마음을 다스려야 한다는 것이고 그것이 곧 건강 유지와 연관됨을 강조한다.

마음 조양의 면에서는 7가지의 감정인 7정(七情)의 기쁨, 분노, 슬픔, 미움, 노여움, 두려움, 사랑을 오장(五臟)의 생리 기능과 연관 지어 설명하고 있으며 감정의 불균형으로 인하여 오장의 불균형과 질병을 초래한다고 하였다. 따라서 마음을 평온한 상태로 유지하고 담담히 하여 잡념을 없앤 마음의 본 상태를 유지하는 것이 중요한 양생법이 된다고 했다.

7정(七情)

'희(喜) 노(怒) 애(哀) 구(懼) 애(愛) 오(惡) 욕(慾)'의 7가지 감정인데 《예기(禮記)》를 비롯한 중국 고대부터의 사상으로서 인간이 외부 사물에 접하면 여러 가지 정이 표현되는 심리를 말한다. 우리나라에서는 퇴계 이황과 기대승 간의 '4단7정' 논쟁이 유명한데 한국 성리학의 중요 쟁점이 되었다.

2) 동양오술적(東洋五術的) 분류

양생은 동양오술의 산(山)에 속하는 분야로 산은 육체와 정신 수련을 통해 완인(完人)의 경지에 도달하는 것을 궁극의 목적으로 하는 방술이다. 동양오술이란 인간의 행복한 삶을 추구하기 위하여 설계한 피흉취길(避凶取吉)의 방술로서 명(命), 복(卜), 의(醫), 상(相), 산(山)의 5가지 술수로 이루어져 있다. 이 5가지 술수는 정신면에서 보면 모두 하나하나 독립된 것으로 각각이 독특한 특질을 가지고 있지만, 측면에서 보면 서로 간에 아주 밀접하고 미묘한 관계가 있는 방술이며 학문이다.

산(山)을 내용별로 보면 양생(養生), 현전(玄典), 수밀(修密)로 구별하며, 양생은 식이(食餌)와 축기가 있다. 식이는 일상생활 중에 취하는 음식과 보약, 선약 등을 통하여 체력을 증진하고 질병을 치료하는 것이다.

'축기'는 정좌법, 호흡법 등을 통하여 체력을 증진하고 질병을 치료하는 것이다. '현전'은 《도덕경》, 《남화경》, 《황제음부경》, 《태공음부경》 등의 선도교본(仙道敎本)을 통하여 심신을 수련하고 인격을 양성하는 것이다. 수밀(修密)은 육체 수련을 통하여 체력을 증진하고 몸을 보호하는 권법(拳法)과 부적과 주문을 통하여 질병, 재앙, 사귀(邪鬼) 등을 제거하는 부주(符呪)가 있다.

이 책에서는 양생이 어떠한 것이며 그것이 실제 우리 인간에게 줄 수 있는 현실적 요법과 일반적인 활용에 대하여 설명한다.

3) 식이(食餌)

풍토란 온도와 지질을 비롯한 자연 입지 조건을 의미하며 우리가 살아가는 지역의 풍토는 절대 변하지 않는다. 나무나 동물이 지역의 영향을 받는 것과 인간이 지역의 영향을 받는 것 또한 동일하다. 지구의 생명체는 '신기지물'이나 '기립지물'이나 전부 '기' 에너지의 영향을 받으며 그 영향력이 동식물보다는 인간이 더욱 예민한 것을 알아야 한다.

프랑스에서는 테루아르(Terroi)라는 독특한 어휘가 있다. 와인, 커피 등이 만들어지는 자연환경 또는 그 환경으로 인한 독특한 풍미나 향미를 의미하는데 각 지역의 토양, 기후 등 특히 와인 등의 특성을 결정짓는 모든 환경을 뜻하는 언어이다. 정원 하나의 앞마당과 뒷마당만 해도 식물이 자라는 성장 조건이 서로 다른데 모든 와인 경작지의 조건이 같을 수 없다는 전제에서 나온 용어이다.

우리는 한때 유행했던 신토불이(身土不二)라는 말로 사람이 태어나고 자란 곳에서 생산된 물건이 자신의 몸에 더 잘 맞는다는 유행어가 된 적이 있었다. 즉 동기감응(同氣感應)의 원리가 작용한다는 것이다. 이 신토

불이란 개념이 《동의보감》에서 유래되었다는 얘기도 있으나 사실이 아니다. 원래는 중국 당나라의 승려 잠언의 '유마소기'와 북송(北宋)의 지원의 '유마경락소승유기'에 나오는 구절이며 지금 쓰는 의미와는 다른 의미의 내용이다.

현재의 의미로는 일본의 채식주의 경향의 의사들과 농업학자들이 1910년대 처음 사용한 것으로 전해지며, 1989년 일본의 농업학자인 하스미 다케오시가(荷見武敬)가 쓴 책이 번역되어 들어오면서 그 책에 있던 신토불이라는 말이 우리나라에서 처음 쓴 것이라는데 무게가 실린다. 또 불교용어 중 불신국토(佛身國土)에서 신토(身土)를 사찰에 들어가는 세 문 중 해탈의 경지에 드는 마지막 문인 불이문(不二門)의 불이(不二)에서 탄생되었다는 설도 있다. 우리나라에서는 우루과이 라운드 이후, 외국 농산물 관세가 낮아지는 상황에서 경쟁력이 약한 우리나라 농업을 살리기 위해 '신토불이'란 슬로건을 사용하며 우리 농산물을 홍보한 것이 시작이라는 것이 정설이다.

대표적인 것이 미국산 쇠고기에 대한 광우병 파동으로 애국 + 프리미엄 전략으로 살아남은 한우 등이고 동시에 경제 성장에 따른 소득 증대와 건강에 관한 관심의 증가로 무농약, 유기농 식품의 유행에 편승하고, 중국산 농산물의 범람으로 인해 위생 문제 등이 표출하면서 국내산 농축산물을 위주로 구매하려는 소비자에 의해 더욱 유행한 것이다. 물론 동기감응의 이론이나 기학의 입장에서나 풍토가 사람에게 미치는 영향에 대해 부정하거나 이를 과소평가하는 사람이나 전문가는 거의 없다. 다만 그것을 너무 과신하고 더 나아가 맹목적으로 따르며 다른 지역 다른 나라의 것을 혐오하는 것은 성숙된 사람의 지혜가 아닐 것이다.

리카르도(David Ricardo)가 '비교 우위 이론'으로 국제 무역론의 타당성을 설명한 이론을 굳이 들먹이지 않더라도 우리는 자유무역의 시대에 살고 있고 이미 WTO 같은 세계무역기구에도 가입하여 그 취지에 공감하고 있는 현실이다. 아무리 부유하고 자급자족할 수 있는 땅과 인력을 가졌다 할지라도 언제까지나 그렇게 살 수도 없기에 차라리 다양한 음식과 지역의 생산품들을 접하게 하여 면역력을 키우고 다양한 기를 받아들일 수 있는 체질 강화를 하는 편이 현명할 것이다.

화학 비료와 유기농 합성 농약을 전혀 사용하지 않아야 하고, 토양에 투입하는 유기물은 유기농산물의 인증 기준에 맞게 생산되어야 하고, 또한 유전자 변형 농산물의 종자를 사용하지 않아야 한다는 주장이 최근 웰빙 바람을 타고 전 세계적으로 강력하게 유행되고 있다.

유기농과 무농약의 공통점은 유기합성 농약을 사용하지 않는다는 것이며, 차이점은 화학 비료의 사용 여부이다. 유기농 농산물은 3년간 합성 농약과 화학 비료를 모두 사용하지 않은 땅에서 재배한 채소를 뜻한다. 즉 화학 비료 대신에 퇴비를 사용한다. 또한, 유기농 가공식품은 유기 원료를 95% 이상 사용해야 하며 인공 첨가제나 향미료, 방부제 등을 첨가하지 않은 식품을 말한다. 유기농은 국가별로 개념이 다르다. 미국과 EU 연합 등은 친환경 농산물의 정의를 유기농 작물만 재배하고 합성 농약, 합성 비료뿐만 아니라 GMO(유전자 변형 작물)를 사용하지 않아야 유기농으로 인정한다. 미국과 EU 등은 친환경 농산물로 유기농 작물만 재배한다는 점이 우리와 다르다.

오가닉(Organic)은 화학 물질이 전혀 섞이지 않은 순수 자연을 뜻하는 말로 유기농을 의미한다. 이 때문에 무농약, 저농약이 포함된 친환경과는 다른 개념이다. 반면 무농약은 농약을 쓰지 않지만 권장량의 1/3 이내로 화학 비료를 사용한다는 점에서 유기농과 다르다. 또한, 저농약은 농약과 화학 비료를 권장량의 50% 이하로 사용해 키운 농산물을 말한다.

현실적으로 우리가 실생활에 접하는 환경은 유기농 식품만을 식생할 수 있는 환경은 아닐 것이다. 부(富)의 유무를 떠나서, 온갖 다양한 형태로 이미 우리가 식품을 접하는 환경이기 때문이다. 주위에 이들만을 판매하는 전문점들도 많이 생겼고, 이들만을 위주로 하는 음식점들이 있는데도 불구하고 과연 이러한 것들이 절대적으로 우리의 생명의 연장이나 병의 치료와 건강을 노력하는 것만큼의 반대급부를 우리에게 줄 수 있느냐 하는 데는 솔직히 회의가 든다. 물론 여유가 되고 그것이 가능한 사람들에게는 당연히 그렇게 하면 된다. 다만 그것이 최고의 건강과 양생을 지켜주는 '식이'는 아니라는 것이다. 한 가지 이론의 유행이나 방송 매체의 과다한 광고나 정치적 이용에 의해서나 시민단체의 캠페인에 의해서 해일이 밀려오듯이 들어와 쓸고 나가고 난 뒤에 허무와 쓰레기만 가득한 해변에 서 있는 것 같은 그러한 어리석은 짓은 하지 말라는 것이다.

남들에게 흔들리지 말고 자기만의 소신과 방식을 가지는 것이 진정한 건강과 양생을 하는 비결이다. 의사의 처방에 의해서 특별히 금지된 것이든지, 상식적으로 현재 본인의 건강에 적당치 않은 것은 당연히 하지 않아야 하지만 그 외는 먹고 싶은 것이 있으면 자연스럽게 취하고 너무 민감하게 유기농을 따지지 말고, 유전자 변형 농산물을 뜻하는 GMO에도 질색하며 도망가는 것 등은 하지 않는 것이 정신적으로나 심리적으로 더 건강한 삶에 도움을 줄 것이다. 여러분들도 모르는 사이에 이미 당신은 그런 것을 섭취하고 있을 수도 있는 것이 오늘의 현실이다. 물론 체질적으로 특이하거나 병이 있어 피해야 하는 경우와 당신이 재벌일 경우는 제외하고 하는 이야기다.

최근 와인의 경우도 유기농 와인이 유행한다고 들었다. 사실 밋밋한 맛인데도 불구하고 와인 제조에 지금까지도 허용된 산화 방지제로 아황산

염마저 넣지 않아 아침에 숙취가 없다면서 필자의 아들을 포함한 주변 사람들도 칭찬이 자자하며 추천하기에 필자는 미소로 답한 적이 있었다.

농약을 친 포도를 수확하고 큰 통에 넣어 압축과 발효의 과정을 거치는 동안 1주일이면 화학 비료라도 해가 되지 않고 사라져 버리는 것이 진실이다. 인체에 해가 없는 아황산염을 미량으로 주입하여 상하는 것을 방지하고 유통기한을 연장하는데 그 가스는 마개를 여는 순간 날아가 버리고 잔여 향이 있더라도 기다리고 마시는 순간에는 이미 아무런 나쁜 영향이 없다. 그런데 맛은 논외로 하더라도 가격은 큰 차이가 난다. 무슨 큰 의미가 있겠는가? 여전히 세계의 유명 와인은 유기농 와인이 아닌데도 대부분의 애호가들은 찾고 있다. 혹 그런 이유로 마시지 않는 와인이 있다면 필자에게 기증하시기를 간절히 바란다.

인류가 농약을 발명하여 그 얻은 이득이 농약을 쓰지 않고 유기농으로 재배하여 얻은 이익과 비교하면 그 값어치가 얼마나 될까? 아마도 몇백 배는 될 것이다. 필자가 들은 바로는 식품의 농약으로 죽은 사람의 보고는 없지만, 유기농 재배에서 그 곰팡이나 균류로 죽은 사람이 약 6배는 된다고 들었다. 유기농이나 무농약 재배를 하지 말고 화학 비료를 사용해서 먹자는 얘기는 전혀 아니고 그런 차원의 이야기도 아니다. 무엇이든 적당히 하라는 이야기이다. 사람마다 성격과 취향이 다르고 체질이 다르다. 체질은 그 사람이 타고난 기운의 배합과 그동안 들어온 습관에 의해 만들어진다. 사람마다 타고난 체질이 있고 그에 따른 독특한 건강식품이 있다는 것이며 사람마다 자신의 인체에 꼭 필요한 식품이 정력제요 건강식품이라는 뜻이다. 결국 건강은 자신을 위한 자신에 의한 자신의 관리임을 깨달아야 한다. 선천적인 체질과 후천적인 체질 변화의 흐름을 파악해야 한다.

4) 축기(蓄氣), 기공(氣功) 이야기

축기에는 정좌법(靜坐法), 호흡법(呼吸法) 등이 있는데 이 가운데 호흡법은 단정기공(丹鼎氣功)에 속한다. 현재 이 구별이 명확하게 쓰이지는 않으며 어떤 기공파(氣功派)는 정좌법기공으로 칭하기도 한다. 단정기공은 주로 호흡 조절이라는 기교를 통하여 효과를 확대시키며 정좌법은 주로 명상(冥想)을 통해 효과를 확대시킨다. 수련 방법에 있어서 단정기공은 모든 자세에서 가능한 반면, 정좌법은 반드시 일정한 앉은 자세가 요구된다. 효과 면에 있어서도 단정기공은 형이하학적이랄 수 있는 건강증진이나 질병 치료 등에 더 효과적이라고 할 수 있으며 동양오술가나 일반인들이 많이 활용하고 있다. 정좌법은 형이상학적이랄 수 있는 각자(覺者)의 경지에 이르는 수련에 더 효과적이며 불교 수행자들에 많이 이용되고 있다.

(1) 단정기공과 경락학(經絡學)

경락학에 의하면 인체에는 경맥 계통(經脈系統)과 낙맥 계통(絡脈系統)이 거미줄처럼 얽혀 있으면서 육장(六臟) 육부(六腑)를 비롯해 전신의 기능을 다스리는 중요한 역할을 수행하고 있다. 경맥계통은 십이정경(十二正經)과 기경팔맥(奇經八脈)이 있는데 이 가운데 십이정경은 인체의 오장육부에 하나씩 연결된 12개의 기경통로(氣穴通路)를 말하는 것이고, 기경팔맥은 인체의 병이 깊어져서 십이정경의 통제를 벗어난 질병을 다스리는 경맥(經脈)을 가리킨다.

낙맥 계통에는 낙맥(絡脈)과 손락(孫絡)이 있다. 낙맥은 경맥에서 옆으로 갈라진 맥을 말하는 것이고, 손락은 낙맥에서 더욱 가지를 쳐서 퍼진 것을 가리키는데 그 숫자는 헤아릴 수 없이 많다. 또 인체의 경락에는 기혈이 모이는 곳인 공혈(孔穴)이 무수한데 이 공혈이 정체되면 기혈의 순환이 원만하지 못해 여러 가지 질병이 발생하는 원인이 되기도 한다. 따라서 침구학(鍼灸學)에서는 공혈에 침이나 뜸으로 자극을 줌으로써 정체된 기혈의 흐름을 촉진해 갖가지 증상을 해결하는데 이것을 경혈치료법(經穴治療法)이라고 부른다.

내공인 단정기공은 주로 호흡 조절이라는 인위적인 방법을 통해 결집시킨 진기(眞氣)로 경락을 따라 운행하는 기혈의 흐름을 촉진시킨다. 따라서 기혈이 흐름을 더욱 왕성하게 할 뿐 아니라 정체된 경혈도 유통시키므로 건강 증진과 질병 치료 등에 좋은 효과가 나타난다고 할 수 있다. 그리고 강하게 결집시킨 진기를 생체 에너지로 바꾼다면 그 강도에 따라 타인의 질병 치료뿐 아니라 초능력까지 가능하다고 본다.

(2) 십사경맥(十四經脈)의 이해

14경맥은 인체의 육장육부에 하나씩 연결된 십이정경(十二正經)과 기경팔맥(奇經八脈) 가운데 임맥(任脈)과 독맥(督脈)을 합친 14개의 경맥을 통칭하는 말인데 기공 전문가로 타인의 질병 치료에 활용하기 위해서는 최소한 십이정경과 기경팔맥은 충분히 이해해야만 한다.

(3) 수승화강(水升火降)

건강할 때는 신장의 기운이 머리로 올라가고 심장의 기운은 단전으로 내려가게 되어 있다. 신장의 수기(水氣)는 숨을 쉴 때 들이마시는 숨을 타고 머리를 지나 입천장까지 흘러간다. 이때 올라가는 길이 독맥(督脈)이다.

독맥은 척추를 따라 척추의 안쪽에 있는 기의 흐름을 타고 머리 정중앙선으로 이어진다. 이 독맥을 따라 신장의 수(水) 기능이 머리로 올라가면 머리가 시원해진다.

심장의 화(火) 기운은 혀끝에서 시작하여 임맥(任脈)을 타고 가슴의 정중앙선을 따라 단전으로 내려간다. 우리가 숨을 내쉴 때 기운이 단전으로 들어가며 단전을 뜨겁게 데운다. 이렇게 단전이 뜨거워지면 단전은 다시 신장의 수(水) 기능을 데워 독맥을 타고 머리로 올라가게 하고, 머리로 올라간 수(水) 기운은 뜨거운 머리를 식혀 시원하게 한다. 이를 흔히 수승화강(水升火降)이라고 한다. 이 순환이 잘되는 사람은 신수가 훤하고 인상이 좋고 건강하고 여유롭다. 또한, 편안한 기운이 배면서 독특한 매력이 생겨난다. 좋은 운이 흐른다는 이야기다.

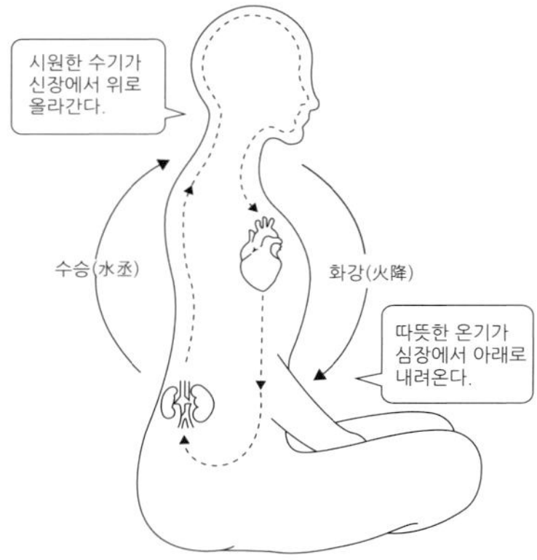

신장의 수기는 독맥을 타고 머리로 올라가는데 이 기운이 막히면 화(火)의 기운은 머리로 올라가서 상기(上氣)되고 수(水)의 기운은 아랫배로 내려가 몸이 아주 차게 된다. 남성은 몸이 차가워도 여성에 비해 체온이 미치는 영향력이 크지는 않지만, 그래도 몸이 차가운 체질이 되면 건강의 적신호이다. 여성은 몸이 차가우면 그 영향력이 강하다. 여성은 음기인 차가운 달의 기운을 많이 받기에 매우 해롭다. '찬바람이 난다'는 표현은 여성의 건강이나 운기에 좋은 영향을 주는 것은 아니다.

호기(好氣)란 좋은 기를 모으는 것을 말하며 기는 모였다 흩어진다. 그 기운의 흐름이 순조롭게 모이고 흩어져야만 한다. 하루의 시작은 눈 뜨기 전부터 단전에서 기를 모으고, 등 뒤편 아래의 방광경에서 맑고 신선한 공기를 끌어들여 온몸에 순환시켜 단전에서 사라지게 몇 차례 하며 가능한 한 밝고 긍정적인 생각으로 하루를 시작한다.

좋은 기를 모으며 이렇게 한 주, 두 주, 그렇게 약 1개월을 하면 시간이 흐를수록 호기가 모이게 되고 또 온 세상에 가득 찬 넓고 큰 원기(元氣)인 호연지기(浩然之氣)를 키우면 운이 좋아지고 자연히 몸에 그 현상도 나타나게 되어 있다. 그러면 "신수(身數)가 훤하시니 좋은 일이 많으신가 봅니다."라는 소리도 듣게 된다.

4) 장근술(長筋術)

방광경(膀胱經)을 늘려 주는 운동이다. 방광경은 족태양방광경(足太陽膀胱經)에 속하는 혈이며 다리오금의 가로금 중간 부위를 말한다. 굳은 허리 근육 등을 풀어주고 몸의 자연 치유력을 강화하며 요통 등에도 좋은 효과가 있다. 몸 뒤쪽에 있는 노폐물을 배출하고 방광 경락에도 자극을 주기에 신장의 기능이 강화된다. 요즘 용어로는 '하체 근막 이완'도 일종의 장근술이며 근육의 뭉침에도 매우 효과적인 일종의 스트레칭이라고 할 수도 있다. 일단 몸의 근육을 늘려 주면 뼈가 교정되면서 관절이 원위치를 찾아가게 된다. 또한, 근육, 뼈와 함께 경락이 자극을 받으며 방광의 기능이 좋아지게 되며 몸과 마음이 상쾌해진다.

상체가 잘 숙여지지 않으면 방광경이 굳어 있다는 증거이다. 처음에는 힘들더라도 천천히 주기적으로 계속하면 몸의 유연성이 느껴지며 어느 순간 방광경이 풀리며 몸의 기능이 활성화되는 좋은 운동이다. 운동을 할 때는 마음을 단전에 집중하는 것이 좋다. 여러 동작이 다양하게 소개되고 있다. 본인의 체질이나 신체의 구조에 맞는 종류를 선택하여 처음부터 무리하게 하지 말며 꾸준히 실천하면 기혈의 순환에도 탁월한 효과가 있다. 등과 다리 뒤쪽의 근육이 늘어나고 그러면 신경이 자극을 크게 받는다. 방광의 기능이 좋아지고 몸이 붓거나 비만인 사람들에게도 좋은 운동이고 특히 정신노동자에게 좋은 운동이다.

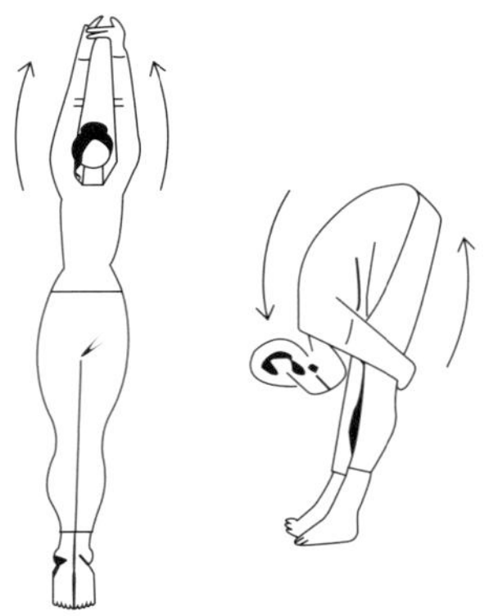

양손을 깍지 껴 하늘로 최대한 뻗었다가 손으로 무릎 뒤를 잡고 상체를 앞으로 숙이며 반동을 준다. 작은 반동 3번에 큰 반동 1번 꼴로 최대한 숙이며 등 근육을 서서히 늘려 준다.
머리에 피가 지나치게 몰리지 않도록 하고, 의식은 단전에 집중한다.

이 책은 기공 연마를 위한 전문서가 아니다. 기공 연마를 소개하고 방향을 제시하는 책이므로 더 관심이 있는 독자는 서점에 많은 서적이 있으니 참고하면 된다. 건강과 양생을 위해 본인의 체질에 적합한 것을 골라서 행하기 바라며 적절히 '과유불급'을 이해하고 실행하면 좋을 것이다. 위의 몇몇 동작의 소개는 가장 기본적인 것이나 필자가 직접 깨우친 매우 유익한 것이라서 소개하는 바이다.

기공체조니 단전호흡이니 하는 유행이 많이 불긴 했지만 그 효과는 어떤가? 필자 역시 도장에서 기 수련도 했지만 말처럼 쉬운 것은 없다고 본다. 왜냐면 그 길은 멀고도 힘들며 효과 또한 느리다. 운동도 그렇지만 식이요법도 신경 쓰이고 시간 또한 내기가 쉽지 않다. 현실적으로 기본적인 임 · 독맥의 호흡은 시간도 경비도 들지 않는다. 가성비가 매우 좋은 양생법이다.

(5) 도인안교(導引按蹻)

도가적 운동법이며 기공, 호흡법, 또는 신체 운동 요법이며 안교는 현대의 지압법 또는 안마법에 해당한다.

많은 양생법이 있으나 생활 환경이나 체질에 따라 그에 맞추어 시행할 수 있어야 하며, 특히 외공은 거북이나 학과 같이 장수하는 동물들이 많은 운동을 하거나 근육이 뛰어나지 않다는 것을 주지할 필요가 있을 것이다.

5) 정좌법(正坐法)

척추를 반듯이 하고 등에 널빤지를 붙인 것같이 곧게 세운 자세를 유지하는 것이 가장 중요하다.

머리의 정수리와 회음(성기와 항문 사이)을 일직선상에 놓도록 하며 처음 수행을 시작할 때는 무릎을 꿇고 하는 것이 좋다. 이는 단전에 중심이 잡히고 허리가 반듯하게 펴지는 가장 좋은 자세가 되기도 하기 때문인데 이를 일명 '괘좌'라고도 한다. 여기에는 무릎을 꿇고 두 발바닥을 포개든가 아니면 엄지발가락을 살짝 겹치게 해서 앉는 방법을 많이 하는데 일본식의 좌법이다. 우리 전통적 좌법인 궤좌는 무릎을 꿇고 앉되 두 발의 엄지발가락이 서로 맞닿게 하는 것이다.

결가부좌는 우리가 흔히 가부좌(跏趺坐)라고 하며 연화좌, 여래좌라고도 한다. 요가에서 '파드마사나'라고 부르는 것이 이것이다. 가(跏)는 발의 안, 부(趺)는 발의 등을 말하며, 오른쪽 발을 왼쪽 허벅지에 얹고 다음에 왼쪽 발을 오른쪽 위에 얹어 앉는 법이다.

반가부좌는 왼쪽 다리를 구부려 오른쪽 넓적다리 위에 얹고 앉거나 혹은 오른쪽 다리를 왼쪽 넓적다리 위에 올려놓고 앉는 법이며, 일명 '보살의 좌상'이라고도 한다. 초심자가 수련할 때 결가부좌는 힘들기도 하거니와 균형과 중심을 잡기가 어렵다. 반가부좌는 쉽다고는 하지만 역시 좌우의 균형을 잡는데 어려움이 따른다. 이에 반해 궤좌(跪坐)와 위좌(危坐)는 쉬울 뿐 아니라 균형과 중심을 잡는데 아무런 어려움이 없다.

퇴계 이황은 그의 《자성록(自省錄)》에서 이를 상세히 설명하였다. 하단전에 기운이 모이게 하는 방법은 허리를 곱게 펴고 앉으면 절로 모이게 되며, 무릎이 저려서 지속을 못할 경우 최대한 참은 후에 자세를 바꾸어 주면 되고, 자세를 바꿀 시에는 척추가 수직으로 되도록 하고 몸을 심하게 움직여서 바꾸면 안 된다. 꾸준히 수행 연습을 하면 2~3시간은 무리없이 무릎을 꿇고 수련할 수 있게 되고, 임 · 독맥을 순환시키는 단전호흡을 하면서 수승화강(水昇火降), 물의 차가운 기운은 위로 보내고, 불의 뜨거운 기운은 아래로 내려보내는 기(氣)의 순환 호흡이 익숙해질 때까지 수련하는 것을 목표로 정좌법을 익힌다.

송대(宋代) 성리학의 발흥 이후, 유가(儒家)에 의해 수용되어 수련 방법으로 활용되었으며, 퇴계 이황이 정좌의 좌법을 명확히 정의하였고, 몸과 마음이 서로 유기적으로 관련되어 있다고 파악하는 유가의 입장에서 심신을 수련하기 위한 수단의 탁월한 방법으로 사용되었다.

주희는 단주법(丹注法)에서 호흡의 조절 방법을 제시하였는데 이는 도가의 단전호흡법과 같은 것으로 눈과 코끝, 그리고 단전을 일직선상에 놓고 코로 숨을 쉬되 가급적 가늘고, 고르게, 또한 깊게 호흡하는 것을 말한다. 그리고 입은 혀끝을 입천장에 대고 옥천(玉泉)에서 분비되는 침을 삼키도록 권하고 있다. 단전(丹田)은 불교나 도교(道敎) 모두 중시하는 우리 인간 몸뚱이의 무게 중심인 기해단전(氣海丹田), 즉 기운의 바다이다.
퇴계는 《자성록》에 이렇게 기술하였다.

(1) 궤좌(跪坐)

정강이를 굽혀서 땅바닥에 무릎을 꿇고 넓적다리와 상체를 바르게 앉는 법

(2) 위좌(危坐)

두 다리의 정강이를 완전히 굽혀서 두 아래 다리를 땅바닥에 닿게 하고 두 발바닥 위에 궁둥뼈를 닿아서 약간 편하게 앉는 것이다. 상황과 인체에 따라 좌법이 초보자에게 가장 알맞은 방법일 수도 있다.

(3) 반좌(盤坐)

궁둥이를 땅바닥에 닿게 하고 또 한 다리를 정강이에서 굳혀서 완전히 땅바닥에 닿게 하고 또 한 다리를 정강이에서 굳히고 그 발 반대 넓적다리에 얹고 앉는다. 이러한 반좌의 자세는 불교의 좌선과 동일한 것이다. 이 좌법은 매우 안정되고 편안하여 장시간 앉는 데는 가장 이상적이다. 이 반좌의 이름을 달리하여 정좌(正坐)라 하며, 정좌의 좌법으로 보아도 무방하다.

퇴계가 양성법으로 활용한 저서 《활인심방(活人心方)》(저자: 明, 涵虛子)에서 "무릇 기(氣)를 쌓기 위해서는 밤중 자시(子時, 11~01시)가 지나서 조용히 눈을 감고 잠자리에 앉아서 배속의 탁한 기를 두세 번 내어 보낸 후 숨을 멈추고 코로 약하게 맑은 기를 몇 모금 들이마신다. 혀 밑에는 두 개의 구멍이 있어 신(腎)과 통하였으니 혀를 입천장에 대고 잠깐 있으면 침이 저절로 나와 입안에 가득할 것이니 천천히 삼기면 오장으로 들어가게 되고 기로 변하여 단전으로 들어가게 된다.

자시(子時) 후, 축시(丑時, 01~03시) 이전에 하지 못하면 인시(寅時, 03~05시) 이전 또한 좋으며, 누워서 해도 좋으나 베개를 높이 베는 것은 피한다."라고 하였다.

율곡 이이는 《격몽요결(擊蒙要訣)》에 이렇게 기술하였다.

① "일이 있으면 이치로써 일에 응하고 책을 읽으면 정성으로써 이치를 궁구하여 이 두 가지를 제외하고는 정좌하고 앉아 이 마음을 수렴해서(靜坐收斂此心), 고요하고 고요하여 어지럽게 일어나는 잡념을 없게 하며, 밝고 밝아 혼매한 실수가 없게 하는 것이 가할 것이니 이른바 '경'으로써 마음속을 바르게 한다는 것이 이와 같은 것이다."
② "말을 많이 하고 생각을 많이 하는 것이 가장 마음에 해로우니 일이 없으면 마땅히 정좌하여 마음을 보존하고(靜坐存心), 사람을 접하면 마땅히 말을 가려서 간략히 하여 때에 맞은 뒤에 말하면 말이 간략하지 않을 수 없는 것이니 말이 간략한 자가 도에 가깝다."

모두 정좌법의 활용 방법과 기의 순환에 관한 설명들이다.

6) 명상(冥想, meditation)

운(運)을 알려면 세상을 움직이는 '기'의 흐름을 알아야만 한다. 기(氣)에 대한 훈련이 명상이다. 이 훈련을 위한 중요한 도구들이 호흡법이고 정좌법이다. 석가모니는 "명상을 통해 지혜를 얻게 되니 그렇지 않으면 무지할 것이다. 무엇이 너를 앞으로 이끌고 무엇이 뒷덜미를 잡는지 분명히 알지어다."라고 하였다.

불교는 종교의 핵심 교리 자체가 곧 명상 체계 그 자체다. 또한, 힌두교의 명상에서는 성스러운 소리인 '만트라'를 끊임없이 외우게 하고, 기독교의 기도나 이슬람교의 '수피의 춤' 등도 넓은 의미의 명상이라 볼 수 있다.

종교를 넘어서 개인적인 수행으로서 혹은 신비 체험 등의 의미를 부여하면서 명상 본래의 목적을 벗어나 마치 밀교처럼 신비주의 색채를 덧붙여 하는 단체들도 난무하고 있고, 최근에는 역으로 서양에서 들어온 '마음 챙김(Mindfullness)'이라는 명상 등도 유행하고 있는 현실이다. 무엇을 선택하든지 그 본바탕과 수행 방법의 기본은 호흡법과 정좌법이다. 호흡법으로 기의 흐름을 알고 소우주인 내 몸이 하나가 되고 또한 최초의 우주와 하나가 되어 무념무상으로 천지인의 조화로움을 만드는 것이다. 불교에서는 삼매(三昧)라 하여 수수한 집중을 통하여 마음이 고요해진 상태의 이상적인 경지를 의미하며 끝없이 펼쳐지는 해수면의 상태를 보면서 내면의 깊은 고요에 들어가는 것을 해인삼매(海印三昧)라 한다. 호흡법으로 '수승화강'을 하는 원리도 같은 이치이고, 도가에서 술사들이 폭포 수행을 하는 것도 '수승화강'의 원리이다.

7) 맺는말

버나드 쇼의 묘비명에 "우물쭈물하다가 내 이럴 줄 알았지."라는 교훈은 우리에게 경고와 유머를 주고 있다. 물론 광고 기획사의 마케팅 전략에 의해 상당 부분 오역의 여부도 있지만, 좀 더 주체적이고 결단력 있는 삶을 살아야 한다는 본 의미는 전달되고 있다고 본다. 더 늦기 전에 자신의 체질과 상황에 맞는 건강과 양생법을 찾아서 행복한 인생을 즐기기 바란다.

잊지 말아야 할 것은 유행에 따르지 말고 남의 주장이나 주변의 흐름에 흔들리지 말고 과유불급과 균형과 조화를 잃지 않는 자기만의 양생법을 찾기 바란다. 거북이나 학 등의 장수 동물이 운동을 많이 하여 장수하는 동물이 아니라는 것을 다시 한번 주지하는 바이다.

"길흉화복이 오는 길은 있으나
이를 깊이 살펴 알되 근심하지는 마시게.
불길이 윤택한 집을 태우는 것은 보지만
바람이 빈 배를 뒤집는다는 말은 듣지 못하였네."

– 〈감흥이수(感興二首)〉 중에서, 백거이 –

제4부

귀신 이야기

귀신의 사전적인 의미는 '죽은 사람의 넋 또는 사람에게 화복(禍福)을 내려 준다는 정령(精靈)'이라고 할 수 있다. 동서양의 이를 받아들이는 사람의 사상과 종교에 따라 천양지차의 시각 차이와 긍정과 부정의 대상이며 때로는 경멸과 두려움의 대상도 되나 현대에 와서는 때로는 귀여운 캐릭터로까지 변신하여 우리 주변에 머물며 인간 생활에 참여하기도 한다.

공자는 제자인 제아의 귀신에 대한 질문에 대하여 "기(氣)란 신(神)이 왕성한 것이고, 백(魄)이란 귀(鬼)가 왕성한 것이다. 그러므로 귀와 신을 합해서 말해야만 지극한 가르침이다. 여러 생물은 반드시 죽고, 죽으면 반드시 흙으로 돌아가니 이를 일러 귀(鬼)라 한다. 인간에 있어 뼈와 살은 스러지고 음(陰)은 들판의 흙이 된다. 그 기는 위로 발현하여 날아가서 환히 빛나고 향기가 서려 올라 기분을 오싹하게 하니 이것은 만물의 정(精)이고 신(神)의 드러남이다."라고 하면서 "산 사람도 잘 섬기지 못하면서 어찌 귀신을 섬기겠느냐? 삶도 다 모르는데 어찌 죽음을 알겠느냐?"라고 하였다. 《논어》〈선진편〉에서 공자는 귀신을 하나의 실체적인 어떤 것이 아니라 당시 일종의 유물론적인 사상인 기(氣)의 음양론에 의

거하여 설명하였다. 유교는 과학을 배척했던 것이 아니라 오히려 더 적극적으로 자신의 철학에 도입한 경향이 있다. 이(理)에 대한 신념이라는 입장, 달리 말하면 인식론적 입장은 객관적 실체에 관심을 두는 종교와 과학의 대립을 지양하고 종합할 수 있는 유일한 입장이라고 여겨진다.

공자와 주자의 귀신관은 인식론적 입장에서 휴머니즘을 기초로 하고 있다. 즉 인간의 죽음과 그 이후에 잔류하는 어떤 것으로서의 귀신에 대한 휴머니즘적이고 현세적인 입장을 보여 주고 있다.

"제사 지낼 때 항상 귀신이 있는 것처럼 지내야 한다."(《논어》〈팔일편〉), "귀신은 공경하되 멀리해야 한다(敬鬼神以遠之)." (《논어》〈옹야편〉)

공자에게 귀신의 존재는 믿으면 믿는 것이고, 믿지 않으면 없다고 보아도 되는 신념의 문제로 등장한다. 귀신이 무엇이냐고 하는 정의는 개념에 따라 의식과 믿음도 달라진다. 귀신보다는 현재 살아있는 인간, 그리고 다가올 죽음보다는 지금 당장의 삶이 더 중요하고 시급한 문제라는 그의 견해는 이후 동아시아의 역사에서 줄곧 많은 사람의 표준 지침이 되었다.

기학에서도 '기(氣)'가 드러나 펼쳐진 것이 '신(神)'이고 돌아가는 것이 '귀(鬼)'라고 하며 귀신은 '인기운화(人氣運化)'의 일이다 하였다. 인물이 태어날 때는 기가 날마다 불어나서 몸체를 가득 채운다. 기가 가득 차게 되면, 이제는 날마다 돌아가 점점 시들어서 이지러지고 몰락하기에 이르고 여기서 귀신이란 이름이 생겨났다 한다. 그리고 귀신이라는 이름이 눈과 귀에 젖어 듦으로 인하여 이것이 기라는 것을 무시하고 특별한 일물(一物)이라고 여긴 것이 세속에서 말하는 '귀신'이다. 혜강 최한기는 이렇게 작성했다 "위로는 푸른 하늘 끝에서 아래로는 황천에 이르기까지, 멀리는 상하사방의 무한공간으로부터 찾아보고 가까이는 눈앞을 살펴보아도 다만, 운화의 기가 끝없이 공전하고 또 틈 없이 배열되어 서로 밀고 당기면 허접스런 기를 용납하지 않는 것이 있을 뿐이니, 이 운화기의 '신(神)'이란 곧 운화(運化)의 능함인 것이고, 이 기의 '영(靈)'이란 곧 운화의 밝음이다. 그러니 어찌 천명을 돌리고 조화를 바꾸어서 '회천합개조화(回天合改造化)', 부르면 나타나고 물리치면 가버리는 귀신이 있는 것이겠는가? 이는 반드시 그 사람의 마음속에 허잡, 황량한 기가 배포되어 스스로 속여 지어낸 술수인 것이다."

1. 서양의 귀신

서양에서는 악마 또는 악령으로 번역되는 'Demon'이란 말이 일반 술어상으로 귀신에 해당되며 그 어원은 라틴어 Demon(악령), 그리스어 Daimon(신, 천재, 영혼)에서 찾을 수 있다.

원래 Demon은 신과 인간 사이에 개입하는 영적인 존재였으나 점차 유해한 의미를 지니게 되어 악의에 가득 찬, 눈에 보이지 않는 존재를 뜻하게 되었다.

《구약성서》에서는 악령은 신의 지배 아래 있으며 그 허락을 받아 비로소 인간을 괴롭히는 것으로 생각되었었다(판관 9:23, 1열왕 22:19~22).

《신약성서》에서는 인간에게 파고들어 와 귀신 들리게 하는 것으로 이해하거나(마태 11:18), 이방의 신들(사도 17:18)이라는 의미로도 사용되었다.

서양의 귀신에 대한 사유 방식은 이분법이다. 기독교의 선악 개념, 하느님과 사탄, 천사와 마귀 등 기독교 이전에 이미 그리스의 플라톤이 이데아와 현상계라는 개념을 세웠고, 근대에 와서도 정신분석학자인 칼 융의 이분법도 대표적인 흑백론이다. 서양의 귀신들은 근본적으로 마귀,

사탄의 집안들이다. 그들은 영원히 악에 속하고 반성하거나 회개하여도 천사가 될 수 없다. 영원한 저주와 심판의 대상일 뿐이다. 그에 반해 동양의 귀신들은 원한을 풀고 나면(복수가 아니라 해원) 도와주기도 하고(상생), 반성하기도 하여 때로는 사랑하기도 할 수 있는 정감 어린 귀신들이다.

2. 유불선, 민간의 귀신 이야기

공자와 그의 제자 제아와의 대답에서 공자를 대표한 유가의 견해는 그 후 불교와 도교, 민간신앙의 귀신관과 혼합되어 동아시아의 역사에서 많은 국가와 사람들에게 표준적인 지침을 주며 각 나라와 각자 처한 상황과 내세관에 따라 다양한 상상력과 이미지와 귀신관을 만들어 내었다.

1) 유교(儒教)

유교는 현실적 삶[生]을 중시하는 현실주의 사상이다. 따라서 삶의 실천과 방식에 관심을 두고 도덕성을 강조하고 죽음이나 내세에는 관심이 적다. 다만 죽음, 임종과 관련한 상제 및 제례를 중시하고 있을 뿐이다. 이는 귀신이나 영혼에 관심이 있는 것이 아니라 생자의 망자에 대한 도덕적 자세라는 현실적 접근으로 보아야 한다. 유교의 음양론에서 하늘은 양이고 땅은 음이다. 정신(精神)의 정(精)은 음이고 신(神)은 양이다. 혼백의 혼은 양이고 백은 음이다. 사람은 기(氣)인 정신, 혼백이 모이면 살고 흩어지면 죽는다. 사람이 죽으면 귀신이 된다.

서양에서는 '고스트'라는 귀신의 실체를 인정하지만 유교에서는 귀신이라는 실체를 인정하지 않는다. 따라서 귀신은 사람이 죽어서 백이 되어 땅으로 돌아가고 혼이 되어 하늘로 펼쳐지는 것을 말한다. 유교에서 조상은 귀신이나 혼령의 형태로 살아있는 것이 아니라 기억의 형태로 남아 있는 것을 의미한다. 조상들의 제사는 마음에 어떠한 망령도 없이 진정으로 청정해야 한다. 3일 전부터 단식하는 정신으로 진정으로 조상을 공경하면 영혼들이 나타난다. 천지에 있는 천신들과 귀신들을 다 볼 수 있다. 사람들이 불운에 처해 있을 때 나쁜 귀신들이 괴롭히기 시작하지만 아무나 멋대로 괴롭히는 것이 아니다. 사람의 행위에 따라 목표를 선택한다. 그들은 불교에서 얘기하는 '삼신도'에 태어나는 사람은 감히 괴롭히지 못한다.

《역경(주역)》에서 64괘 중 15번째 괘는 지산겸(地山謙) 괘이다. 위의 상괘는 땅을, 아래 하괘는 산을 상징한다. 산이 땅보다 자기를 낮추니 겸양을 뜻하므로 '겸양의 괘'라고도 한다. 이 겸양의 법[천법(天法), 지법(地法), 귀법(鬼法)]을 설명하기도 한다. 하늘의 법은 교만한 자들의 것을 취하고 겸손한 자들에게 혜택을 주며, 땅의 법은 가득 찬 곳의 물이 흘러 낮은 곳으로 가게 하며, 귀신들의 법은 교만한 사람들을 경멸하고 겸손한 사람들을 더 좋아한다. 사람의 머리 석 자 위는 천신과 귀신들이 존재하며 그들은 적절한 판단으로 사람들에게 행운과 불행을 가져다준다. 사람의 법조차 교만한 사람들을 경멸하고 겸손한 사람들을 더 좋아한다.

주자는 《태극도설》에서 "일월합기명(日月合其明), 사시합기서(四時合其序), 귀신합기길흉(鬼神合其吉凶)" 즉 "태양과 달은 밝음과 합하며, 사계절의 순환은 질서와 합하고, 귀신은 길흉과 합한다."라고 하였다. 조선 시대의 선비들은 반드시 외우고 또 외어야 하는 글이었다. 귀신을 알려면 귀신을 이용해야 한다는 뜻이기도 하다. 천신과 귀신들이 자비심을 느낄 수 있을 때 사람은 미래에 대한 기반을 갖게 되는 것이다. 지금의 행운과 성공으로 자기의 철도 모르고 교만하면 반드시 천신과 귀신은 기가 막히게 그것을 알고 그에 타당한 불행을 줄 수도 있다는 것이다.

2) 불가와 도가

우리나라의 사찰에는 삼신각(三神閣) 또는 신령각(神靈閣)이 꼭 있다. 한국 불교가 토착화 과정에서 전통적인 민간신앙인 삼신 신앙과 도교의 칠성 신앙 등을 불교가 수용하면서 생겨난 단각이 삼성각(三聖閣)이다. 산신(山神), 칠성(七星), 독성(獨聖)을 함께 모신 경우를 삼성각이라 하며, 각각 따로 모셨을 때는 산신각, 칠성각, 독성각이라 불린다.

칠성각은 북두칠성의 칠원성군을 모신 전각으로 원래 중국에서 도교 신앙과 깊은 관계를 맺고 형성된 다음 우리나라에 들어온 외래 신이며 사찰의 수호신으로 불교에 수용되어 칠성각을 만들어 봉안하게 되었다. 칠성신은 비를 내려서 농사가 풍작이 되도록 하며, 수명을 연장해 주고 병을 없애 주며 특히 어린이의 수명장수를 주관하며 또한 재물을 늘려 주고 재능을 돋우어준다.

독성각은 나한존자를 모신 당우로 나한존자는 나한 중의 한 사람으로 불사자통(不師自通, 스승 없이 혼자 깨친 것)이다. 불교의 가르침을 듣고 도를 깨달은 수행자를 성문(聲聞, 소리를 듣는다는 뜻)이라 하는데 자신의 해탈을 목적으로 하는 출가 수행자를 의미하며 주로 소승불교에 속한다. 외부의 가르침에 의하지 않고 스스로 인과법과 12 연기법에 의지하여 깨달았지만 적정한 고독을 좋아하여 설법 교화를 하지 않는 성자를 독각 또는 연각이라 하며, 여러 바라밀의 도를 닦아서 깨닫고 부처의 가르침을 열고자 하는 자를 보리살타, 이를 줄인 말로 보살이라고 하는데 이들은 나한들과는 많이 다르다. 부처님과 보살이 근엄한 존재라면 나한은 친근하고 익살스러운 존재다. 우리 중생들의 희로애락을 얼굴의 상으로 그대로 표현하고 있는 분들이다. 나한은 아라한을 줄인 말이며 나한에는

16 나한을 비롯한 500 나한과 1,250 나한이 계신다. 일반적으로 그림으로 모시는데 나한존자는 머리가 희고 긴 눈썹을 가진 노인상이며, 일반 서민들은 대웅전이나 극락전보다 독성각에서 불공을 드리는 사람이 많다.

산신각은 산령각, 만덕전이라고도 불리며 산신령을 봉안한 당우로 우리나라 사찰에만 존재한다. 이는 우리 불교가 토착화해 온 과정을 알려주는 좋은 증거이다. 산신은 원래 불교와 아무런 관련이 없는 우리나라 고유의 토착 신앙이었으나 불교가 재래 신앙을 수용하면서 산신은 부처님을 지키는 호법 신장이 되었다. 그러다가 후대에 이르러 불교 안에서 지금처럼 본래의 모습을 찾아 독립된 전각을 지어 모시게 된 것이다. 산신은 백발노인으로 표현되고 호랑이는 산신의 지시에 따르는 영물로 늘 산신 옆에 배치되어 있다. 산신은 불전에 그 근거가 없음으로 산신전이라 하지 않고 한층 격을 낮추어 산신각이라고 한다. 자식을 원하는 사람과 재산이 일기를 기원하는 신도들의 산신 기도가 많이 행해지며 대부분의 사찰에는 한 칸 남짓한 목조 산신각이 꼭 있다.

사람 모두가 일생을 통하여 좋고 나쁜 행동들을 했다. 이 모든 것이 기록되어 귀신의 왕인 염라대왕께 보존된다. 사람들은 그들을 속일 길이 없다. 하늘에는 신통력을 가진 천신들이 내려다보고 있고, 땅에는 오신통(五神通)*을 가진 귀신들이 듣고 보고 있다. 귀신들이 사람보다 더 영리하거나 현명한 것은 아니지만 보고 듣는 것 같은 감각은 사람보다 훨씬 예민하며, 귀신은 오신통이 있다. 자신이 혼자 방에 있을 때도 천신과 귀

---

* 오신통: 부처의 가르침에 따라 공부하고 행함으로 갖추게 되는 다섯 가지의 불가사의하고 자유자재한 능력을 말한다. 신족통(神足通), 천안통(天眼通), 천이통(天耳通), 타심통(他心通), 숙면통(宿命通)을 말한다.

신들은 주의 깊게 관찰하고 모든 것을 기록한다. 부유하고 권력 있는 사람들이 짓는 죄가 보통 사람들이 짓는 죄보다 훨씬 무겁다. 지옥에서의 하루는 지상에서의 2700년이니 얼마나 지옥 생활이 힘들 것인지는 짐작이 간다. 영화 〈신과 벌〉이 1,000만 관객을 돌파하고 2편에 이어 3편까지 계획되고 있다 한다. 그 이유 중 하나는 영화 자체의 완성도나 재미 등을 제외하면 결국은 인간이 가지고 있는 내세에 대한 두려움도 클 것이다.

옛 중국 속담에 "사람이 귀신을 두려워할 가능성은 30%이고, 귀신이 사람을 두려워할 가능성은 70%"라고 했다. 사람이 귀신을 두려워할 때는 어떤 나쁜 짓을 했을 때이다. 그러한 상황이 되면 귀신이 사람을 해칠 수 있기 때문이다. 만약 자신의 양심이 깨끗하다면 나쁘고 악한 귀신들일지라도 사람에게 해를 가하지 못한다. 마귀는 귀신 중에서도 항상 문제를 일으키는 전생업(前生業)의 빚쟁이들이며 수행을 방해한다. 이것은 전생에 그들에게 진 빚을 갚지 않았기 때문인데 그것이 돈일 수도, 목숨일 수도, 사랑일 수도 있다. 어느 누가 삶을 살면서 이 빚에서 자유로울 수가 있겠는가? 깨달음과 삶의 여정에는 항상 장애물이 가득하다. 오직 벗어나는 비결은 지금부터라도 선업을 쌓으려 노력하고 그들을 위해 기도하며 수양하는 것이다.

3) 무속, 민간의 이야기

귀신은 음기(陰氣)를 좋아하고 양기(陽氣)를 극도로 싫어한다. 또 노출이 되는 것을 싫어하고 이승에 남겨진 꼬리를 모두 끊지 못하여 승천하지 못하는 것이다. 그러나 그들이 남아 떠돌 때는 계속 인간의 양기를 갈구하게 되어 있다. 그래서 '음'한 기운으로 가득한 땅은 설혹 볕이 잘 들어

오는 주택을 지어도 밤만 되면 인간의 양기가 필요한 귀신의 소굴이 되는 것이다. 귀신은 흔히 '기'가 약한 사람들에게 붙어서 빨아들이게 되는데, 기가 강한 사람들도 특정 장소에 있을 경우에는 귀신에게 양기를 갈취당할 수 있다. 특정 부위에 귀신이 달라붙게 되면 그 부위가 아프거나 결리거나 무거움 등의 느낌도 그러한 증상일 수도 있다.

혈연적 조상이나 정신(正神)을 제외하고 온갖 잡귀는 어르거나 달래고 혹은 위협해서 축출해 내야 하는 존재라는 것이 무속이나 민간에서의 귀신에 대한 관념이다. 대부분의 무당은 자신이 모시는 신령들을 귀신이라고 표현하지 않고 정신, 조상신 등으로 표현하고 기타는 잡귀, 잡신 등으로 명확하게 신령들을 구분해 부른다.

사람이 죽으면 혼(魂)은 하늘로 올라가고 귀(鬼)는 공중에 떠돌며 신주(神主)로서 사당에서 4대 봉사로 후손들에 의해 모셔진다. 또한, 넋은 땅으로 돌아가며 3년간을 묘지에서 제사 지내는데 이때 정당한 위안을 못 받는 경우에 응집되어 귀신이 된다. 사람이 동물들, 특히 고양이나 뱀 등을 괴롭히면 죽어서 사람에게 붙는다. 그러나 사람이 저승으로 떠나갈 때는 사람은 하늘로 올라가지만 동물들은 사라진다. 사람들이 흔히 귀신병이라고 하는 것도 체질상 소양인(少陽人)에게 많이 생기는데, 음기가 많을 경우 귀신병에 쉽게 걸린다. 결국 음양의 균형이 필요하다는 것이며, 무당은 음기가 강하여 굿 등은 음기를 첨가할 뿐이다. 귀신은 음기가 성할 때 발생함으로 동지(冬至)와 하지(夏至) 때는 그 극이 상호 향하므로 택일 시에 임신을 위한 합방 등을 옛날부터 금한 것이다.

우리나라에서의 귀신론은 고려 후기 유학적 교양을 지닌 신진사류로부터 조선 말기 양반 사대부에 이르기까지 유교에 기반한 성리학적 귀신론으로 지속적 발전을 해 왔다고 본다. 퇴계 이황은 성리학적 '귀신 사생론'과 인본주의적 '의례관'의 관계를 "사람이 죽어서 된 귀신은 인간의 정성에 따라 있을 수도 있고 없을 수도 있다."라고 요약하며 제가 주체의 정성을 강조하였다.

이익은 기(氣)가 완전히 흩어지지 않고 혼이 떠도는 상태를 귀신으로 정의하고 뭉쳤던 기가 항상 존재하지 않더라도 얼마나 결집되거나 취산되었는지 알 수 없으므로 조상을 섬기는 의례가 생겼다고 설명하며 유학자로서의 원칙을 견지하면서도 현상학적 관심을 넓혀 나갔다. 그의 《성호사설(星湖僿說)》에서는 비양도(飛颺島), 기선(箕仙), 호매(狐魅), 염매(魘魅), 소아귀(小兒鬼), 역귀(疫鬼), 목요(木妖), 김판전신, 귀신정상, 귀수(鬼祟) 등 귀신의 구체적인 항목들을 열거하였다.

조선 후기에는 천주교 영혼론의 자극을 비판적으로 수용하며 활발한 논의가 벌어졌으며, 정약용은 실체로서의 귀신과 인간의 영명성이 교감하는 '기류삼강론'을 주장하며 공덕에 대한 보본의례로서 제사를 정당화하였으며 이후 이러한 논의는 근대 민족종교에서의 귀신 개념을 형성하는 바탕이 되었다.

유교에 기반한 성리학적 귀신론은 귀신을 산 자의 삶에 지속적으로 영향을 끼치는 비일상적인 존재로 본 민간의 관점과 달리 삶과 죽음을 '기'의 취산이라는 자연적 과정을 통해 이해하려는 관점이 있었다.

귀신에 대한 현대적, 민속학적 연구의 시초는 조선총독부의 무라야마 지준(村山 智順)이 민간신앙을 조사한 것으로 귀신의 종류와 양귀법(穰鬼法)에 대해 수록하고 있다. 그 후 우스다 잔운(簿田 斬雲)은 《조선의 암흑》에서 특히 조선에서의 귀신과 사후 관념에 대해 사후에 영혼이 되는데 이 '혼'은 매장된 묘소의 관 속에 얌전하게 조용히 있으며 기일에는 제사를 받는다고 기록했다.

서강대 한국민속학의 김열규는 신이의 귀신인 신령(神靈)과 괴이의 귀신인 귀(鬼)를 구분하고 여기에 죽은 인간의 넋인 '사령'을 덧붙여 우리나라 귀신론의 큰 틀을 잡았고, 단국대 윤주필은 인간과 이물 사이의 관계 양상에 따라 신령과 귓것, 도깨비, 신선, 이인의 다섯 가지로 나누었고, 윤혜신은 ① 인격성을 기반으로 한 ② 착한 신이 아닌 인간에 대해 파괴적 성향을 가진 ③ 초월적 존재이거나 ④ 당대 사람들이 귀(鬼)로 표현한 대상이라고 하였고, 강삼순은 제1 유형과 제2 유형으로 나누었는데 제1 유형은 역사적 위인이나 조상, 친척이나 친구의 혼령으로 살아있는 사람과 같은 이념과 도덕을 공유하는 신령한 귀신이며, 제2 유형은 여귀나 원귀처럼 제대로 죽지 못한 원혼들로서 파괴적인 힘으로 분노를 표출하거나 신원을 호소하는 귀신들이다. 제3 유형은 귀매나 요귀, 귀물, 물괴(物怪)와 같은 비인간적, 비인격적 속성을 지니며 재난과 장난을 일으키는 존재로 도깨비 등이 이에 속한다.

고려대 민족문화연구원의 강상순은 "여귀는 전쟁과 재해의 희생자이고 원귀는 사회 갈등의 희생자로 제대로 죽지 못했고 강박적으로 되돌아와 살아있는 사람들에게 불안과 공포를 불러일으킨다."라고 설명했다. 이 중에서 원귀는 여귀에 비해 성리학적 상징 질서 내에 위치하며, 현실에서 억울한 죽음을 당했지만 성리학적 가치와 도덕의 정당성을 부정하지 않는다. 그들은 자신이 성리학적 가치 안에서 신원이나 인정을 받으면 더 이상 나타나지 않는다고 정의했다.

한편, 양택을 수호하는 신으로 성주신(城主神)이 있다. 전혜진은 〈한국에서의 귀신 연구에 대한 정리〉에서 안동 제비원의 성주풀이와 그 신에 대한 제사를 얘기했다. 보물 115호로 지정된 거대한 마애불상이 있는 이 지역은 우리나라 민속신앙의 정신적 근원지다. 성주신은 가택신(家宅神) 혹은 집안의 신으로 여러 요처를 각기 분담하여 그곳을 맡아 수호하는 신들을 말하는 것인데 집 지킴이 신들이다. 가옥의 대들보에는 성주신이, 큰방에는 삼신(三神)이, 부엌에는 조왕신(竈王神)이 있으며 뒤곁 장독대에는 청룡신이, 마당에는 터주신이, 우물에는 용왕신이, 광에는 업신이, 뒷간에는 칙신이, 문간에는 문간대신이, 외양간에는 외양간신 등이 있고 하다못해 부지깽이 신도 있다. 집안을 대표하는 신(神)이 성주신이므로 성주신만 차려 지냄으로써 집안에 재수 있으라고 축원한다. 나머지는 성주신이 알아서 분배와 명령 체계를 세운다. 지금도 농촌에는 성주신이나 삼신, 조왕신을 믿고 있는 분들이 많다. 그만큼 우리와 함께 지내왔던 익숙한 귀신들이다. 지금의 아파트 주거 형태로 바뀌면서 문화도 많이 달라졌지만 양택풍수에서 귀신방과 문주조(門主竈) 방향을 매우 중요하게 여기는 것도 모두 같은 맥락이다.

4) 중국과 일본의 귀신 이야기

서왕모(西王母)는 옥황상제의 부인이기도 하며 곤륜산에 살면서 다섯 명의 선녀들을 거느리며 죽음과 생명의 신으로서 민간의 숭배를 바탕으로 도교 최고 신의 자리에 오른 여신이다. 상고시대 황제와 치우가 싸울 때 황제에게 구천현녀를 보내 치우를 물리칠 방법을 전수하도록 지시한 것 또한 서왕모이다. 서왕모는 천계에 반도원(蟠桃園)이라는 3000년에 한 번 익는다는 신비한 복숭아(반도)가 열리는 과수원을 가지고 있는데 이 복숭아는 《서유기》에도 등장한다. 이 복숭아를 먹은 사람은 영생을 얻는다고 한다. 의학의 시초라고 불리는 중국 전설상의 삼황오제 중 하나인 황제가 동방 순례를 할 때 백택(白澤)과 마주쳤다고 한다. 백택은 황제에게 1만 1,520종의 요괴 귀신에 대해 말했고, 황제는 이것을 부하에게 글로 적어 남기도록 지시했는데, 그 글을 《백택도(白澤圖)》라고 한다. 여기서 말하는 요괴 귀신은 사람에게 재앙을 가져다주는 병마나 천재지변을 말하는 것으로 《백택도》에는 그것을 어떻게 대처할 것인지 기술되어 있으며, 단순한 도록이 아니라 현대에 비유하자면 방제 지침서 같은 것이다. 또한, 후세에 백택 그림은 액을 쫓는다고 믿어서 일본에서도 에도 시대에는 길을 가는 중 부적 삼아서 몸에 지녔고 병마를 퇴치하기 위해서 머리맡에 놓아두었다.

일본에서는 개구리, 요괴 등으로 변신하여 현대의 매력 있는 아이콘으로 많이 등장한다. 황제와 싸우다 목이 잘린 '형천'은 하타케 나가메구미의 소설 《샤비케 시리즈》에 주인공인 히치타로가 운영하는 약제 도매상의 종업원으로 나온다. 타지마 쇼우의 만화 《요괴 의사선생님》에서는 주인공 고쿠쿠지 쿠로의 스승으로, 게임 동방영야초 등으로 매우 친숙하게 그들의 주변에 머물고 있다.

도교에서는 항아(姮娥)를 월궁을 관장하는 여신으로 숭배하고 있으며, 중추절에는 항아에게 제사를 지낸다. 태음성군(太陰星君)이라고 높여 부르며 달의 궁전에서 지낸다고 하여 월궁항아(月宮姮娥)라고도 부른다. 고대의 궁신(弓神)인 예(羿)의 아내였으나 남편 예가 천제의 아들을 쏘아 죽인 죄로 인하여 남편과 함께 지상으로 쫓겨나 신에서 인간이 되었다. 그 후 남편 예는 항아를 위해 곤륜산의 서왕모에게서 불사약을 받아왔는데 서왕모가 말하길 이 약은 둘이서 반씩 나누어 마시면 불로장생하고 혼자 모두 마시면 다시 신선이 되어 승천할 수 있다고 하였다. 항아는 남편 예가 없는 틈을 타 불사의 약을 혼자 마시고 홀로 하늘로 승천하였지만 감히 천계로 들어갈 수 없어 월궁으로 도망치고 말았는데, 달에 이른 항아는 그 벌로 인하여 아름다운 모습을 잃고 두꺼비가 되어 버린 전설이다. 후일 이 신화는 변용을 거쳐 또 다른 항아의 이야기가 되었다. 불사약을 훔쳐 달로 달아난 항아였지만 남편을 배신한 죄에 대한 벌로써 달에서 벗어날 수 없는 몸이 되고 달에는 불사약을 찧는 토끼 한 마리와 계수나무 한 그루만 있을 뿐 그 외에는 아무것도 없는 쓸쓸한 땅에서 영원히 지내야 하는 처지가 되어서야 비로소 항아는 남편의 소중함을 깨달았으나 때는 이미 늦었고 항아는 외롭게 달에서 토끼와 함께 유배 생활을 보내고 있다는 것이다.

《산해경》에 의하면, 남편 예는 아내에게 배신을 당하고 그 후 제자에게 복숭아 방망이로 구타를 당해 죽음에 이른다. 죽은 뒤에는 귀신의 왕이 되었는데 죽을 때 얻어맞은 복숭아 방망이가 트라우마가 되어 복숭아를 무서워하게 되었고, 그 후 제사상에 복숭아를 올리지 않는 유래가 여기에서 나왔다.

5) 내가 겪은 귀신 이야기

1980년대 후반이라고 기억한다. 인연이 있어 불교 조계종 전계대화상을 역임하신 일타 큰스님을 해인사 지족암에서 친견하면서 차 마시는 담소의 시간에 큰스님이 들려주신 얘기를 소개한다.

"사람의 머리 석 자 위에는 귀신의 세계인데, 귀신은 촉식(觸食)을 한다. 그러기에 살아생전에 먹고 싶고 좋아하던 음식을 제사상에 차려 놓으면 쓱 와서 만져 보고 가는 것이다. 그것이 그들에게는 먹은 것이다. 인간은 시식(試植)을 하니 씹어 보고 먹어봐야 느끼고 맛을 아는 것이고, 부처님이나 성현 같은 해탈의 경지에 이르면 법식(法式)을 하는 것이다. 그것을 꼭 만지고 먹어 보지 않아도 마음에 따라 시식을 한 것이나 촉식을 한 것과 동일하다. 정성을 다해 제사를 지내면 귀신도 매우 즐기면서 제사상을 받고 흡족해한다."라는 요지의 말씀이었다. 제를 지내기 위해

들린 해인사였기에 위로를 겸하여서 하신 말씀으로 기억한다.

필자는 귀신을 직접 보았고 느낀 바가 여러 번 있었다. 1990년대 초반경 교통사고로 목뼈인 경추 2번이 가늘게 금이 생겨 의정부 성모병원에서 5주간 침대에만 누워서 머리에는 무거운 추를 달고 지낸 적이 있었다. 내가 본 귀신은 5주간의 매달았던 추를 제거하고 처음으로 X-ray를 촬영하고 돌아온 직후였다. 1인용 입원실의 좌측 천장 모서리에 소복을 입고 머리가 하얀 할머니가 웅크리고 나를 보고 있는 것이었다. 그 당시 나름의 강한 기를 지니고 있던 필자는 너무 이상하여 옆에 있는 친구에게 "너는 저 귀신이 보이지 않느냐?"라고 몇 번이나 물었고, 스스로 내 팔뚝을 여러 번 꼬집으며 나름대로 정신을 바르게 하기 위해 여러 방법을 사용하였으나 여전히 그 할머니는 미소를 지으며 그대로 있는 것이 믿기지 않았었다.

그때 필자의 뇌리에 '저 할머니가 나를 데려가기 위해 왔구나!' 하는 생각이 번쩍 들었다. 깜짝 놀라 내 사정을 얘기하며 나를 데려가지 말아 달라고 통사정하면서 혼자 돌아가시라고 하더라는 것을 옆에 있던 친구에게 나중에 전해 들었다. 실제 그러고 난 뒤, 그 할머니는 보이지 않았고 나는 멀쩡한 정상적이었다. 과학적 분석으로는 오랫동안 병상에 누워만 있다가 일어난 후의 균형 감각 등이 무너진 상태에서의 일시적 환각작용 같은 것으로 일반적으로 생각하겠지만, 지금도 나에게는 너무나 생생하고 믿기지 않은 장면들임을 피력한다.

필자는 그 이후에도 간혹 귀기(鬼氣)를 감지하는 경험을 하였다. 무주와 경북 성주 사이의 나제통문을 지나 성주로 들어가는 옛 신라와 백제의 전쟁터였던 여러 지형에서 매우 강한 음기를 느꼈고, 홍천 지역의 좌방산에서 겨울철 비포장도로를 드라이브하면서 청평 방향으로 빠져나올 때 몸이 오싹할 만큼의 역시 매우 강한 음기를 여러 번 느낀 바가 있다. 모두가 여귀와 원기들의 음기였다. 모두가 전쟁과 재해의 희생자이고 여귀의 음기를 분명 느낄 수 있었기에 잠깐 차에서 내려 위로해 주고 떠나고는 하였다.

오랜 세월이 지났는데도 저승으로 가지 못하고 이승에 미련이 남아 구천을 떠도는 영혼들이 아직도 많다고 생각한다. 귀신이 아직도 떠도는 것은 미결 과제가 있기 때문이다. 그렇지 않으면 억울한 일이나 원한, 후회 같은 것이 그들을 붙잡고 있는 것이다. 그들은 미결 과제가 풀리면 귀신은 성불하고 남아 있는 사람들은 안식하게 된다. 어느 장소에서 음기가 강하게 느낄 때는 마음속으로라도 위로를 해주면 상호 도움이 될 것이다.

제사를 지낼 때, 제사상 앞의 향로에 술잔을 올리기 전에 잔을 돌리고 제상에 올린다. 귀신에게는 홀수를 해야 한다며 3번 술잔을 돌리는데 그 회전 방향이 시계 방향인지 그 반대 방향인지 논란이 있는데 대체적으로 주장하는 바는 시계의 회전 방향과 같은 방향이다. 사계(四季)의 순서대로 시계 방향으로 하는 것이 순리라는 것이다. 그렇게 주장하는 사람들도 알듯이, 옛 문헌 어디에도 그에 대한 설명이나 근거가 없다고 본다. 또한, 옛날과 지금의 남과 북의 기준점이 정반대이고, 황도의 방향이 시계 반대 방향이고, 이것 또한 지구에서 바라본 것과 하늘에서 바라보는 것이 반대가 된다는 것에서는 그러한 설득력이 없다.

필자는 시계의 반대 방향이라고 주장하고 있다. 물론 정해진 방식과 격식은 없다. 서양에서 와인잔의 스월링(swirling, 와인의 향을 풍요롭게 만들기 위해 와인을 담은 잔을 둥글게 회전시키는 것)은 시계의 반대 방향이다. 그 이유는 오른손잡이를 표준으로 하는 식탁에서 시계 방향일 경우에는 옆자리의 사람에게 회전시킨 와인잔의 와인이 튀어 들어갈 수 있기 때문이다. 즉 배려의 문화에서 나온 법칙이다.

우리가 병마개나 나사 등을 닫을 때는 시계 방향이고 그것을 열 때는 시계 반대 방향이다. 시계 반대 방향은 무엇을 닫지 않고 그 반대로 연다는 의미이다. 귀신이나 우리의 조상에게도 마음을 열고 대화하여 위로하겠다는 의미에서 그렇게 하는 것이 좋다고 본다. 이 시대의 조상신이나 귀신이나 천신들도 병마개나 병뚜껑 정도는 익히 알 것이기에 천지신명께 기도하거나 제사 때의 술잔도 이 방향이 낫다고 본다. 그래도 시계 방향을 고집한다면 다툴 일이 아니기에 마음을 담아서 또 그렇게 하면 될 것이다. 중요한 것은 형식과 방식의 틀이 아니라 공경과 모시는 우리의 마음이라고 본다.

사람 이야기

【연대표】

동양	연대	서양	연대	한국	연대
석가모니	BC 624	피타고라스	BC 582-500		
공자	BC 555-479				
노자	BC 570-479	소크라테스	BC 469-399		
장자	BC 369-286				
		플라톤	BC 427-347		
진시황제	BC 259-210	아리스토텔레스	BC 367-347		
		알렉산드대왕	BC 356-323		
		에피크로스	BC 342-270		
		제논 스토아학파	BC 335-263		
		에픽테토스	AD 55-135		
		아우렐리우스 황제	AD 121-180		
		포틀레마이오스, 점성학에 관상학접목	AD 100-178		
순욱, 율척 만듦 고대 중국 음을 정하는 척도	160-212				
완함 12음계	220-265				
당사주 유행	618-907				
달마상법	남북조시대 386-589			신라 선덕여왕 달마상 법 전래	632-647
마의상법	송초 960-				
				제망매가 35대 경덕왕	8C
연해자평 서자평 명리학	10C 중반, 송(宋) 초				

【연대표】

동양	연대	서양	연대	한국	연대
마의상법 전진교주 왕영중, 금나라 세종 알현	송초 960- 송(宋) 휘종 2년 1112			이규보 ‘백운거사어록’	1168-1241
장춘진인 구처기, 징키스칸 알현	1222	초서 켄터베리이야기	14C		
적천수, 유백온	명(明)초, 영락제	르네상스 제스처출현’ 변사가의훈육’	1417		
유장상법 원충철	명(明)초, 영락제 1402-1424				
		마키아벨리	1469-1527		
		프랑스 블라종 유행 인체 찬양, 풍자	1530		
		마테오리치 서양 역법 전달	1552-1610		
		라바터 ‘관상학’ 출판	1772		
일본 웅기식 성명학 출판 81영동수	1929	해부학의 등장 프랑스대혁명 갈(Gall) ‘골상학’ 제청	18C 후반 1789 1791		
일본 아베다이장 명리학 체계 공헌	1946 일본 패전 후	다윈 ‘인간과 동물의 감정 표현에 대하여’ 출판	1872	도계 박재완 명리실관	1903-1992
일본 미주노 남보쿠 남북상법	1954	프로이트 꿈의 분석 출간	1900	자강 이석영 사주첩경	1920-1983

머리말

맹자는 "하늘의 때는 땅의 이득만 못하고, 땅의 이득은 사람의 화합만 못하다(天時不如地理 地理不如人和)."라고 하였다. 천지인의 존재 이유와 귀결이 결국은 사람 운명의 행복과 화합일 것이다.

세상은 한편으로는 의사소통의 거리가 좁혀지고 있지만, 다른 한편으로는 산업 기술과 과학의 급속한 발전을 배경으로 사람들 간의 무관심과 지나친 이기심의 발로로 인해 인간관계의 벽이 더 높아지고도 있다.

소통이란 미명하에 자기 집단의 오류에 빠진 사람들에 의해 상호 간 불신과 불소통의 벽은 더 높아지고, 그 기운들이 내부로 침잠되어 언제, 어느 때 활화산의 용암으로 분출될지도 모를 운기(運氣)이다. 여성의 사회, 정치, 법률상의 권리 확장에 의한 남녀동권주의의 의미를 지녔던 페미니즘(feminism)이 언제부터인가 성별의 특수성을 인정하지 않는 절대적 평등으로 번지면서 이제는 여권만을 주장하는 남성 혐오에 가까운 운동으로 변질되는 경우도 왕왕 있는 현실이다.

자기 과시 문화와 주변의 인정을 받아야 하는 우리의 최근 풍토와 특성으로 인하여 다른 국가들에 비해 유달리 심한 자녀들의 명문 학교 진학과 직업군에 대한 과도한 부모들의 관심, 명품과 고급 승용차 등에 대한 관심, 인맥 과시를 위한 지역과 출신 등을 유달리 따지는 끼리끼리 모임, 급속 성장으로 인한 물질의 풍요에 비해 상대적으로 공허해진 정신적 세계와 마음의 빈 곳들, 심지어 아이를 낳고 몸을 조리할 조산원조차도 과시와 인맥 쌓기를 위해 거금에도 불구하고 줄 서기를 하는 현실들을 보면서 "여름벌레는 얼음을 알지 못하고, 우물 안 개구리는 바다를 알지 못한다.”라고 한 장자의 말을 되새기게 한다.

인식의 한계를 넘어서는 세상의 광활함과 무한함 앞에 지금까지 내가 얼마나 편협되고 무지한 상태로 살아왔는지를 깨달아야 한다.

근래 KBS 방송에서 〈23.5도〉라는 제목의 다큐멘터리가 방영되었다. 현실 세계는 지구의 축이 23.5도 기울어짐으로 미토(未土)로 정립하지 못하고 오히려 자오(子午)로 경도되었기 때문에 미(未)는 거기서 오는 필요 이상의 부담이 많은 저항을 받아서 상화(相火) 불로 인한 여러 현상과 혼란들이 벌어지고 있는 것이며, 여성의 권리와 기(氣) 또한 점점 더 강해지고 있는 현실계의 상황도 알아야 하며, 이러한 상황에서도 인간은 자연 세계에서 도(道)의 자연 성품을 받아서 인간의 성품을 이루어야 하기에 순리와 조화와 화합을 이루고 과욕을 삼가고 겸허해야 한다. 생명체가 물이 흘러가듯 자연과 하나가 되고 우주 이치에 따라 활동하며 살아가는 길이 도(道)의 길이며 자연의 길이며 그의 성질과 작용인데 현실은 그렇지 않음으로 발생하는 온갖 어려움과 난관, 질병, 고통이 일어나는 것을 우리는 받아들이며 그에 대한 해결책과 벗어날 깨달음을 알아야 한다는 것이다.

어떤 사람은 기미를 보고 알아채고, 어떤 사람은 기미를 보지 않고도 감응한다. 사람의 화합과 불화, 얻고 못 얻음에는 모두 때[時]가 있다. 때라고 하는 것은 하늘과 인간의 기가 만나서 모이는 상황을 의미한다. 천시(天時)와 인사(人事)가 서로 만나지 못하는 때는 많고, 서로 만나는 때는 적다. 평생 동안 일하여 추구하는 것은 오직 그 때를 기다리는 것이다. 이것에 통달하면 때에 앞서서는 대비할 수 있고, 또 때에 지나서는 증험할 수 있다. 만약 그 때를 모른다거나 심기가 얕아서 다른 사람과 교유하기를 좋아하지 않으며, 일을 싫어하여 피하거나, 다른 사람에게서 힘을 빌리지도 않고 갚지도 않고 자신의 관리도 하지 않아 균형과 조화를 갖추지 않은 사람은 간신히 자신의 운명을 지키기만 하거나, 많은 어려움을 겪는 것으로 생을 마감하는 때에 이르게 된다.

제1부

운명 앞에서의 고통과 깨달음

1. 이 난세를 어떻게 헤쳐나가야 하나

인간의 눈으로 인식할 수 있는 가시광선은 400~700나노미터라고 한다. 그 외의 것은 인식할 수 없다는 것이다. 그런데 사람들은 자기가 인식하는 것을 진실이라 믿는다. 심리학에서 말하는 스키마(Schema)도 같은 개념의 이야기다. 자기의 틀 안에서 경험하고 본 것만의 틀에서 갇힌다는 이야기다. 이 고정관념을 흘려보내고 항상 새로운 것을 만나야 한다. 변화해야 운(運)이 움직이고, 움직여야 직관으로 잡아챌 수 있다.

삶은 폭탄을 안고 있다 했다. 인생을 사노라면 정말 예상치 못한 일도 겪고 또 도저히 있을 수가 없는 상황까지 몰리는 경우가 닥쳐올 수도 있다. 그 누구도 나는 아니고 비껴간다고 감히 말할 수 없다. 그것이 20대에 와서 열정과 취기로 덮을 수 있는 것도 30~40대에 오면 좌절로 간혹 생을 마감하는 경우도 있을 수 있고, 50~60대에 와서 재기 불능의 상태에 다다를 수도 있고, 송사(訟事)와 때로는 영어(囹圄)의 몸이 되어 본인의 의사와 행위와 관계도 없이 인생을 망치는 수도 있고, 70대 이후에 다가와 건강을 잃으며 죽음으로 가져갈 수도 있는 것이며, 그 누구도 이로부터 자유로울 수가 없다는 것이다. 누구나 부러워하던 연예인들이 갑자기

생을 마감한다든지, 권력의 최정상에 있던 사람들이 영어의 몸이 된다든지, 큰 거부들이 그 자손들까지 만신창이가 되어 무너진다든지, 행복하던 가정이 파탄과 결손 가정으로 바뀐다든지, 그 누가 이에 대해 감히 나는 아니라고 주장할 수 있겠는가?

고전과 상법서에 "천유불측지풍운 인유조석지화복(天有不測之風雲 人有朝夕之禍福), '하늘에는 예측할 수 없는 바람과 비구름이 있고, 사람에게는 아침저녁에 불행과 행운이 바뀔 수도 있다."라는 말이 나온다.

우리가 할 수 있는 방법은 이를 인정하고 겸손하게 인생을 살며 자기의 철을 알아서 운기의 흐름을 놓치지 않는 것이다. 이렇게만 살아도 결코 나락으로까지는 떨어지지 않는다. 사랑하는 사람들과 본인을 위해서도 빈궁(貧窮)이나 궁핍(窮乏)은 허용이 되지만, 궁천(窮賤)이 되면 안 된다. 즉 가난하고 궁색하거나 몹시 어렵고 가난할지라도 천(賤)해지면 안 된다는 것이다.

그러나 이 또한 어디 그렇게 되고 싶어 천하게 되는 사람은 없지 않은가. 《법구경》에서 말하는 연꽃이 진흙탕의 혼탁한 물에서도 깨끗한 꽃을 피우는 것같이 이 속세에 뒹굴면서도 자기의 중심을 흔들리지 말고 살라는 말이다.

어려움이 닥쳐와 스트레스와 온갖 심인병(心因病)을 겪으며 탈출하려고 노력해도 현실은 그렇게 녹녹하지 않다. 그렇다고 죽을 수는 없는 것이고, 하늘이 아직 부르지 않는 것은 아직 기회가 있다는 뜻이다. 견디고 또 견디며 노력하면 위기가 기회가 될 수 있고 역전이 가능할 수 있다는 것이다. 병법 《삼략(三略)》에 "부러져 버리면 아무 소용이 없다. 인생은 누가 더 오래가느냐에 그 성패가 달려 있다. 그것이 목숨이건 평판이건"이라 했다. 다만 할 수 있으면 궁천까지는 가지 말고 하라는 것이다. 궁천이 되면 회복도 힘들어지지만 주위의 사랑하는 사람들을 비롯한 많은 것이 힘들어지고 회복하더라도 본인의 자존심 또한 큰 상처를 받을 수 있다는 것이다.

흔히 이판사판(理判事判)이라고 한다. 진인사(盡人事)를 다하고 대천명(待天命)에 의존하라는 얘기다. 제갈공명의 '수인사대천명(修人事待天命)'에서 유래한 말로서 '자기의 할 일을 다하고 하늘의 뜻을 기다리라'는 말이다. 이판사판도 같은 맥락에서 받아들이면 된다. 이때의 이판(理判)은 기도나 기원이 아니다. 수동적 '이판'이 아니고 점을 쳐도 능동적으로 왕같이 치고 하늘의 계시를 받으라는 의미이다. 사람의 목숨은 하늘에 달려 있지 사람이 정하는 것이 아니다. 정말 어렵고 힘들다고 사람이 스스로 목숨을 끊는 행위는 하늘을 거역하는 짓이며 사람에게는 그런 권리가 없다. 주어진 권한을 넘어서면 하늘은 노하고 반드시 그 책임을 묻는다. 이승에서가 아니라면 저승에서라도….

정말 못 견딜 정도로 힘들다면 병법 《36계》의 패전계(敗戰計) 중 마지막 36계인 주위상계(走爲上計)라도 쓰는 것이 낫다. 이 계는 단순하게 위기의 상황에서 꽁무니를 빼고 도망가는 의미의 계가 아니고 재기를 위한 계이다. 그러기에 극기와 고통을 이기는 인내가 전재되어 있다. 어떤 경우든 좌절하지 말고 견디어 내면 언젠가 또 다른 길이 보이고 열린다는 말이다. 자기의 철을 알고 대운을 보고 '이판'과 '사판'을 모두 보았는데도 때가 기울고 방법이 없다면 조용히 물러나 은둔하며 때를 기다리는 것도 좋은 방법이다. '공을 세웠으니 물러가 은둔하는 것, 잠룡으로 때를 기다리는 것'도 모두 이에 해당되는 말이다.

이때에 이판을 보는 것으로는 동양오술의 명(命) 분야 중 《주역》이나 운기학, 사주명리학, 관상학 등이 좋다. 이들을 바르게 접하기만 하면 운의 흐름과 기미와 징조를 알려줄 것이다. 능동적으로 하늘의 뜻을 이해하려 하고 더 적극적으로 변화하며 벗어나려고 노력할 때 하늘은 도울 것이며 하늘과 사람의 합일(天人合一)이 될 것이다.

우리가 선택할 수 있는 또 다른 하나는 조짐을 읽는 것이다. 즉 조짐에서 싸움을 시작한다는 것이며, 이것이 기미(幾微)와 징조(徵兆)이다. 노자는 《도덕경》 63장 '창조'에서 "어려운 일은 그것이 쉬울 때 도모하고 큰일은 그것이 아직 작을 때 하라. 하늘 아래 어떤 어려운 일도 반드시 쉬운 데서부터 일어나며, 하늘 아래 어떤 큰일도 반드시 작은 데서부터 비롯된다."라고 하였다.

2. 운이 풀리지 않을 때

동양 철학이나 오술(五術), 운기학 등의 운(運)이나 기(氣)를 구태여 얘기하지 않아도 사람은 살다 보면 기분의 변화가 있다. 활기차고 건강하고 모든 것이 잘 풀리는 시절과 무엇인가 하는 일마다 막히고, 몸에 이상이 오고 감정의 기복이 심한 시절과 때가 있다는 것은 누구나 느꼈을 것이다. 이러한 자연스러운 운기의 흐름을 부정하거나 인정하지 않으며 헤쳐나갈 수 있다는 것은 우주의 섭리에 어긋나는 어리석은 행동이며 만용이다.

봄여름 가을 겨울의 사계가 있듯이 우리 인생에도 그러한 철이 있고, 그 철에 따른 각자의 적응 방식이 다르고 좋아하고 싫어하는 기(氣)가 반드시 있는 것이다.

우리가 마치 나는 봄을 좋아한다든지, 나는 겨울이 추워서 얼른 지나가 버리면 좋겠다든지 등의 얘기들 또한 같은 맥락이다. 우리가 1년의 신수를 《토정비결》을 통해 보듯이 인생에서는 10년 단위의 '대운'과 30년 단위의 '계절운' 등이 있어 각자의 전성기와 운기의 흐름을 읽을 수 있고, 그럼으로써 좋고 나쁠 때에의 대비와 그를 풀어나가는 지혜를 가질 수 있다. 더욱더 나이가 들수록 살아 있는 삶 가운데서도 언제든 죽음의 세계로 물러날 수 있는 준비가 늘 필요하며, 그 준비가 되어 있을 때는 장자가 얘기한 "삶과 죽음이 별개가 아니니다."라는 말을 이해할 수 있게 된다.

인도 문명에서는 남자가 61~75세 사이를 '임서기(林棲期)'라고 하여 혼자 있을 수 있는 시간이 주어졌고 내가 누구인지를 되돌아보게 하였다. 인간이 다른 건 논외로 하더라도 적어도 건강 면에서는 60이 넘으면 쇠퇴기가 다가온다. 즉 육체의 활동이 청년기와는 다르다는 것이다. 이 또한 운기의 흐름이 막힌다는 의미이다. 이를 인정하고 그에 대비하는 것은 당연하며, 이러할 즈음에 다른 부분의 자신에 대한 운기를 알고 활용하여 청년기 이상의 편안한 노후도 가질 수 있음을 알아야 한다. 인맥을 만드느라, 일에 매달려 한평생을 가족을 위해, 명예나 재산의 증식이나 또는 출세를 위해 뛰어다니다 여러 상황으로 말미암아 혼자 있는 시간이 길어질 때 주의하여야 한다.

외로움을 견디기 힘들어 모임이나 종교 쪽을 찾을 수도 있지만, 그보다는 혼자 있는 즐거움인 고독을 즐길 수 있는 일이나 취미나 명상에 빠지는 것도 매우 좋다. 남이 알기 전 나를 아는 것이다. 명상은 매우 훌륭한 고독을 즐길 수 있는 친구이다. 회광반조(回光返照), 내 밖을 비추던 불빛을 내 안으로 돌려 스스로를 살핀다는 뜻이다. 심리학자나 정신의학자는 나를 보기가 어려우나 명상은 나를 볼 수 있다. 끝없이 펼쳐지는 해수면의 상태를 보고 내면의 깊은 고요에 들어가는 '해인삼매'를 하여도 좋고, 사람의 양기를 도와줄 바위산이나 석굴 같은 곳을 방문하여 명상에 빠지는 것도 좋다. 시간이나 여건이 허락하지 않을 때는 여느 목욕탕에도 있는 폭포수 샤워기에 머리와 몸을 맞으며 수승화강(水升火降)의 기운을 만들면서 기(氣)를 강화하는 것도 한 방법이다.

젊은 시절에도 운이 따르지 않고 막힐 때가 당연히 있고, 아무리 노력해도 자신의 역량으로 한계에 다다르며 참으로 답답할 때가 있다. 초(楚)나라 23대 장왕은 왕이 된 후 3년이 지나도록 아무런 정사도 보지 않고 밤낮으로 음주 가무만을 즐겼다. 어느 날 그런 상황을 보고만 있을 수 없었던 충신 '성공가'가 장왕을 알현하면서 3년간 날지 않고 울지 않는 새를 장왕에 비유하면서 간언을 하였다. 그때 장왕은 "그 새는 3년을 날지 않았으니 한 번 날아오르면 하늘을 찌를 것이고, 3년을 울지 않았으니 한 번 울면 사람들을 놀라게 할 것이다. 물러가라." 하였다.

그 후 장왕은 본격적으로 정사를 보며 나라를 다스려 춘추오패의 한 사람으로 춘추시대의 패자가 된다. '불비삼년우불명(不飛三年又不鳴)'이라는 고사이다. 운이 따르지 않을 때는 기다리는 지혜도 필요하다. 그러나 너무 길어지면 망가진다. 쉬면서도 항상 준비를 하며 자신을 가지고 변화시킬 준비를 하면서 고독을 즐기라!

삶은 도가(道家)의 말씀대로,

앞설 때도 있고 뒤처질 때도 있다.
움직일 때도 있고 쉴 때도 있다.
기운찰 때도 있고 지칠 때도 있다.
안전할 때도 있고 위험에 처할 때도 있다.

운이 따르지 않을 때는 자기의 철과 대운에 신경을 쓰며 천시(天時)와 천기(天機)를 살펴야 한다. 즉 천지인 합일의 때를 봐야 하는데, 그것이 현실에서는 선택의 문제로 나타난다. '그것을 받아들이느냐? 받아들이지 않느냐?' 이 선택에 영향을 주는 것이 충고와 자기 성찰이고 형태로는 귀인을 만나는 것이다. 그러려면 볼 수 있는 직관과 통찰이 있어야 하고, 그것이 인연이 되어 그때 그 시점에 그에게 당위성과 필요성이 전달된다. 인생에서 귀인을 만나는 그 자체가 행운이다. 그러나 귀인을 만나려면 자기가 준비되어 있어야 하고 변화를 해야 하고 움직여야 한다. 때를 만나고 천기를 살필 줄 알아야 하고 혜안이 있어야 한다. 살아온 상황과 체질에 맞추어 스승이나 종교인, 정신의학자, 역술가 선배 등이 있을 것이고 또는 자신의 명상이나 기도를 통해서도 깨달을 수도 있다.

《주역》〈외편〉에 왕부전의 "육경책아개생면(六經責我開生面) 칠척종천걸활매(七尺從天乞活埋)", 즉 "육경은 나를 나서라 하고, 7척 내 몸은 하늘에 비노니 살아있는 채로 때를 기다리는 잠룡으로 누워 있게 해달라."고 했다. 잠룡으로 있되 준비된 사람으로서, 운이 나쁠 때나 아직 때가 오지 않았을 경우에 물러나서 기다릴 때의 마음가짐을 다지는 글이다.

그리고 운이 풀리지 않을 때는 물리적 변화를 주는 것도 좋은 방안이 될 수도 있다. 양택풍수를 활용하여 운기의 흐름을 원활히 하는 방법도 있고, 집을 이사하거나 바꾸지 않더라도 내부 인테리어와 자신과 맞는 자재 등을 사용하여 비보책(裨補策)을 쓴다든지, 그것도 어려울 경우 집안의 책상이나 침대 등 가구의 배치를 바꾸어 줌으로써 한결 다른 기분(기의 배분)을 바꾸는 방법도 좋고, 성명학에 근거하여 아호(雅號)를 작호하여 사용한다거나 최근 대만, 홍콩, 일본 등에서 많이 하는 생기풍수(生氣風水)의 방법으로 좋은 혈처(穴處)의 기를 받아 보는 것도 한 방안이 될 것으로 본다.

3. 운이 순조로울 때

하는 일마다 순조롭게 풀리고 몸과 마음이 가벼우면서도 활기가 차고 대운과 세운이 매우 좋아 순풍에 돛 단 것 같은 삶이 일생 중에는 있다. 이러할 때 천지인의 합일이 만들어진 호기(好氣)를 쓸데없이 쾌락과 탐욕, 오만으로 날려 버리고 난 후 나쁜 운이 돌아올 때 땅을 치며 후회하고 깨달아도 그때는 이미 지나간 일이 되어 버려 현재의 고통과 기약 없는 미래에 대한 불안과 회한으로 생을 보내는 사람들이 많다는 것을 알아야 한다. 결국 다른 방법을 찾을 수밖에 없는데 그만큼 힘이 든다는 얘기다.

플라톤은 가장 이상적인 인간의 전형을 머리(이성), 가슴(용기), 배(절제)의 덕(德)을 조화시켜 구현하는 정의로운 사람을 의미한다 하였다. 소크라테스도 "자신을 안다는 것은 자신에게 적합한 일이 무엇인가를 아는 것이다. 이를 통해 비로소 자신을 실천할 수 있고 비난받지 않을 수 있으니 불행을 예방할 수 있기 때문이다."라고 말했다. 별도의 시간을 내어 내가 나와 간혹 소통을 해야 한다.

퇴계 이황은 《성학십도》에서 "정신을 집중하여 마음이 다른 곳으로 달아나지 않도록 항상 깨어 있는 것을 경(敬)이라 한다. 마음이 몸을 주재한다면 경은 마음을 주재하는 것이니 항상 깨어 있어야 한다."라고 했다.

노자는 《도덕경》에서 여유(與猶)와 지지(知止)에 대하여 얘기했는데, 이는 여유롭게 살자는 게 아니다. 조심하고 또 조심하면서 살아야 한다는 경구다. 마음을 닦아 주변에 덕을 펼쳐 나가는 것이 더욱 근원적인 개운(開運)의 길이고 자신과 자손을 위한 선업의 길이다. 노자는 또한 불귀난득지화(不貴難得之貨), 즉 "얻기 어려운 재화를 귀히 여기지 않는다."라고 하였는데, 이는 어려운 사람들에게 덕을 베풀라는 얘기이다. 적선지가필유여경(積善之家必有餘慶), 선을 베푸는 집안에는 필시 경사로운 일이 있다는 얘기와 상통하는 말이다.

물질적이나 정신적으로나 생각보다 어려운 사람들이 많을 수 있다. 돌아보고 같이 어울려서 가면 좋은 기운이 더 움직일 것이고 선업을 쌓아가는 길이다.

인맥을 쌓고 남에게 인정받기 위해 헛되게 좋은 운이 들어오는 시기를 놓치지 말고 일생을 원대하고 확실한 목표 없이 사소하고 잡다한 일로 시간과 힘을 소모해 버리면 삶의 효율성이 떨어진다. 좋은 운의 시기를 놓치고 나중에 크게 후회하는 인생이 될 수도 있다는 것을 명심해야 한다.

필자는 천성적으로 무게를 잡거나 성실하기만 한 사람들이나 가벼운 향락이나 이익을 심하게 밝히거나 천박한 기의 사람을 좋아하지 않는다. 그보다는 시(詩) 한 수에서 느껴지는 정취를 함께 즐길 수 있고 술 한잔과 추억 있는 음악에 눈물 어리고, 겨울 바다를 좋아하는 그러한 사람들과 어울리는 것을 좋아한다. 그러한 추억들이 있으나 여전히 회한과 갈증이 많은 것도 사실이다.

운이 좋을 때 평생을 추억하고 즐길 수 있는 취미와 추억들을 만들며 삶의 풍요로움을 즐길 준비를 해야지 방탕과 유행에만 따르며 남에게 인정받으려 그 좋은 시기의 운을 낭비하지 않기를 바란다.

4. 일음일양지위도(一陰一陽之謂道)

《주역》〈계사전〉에 나오는 말이다. '맞물려 돌아가는 순환의 이치 속에 영원한 것은 없다'는 뜻이다. 흉한 것은 다시 길하고 위태로운 것은 다시 안정을 찾는 것이 천지자연의 운행이고, 길흉이란 고정불변의 결과가 아니라는 것이다. 다음에 나오는 '계지자선야(繼之者善也) 성지자성야(成之者性也)'에서는 선행과 덕을 쌓고 스스로 노력하는 사람은 하늘의 도움을 받아 상황을 바꿀 수 있다는 것을 의미하는 말이다.

자강불식(自强不息), 하늘이 강하게 운행되고 있으니 군자는 이를 본받아 스스로 강해지기 위해 쉬지 말아야 한다는 말이다. 《주역》에서의 건괘(乾卦)가 의미하는 바의 괘이며 중국의 명문 칭화대학의 교훈이기도 하다.

마음이 죽지 않는다면 어떤 험난한 속에 빠지더라도 반드시 살아나오게 되어 있다. 그러나 그 전제는 비관론자가 아닌 긍정론자라야 하며 또 현실론자라야 한다.

쉴 틈 없이 세상의 변화를 예의 주시하고 이에 맞게 변화하면 반드시 기회가 찾아온다. 기회는 모든 사람에게 언제나 공평하게 주어지지만 그 결과는 절대 공평하지 않다. 결과에 따라 차등되어야 하는 게 세상의 공정성이기 때문이다. 노력하고 변화하려는 자의 성과는 분명 그렇지 않는 사람과 다를 것이고, 이는 반드시 공정하게 평가되어야 하며 그러할 때 꿈이 현실로 다가와야 할 것이다. 많은 사람이 공정성을 잘못 이해하는 듯하다.

IMF 금융위기가 몰아치던 시절 많은 곳에서 직장을 잃거나 해직당하던 암담한 시절이 있었다. 그 이전까지만 해도 고도 성장에 힘입어 30대 약관의 중소기업 사장, 대우, 제세, 율산 등의 재벌을 향한 당대에 기업을 일으킨 도전이 줄을 잇고 있었고, 대기업에서도 출세 지향의 젊은 층에서 약관의 이사진들이 흔하게 있었던 시절에 필자와 가까운 사람 중에 부장을 고집하면서 이사 진급을 오히려 회피하면서 자기 생활을 즐기는 부류의 사람들이 있었다. 대학 졸업 여행에서 경제사를 강의하시던 교수님이 당시 제주 KAL 호텔의 스카이라운지에서 밤바다를 보며 격려와 인생에 대해 하시던 말씀 중에 "너희가 저 멀리 보이는 수평선의 끝에 자네들의 목표와 꿈이 있다고 생각하여 그것을 얻으려고 열심히 노력하여 도달하면 그곳이 끝이 아니라 또 다른 수평선이 펼쳐질 것이며 그 끝이 보이지 않을 것이다. 젊어서는 평범한 것이 비범한 것"이라고 말해준 것이 당시에는 전혀 이해가 되지 않았지만, 인생의 뒤안길을 돌아볼 나이가 된 후 그 말씀의 뜻과 의미를 이해하게 되니 참으로 어리석은 삶을 살아왔다는 회한도 생기며 만년 부장을 사수하며 다른 인생의 여유를 즐기던 그 사람들이 이 이치를 먼저 깨달았고 다른 한 부분의 그들의 삶을 살았다는 것을 이제는 이해한다. 물론 나 자신은 그러한 체질도 아니고 수신(修身)을 하는 그러한 삶이 옳다는 애기와는 다른 이야기다.

도가(道家)의 《음부경》에 '은생어해(恩生於害) 해생어은(害生於恩)'이라는 내용이 있다. 어제의 동지가 내일의 적이 되고, 원수가 은인이 된다는 말이다. 이론이 아닌 현실의 인간사에 있어서는 어제의 동지가 환멸로 나타나 죽이고 죽이는 게임의 상황이 연출되고는 한다. 동업자가 갈라서는 것은 서로의 계산 방법이 다르기 때문일 수도 있고 욕심이 과해서 그럴 수도 있다. 자중지란이 발생한 것이다. 낮과 밤이 떨어져 있지만 반드시 서로를 뒤따르며 좋은 것이 오면 좋지 않은 것이 뒤따르는데 보통 이를 보지 못한다. 은혜와 해악에 일비일희하지 말고 겸양과 감사의 마음을 가지고 사람과 사물을 볼 때 그 기미와 징조를 읽는 혜안을 키우는 것 또한 그 예방에 매우 중요하다. 운이 좋을 때는 별것도 아닌 것들이 운이 나쁜 시기에는 사람의 힘으로 감당이 되지 않을 수가 다반사이다. 이제 정부와 기업에 인사철이 매년 다가오고 정치판에는 항상 선거가 있다.

현실 세계에서는 피가 튀는 경쟁 외에 어떤 말로도 냉정한 승부의 세계에서는 승리 이외에는 귀에 들어오지 않을 것이며, 또 인생에서 그러한 운세의 시기에는 보통 그것이 보이지도 않는다. 다만 그러할 때도 한 걸음 멈추어 간다든지 그 길만이 유일한 길이 아닐 수도 있다는 것을 깨달으면 비범한 사람이다. 또 지금은 실패하였더라도 역전의 기회가 다시 올 수 있을 때 순리대로 쉽게 받아들이며 준비할 수 있는 것이다.

천하의 권력을 가졌던 진나라 재상 이사(李斯)는 지위와 권력을 모두 가졌으며 총명한 사람이었다. 그러나 정치 생애가 기구하여 결국 죽임을 당하게 된다. 형장에서 이사는 아들을 끌어안고 통곡한다.

"너와 다시 한번 누렁이를 데리고 제동문에 가서 토끼 사냥을 하려 했건만 그 일을 할 수 없게 됐구나."

장자는 사람이 욕망에 사로잡히면 나쁜 기운이 생겨 몸의 균형이 무너지고 만병이 생긴다고 하였다. 또 그 개인적인 욕망이 아니라 세상을 위해 가치 있게 죽었다 해도 더 나을 게 없다. 세상사는 무상하고 기구하며 역사는 끊임없이 엎치락뒤치락하기 때문이다. 그렇기에 흑과 백, 선과 악, 보수와 진보, 영예와 치욕을 구분하는 것은 의미가 없다. 인생은 일촌광음처럼 지나가 버리고 짧은 인생에서 권력, 명예, 이익은 사람을 묶는 족쇄일 뿐이다.

지금 당장 산으로 들어가 옛 도인처럼 살거나 요즈음 TV에서 유행하는 자연인처럼 살라는 얘기가 아니다. 단지 묘한 열기에 휩싸여 세상 사람들이 좋다고 하는 것이면 무조건 따라가는 맹목적인 삶의 방식이나 흑백 논리에 대해 생각해 보라는 얘기다. 무언가를 바라고 추구하는 마음을 내려놓을 때 오히려 더 많은 것을 얻고 깨달을 수 있는 것이 세상의 이치이다. 재물만 해도 얻으려고 기를 쓰면 점점 멀어지지만 내려놓으면 따라오는 법이다.

공수신퇴천지도(功遂身退天之道), 결실을 얻었으면 자신은 물러나는 것이 하늘의 이치다. 노자《도덕경》9장의 말이다. 지니고 있으면서 가득 채우려는 것은 그만두는 것만 못하다. 순환의 이치 속에 영원한 것은 없고 사물이 극에 달하면 기울게 되어 있는 물극필반(物極必反)의 이치이다. 노자는 또한 "남을 아는 사람은 지혜로운 사람이지만 자신을 아는 사람은 밝은 사람이다."라고 하였다.

송나라 시조인 조광윤의 건국 얘기에 '배주석병권(杯酒釋兵權)'이라는 유명한 고사가 있다. 요즘도 중화권에서는 큰 손님을 초대하여 대접할 때는 흔히 술잔을 들면서 하는 건배사이다. 술을 마시면서 병권을 제압한다는 의미인데, 송 태조가 송나라의 개국 후 개국공신인 석수신 등 무장들의 과도한 권력을 축소하고 병권을 회수하기 위하여 술자리를 열고 솔직하게 자기의 속마음을 얘기한 후 그 공신들이 모두 병권을 내어놓고 편안히 천수를 누리면서 여생을 지나게 하였다는 것에서 비롯된 말이다. 훗날 마음을 열고 오늘 크게 한잔하자는 의미에서 사용되는 성어가 되었으며, 이로부터 파생된 많은 술 예법과 문화가 있는 것으로 필자는 경험한 바가 있다. 이 고사가 의미하는 것은 평범한 진리들이 본인의 일이 되고 그러한 자리에 있게 되면 눈이 어둡게 되고 욕심을 내려놓지 못해 결국은 벼랑으로 떨어지고 명예와 재산과 사람을 잃는다는 것이다.

소동파는 〈세아시(洗兒詩)〉에서 아들이 어리석어 고관대작이 되는 것을 '화를 면하기 바란다'고 했다. 그러나 아무 일도 하지 말라는 것이 아니다. 그만큼 조심하며 겸손하게 천지인 합일의 삶을 살라는 의미일 것이다. '자기 철을 알라'는 말은 진퇴의 이치와 흐름을 알아야 한다는 얘기와도 일맥 통하는 말이다. 천시와 지리와 사람의 이치를 깨달아야 한다.

장자는 "절대적인 선악미추(善惡美醜)는 세상에 존재하지 않는다."라고 하였다 선과 악, 아름다움과 추함은 어떤 기준을 적용하느냐에 따라 뒤집혀지기도 한다. 그런데도 사람들은 자신의 기준을 옳다고 주장하며 서로를 증오한다.

심리학자인 로렌스 콜버그(Lawrence Kohlberg)는 사람들의 도덕성 발달 수준을 측정하기 위해서 3가지로 수준을 나누었다.

* 전(前) 인습 수준(Pre-conventional level)
* 인습 수준(conventional level)
* 후(後) 인습 수준(Post-conventional level)

전(前) 인습 수준은 어떤 일관된 규칙보다는 지금 당장의 결과에 매달리는 것이 이 단계의 특성이다. 눈에 보이는 결과를 가지고 판단하기에 무척 단순하고 쉬운 것 같지만, 이런 직접적인 결과에 근거한 판단은 많은 경우 모순에 빠질 수가 있다. 한때 우리 사회에 만연했던 여러 투쟁이나 집회 등에서의 주장들에서 느낀 바이다.

인습 수준에 도달한 사람들은 입장에 따라 바뀌지 않는 어떤 절대적인 판단 기준에 의지하려 한다. 그 절대적인 기준은 보통 법이나 도덕으로 나타난다. 법에 처벌 규정이 있거나 대다수의 사람이 나쁘다고 평가하면 그 행동은 나쁜 것이다. 반면 법 규정이 없거나 일반적인 도덕에 어긋나지 않는다면 그 행동은 나쁘지 않은 것이다. 보통 우리 사회에서 상식적으로 통용되는 도덕 규범을 내면화하기 시작하는 시기이다. 그러나 이 수준의 판단 방식에도 문제가 있다. 우선 법이나 도덕이라는 것도 절대적이지 않다는 것이다. 법이 있음에도 재판이라는 과정이 필요한 이유는 개별 사안마다 그만의 사정이 있기 때문에 각각의 경우에 어떤 법을 적용해야 하는지를 사람의 힘으로 판단해야 하기 때문이다. 실제로 재판 과정이나 사회적인 합의를 통해서 어떤 법이 생겨나기도 하고 고쳐지거나 사라지기도 한다. 그러니 한때는 법에 따라 유죄였던 판단이 상황이 바뀌면 무죄가 되는 경우도 있다.

도덕적 판단은 더욱더 그렇다. 악행에도 다 그만한 이유가 있고 속사정을 이해하고 보면 순수하게 도덕적으로 악한 사람은 없다. 물론 순수하게 도덕적으로 선한 사람도 존재하지 않는다. 이런 깨달음에 이르고 나면 우리는 혼란에 빠지고 흑백으로 선명하던 세상이 회색으로 보이기 시작된다. 모든 것을 법이나 법령에 의지하여 사회를 바꾸려는 시도와 그것이 선(善)으로 보이는 과정이나 역사 이래로 법치에 의존하고 그것을 만든 법가(法家)들의 마지막에 씁쓰레한 느낌을 지울 수가 없는 것도 사실일 것이다. 그러다 보면 우리 중 일부는 그다음 수준인 후(後) 인습 단계에 도달하게 된다.

이 마지막 수준에서 사람들은 법이나 도덕을 벗어나 보편적이고 합리적인 가치 기준에 의해서 판단을 내리려고 한다. 이를 인습적인 가치 판단에서 벗어났다는 의미에서 후 인습 수준이라고 부른다. 이 단계에 도달한 사람들은 자신의 가치관과 도덕적 원리 원칙이 자신이 속한 집단의 원칙과 반드시 같을 필요가 없다고 깨닫는다. 그렇기에 스스로의 양심에 근거하여 판단하고 행동하게 된다. 이때는 법과 도덕을 잘 알고 있지만, 그것이 전부가 아니라는 사실도 인식하고 상황이나 맥락에 따라서 적절한 판단 기준을 적용하게 되는 시기이다. 어쩌면 진정 자유로우면서도 타인에게 피해를 주지 않을 수 있는 경지라고 할 수도 있다. 경제만의 선진국형이 아닌 진정한 문화와 가치관의 지적 선진국형이다.

아시타비(我是他非), 즉 '나는 옳고 다른 사람은 그르다'는 말이다. 흔히 얘기하는 내로남불과 같은 의미다. 또 이 말을 타파하기 위해 관인엄기(寬人嚴己, 남에게는 관대하고 자기 자신에게는 엄격히 하라) 같은 미사여구로 은폐하지 않는다. 그렇다면 어떻게 후 인습 수준의 판단이 전 인습 수준의 판단보다 더 발달한 것이라고 할 수 있는가? 우리는 사안에 따라서 어떤 때는 전 인습 단계처럼 결과 중심적인 판단을 내릴 수 있고, 어떤 때는 후 인습 수준 단계처럼 좀 더 추상적인 기준을 따라 판단을 내릴 수도 있지 않겠는가? 결과 중심적인 판단을 내린다고 해서 도덕성이 덜 발달된 사람이라고 말하는 것은 지나치지 않은가? 이 질문에 대한 대답은 결코 지나치지 않다는 것이다. 수준 낮은 판단과 수준 높은 판단의 차이는 분명 존재한다. 그리고 이것은 지적 능력의 차이다. 간단히 말해서 어리석은 도덕 기준과 현명한 도덕 기준이 있다는 것이다. 일단 수준이 낮은 단계의 도덕 판단들이 가지고 있는 공통적인 문제는 그것이 실제로 사안에 따라서 쉽게 갈팡질팡하게 된다는 점이다. 반대로 수준이 높아질수록 좀 더 일관적이고 보편적인 판단을 할 수 있게 된다. 그리고 얼마나 보편적이고 일관적인 도덕 판단 기준을 가지고 있느냐에 따라서 그 사람이 어리석고 잘못된 판단을 내릴 가능성이 결정되는 것이다.

이 도덕성 3단계는 최근 우리 사회에서 일어난 여러 사건인 광우병 파동, 한일 관계 문제, 건강식품의 과도한 열풍, 여러 시위, 정치적 사건들 등등의 내면을 바라보고 읽을 수 있는 한 기준이 될 수도 있을 것이다.

대부분의 사람은 착한 생각을 가지고 최선을 다해서 행동하면 착한 사람이 된다고 믿는다. 하지만 도덕성 발달 단계에서 우리가 배우는 것은 그런 생각은 지극히 단순한 잘못된 생각이다. 실제로 이 세상에서 벌어지고 있는 수많은 악덕은 대부분 착한 생각을 가지고 있으나 어설픈 도덕 기준에 따라 최선을 다하는 사람들에 의해서 저질러진다. 그래서 "지옥으로 가는 길은 선의로 포장되어 있다."라는 서양 속담도 있다.

우리가 진정한 선한 사람이 되기 위해서는 판단의 수준을 높여야 한다. 보다 보편적인 가치가 무엇인지를 먼저 확고히 정해야 하며, 눈앞의 사소한 결과보다 그 보편적 원칙을 따를 마음의 자세가 되어 있어야 한다. 그리고 보다 현명하게 생각하는 훈련을 해야 한다. 우리가 옳지 않은 행동을 하는 이유는 도덕성이 부족해서가 아니라 도덕성이 어설프고 수준이 낮기 때문이며, 진정 무서운 것은 비도덕적인 사람이 아니라 수준 낮은 도덕에 집착하는 사람들이기 때문이다.

*《심리학 오디세이》, 장근영 저, 로렌스 콜버그의 이론 일부 인용

마담 롤랑(Madame Roulin)은 단두대를 향하며 "자유여, 너의 이름으로 얼마나 많은 사람이 죄악을 저질렀는가!"라고 외쳤다. 맞물려가는 순환의 이치 속에 영원한 것은 없다는 진리인 '일음일양지위도', '은생어해 해생어은', '물극필반'의 이치를 한 번 더 새기며 겸허함과 공을 세우고 뜻을 이루면 물러나는 지혜와 도덕적 수준을 항상시키는 삶을 살아야 이 사회가 한 단계 더 상승하는 것이다.

5. 현금즉시(現今卽時)

우리는 현재를 당연히 소유하고 있다고 생각한다. 그러므로 과거를 완벽하게 정리하고 미래를 잘 계획하면 그만큼 더 행복할 것이라고 착각하며 현재를 소비해 버린다. 현재를 사는 것은 일단 현재를 인식하는 것이다. 사람들은 과거의 경험을 통해 만들어진 마음의 틀로 현재의 사물을 보고 판단한다. 그리고 문제가 생기면 그 틀로 해석한다. 그러나 그것이 도움이 되지 않는 틀이라면 문제가 제대로 해결되지 않음으로 도움이 되는 틀로 바꾸어야 한다. 그의 실행을 위해서는 과거에서 벗어나 현재의

눈으로 살펴야 한다.

간명을 한다거나 관상을 본다거나 심리나 정신분석의 상담 시간에는 시간이 과거가 아니고 오히려 '지금 여기'에 집중해야 한다. 분석을 받는 사람이 지금 이 공간에서 하는 이야기 위에 초점을 맞추고 유지시키며 지금 하는 이야기는 건성으로 들으면서 일부로 과거를 자꾸 캐는 술사나 치료자가 있다면 초보 술사이거나 치료자라 보면 된다.

현재가 이야기되면 과거는 저절로 연결되기 마련이다. 오래되어 왜곡된 과거의 눈으로 과거를 해석하려 하면 잘못된 시도이다. 기학에서는 '지금 여기'에서 드러나는 것이 '현재지기'이고 지금 여기에서 행하는 운화(運化)가 '방금지기'라고 한다. 기를 보고 알며 기에서 얻으려거든 지금 현재를 중시하라! 지금 현재의 기를 정확히 알면 과거는 물론이고 미래까지도 알 수 있다. 현재(現在之氣)는 시간적으로 과거 및 미래뿐 아니라 공간적으로 여기, 저기, 거기와도 연결되기 때문이다. 쓸데없는 과거에 매달려 간명 받는 이들을 현혹시키고 또 현혹 당하는 일들을 하지 말고 현재의 어려운 일들을 얘기하고 또 그것이 사주 원국과 상(象)과의 관계를 설명하여 듣고 그럼으로써 자연히 과거와 미래의 예측을 원활히 할 수 있는 상담을 하며 마음의 안정을 찾는 것이 현대적이며 진정한 '운 컨설팅' 내지 '관명운기학'의 상담이라 할 수 있다.

조앤 리버즈(Joan Rivers, 1933~2014, 미국의 전설적 코미디언)는 "어제는 역사, 내일은 미스터리, 오늘은 신의 선물이다."라고 하였다. 그래서 현재를 프레젠트(Present, 신의 선물과 동일어)라고 부른다.

원래 '현금즉시'는 《법구경》에 나오는 말이다. 즉시현금 갱무시절(卽時現今 更無時節), 즉 한 번 지나가 버린 과거를 가지고 되씹거나 아직 오지도 않은 미래에 기대를 두지 말고 바로 지금 이 자리에서 최대한 살라는 말이다.

상윳따 니까야(Samyutta nikaya)

지나간 것에 슬퍼하지 않고
오지 않는 것에 동경하지 않으며
현재에 얻은 것으로만 삶을 영위하나니
그들의 안색은 그래서 맑도다

아직 오지 않은 것을 동경하는 자
이미 지나간 것을 두고 슬퍼하는 자
어리석은 그들은 시들어 가나니
푸른 갈대 잘라서 시들어 가듯
–《아수라경(阿修羅經)》

과거를 돌아보면서 현재를 소모하는 사람은 완벽주의의 덫에 빠진 것이다. 인생이란 주어진 상황과 여건 속에서 끊임없이 개선하면서 살아가야 한다. 현실이 고통스러운 것은 현재의 상황을 탈피하려고 노력하기에 그러한 것이다. 인간은 더 나아지려는 노력 속에서 그 고통을 딛고 일어나야 한다. 그래서 현재에 집중하는 사람의 눈동자는 또렷하고 빛난다. 과거나 미래에 집착한 눈빛은 회상에 잠기거나 터무니없는 상상으로 불안해 보인다. 그래서 지금 이 순간에 깨어 있는 눈빛은 맑고 분명하고 빛나고 있다.

"어른이 된 어떤 사람이 가진 성격을 올바르게 이해하기 위해서는 그 사람의 과거로 돌아가 아주 어린 시절에 겪은 경험들을 밝혀내야 한다."라는 전통 정신분석학적인 성격 이론에 반론을 제기한 고든 올포트

(Gordon Allport, 1897~1967)는 "우리가 성격을 통해 알아야 하는 것은 그 성격적 특성이 처음에 어떻게 시작되었는지가 아니라 그 성격적 특성이 지금 여기서, 어떤 역할을 하는지였다."라고 했다.

이 개념은 인간의 과거에 집착하던 심리학의 시선을 현재와 미래에 돌려놓으려는 노력 중의 하나였으며, 인간이 현재 가지고 있는 욕구나 동기를 이해하기 위해서는 알아야 하는 것은 그 사람의 과거가 아니고 현재 어떤 상황에 있느냐다. 그 후 이 이론은 미국 특유의 진취적인 실용주의 사상과 결합하여 행동주의 심리학의 기초가 되었다.

필자가 간혹 즐기는 와인 중에 '카르페 디엠(Carpe Diem)'이라는 몰도바의 열정 넘치는 와인이 있다. 카르페 디엠(Seize the Day)은 '우리가 있는 바로 오늘 이 순간에 충실하라'는 얘기다. 지나간 슬픔에 아파하지 말고 저지르지 않은 일에 걱정하는 것보다는 저질러 놓고 후회하는 편이 더 낫고, 마음을 다스리는 반성은 하지만 마음을 어지럽히는 후회는 하지 않으며, 팔자로 없어진 것은 팔자로 다시 생겨날 수 있으니 지금 서 있는 이 순간을 긍정과 수용의 마음인 여의길상(如意吉祥)의 마음으로 살아가면 하늘, 땅, 사람의 합일에 가까워질 것이다.

6. 고통은 우리를 단련시켜 준다.

삶은 때로는 가혹한 모습으로 우리에게 다가온다. 고통의 벼랑에 몰린 사람은 자신의 삶을 포기하고 싶다고 느끼기도 하지만, 동시에 자신이 얼마나 삶을 사랑하고 있는지도 알게 된다. 바닥을 알 수 없는 심연(深淵)에서 처절하게 몸부림쳐 본 사람은 살아 있는 것이 얼마나 큰 하늘이 준 축복인지를 알게 된다.

어떤 큰 고통에 직면했을 때 '무상(無常, 영원하지 않은 것)'을 있는 그대로 잘 받아들이면 삶이 역동적으로 변한다. 인생에 어떤 역경의 상황이 왔을 때 당황하지 말고 당당하게 부딪쳐 나가고 순경이 와서 잘 풀려 나갈 때도 언제든 역경이 올 가능성이 있다는 것을 알고 받아들이라는 얘기다. 인생의 역전이 가능한 것은 무상의 원리이다. 즉 어려움을 극복하면 행복이 온다. 죽음 또한 언제 어떻게 오느냐의 문제이지 누구에게나 오고 어떤 형태로든 온다는 것이 제행무상(諸行無常)의 원리이다.

영화 〈업그레이드(Up Grade)〉 대사 중에 "가상현실은 현실보다 덜 고통스럽다."라는 대사가 있었다. 현실은 행복하고 이것을 유지하기 위해 불로장생을 포함한 인간의 온갖 노력과 현실과 내세에 대한 기대가 있지만, 장자나 노자의 말대로 실제로는 어느 것이 더 행복한지는 누구도 알 수 없을 것이다. 죽은 사후에 내려다보면 현재는 고통일지라도 실은 미래가 더 고통스럽고 지금 현재가 극락이었을지 누가 알겠는가?

《맹자》의 〈고자장(告子章)〉에는 "하늘이 장차 그 사람에게 큰일을 맡기려 하면 반드시 먼저 그 마음과 뜻을 괴롭게 하고, 근육과 뼈를 깎는 고통을 주고, 몸을 굶주리게 하고, 그 생활을 빈곤에 빠뜨리고, 하는 일마다 어지럽게 한다. 그 이유는 마음을 흔들어 참을성을 기르게 하기 위함이며 지금까지 할 수 없었던 일을 할 수 있게 하기 위함이다."라는 글이 있다.

옛날에 절해고도로 유배를 간 선비들이나 가슴속에 품었던 큰 뜻을 접고 귀향이나 낙향을 하게 되어 처절한 고독과 고통을 겪을 때 방안에 써 붙여 놓고 스스로를 달래며 버틸 수 있게 했던 글이다. 피와 땀과 눈물을 흘려보지 않고는 원하는 일을 이룰 수 없게 한 하늘의 천라지망(天羅地網, 하늘과 땅의 그물)이다.

니체는 "큰 고통은 정신의 마지막 해방자"라고 했다. 큰 고통을 겪은 사람은 귀중하게 보였던 것들이 한순간에 부질없어지고 평소 가치 없게 생각했던 것들이 사실은 소중한 것임을 깨닫게 되고 그 고통이 우리를 심오하게 한다는 얘기다. 마르셀 프루스트(Marcel Proust, 1871~1922)는 "자신이 고통받았던 날들이 자기 인생의 최고의 날들이었다. 그때가 자신을 만든 시간이었으니까. 행복했던 때는? 완전히 낭비였지, 하나도 배운 것이 없었어."라고 고백하였다.

앨버트 엘리스(Albert Ellis)는 인지 치료법의 일종인 《합리적 정서 치료법(RET: Rational Emotive Theraph)》에서 "사람들이 고통을 당하는 이유는 어떤 사건이 일어났을 때 그 사건에 대해서 가지는 비합리적인 신념 때문"이라고 보면서 "그래서 그 사건에 대해서 가지는 비합리적인 신념을 합리적 신념으로 변화시키면 사람들의 고통이 완화된다."라고 하였다. "나에게는 항상 즐겁고 기쁜 일만 일어나야 해!"라는 생각을 가지고 있다면 그렇지 못한 일이 생길 때 필연적으로 고통을 경험할 수밖에 없을 것이나, 대신 "살면서 힘들거나 어려운 일이 생길 수도 있어."라는 생각을 가지고 있다면 삶에서 고통스러운 일이 생기더라도 한결 너그러운 마음으로 대처할 수 있을 것이다.

자신에게 고통스러운 일들이 반복적으로 경험할 때는 자신의 내면을 들여다볼 필요가 있다. 그것은 그런 일을 경험하게 되는 자신에게서 근본 원인을 찾기 시작하는 것이다. 그러기에 밖으로 나가는 시선의 기를 거두어들여 자신의 내면을 바라보는 것 회광반조(回光返照)를 해야 하는 것이다.

위를 보니 막막하지만 아래를 보니 땅이로다. 올려다보는 것은 고통을 주지만 내려다보는 것은 희망을 준다. 모든 것을 버리고 빈손으로 낮은 마음을 갖는다면 고통과 근심은 사라진다. 하심(下心)이다. 마음을 내려

놓는다는 의미이다.

아무리 힘든 상황이라도 죽을힘을 다해 노력한다면 하지 못할 것이 없다. 일이 계획대로 진행되지 않는 가혹한 실패의 순간에도 비관적으로 생각하거나 잘못된 일에 집착하거나 한탄하는 대신 앞으로 어떻게 대처할 것인가를 냉정하게 생각하는 현실론자가 되어야 한다. 매사에는 양면성이 있다. 가장 좋고 유리한 것도 그 칼날 쪽을 붙들면 고통이 되고 반대로 불리한 것도 그 손잡이를 잡으면 반대가 된다. 매사가 불리하다고 생각하며 근심하지 말고 유리한 쪽을 바라봐야 한다. 동양의 관점에서는 여의길상(如意吉祥)이 그것이다.

스티브 잡스는 2011년 10월 스탠퍼드대학 졸업식에서 "수치스럽고 고통스러웠던 지난날들이 현재 나의 성공을 가져다준 소중한 경험"이었음을 고백하고 그것을 'Connecting the Dots'라고 명명했다. 즉 점이 모여 선이 되듯이 과거에 한 일들이 이어져 현재를 만들어 간다는 것이며, 점과 점이 연결되어 만들어지는 풍요롭고 편리한 삶을 의미한다.

현실에서 고통을 참고 감수한다는 것은 당하는 사람의 입장에서는 매우 힘들고 지치는 일이다. 슬퍼하고 고통에 몸부림치는 사람에게 함께 눈물을 흘리며 그 사람의 마음의 짐을 나누는 것을 동치(同治)라고 한다. 반면에 그러한 상황에 놓인 사람에게 얼음으로 식히는 방법을 대치(對治)라고 한다. 어떠한 방법이 위로가 되고 고통에서 빠져나오는 데 도움과 위로가 될지는 각자가 처한 상황과 체질에 따라 다르다. 현명하게 다가가서 위로해야 할 것이다.

7. 운명 앞에서의 깨달음

그리스의 에픽테토스(AD 55~135)는 "우리는 자신이 의도한 대로 세상의 일이 일어나기를 기대해서는 안 되며, 그것들이 지금 일어나고 있는 그대로 진행되기를 바라야 한다. 왜냐하면 그렇게 함으로써 평온한 삶이 가능하기 때문이다. 그대는 단지 작가의 의도대로 연극 속에 등장하는 배우에 지나지 않는다는 것을 명심해야 한다."라고 하였다.

같은 스토아학파인 아우렐리우스는 그의 《명상록》에서 "불의 에너지로부터 생명의 기운을 받은 우리 인간은 이 영혼(logs)이 부여한 질서에 따라 살아간다."라고 하며 우연조차도 자연이 미리 예정한 것으로 모든 것은 이치에 따라 다스려지는 것이라 하였다.

그 후 이들의 사상은 기독교 신학과 자연법 사상인 칸트의 사상과 스피노자 등에 영향을 주어 이성을 지나치게 강조하여 감정과 정서적 욕구를 정신의 질병으로 간주하여 배척했다는 비판에도 불구하고 서양의 사상에 큰 족적을 남겼다.

한편 동양에서는 그 시절 사주명리학이 연월일시를 간지에 이용해 시간을 기록하기 시작하면서 "운명은 사주를 피해갈 수 없다. 태어난 팔자가 이미 정해져 있는데 부초처럼 떠도는 사람들만 이를 모르는구나.(命莫逃於五行, 年月日時旣有定 浮生空子亡)"라고 하였다.

거의 동시대의 동서양의 운명을 대하는 자세를 여기에서 볼 수 있다. 필자는 운명에 대해서 바꿀 수가 없는 숙명이니 무조건 받아들이라는 의미의 말을 설명하려는 것이 아니다. 우리가 바꿀 수 있는 운명과 바꿀 수 없는 운명을 구별하라는 이야기다. 바꿀 수 없는 것에 매달려 원망과 미련으로 삶을 낭비하지 말고 바꿀 수 있는 운명에 능동적으로 대처하고 삶을 도전과 변화로써 행복한 삶으로 바꾸라는 것이다.

도가(道家)에서도 "자신의 운명을 결정하는 힘은 하늘에 있지만, 그것을 바꾸는 권리는 자신 안에 있다(造命者天 立命者人)."라고 하였다.

《장자》 대종사 편에는 "그 도가 이루어지면 가는 것은 그대로 가게 하고 오는 것은 그대로 맞이한다. 멸하는 것은 그대로 멸하게 하고 생겨나는 것 역시 그대로 생겨나게 한다. 이를 영녕(攖寧)이라 한다."라고 적혀 있다.

세상의 공리를 바라는 마음을 조금이나마 내려놓고 물질에 대한 욕망을 극복하는 것, 조금 더 담담하고 가벼운 시선으로 삶을 바라보는 것, 그리고 예술이나 학문에 관심을 두고 정신적인 소득을 좀 더 중시하고 누리는 것, 바로 우리와 같은 보통 사람들이 실천할 수 있는 도가적 삶이며 운명 앞에서의 깨달음이다.

또한, 자기의 철과 운기의 흐름을 아는 것과 모르는 것은 하늘과 땅의 차이다. 자기의 '대운', '계절운' 등을 알고 긍정적인 것과 부정적인 것에 대한 분석과 주의를 하면서 살면 길흉의 징조나 기미를 통찰할 수 있는 혜안이 생기다. 본인의 능력이나 힘으로 부족하면 전문가에게 의뢰해 도움을 받는데, 이때 최소한의 질문할 요점을 정리할 필요가 있다. 자기 운의 흐름을 따라가야 한다. 자기 철을 아는 것이 자기의 흐름을 따라가는 방법이다. 그리고 자기에게 주어진 상황을 인정해야 한다. 현재 상황을 인정하고 받아들이는 그 순간 새로운 용기가 나면서 세상은 또 다른 운명의 색깔을 보여 준다. 실패를 인정해야 한다. 자기를 인정받으려 하지 말아야 하며 돈에 대한 욕망도 멈출 줄 알아야 한다. 자족의 습관이 필요하다는 말이다. 양생과 건강법으로 오늘을 건강하게 살고, 분수를 지키면 또 다른 기회가 또 다른 형태로 나타난다.

8. 자기 마음의 관리자[마음의 병, 심인병(心因病)]

프랭클린 루스벨트는 "인간은 운명의 포로가 아니다. 단지 자기 마음의 포로일 뿐이다."라고 하였다.

맹자는 제자인 공손추와 나눈 대화에서 호연지기(浩然之氣)를 설명한다. "내가 외적인 요소들에 의해 흔들리지 아니한 것은 호연지기를 잘 기르기 때문이라네."라고 대답한다. 호연지기는 온 세상에 가득 찬 넓고 큰 원기(元氣)이며 사람의 마음에 차 있는 넓고 크고 올바른 기운을 의미할 수 있을 것이다. 맹자는 또한 "자신의 마음을 다하여 자기의 본성을 알면 하늘이 안다."라고 하면서 우리가 자기 마음의 관리자가 되어야 하고, 이는 곧 자기 운명의 철을 아는 '철의 관리자'가 됨을 의미한다.

우리는 재산과 인맥의 관리나 자기 몸의 관리에는 신경과 열을 올리면서도 진정한 나를 위한 관리는 소홀히 하지 않았나 하는 강한 의문이 든다. 남을 알기 전에 나를 알아야 한다. 그것이 '회광반조'임을 이미 설명하였다. 마음을 닦아 주변에 덕을 펼치고 나가는 것이 적극적이고 근원적인 개운의 길이라고도 한다. 맞는 말이다. 이 마음을 닦는 일이 말처럼 쉽지 않다. 더욱더 복잡다단하고 더욱 엄청난 변화와 급변이 있는 현대에 와서는 더욱더 그러하다 할 것이다.

세상은 한편으로는 의사소통의 거리가 좁혀지고 있지만, 다른 한편으로는 산업과 기술의 급속한 발전을 배경으로 서로의 무관심과 지나친 이기심이 커지면서 인간관계의 벽은 그만큼 높아졌다. 아무튼 마음의 상처와 정신을 건강하지 않게 만드는 많은 요인이 있는 것이 사실이다. '화와 복은 문이 따로 없다. 오직 자신이 불러오는 것이다(禍福無門 惟人自招)'. 내 마음을 알고 나를 알기에는 동양의 철학과 운명학뿐만 아니라 심리학이나 정신분석학의 접근 방법이 실체적으로 이해하는 현대적 방법이 될 뿐 아니라 그 효용성이 크기에 우리 마음과 정신의 공부를 함께 한다.

지난 20세기의 화두가 '몸'이었다면 21세기의 화두는 단연 '마음'일 것이다. 마음이 편해져 기의 분배가 원활하여 기분이 좋아지면 다른 사람과의 관계가 좋고 이는 마음에서 현대 정신분석학의 중요 전제인 이드(Id, 원초아)와 자아(Ego), 초자아(Super-Ego)의 소통이 편안하고 자유로워진다는 것을 뜻하는 것이다. 내가 나를 모르는데 남을 알기는 더욱 더 힘들다. 내가 나를 알려면 내 마음의 움직임을 알아야 하고, 내 마음 속의 흐르는 피도 지혈하여야 하고, 내 마음속의 뭉친 응어리 또한 잘 풀어내야 한다. 내가 내 마음속 바다를 속속들이 알 수 있다면 내 삶은 훨씬 여유로워지며 자유로워질 것이다.

현대 정신분석학에서 프로이트는 인간의 두 가지 기본 욕동을 리비도(성 에너지, 삶의 욕동)와 타나토스(공격성 에너지, 죽음의 욕동)로 나누며, 성욕이나 공격성을 지닌 아주 작은 눈빛이나 사소한 몸짓에서도 얼마든지 찾아낼 수 있다고 하였다. 기미와 징조가 있다는 것이다. 성 에너지와 공격성이 상징하는 탄생과 파괴, 사랑과 증오는 늘 팽팽한 긴장 관계에 있고 그 균형이 무너지면 삶이 힘들어진다는 것이다. 자연스러운 삶을 위해서는 성 에너지와 공격성을 어떻게 적절한 수준으로 균형을 맞추는가가 중요하다. 특히 공격성의 에너지가 남에게 분출이 안 되고 자신에게 될 때 우울증과 자살이라는 극단적 선택을 할 수 있다고 하면서 그의 방어기제로서 억압, 억제, 합리화, 아는 것으로의 풀기, 심해지면 건강 염려증, 동일화, 이상화 등이 나타난다 했다.

사람은 누구나 행복해지고 싶고, 그러기 위해서 변화를 원하지만 그것이 쉽지 않다. 변화하려면 우선 자신의 마음을 알아야 하는데 인간은 이성적인 체하지만 결국은 감성적 동물이다. 자신이 이성적이라고 믿는 사람일수록 마음속에 문제가 많다. 마음도 몸처럼 치료가 필요하며, 치료하기 위해서는 어떻게 아픈지를 들여다보아야 한다. 그 치료 방법이 동양 철학의 명(命) 분야일 수도 있고, 심리학이나 정신분석학일 수도 있고, 사람의 지식과 체질에 따라 미신일 수도 있을 것이다.

현대에 일어나는 마음과 정신의 많은 병 중에서 이 책에서는 가장 빈번하거나 현실에서 와닿는 증상에 대해 언급한다.

1) 신호 불안(Signal Anxiety)

프로이트가 제안한 신호 불안의 개념은 현대를 사는 사람들을 이해하고 공감을 갖게 하고 그에 따른 제반적인 증세들을 방어하는 좋은 도구였다. 무엇을 해결하려면 일단 움직여야 하고 그 상황을 인정하고 부딪쳐야 한다. 현실은 그렇지 않은데 무지개 같은 행복에 집착하는 것은 오히려 상황을 악화시킨다. 슬픔과 고통을 느낄 줄 알아야 진정한 행복도 느낄 수 있고 자기 것으로 만들 수 있는 것이다. 살면서 불안(anxiety)을 느끼지 않고 사는 사람은 없다. 겉으로 보아 태산 같은 사람이라도 그 마음과 정신의 내부는 그렇지 않을 수 있다. '그 누구도 남의 곳간은 모른다' 하지 않았는가.

확실하지 못한 것은 견디지 못하고, 수험생이 공부를 않으면 불안하고, 종교인이 절이나 교회나 성당을 빠트리면 마음이 무겁고, 사업하는 사람이 며칠간 떠난다고 간 여행에서 마음 졸이는 것이 그것이다.

이것을 부정적으로 보거나 피하지 말고 긍정의 눈으로 보면 불안은 삶의 큰 에너지가 된다. 이 불안과 고통을 피하지 않고 정면으로 부딪치면서 오히려 역전의 계기를 만든 사람들이 무수히 많았는데, 그들은 인생을 성공한 사람들이었다. 불안과 위기를 기회로 위기를 위대한 기회로 만든 것이다. 우리가 알고 있는 전화위복(轉禍爲福)이나 새옹지마(塞翁之馬)의 고사도 그러하다. 불안하면 걱정하게 되고, 우리는 그렇게 살아간다. 그러나 걱정하는 일은 걱정하는 만큼 그렇게 일어나지 않는다.

인간은 걱정과 불안 없이 살 수는 없다. 숨통이 열리는 곳이 있어야 하고 빠져나갈 물길이 있어야 한다. 바람과 물이 빠져나갈 틈과 구멍이 없으면 아무리 좋은 '혈처'의 땅이라도 좋은 땅이 아니다. 사지(死地)이다.

마찬가지로 걱정과 불안이 빠져 보낼 기제가 없으면 인체는 고통받고 정신은 병들게 된다. 걱정과 불안을 자연스러운 것이라 알며 받아들이고 자기와 맞는 여러 방법, 그것이 운동이 될 수도 있고 종교, 명리학이나 여차의 다른 동양 철학, 심리학, 정신분석학 등의 사람과 체질에 따라서는 미신조차도 필요할 때가 있으니 맞추어 활용하면 된다. 명심할 것은 과유불급(過猶不及)의 원리이다. 23.5도의 지축의 기울기로 인한 사계(四季)와 기질상으로 균형과 조화의 기운이 허(虛)한 우리나라 사람들은 더욱더 치우친 사고와 생활 태도를 주의해야 한다.

《열자》〈천서편〉에 적혀 있는 기인지우(杞人之憂)라는 고사를 알 것이다. 기(杞)나라 사람이 하늘이 무너져 내리지 않을까 걱정했다는 고사에서 유래된 얘기로, 장래의 일에 대한 쓸데없는 걱정을 말한다. 지나친 건강 염려증, 미세먼지 등의 과도한 대비, 자녀 교육에 대한 과도한 걱정과 불안 등 무엇이든 지나치면 오히려 몸을 해치고 면역력의 약화 등과 과도한 보호로 인해 연약하고 삐뚤어진 아이를 만들 수 있음을 알아야 한다.

균형과 조화를 지켜야 한다. 마음과 정신에서도 이 균형과 조화가 깨어지면 정신분석학에서 얘기하는 공황증세와 우울증 등이 오기 시작하고 삶의 질이 핍박해질 수 있다.

2) 공황장애(Panic Disorder)

공황은 죽을 것 같은 극도의 불안감이 엄습해 오는 것이다. 원인은 정신분석학으로는 심한 스트레스와 두뇌에서의 관리 시스템이 갑자기 오작동하는 것으로 알려져 있다. 신체적 증상으로는 심장의 박동이 빨라지고 두려울수록 그 박동이 더 빨리 뛰는 악순환이 된다. 현실과 나를 잇는 끈이 약해지는 것이 불안이라면, 공황은 그 끈이 잠깐 끊어지는 것이다. 공항이 어떤 주어진 상황을 만나면 그 상황 안에서의 공포로 바뀐다. 엘리베이터 공포증이나 고층 공포증, 비행기 공포증, 많은 사람을 피하는 공포증, 폐소공포증, 사치 공포증 등과 심하면 공중화장실을 피하고 집 밖에도 잘 안 나가려는 등의 상태가 된다. 이런 상황은 생활의 범위와 깊이를 엄청나게 축소하고 사람들과의 교류도 원활하지 않기에 겪는 사람들의 입장에서는 매우 힘든 상황이 된다.

한의학에서는 공황장애를 교감신경의 오작동이라고 보며 동시에 뒤따라오는 부교감신경계의 증상 또한 환자를 무기력한 상태에 빠뜨려 더욱 고통스럽게 만든다는 것을 지적하고 있다. 근본 원인을 심허(心虛)를 중심으로 사회 환경적 요인, 체질적 요인, 소질적 요인 등의 유전이 중요한 역할을 한다고 보며, 심담담대동(心談談大動)으로 기술하고 있다. 불안증을 정충증(怔忡症)으로 보고 공포증을 경계증(驚悸症)으로 기술하고 있다. 공황장애를 심담담대동으로 보고 있으며 약물치료를 위주로 침구치료와 병행하여 가능하다고 보고 있다.

불안, 공황, 공포를 느낄 시의 공통적 증상 중 하나는 대개 숨을 참고 있다. 이때 호흡법으로 큰 숨을 몇 번 반복하는 것이 매우 좋은 효과가 있으나 반드시 기억해야 할 일은 큰 호흡을 하고 싶으면 낼 숨을 먼저 최대한 하라는 것이다. 그래야 들이마실 큰 숨이 들어오게 된다. 인생도 마찬가지다. 내려놓아야 보이기 시작하고, 보이기 시작해야 원하는 것을 얻을 수 있는 평범한 진리이다. 이러한 증상들이 느껴졌을 때는 피하지 말고 현실을 직시하고 하나하나 적어가며 냉철히 원인도 분석해 보면서 정면으로 부딪치며 자아가 나에게 이러한 증상들의 원인을 찾으라는 메시지를 무시하지 말아야 한다. 인생이 장밋빛이어야 한다는 환상을 버리고, 있을 수 있는 일을 인정하고 큰 호흡을 하면서 '여의길상'의 마음으로 생활하기 바란다. 그리고 필요하면 동양 철학의 전문가나 정신분석 의사들의 도움을 기꺼이 청하기 바란다.

3) 우울(Melancholia)

우울은 슬프고 불행한 감정을 말한다. 우울증과는 다르지만 우울한 감정이 오래 지속되어 생활에 지장을 줄 정도가 되면 우울증 같은 증상으로 보는 경우가 많다. 현대 정신의학에서는 심한 우울증은 뇌의 생화학적 균형이 무너진 것으로 보고 있으며, 그 효과적인 치료 방법으로는 항우울제를 투여하는 것과 왜 이 시점에서 그러한 일이 생겼는지를 분석하는 일이 더 중요하다고 보고 있다. 자신이 그 우울의 의미를 찾을 수 없다면 도움을 청하고 받아야 한다.

경희대 김시천 교수의 '동양 철학으로 세상을 보다'라는 강의 시리즈 중 '우울증과 공자'라는 내용 중에 "공자는 평생 재상이 되고 싶었고, 이를 위해서 공부를 했다. 그런데 그게 마칠 때에 맞추어서 되었으면 기쁠 것이라 얘기했다. 맨날 책만 읽었을 것 같은 공자는 때를 기다린 것이었고 그걸 써먹고 싶었던 것이다. 또한, 유명해져서 교통편도 발달하지 않은 시절, 멀리서 누군가 소문을 듣고 찾아와 주면 이 또한 즐겁지 않겠느냐고 이야기했다." 공자는 때를 기다렸고, 누군가 찾아오길 기다린 것이다. 하지만 아무도 찾지 않았고, 공자는 이 불안한 상황을 이겨내는 스스로를 군자라고 칭했다. 비록 원하는 재상에 오르지는 못했지만 이러한 상황에서도 화를 이겨낼 수 있는 것이 군자라는 얘기이다.

학이시습지 불역열호(學而時習之 不亦說乎)
유붕자원방래 불역락호(有朋自遠方來 不亦樂乎)
인불지이불온 불역군자호(人不知而不慍 不亦君子乎)

배우고 때때로 그것을 익히면 또한 기쁘지 아니한가.
친구가 먼 곳으로부터 나를 찾아온다면 또한 즐겁지 아니한가.
남들이 나를 알아주지 않더라도 성내지 않는다면 또한 군자답지 않겠는가.

"재상이 되지 못한 공자의 처지가 슬프지만, 군자라는 의미를 재해석함으로써 자신의 처지를 정당화하는 공자의 지혜가 재미있다." 김시천 교수는 "공자가 화를 다스렸기 때문에 우울증을 경험하지는 않았을 것 같다."라고 말했다.

성공을 향해 달려온 과정이나 성공 자체를 통해 잃을 것이 있다면 우울해질 수 있다. 성공과 행복 모두를 가지려면 늘 내가 맺는 관계에 신경을 써야 한다. 관계란 사람과 사람하고만 맺는 것이 아니고 내가 나의 과거, 현재, 미래와 맺는 정신적 관계도 매우 중요하다. 우울하면 나와 내 과거의 관계가 친밀해진다. 내 안이 온통 과거에 대한 후회의 잔치가 된다. 우울은 나를 '현금즉시'의 상태로 두지 않고 내가 미래와 맺을 관계까지 간섭하고 나선다. 현재를 사는 것도 고통스럽고 힘이 드는데, 불확실한 미래는 더욱더 나를 힘들게 하는 악순환을 만든다. 과거를 자꾸 회상하면서 현재를 낭비하는 사람은 완벽주의(Perfectionism)의 덫에 빠진 사람이다.

공자 같은 마음가짐은 '위대한 성인이 그렇게 하였을까?' 하는 의문이 들지만 실은 누구든지 가능한 일이다. 공자는 사실 성공하지 못한 자기의 처지에 대한 합리화를 정당화한 것이다. 모든 것이 보기 나름이고 바라보는 관점을 변화시키면 된다. '여의길상'이다.

4) 자살, 피학증, 탈영실증, 빙의

자기 파괴의 극단적인 예가 자살이다. 꼭 높은 곳에서 뛰어내리거나 약을 먹고 죽는 것만이 자살 행위가 아니고 은근하게 숨겨진 자살 행위가 있는데 건강에 해로운 일을 꾸준히 또는 충동적으로 하는 것도 해당된다. 의식에서는 그러지 않는데 무의식에서 자꾸 나를 해치는 쪽으로 움직인다. 흡연, 폭음, 폭식, 약물 남용 등이 그러한 예이다. 자신에게 나쁜 줄 알면서도 불안을 해소하려는 시도로 내가 나를 처벌한다는 의미도 담고 있다. 벌 받는 괴로움을 통해 죄책감을 덜어내는 행위에서 얻는 만족감이 해로운 습관을 버리지 못하는 동기가 된다. 정신분석에서는 이를 피학증(masochism)이라고 얘기한다. 자존심이 낮거나 자아가 스트레스를 받는 상태에서 자기 파괴적인 행동을 쉽게 한다. 그러기에 자존심이 아닌 자존감을 올려야 하는 또 하나의 이유이다.

동양 한의학에서 우울증(憂鬱症, Depressive disorder)의 예는 《동의보감》의 탈영실정(脫營失精)과 관계된 증상들이거나 기울(氣鬱)이나 울증(鬱症) 등을 들고 있다. 기울은 기(氣)가 막혀서 생기는 여러 증상과 스트레스로 인해 몸의 긴장과 불안이 심해지고 이것이 기의 흐름을 방해하여 정상적인 몸의 균형이 깨어진 상태를 말한다. '탈영실정'은 귀하던 사람이 천해지거나, 부유하던 사람이 갑자기 가난해지는 경우에 생기는 정신적 스트레스로 인해 나타난 여러 가지 증상을 가리키는데 우울증과 유사하다.

상기증(上氣症), 심인병은 고도성장 사회가 된 현대에 유행하는 병인데, 옛날과 달리 다양한 증세로 발전했다. 서양 의학은 마음을 뇌가 주관한다고 하고, 동양 의학은 오장(五臟)의 중심이 심장이라고 본다. 이런 병들은 심신이 허약해지고 빙의(憑依)가 되고 그래서 귀신이 붙는다는 의미다. 기가 강하고 기분(氣分)이 좋으면 오장육부가 건강하고, 그럴 경우에는 귀신이 붙을 수가 없다. 도가적인 치료 방법으로는 호흡법과 명상을 적용한 수승화강(水昇火降)의 방법을 권하고 있다. 즉 머리의 열기를 단전으로 내리고, 신장의 차가운 기(氣)는 머리로 올리는 것이다. 또한, 차를 마시는 것이 도움이 되며, 지음(知音, 서로 마음이 통하는 벗)과의 대화, 서예나 음악 감상, 해인삼매나 폭포 수행의 물리적 방법도 좋은 방법이 될 것이다. 그러나 보다 더 근본적인 방법은 마음을 내려놓고, 인생은 무지개 빛깔 같은 성공만이 아닌 실패가 있을 수도 있고 행복만이 아닌 불행이 나한테도 올 수 있다는 것을 인정하고 여의길상의 마음으로 세상을 관조하는 것이 될 것이다.

제2부

꿈 이야기

1. 꿈이란

영화 〈인셉션(Inception)〉에서 자각몽(自覺夢)에 관한 얘기가 나온다. 자각몽 또는 루시드 드림(lucid dream)은 꿈을 꾸는 도중에 스스로 꿈이라는 사실을 알고 꾸는 꿈을 말한다. 1913년 네덜란드의 의사 F. V 에덴이 처음으로 사용한 것으로 꿈을 꾸면서 스스로 그 사실을 인지하기 때문에 꿈의 내용을 어느 정도 통제할 수 있다는 것이다. 인셉션(Inception)은 꿈에 들어가 정보를 주입하고 잠에서 깨어나면 주입된 정보대로 얻게 하는 것이다. 이와 반대는 익스트랙션(Extraction)이다. 역으로 정보를 추출하는 것을 말한다. 영화에서도 꿈을 꾸면서 자신들이 원하는 대로 지형을 설계한다. 멋진 일이 꿈을 통해 현실로 나타나는 것이다.

시카고대학의 스티븐 라버지(Stephen Laberge)는 "자각몽을 통해 스트레스를 해소하고 억눌린 자아를 되살릴 수 있다."라고 말하며, 훈련을 통하여 보통 사람들도 자각몽이 가능하고 효과도 크지만 대신 너무 자주 하면 현실과 꿈을 구별하지 못하는 부작용이 심하게 나타날 수 있음을 알아야 한다. 미국 예시바대학의 로스 레빈(Ross Levin)은 "나쁜 꿈을 통해 감정 처리가 되어야 잠에서 깨어난 뒤 스트레스가 해소되고 공포의 감정과 기억에 짓눌리지 않게 된다."라고 악몽을 설명하면서 '현실에서 스트레스를 받거나 슬픈 일을 겪을 때 꾸는 꿈'인 악몽에 관해 설명하였다.

프로이트는 《꿈의 해석(The Interpretation of Dream)》에서 꿈을 무의식의 욕구 충족이라 하면서 의식에 억눌린 무의식의 욕망을 잠잘 때 꿈을 통하여 충족한다고 했다. 이 무의식의 본능적 요구를 의식화시키는 것이 프로이트 정신분석 치료의 요점이다.

우리나라의 꿈 전문가인 홍순례 박사는 프로이트가 인간 잠재의식의 세계인 꿈의 분석을 한 것은 고견이지만 심리적 측면에서 극히 한정되고 미약하게 언급한다고 주장하면서 꿈의 분석을 심리적 측면을 비롯해 신체 내외부의 일상, 일깨움, 창조적인 사유 활동으로서의 꿈, 계시적인 성격의 꿈, 예지적 꿈 등에 주목하였다. 꿈에 대한 더 깊이 있는 연구를 원하는 독자는 관심을 두면 좋을 것이다.

2. 서양 의학에서 보는 꿈

현대 정신의학에서는 잠자는 동안 뇌가 활발히 움직인다는 것을 알고 잠의 단계를 REM(Rapid Eye Movement)과 NREM(Non-Rapid Eye Movement)로 구분하고 있다. REM은 잠을 자면서 빠른 안구 운동을 하는 수면으로 자는 사람을 보면 눈꺼풀 아래에 있는 눈이 움직이는 것을 볼 수 있다. REM은 전체 수면의 20~25%를 차지하며 대뇌의 당 대사량과 산소 소비량이 증가하고 또한 심장 박동과 호흡 변화가 불규칙하며 뇌파도 깨어 있을 때와 비슷하다. 우리가 꿈을 기억하는 것이 이 REM 수면 상태에서 깨어났기 때문이다.

뇌파나 눈의 움직임과 생리적 기능은 깨어 있을 때와 비슷하나 신체는 꿈꾸는 대로 행동하지 않는 것은 꿈을 꿀 때 REM 수면 단계에서 몸 전체가 이완되기 때문에 머리는 빨리 움직이나 몸은 마비되는 역설적 수면이라고 한다. 꿈을 꾸면서 신체 활동을 하는 사람들도 있는데 이를 REM 수면 활동장애, 몽유병(夢遊病)이라고 한다. REM(비행 수면)은 고등 포유류에게만 볼 수 있는데, 진화한 잠이라고 말하며 적극적으로 대뇌의 피로를 풀어준다. 비행 수면은 4단계로 이루어지며 각각의 단계는 5분에서 15분가량이며 이 4단계가 순차적으로 일어난다. 이 비행의 수면 주기에 이상이 생긴 것이 불면증이다. 불면증은 이러한 정상적인 수면이 불충분하다는 것이며, 세분화하여 말하면 잠이 들기 어려운 경우, 잠을 깊게 들지 못하는 경우, 충분히 잤지만 낮에 졸리는 경우 등이 있다. 우리는 성질이 다른 두 가지 잠, REM과 NREM의 잠을 90분 단위로 교대로 4~6회 반복한다고 한다.

꿈을 꾸는 이유에 대한 또 다른 가설로는 역학습(Reserve learning) 이론이 있다. 영국의 신경과학자 프란시스 크릭(Francis Crick)과 그레인 미치손(Grane Mitchison)이 처음 제시한 이론으로, 1983년 과학지 《Nature》에 이들은 꿈을 꾸는 이유에 대해 "깨어 있는 동안 쌓아 두었던 여러 정보 중 더 이상 필요 없는 정보들을 정리하기 때문"이라고 주장했다. 즉 우리가 꿈을 꾸는 이유는 이러한 기억 청소 작업의 부산물을 시각적인 이미지로 보기 때문이라는 것이다.

우리나라에서의 주류는 꿈을 미래를 예지하는 신비로운 현상이 아니라 전기 생화학적인 작용으로 보고 있다. 정신병 치료를 할 때 꿈을 중요한 자료로 쓰고 있으며, 우리가 꿈을 꾸는 이유는 깨어 있는 동안의 사건, 기억, 감정 등이 무의식 속에 저장되어 잠을 잘 때 떠오르기 때문이라고 주장하고 있다.

3. 동양의학과 민간신앙, 기학에서 보는 꿈

한의학에서는 밤새 좋지 못한 꿈을 많이 꾸는 것을 다몽증(多夢症)이라 하는데, 인체 내의 장부, 특히 심장의 상태에 따라 꿈의 내용 또한 다르게 나타난다고 본다. 심장이 실(實)하면 꿈에 걱정스럽고 놀랍고 괴상한 것이 보이며, 심장이 허약하면 꿈이 많다고 했다. 다몽증은 불쾌한 꿈을 많이 꾸는 것뿐만 아니라 대부분 불면, 불안, 초조, 가슴 두근거림, 어지럼증 등과 같은 여러 증상을 동반하게 된다. 한의학에서는 꿈과 관련된 증상을 다음 3가지로 구분한다.

① 꿈이 많아서 숙면할 수 없는 다몽(多夢)
② 수면 중 무서운 악몽을 꾸어서 숙면할 수 없는 다염(多念)
③ 수면 중 앉거나 혹은 일어나서 말을 하거나 행동으로 표현하는 몽유(夢遊)

민간신앙 속의 꿈의 해석에서 길몽으로는 인물, 동물, 현상에 특별한 의미를 부여한다. 몇 가지 예를 들면, 꿈에 물고기는 재물을 상징하여 물고기를 잡는 꿈은 재물을 얻는 꿈이다. 구렁이 또한 재물의 영향력이 있는 꿈이고, 뱀과 지네가 주머니에 있는 것도 재물이 들어오는 꿈이다. 돼지꿈은 다산(태몽)과 재물 운을 모두 뜻한다. 기학에서는 어릴 때와 장년에 밤 꿈이 잦은 것은 '기(氣)'가 발양(發揚)하기 때문이며, 노쇠하면 꿈이 드문 것은 기가 가라앉아 고정되기 때문이라고 보고 있다.

4. 꿈의 종류

꿈의 종류는 상당히 많고 그 분류 또한 매우 다양하다. 여기서는 중요한 분류법을 소개하고 보편적으로 통용되는 분류를 소개한다.

1) 심몽(心夢)

평소에 자주 하던 생각이 꿈에 그대로 반영되는 꿈인데 계속 반복되면 평소에 그 일을 굉장히 많이 신경 쓰고 있다는 소리다.

2) 허몽(虛夢)

심신이 허약해지고 힘든 시기에 꾸는 아주 기분 나쁜 꿈들이 해당한다. 이때는 악몽이나 우울한 꿈을 주로 꾸게 된다.

3) 잡몽(雜夢)

인간의 욕망에 관련된 꿈이 주를 이루며 꿈의 해석으로는 별다른 의미가 부여되지 않는 꿈으로 흔히 개꿈이라고 부르기도 한다.

4) 영몽(靈夢)

영적인 꿈이나 신화적인 꿈을 뜻하며 신이나 조상들이 나타나 경고나 계시를 할 때 주로 꾸는 꿈으로 아주 중요한 꿈 중 하나이다. 평생 한 번 꿀까 말까 하는 꿈으로 아주 희귀한 꿈이다. 기독교에서 꿈으로 나타나는 계시(Revelation)도 이것을 말한다. 영몽은 선견몽, 전생몽, 혼백불화몽, 천상몽 등 4가지 꿈으로 구분한다.

5. 12가지 종류의 분류

① 현몽
② 역몽
③ 길몽
④ 흉몽
⑤ 태몽
⑥ 계시몽
⑦ 자각몽
⑧ 영몽
⑨ 실몽
⑩ 심몽
⑪ 허몽
⑫ 잡몽

6. 5가지 종류의 분류

① 영적인 꿈
② 표상에 난 미래 예시적인 꿈
③ 미래 투시적인 꿈
④ 심리적인 꿈
⑤ 외부 충격에 의한 꿈

7. 5가지 종류의 꿈

① 영몽
② 잡몽
③ 정몽
④ 허몽
⑤ 심몽

꿈은 분명히 현실에서 존재하고 있으며 우리는 알게 모르게 현실 세계와 동시에 꿈의 세계에 살고 있는 것이다. 꿈, 공상, 환상은 쓸데없는 시간 낭비가 절대 아니니다. 무의식의 힘을 빌려 무엇인가를 해결할 수 있는 소중하고 가치 있는 지적 활동이다. 꿈의 해몽이라는 것은 꿈을 판단하는 것도 중요하지만, 좋은 꿈을 선택하여 좋은 운세면 받아들여 우리의 인생을 살리는 일이야말로 또한 훌륭한 일이 되는 것이다.

제3부

사랑, 이별, 궁합, 택일 이야기

사랑을 받는다는 것이 어떤지 경험해 보지 못한 사람은 자신을 사랑할 수 없고 남을 사랑할 능력도 없다. 또한, 사랑을 준다는 것이 어떤 것인지 경험해 보지 못한 사람도 남을 사랑할 수 없고 자신을 사랑할 능력이 없는 사람이다. 사랑은 경험해야 배우고 실천할 수 있는 실용 학문이다

대학을 갓 들어간 시절, 즐겨 가던 카페(그 당시에는 고급 다방쯤 되었다)의 벽에 "To meet, to know, to love and then to part is the sad title of many a human heart by Samuel Taylor Coleridge.(영국의 시인이며 비평가)"라는 문구가 너무 멋있게 보여 한동안 열심히 술잔을 들며 사랑과 이별에 대해 열변을 토하며 벗들과 보낸 시간들이 있었다. 프로이트는 "어떤 사람이 사랑에 빠졌다는 것은 미쳤다는 것이다."라고 하면서 사랑을 '가장 달콤한 무의식'이라고 정의했다.

나와 남을 연결해 줄 수 있는 끈끈한 접착제를 존 보울비는 애착(attachment)이라는 개념을 사용하였고, 성장 과정에서 애착 관계가 순탄하게 이루어지지 않으면 다 큰 어른이 되어서도 다른 사람과의 관계가 원만하지 않다고 주장하였다. 그중에서도 가장 달콤한 애착은 이성과의

애착인데, 그 달콤한 것에 끌리면 큰 대가를 치러야 한다. 연인과 헤어지는 것 또한 그동안 만들어진 애착 관계에 금이 가는 것을 의미한다. 노만 브라운은 "애착 없는 사랑은 가볍다."라고 하였다. 존 보울비의 애착 관계의 이론이 오늘날에 와서는 비판을 받고 있지만, 어린 시절의 애착 관계가 연애를 좌우할 수도 있다고 할 수 있다.

첫사랑이 이루어지기 어려운 이유 중 하나는 첫사랑을 통해 타인에 대한 공감과 이해의 능력을 키우고 스스로를 더 이해하게 되면서 새로운 관계에 대한 자신감이 생긴다. 그 자신감으로 인해 첫사랑의 장래는 밝지 않고 관계가 지속된다는 보장이 없으며 헤어질 수밖에 없는 사랑이 첫사랑일 수 있다는 것이다.

진정한 사랑은 사랑을 통해 내가 자랄 수 있어야 한다. 사랑을 통해 성장하는 것은 이기적인 행위가 아니고 사랑이란 이름으로 상대방을 구속하는 것이 이기적인 사랑이다. 사랑을 통해 상대방이 하고 싶어 하는 것을 할 수 있도록 도와주고, 그 사람의 장점을 발굴해서 독립적으로 키워주는 관계를 만들 줄 알아야 한다. 그렇게 마음이 있어도 상황과 여건이 만들어 주지 못해 어쩔 수 없는 이별의 현실도 많지만 사랑은 상대를 가치 있는 사람으로 인정하고 돌보는 것이다.

그러나 상대방만을 돌보고 자신을 방치한다면 반쪽의 사랑이며 '피학적' 사랑이 되고, 자신만을 돌보고 상대를 돌보지 않는다면 '가학적' 사랑이 된다. 어느 것이나 완전한 사랑이 아니다. 항상 과유불급의 진리가 사랑에도 적용된다. 균형과 조화를 이루도록 서로 상대방을 이해하고 아껴야만 한다. 영원한 일방적인 사랑은 없다. 사랑하는 사람과 이별을 겪으면 그 상처는 상상 이상으로 아프게 다가온다. 자기애가 강한 사람일

수록 열정적 사랑을 한 사람일수록 식은 사랑과 그로 인하여 일어나는 이별의 상황을 받아들이지 못한다.

> 당신이 떠난다 해도
> 괜찮을 거라고 생각했던 적이 있었다.
> 그때는 해야 할 중요한 일들이 아주 많았다.
> 당신이 떠난 이후로 난
> 아무 일도 하지 않는다.
> 당신만큼 중요한 일이 없기 때문이다.
>
> –How to survive the loss of love–
>
> –《당신 없이 무척이나 소란한 하루》,
> 멜바 콜그로브 외 저, 권혁 옮김, 돋을 새김

떠난 후에 후회하고 그리워해도 때는 이미 늦다. 영원한 이별이나 고별이 아닌 석별로 남겨 두는 지혜가 있어야 한다. 현실적으로 사랑의 필연적 진행 과정이 시작, 지속, 그리고 해체이면, 사랑은 영원하지 않고 사랑은 한 가지 감정이 아니고, 사랑은 한 가지 생각만이 아니고, 행동이라는 것과, 이별 또한 헤어지고 새로운 그 사람을 만나기 전의 시간이 사실은 진정 내가 누구인지를 알 수 있는 가장 좋은 시간임을 인정하고 받아들임으로써 지극한 슬픔(Karuma)을 보내고 슬픔이 훌쩍 떠나간 뒤의 무거운 근심에서 벗어나 새로운 인연을 준비하여야 한다. 그리고 성숙한 인연을 위해 또 다른 준비와 하늘과 땅과 사람의 이치를 깨닫고 활용하여 지나간 일이 아닌 '지금 여기' 즉 현금즉시(現今卽時)와 미래에 대한 삶의 에너지를 저장하여야 한다.

1. 사랑 이야기

심리학에서 전이(轉移, Tranceference)라는 개념이 있다. 과거의 경험이 현재로 옮겨와 새로운 관계에 영향을 주는 것이다. 여기서의 과거의 경험이라는 것은 각자가 가지고 있는 경험의 틀, 스키마(Skima)의 범위 내에서 경험을 말함은 물론이다.

사랑을 느끼는 여러 요인은 다음과 같이 설명할 수 있다.

① 말이 통한다. 내가 하는 말에 상대가 단순히 동의를 잘하면 말이 통한다고 보며 인상이 좋다고 생각을 하게 되나 사실은 착각일 수 있다.

② 소통의 기술, 즉 상대방을 이해하고 이해받는 기술이 필요한데 사랑도 이 영역의 한 부분이다.

③ 상호 가학적인 사람과 피학적인 사람이 만나면 의외로 오래 사귀는 경우가 많다. 병적이지만 잘 맞는다. 소위 역궁합이 좋은 것이다.

④ 상대가 맞지 않아 괴로워하면서도 서로 헤어지지 못하는 대표적인 이유는 경제적 문제와 자녀 문제이다. 그러나 이런 문제들이 해결되어도 쉽게 헤어지지 못하는 경우가 허다한데 상대를 위한다는 핑계를 대지만, 겉과 다르게 속으로는 나를 아끼는 그 사람을 떠나서는 내가 살 수 없다는 두려움 때문이다. 여자의 경우 공주병이라는 소위 '신데렐라 콤플렉스'도 그 이면에는 독립의 두려움이 내재되어 있기 때문이다.

⑤ 열정적 사랑, 마술에 사랑을 느낀다. 열정적 사랑은 서로 의존하는 공생적 관계가 되는 것이고 공생하는 관계가 된다는 것은 경계 없이 나를 그에게 무방비로 맡긴다는 뜻이다. 경계 없이 나를 맡기는 열정적 사랑은 결국 실패로 끝난다. 남에게 나를 맡긴다는 것은 언

제나 위험한 일이다. 위험한 느낌이 들면 마음이 불편해지고 이유 없이 조급해지고 불안하고 화가 난다. 성숙한 관계로 오래가기 위해서는 마음속의 작은 파도로 만족하고 열정적인 거센 파도로 변하는 것을 막아야 한다.

요즘 많은 사람이 좋아하는 베스트셀러 작가인 혜민 스님의 글 중 '사랑을 느끼는 5가지 스타일'이 매우 쉽게 잘 정리되어 있기에 소개한다.

① 인정을 받을 때
② 시간을 함께할 때
③ 물건이 왔을 때(집을 공동명의로 한다든지 등의 물질적 사랑을 의미)
④ 자기의 어려운 일을 대신해 줄 때
⑤ 꾸준한 신체 접촉

이래서 사랑은 힘드나 보다.

2. 사랑의 생리학

사랑을 생식 본능으로 보며 생리학적으로 정의를 내리는 이론도 있다. 짝사랑이든 열렬한 사랑이든 기본적으로는 생리학적 조건과 반응 속에서 일어난다는 것이다. 사랑이 건강에 미치는 영향은 서양 의학적으로는 호르몬의 영향을 많이 들고 있는데 실제로 절대적인 영향을 주는 것은 호르몬을 분비하는 뇌를 비롯해 심장을 중심으로 한 오장육부의 활발한 기운이다. 구체적으로 말하면 사랑은 오장과 육부의 전반적인 기운이 심장의 감정 중심으로 가장 활성화되는 상태이다. 그래서 사랑하면 사람들은 극히 밝고 즐거운 상태에 있고, 감정이 풍부해지고, 그것이 상(象)의 기색(氣色)으로 몸과 얼굴에도 나타나게 되어 있다. 인간은 사랑할 때 좋은 느낌과 함께 호르몬의 분비가 활발해져서 몸에 힘이 생기고 생리적 반응이 일어나며 짜릿한 감정에 휩싸인다. 그리고 접촉하고 싶어진다. 반대로 사랑이 자기에게서 떠나갈 때는 세상이 부정적으로 보이며 눈물과 추억만이 떠오른다.

남자와 여자의 혼전 육체관계는 서로의 감정을 고조시키고 긴장을 없앤다. 그러므로 사랑하는 사람들의 체질과 심리와 정신 상태에 따라서 혼전 관계가 파국을 가져다 줄 수도 있다. 그래서 사랑이 알쏭달쏭하고 어렵다는 것이다. 무조건 사람을 원망하거나 운명을 탓할 일은 아니다.

심리학에서 신기성 효과(Novelty effect)는 처음 접하거나 전혀 기대하지 않았던 것들에 호기심을 느끼고 집중하는 경향을 의미한다. 곧 새롭고 신선한 상황, 기분이 좋아지는 현상이 나타나는 것이다. 여기서 파생하여 쿨리지 효과(Coolidge Effect)를 인간과 동물이 공통적인 본능과 변화에 대한 기대감을 설명하기도 한다. 수컷이 원래 암컷과 교미를 충분히 해서 더 이상 교미를 할 수 없는 상태에서도 새로운 암컷과는 다시 짝짓기를 할 수 있게 되는 현상을 설명하는 생리적 기제이기도 하다. 이런 기본적 본능과 심리를 이해하면 서로 작은 변화를 주면서 즐길 수 있는 것들을 만들어 가며 상대방을 배려하는 사랑의 마법을 오래도록 만들 수 있을 것이다.

남녀가 애정 행각을 추구하는 이유는 자신들의 정신적, 육체적 부족을 채우려는 본능적이고 적극적인 행위이다. 남자는 태양의 양기, 여자는 달의 음기를 가지고 있고 모두가 개인적 체질에 따른 인체의 오장육부를 가지고 있는 소우주이다. 신기지물(神機之物)인 인간은 오장육부를 통해

기(氣)라는 생체 에너지를 섞고 이 기의 이상적인 결합을 '천생 궁합'이라 하고 불균형은 나쁜 궁합 내지 악연이라 한다. 기의 교류는 육체적인 것뿐만 아니라 통하는 마음과 정신을 포함한 감정과 육체적 느낌 등 모든 것을 포함한다. 남녀가 몸을 섞기 이전에 편안하게 느껴지고 뭔가 통하는 것은 서로 호기(好氣)의 '기' 에너지가 통한다는 의미이기도 하다. 이 '기' 에너지의 교류는 인간의 감성이나 육체적 조건에 영향을 미치기 때문에 건강과 운명에 매우 큰 영향을 미친다.

기운이 남아도는 남녀는 '기' 에너지를 소모할 대상을 찾아 헤맨다. 애정 행각의 근본적인 원인으로 앞에서 설명한 쿨리지 효과란 인간의 본능과 '기' 에너지의 과잉 상태에서 시작된다. 자기 스스로를 다스릴 수 없을 정도로 '기' 에너지가 넘치는 남자와 여자들은 정신은 도덕성으로 가득 차 있는데도 불구하고 육체의 상태가 따르지 않는 경우도 있다. 지나친 애정 행각도 병의 일종이라고 할 수도 있다. 모든 것이 과유불급이다.

기(氣) 에너지를 발산할 수 있는 여러 방법으로 몸과 마음을 다스려 넘치는 기 에너지를 맑게 흐르도록 해야 하는 것이 좋은 운기를 불러들이는 비결이다.

사랑을 하면 회춘(回春)한다. 회춘에 가장 도움이 되는 것 중의 하나가 엔도르핀을 많이 생성하여 기분을 좋게 하는 것이다. 엔도르핀의 보고(寶庫)는 연애이고 사랑하는 것이다. 세상이 온통 무지갯빛과 황금빛이고 몸이 붕 뜨는 기분이 사랑이다. 사랑을 하면 노인은 젊어지고, 열정이 넘치고, 여자는 예뻐진다고 하였다.

남녀 서로 간의 기의 교류는 여체가 흥분하여 오르가슴을 느끼는 시점이 되어야 활발해진다. 남자의 뇌에 신장의 찬 수분이 올라가 뇌에 엔도르핀이 생성되어야 비로소 기의 회전이 되며 음기와 양기가 쌓이게 된다. 모든 기 에너지는 혈기(血氣)로 움직인다. 만약 여체가 흥분되지 않으면 혈기가 모이지 않을 것이고, 남자 역시 오장육부가 고르게 흥분이 되어 기의 분배와 혈기가 모이지 않으면 남녀 간의 완전한 교접이 불가능하게 된다. 그런 상태에서 의무적 교합을 하게 되면 서로의 원기만 상하게 된다. 어느 한쪽이 일방적으로 혈기가 왕성하고 상대방이 약하여도 피로가 쌓이고 불만이 생긴다.

각자의 인체 체질과 기의 강약과 흐름을 잘 파악하여 상대방을 만나고 교접해야 하고, 그것이 부족하여 심신의 상태가 좋지 않으면 다른 방법으로 연구를 하든지 보완을 해야 한다.

궁합과 택일도 그러한 관점에서 유익한 방편이 될 수도 있다. 회춘을 원하면 기분(氣分, 기의 배분)을 좋게 해야 하고, 그 방법들은 각자가 체질과 상황에 맞추어 적절히 활용해야 한다. 보통 사람들은 사랑이라고 하면 거의 정신적 사랑이 고상하다고 한다. 그러나 사랑은 정신과 육체의 동시 사랑이어야 한다. 인체의 사랑은 본질적으로 육체적이다. 육체의 오장육부 기능이 사랑을 만드는 것이다. 인체의 체질에 따라 약한 장부를 자극해야 반응이 빨라진다. 체질에 따라 예민한 곳이 있고 반응하는 속도가 다르다는 얘기다. 변태는 특별한 체질에 따른 반응을 즐기는 사람이다.

3. 이별 이야기

회자정리(會者定離) 거자필반(去者必返) 생자필멸(生者必滅)

만나면 헤어지고 떠난 자는 필히 돌아오고, 태어남은 반드시 죽음으로 귀결될 수밖에 없음을 통찰하고 있는 《법구경》의 가르침이다.

만남과 이별, 삶과 죽음은 상대적 세계로 그 어떤 것도 고정불변의 실체가 아닌 까닭에 서로를 의지하며 끊임없이 연기(緣起)할 뿐이다. 결국 밝음과 어둠의 상대적 양면 세계를 여윔으로써 만남에 올인하면서도 그 어떤 만남에도 집착하지 않는 불이(不二), 중도(中道)의 세계를 지양할 뿐이다.

'오는 사람 막지 말고 가는 사람 잡지 말라'는 말이 있다. 이것은 인간관계를 아무렇게나 버려두라는 말이 아니라, 주어진 인연을 그대로 받아들이라는 뜻이다. 사람 관계가 변하는 것을 억지로 잡으려고도 하지 말고, 떠난다고 아쉬워하지도 말고 집착하지도 않아야 편안한 관계를 맺을 수 있다는 것이다. 그래야 새로운 인연도 만날 수 있다.

우리가 추구하는 가치 중에 영원하거나 절대적인 것은 별로 없다. 지금 사랑하는 사람들에 대한 감정도 언젠가는 미움으로 변할 수 있고, 원수 같았던 경쟁자가 세상에 둘도 없는 친구가 되기도 한다[은생어해 해생어은(恩生於害 害生於恩)]. 그러니 지금 이 시간 함께하는 사람 그리고 자신에게 부여된 시간을 영원처럼 생각하고 즐기는 것이 행복이나 세상의 일은 그렇게 또 마음먹은 대로만 흘러가지는 않는다. 자기의 의사와는 관계없이 헤어짐이 생긴 경우 그 막막함과 외로움과 상처받은 마음의 치료는 타인은 이해할 수 없고 죽음이 올 수도 있다.

흔히 외로움은 혼자 있는 괴로움이고, 고독은 혼자 있는 즐거움이라 했다. 외롭고 마음이 아플 때는 자신의 무의식 속에 있는 애착 관계를 뒤집어 보는 것이 중요하다. 헤어진 그 사람에게 내가 얻고자 했던 것이 사랑이었는지 아니면 애착이었는지를.

고독은 원시사회에서는 종족과 떨어지는 것이며 곧 죽음을 의미하였으나 현대인은 완전하게 고독을 확보할 수 있고 활동하기에 따라 즐길 수도 있다. 고독이 반드시 나쁜 것만은 아니다. 인간은 고독이 있기에 고독을 통해 혼자 있는 시간이 절대적으로 필요하다. 애착만으로 물든 관계는 멀리 가지 못한다. 고독이 없는 성숙은 가볍다.

사람은 추억을 먹고 산다. 추억이 많은 사람은 성공한 사람이다. 아름다운 추억에 젖어 사는 사람은 행복한 사람이다. 현금즉시(現今卽時)는 그렇게 살라는 것이고, 추억은 그렇게 즐기라는 것이다. 추억이 없는 인생은 장미꽃 없이 가시 줄기만 남은 장미꽃이다.

사람들은 흔히 헤어짐을 이별(離別)이라고 한다. 잘못된 앎이다. 헤어짐에는 세 가지의 유형이 있다. 이별과 고별(告別)과 석별(惜別)이다. 물론 옛 분류에 따라서는 존경하는 사람과의 작별을 말하는 배별(拜別), 윗사람과 헤어짐을 의미하는 봉별(奉別), 인사를 나누고 헤어지는 의미인 작별(作別)도 쓰인다.

결별(訣別)은 기약 없는 이별을 말하며, 관계나 교제를 영원히 끊는 것이니 완전한 절교(絶交)의 행위를 의미한다. 결별사(訣別辭)는 결별을 알리는 인사말이다. 또한, 주체에 따라서의 분류로는 남아 있는 사람이 떠나는 사람을 전송(餞送)하는 것을 송별(送別)이라 하고, 반대로 떠나는 사람이 남아 있는 사람에게 작별을 고하는 것을 가리킨다.

사랑하는 남녀 간에 어쩔 수 없이 혹은 일방적으로 헤어짐을 두고 정의하면, 이별은 잘잘못을 떠나서 헤어지는 것이고 다시 만날 기약이 없는 것을 말한다. 생이별(生離別)은 살아있는 혈육이나 부부간에 어쩔 수 없는 사정으로 헤어진 경우를 의미하며 생결(生訣) 또는 생별(生別)이라고도 한다. 사별(死別)은 죽어서 이별하는 것을 의미한다. 한편 한자가 다른 사별(辭別)은 만나서 인사를 나누고 헤어지는 것을 의미한다. 영이별(永離別)은 다시는 만나지 못하고 영원히 헤어지는 것을 말한다.

《공자가어》에 나오는 사조이별(四鳥離別)은 어버이와 자식 사이의 슬픈 이별을 이르는 말이다. 중국 환산(桓山)의 새가 네 마리의 새끼를 낳았는데, 이 새들이 성장하여 사해(四海)로 날아갈 때 어미 새가 슬피 우는 고사에서 유래하였다. 한편 몌별(袂別)은 섭섭하게 헤어짐을 의미한다.

고별(告別)은 어느 한쪽의 일방적인 헤어짐이며 공적으로나 동일한 인연으로는 다시 만날 기약이 없는 것이다. 전임하거나 퇴임할 때에 같이 있던 사람들과 헤어지면서 작별을 알리는 것을 말하거나 또는 장례 때 죽은 사람에게 이별을 알린다는 의미이다. 고별 모임은 고별회를 뜻하며 고별사는 전임하거나 퇴임할 때에 같이 있던 사람들과 헤어지면서 작별을 알리는 말이다. 고별연 또한 작별을 알리면서 베푸는 잔치를 의미한다. 고별전(告別戰)은 고별을 앞두고 마지막으로 하는 경기를 의미하며, 고별주(告別酒) 또한 고별을 앞두고 헤어지면서 작별을 알리며 마시는 술이다.

하이든의 교향곡 45번은 흔히 '고별(farewell)'이라는 별칭으로 불린다. 1766년 그의 후원자인 에스테르하지 후작의 신축한 여름 별궁에서 6개월간 머물면서 휴가도 없이 가족들과 떨어져 여름 내내 엄청난 공연 스케줄을 소화해야 했던 단원들의 불만이 고조되자, 음악으로 후작의 마음을 움직여 보려고 작곡한 이 곡의 제4악장에는 각 악기 주자들이 촛불을 불어 끄고 차례로 퇴장하며 최후에는 두 명의 바이올리니스트만 남아 지친 듯이 연주를 마치는 것으로 유명하다. 후작은 하이든의 위트가 번뜩이는 고별의 의미를 담은 메시지를 충분히 이해했고 단원 모두에게 휴가를 주었다. 그 후 이 곡은 '고별'이라는 별칭으로 유명해졌다.

석별은 서로 애틋하게 헤어짐을 의미하며 그러기에 다시 만날 기약이 있는 별리(別離)이다. 스코틀랜드의 민요인 '올드 랭 사인(Auld Lang Syne)'은 묵은해를 보내고 새해를 맞으면서 부르는 축가로 쓰인다. 올드 랭 사인은 스코틀랜드어로 '오랜 옛날부터(old long since)'라는 뜻이다. 영화 〈애수〉(원제: Waterloo Bridge)〉 주제곡으로도 쓰였으며 '석별의 정'이라고 하며, 작별(作別)이라고도 번역되고 있다.

신라의 향가에 '제망매가'가 있다. 지금의 경주 낭산(狼山) 기슭의 사천왕사지와 망덕사지가 있는 당시의 신유림에서 머물던 월명사(月明師)는 죽은 누이의 제(祭)를 열며 향가 제망매가를 불렀다. 같은 부모에게서 태어난 남매 사이의 헤어짐을 한 가지에서 났다가 떨어져 흩어지는 낙엽으로 표현한 것과 젊은 나이에 죽는 것을 덧없이 부는 이른 바람에 떨어진 잎으로 비유하여 요절의 슬픔과 허무함을 감각적으로 구상화한 것이며, 누이의 죽음에 슬픔과 이별을 절절히 느끼게 하는 매우 뛰어난 걸작의 향가이다.

생사의 길은 여기에 있으며 두려워지고
나는 갑니다 하는 말도
다 못하고 가 버렸는가.
어느 가을 이른 바람에
여기저기 떨어지는 잎처럼
한 가지에 낳아 가지고
가는 것 모르누나
아! 미타찰(극락정토)에서 만나볼 나는
도를 닦으며 기다리련다.

남녀 간의 사랑에 있어서의 헤어짐 또한 엄청난 상실감과 아픔을 준다. 앞에서 언급한 '석별의 정(올드 랭 사인)'을 주제곡으로 사용한 영화 〈애수〉의 아픔도 시대가 달라졌지만 여전히 우리에게 잔잔하게 파도의 물거품처럼 다가온다.

미국의 MIT 대학에 다니는 어느 가난한 고학생이 지역 유지의 딸과 사랑에 빠졌다. 여자 쪽 집안에서는 둘을 갈라놓기 위해 여자를 멀리 친척집으로 보내 버렸다. 남자는 그녀를 찾기 위해 며칠을 헤매고 다니다 비가 내리는 어느 날 그녀 집 앞에서 해후했다. 여자가 힘없이 말했다. "나 내일 결혼해." 남자는 말없이 있다가 무겁게 입을 열었다. "그럼 내가 담배 한 대를 피우는 동안만 내 곁에 있어 줄래?" 여자는 고개를 끄덕였다. 종이에 말아 피우는 담배는 몇 모금을 피면 금세 타들어 가는 짧은 시간이 흐르고 여자는 집으로 들어갔고 그것으로 끝이었다.

그 후 남자는 세계 최초로 필터가 있는 담배를 만들어 거부(巨富)가 되었다. 세월이 흘러 그 여자가 혼자서 병든 몸으로 빈민가에서 살고 있다는 소식을 들었다. 남자는 하얀 눈이 내린 어느 날, 하얀색 벤츠를 타고 그녀를 찾아가서 말했다. "나는 아직도 너를 사랑해. 나와 결혼해 주겠어?" 여자는 망설이다가 생각할 시간이 필요하다고 했고, 남자는 다음날 다시 오겠다고 하고 집으로 돌아왔다. 다음날 남자가 그녀를 찾아갔을 때 발견한 건 목을 매단 채 죽어 있는 그녀의 싸늘한 시신이었다.

그 후 남자는 자기가 만드는 담배에 'MARLBORO'란 이름을 붙이기 시작했다고 한다. MARLBORO는 Man Always Remember Love Because Of Romance Over(남자는 흘러간 로맨스 때문에 사랑을 기억한다)의 약자이다. 가슴을 뭉클하게 하는 애잔한 사연이 있는 헤어짐이다.

모리스 루블랑은 “여자를 좋게 말하는 자는 여자를 충분히 알지 못하는 사람이고, 여자를 언제나 나쁘게 말하는 자는 여자를 알지 못하는 사람이다.”라고 했다.

어쩌든 남녀가 아픈 이별이 없이 잘 지냈으면 하는 바람이고 헤어짐이 있더라도 결별(訣別) 상태의 이별은 아니었으면 한다. 인연이 있어 만났고, 그리고 인연이 있어 사랑하였으니 지금의 인연이 다하더라도 언제 어느 때 또 어떻게 만나게 될 줄 알겠는가?

은생어해(恩生於害) 해생어은(害生於恩)이다. 오늘의 은혜로움이 내일의 원수가 될 수도 있고, 오늘의 원수가 내일의 은혜로움이 될 수 있다.

이 세상에서 가장 나쁜 사람 중의 하나는 사람을 보지 않는 사람이다. 살다 보면 긴 인생의 길에서 사업이 망해서, 피해를 당해서, 도덕적으로 도저히 볼 수 없어서, 왠지 싫어서, 전혀 도움이 안 되어서, 삶의 격이 맞지 않아서, 원수가 되어서 등등 당사자가 되어 보지 못하면 누구도 알 수 없는 이유로 사람을 보지 않는 경우도 있다. 그래도 사람을 보지 않겠다는 마음은 하늘의 뜻을 저버리는 행위이므로 반드시 대가를 치른다. 그것이 이승이 아닌 저승에서라도 그 대가를 치르게 되어 있다. 다만, 지금의 상황은 그럴 때가 아니라든지 할 경우 잠시 인연을 내려놓든지 인연의 방을 비워 놓을 수 있다. 비워야 새로운 인연도 들어올 수 있고, 변화가 시작되고, 변화가 시작되어야 운이 또한 바뀐다.

사람은 추억을 먹고 산다. 나이 들어 회상할 추억이 없다면 잘못된 삶이라 한다. 추억을 인정하는 것이 지금을 ‘현금즉시’로 사는 방법이다. 잘못된 인연들은 떠나보내고 놓아주되, 두 번 다시 보지 않겠다는 식의 결별은 피하는 것이 낫다. 그냥 놓아주고 내려놓기 바란다.

4. 궁합 이야기

인간의 기(氣)로 된 육체가 또 하나의 상생하는 기를 간절히 찾고 있는 것을 궁합이라 한다. 결혼해서도 사랑하는 사람을 못 잊고 병이 드는 경우도 있고, 사별하거나 이별을 하고서도 그리워하고 방황하는 만큼 그 기가 강력한 영향을 미친다는 것이다. 자신과 맞지 않는 대상을 만나 결혼을 하거나 연애를 하게 되면 고통을 겪기 마련이다. 처음 만나는 순간부터 호감이 가고 좋아지는 사람이 있지만, 이유도 없이 거부감이 생기며 싫어지는 사람이 있는 것도 사실이다.

사랑에는 어느 정도의 시행착오가 용납된다. 오히려 사랑이 좀 더 성숙한 모습을 갖추려면 수많은 시행착오를 거쳐야 한다. 그러나 결혼은 사랑과 다른 형태이다. 어떤 사람들은 결혼 전에는 매사에 되는 일이 없다가 결혼한 후부터는 일이 술술 잘 풀려나가는 경우도 있고, 이와 반대의 경우도 있다.

결혼한 부부가 가문, 인물, 학력 등의 수준이 비슷한 사람끼리 만난 사람들도 많지만 이와는 다르게 어느 한쪽이 상대적으로 기우는 남녀가 부부의 인연으로 맺어 잘 살아가는 경우도 허다하다. 설혹 나쁜 궁합임에도 불구하고 결혼했다면, 궁합이 나쁘다는 점을 항상 유념하며 그 위기를 넘기기 위해 참고 이해하려고 노력해야 한다. 그런 부부는 다소의 고난이 오더라도 얼마든지 그 위기를 극복할 수 있는 지혜로움을 하늘이 준다. 좋은 궁합일 경우는 생에 어려움이 닥쳐도 자신감과 희망을 가지면 반드시 좋은 날이 오게 된다. 결혼 전 궁합을 본 의의는 어려운 시기를 지혜롭게 넘기는 것에 있을 것이다.

1) 궁합의 이론들

넘쳐 나는 궁합의 이론들은 나름 각자의 주장을 가지고 있으나 실은 그 저변의 바탕 이론은 사주명리학이다. 그 뒤를 자미두수와 구성학 등이 잇고, 그 틈 사이를 신살의 제 이론들이 파고들며, 서양의 점성술, 심리학, 혈액형과 지문학, 그리고 관명운기학에서도 주장하는 관상 등의 이론들이 주류를 형성하고 있다고 보면 크게 어긋나지 않을 것이다.

그런데 실상은 사주명리학을 비롯한 옛 고서들에는 궁합과 연계하여 의외로 많은 언급을 하지 않았다. 청(淸)대의 진소양의 《명리약언(命理約言)》과 역시 청대의 임철초가 주(註)한 《적천수》에서도 그렇게 심도 있게 언급하지는 않고 지나가고 있다. 시중에서 많이 회자하는 신살론(神殺論)의 무익한 점을 언급한 것이다.

역시 명대의 명리학의 대가인 서낙오가 저술한 《차처안좌법(借妻安子法)》에 "타고난 명(命)이 가난한 사람은 부유할 수 없고, 천한 사람은 귀해질 수 없지만 처(妻)를 잘 선택해 훌륭한 자식을 낳아 기르는 데는 좋은 방법이 없는 것은 아니다."라며 궁합을 언급하였다. 또 장남(張楠)이 《신봉통고(神峯通考)》에서 "남녀 궁합을 '삼원구궁'으로 보는 것은 잘못된 궁합이다."라고 지적하면서, 그 예로써 "남자의 사주에 비겁(比劫)이 강하면 식상(食傷)이 강한 여자를 택하고, 여자의 사주에 식상이 강하면 반드시 비겁이 강한 남자를 선택해야 정확한 궁합이다."라고 한 정도이다.

(1) 겉궁합과 속궁합

민간의 술법처럼 되어온 궁합법, 소위 겉궁합은 남녀의 생년(生年)의 간지(천간과 지지)에 소속된 납음오행으로 남녀의 상생(相生)과 상극(相剋)을 따져 상생은 좋은 궁합이고 상극은 나쁜 궁합으로 보든가 혹은 무슨 생(生)은 띠가 무엇인가 서로 친하든지 아니면 앙숙 관계라 보는 소위 원진살(元嗔煞)로 보는 궁합을 말한다. 보통 자축인묘진사오미신유술해(子丑寅卯辰巳午未申酉戌亥)의 12지지(地支)에서 비롯한 띠끼리의 조화를 가리킨다. 즉 돼지[亥] 토끼[卯] 양[未]과 호랑이[寅] 말[午] 개[戌], 원숭이[申] 쥐[子] 용[辰]과 뱀[巳] 닭[酉] 소[丑]의 띠끼리는 서로 잘 맞는다는 것이다. 이는 별자리를 뜻하는 궁(宮)끼리 합(合)을 이루기 때문인데 역학 용어로 삼합(三合)이라 한다.

반면, 소와 양[丑, 未], 호랑이와 원숭이[寅, 申], 쥐와 말[子, 午], 토끼와 닭[卯, 酉], 용과 개[辰, 戌], 뱀과 돼지[巳, 亥]는 서로 반하는 관계를 이루는데 이를 충(沖)이라고 한다.

이 밖에도 충(沖)보다는 약하지만 형벌을 사는 것 같다고 하는 형(刑), 서로를 다치게 하는 파(破), 서로에게 해를 입히는 해(害), 그리고 까닭없이 서로를 미워하는 원진(元嗔) 등이 있는데, 이러한 관계의 대부분이 궁합이 좋지 않기 때문이다. 또한, 원진에는 소와 말, 용과 돼지, 호랑이와 닭, 원숭이와 토끼, 뱀과 개, 쥐와 양이 있는데, 특히 소와 말의 원진을 축오(丑午) 원진이라 하여 민간이나 민속에서는 가장 나쁘게 보고 있다.

별자리로 보는 구성학(九星學)이나 구궁궁합(九宮宮合) 등도 마찬가지 겉궁합의 일종이다.

속궁합은 남녀의 성격과 운명을 배합하여 보는 것으로 사주, 즉 연월일시를 오행에 따라 상생과 상극 등으로 종합적으로 보는 것을 말한다. 작업의 전문성이 필요한 궁합법인데 조금 변색이 되어 남녀 사이의 성적 어울림을 우회적으로 표현하는 말 내지 궁합법으로 이해되기도 한다. 이 겉궁합과 속궁합으로 나눈 전통적 궁합법 중 '띠'로 보는 겉궁합은 사실상 의미가 없다고 본다.

원진살의 경우 상호 앙숙이거나 사이가 나쁜 동물들끼리는 궁합이 좋지 않다는 식의 전통적으로 민속 내지 민간에서의 손쉽게 보는 궁합법 중의 하나인데, 본래 12지지 자체가 동물을 의하는 것이 아니었기 때문에 실제로 12지를 나타내는 글자가 각각의 동물과는 맞지 않는다. 참고로 축(丑, 소)은 베트남에서는 물소를, 인(寅, 호랑이)은 인도에서는 사자를, 묘(卯, 토끼)는 베트남에서는 고양이로, 해(亥, 돼지)는 일본에서는 멧돼지로 통하고, 또 미(未, 양)도 나라에 따라서 양과 염소로 사용되기도 한다. 공통되는 것은 쥐, 뱀, 말, 원숭이, 닭, 개, 용이다. 신살 역시 오늘날의 전통 사주명리학에서는 몇 가지의 신살 외에는 그 가치를 인정하지 않는 경향이 많다. 여기에 관해서는 사주명리학 편에서 별도로 다루기로 하고 생략한다.

(2) 사주명리학으로 보는 궁합

사주명리학으로 정확한 사주, 연월일시를 알고 천간과 지지와 지장간을 상호 대비하여 대운과 함께 남녀 간의 성격과 사주의 신약과 신강 등을 파악하여 용신, 희신, 기신을 찾아내어 조후 이론과 12궁 이론, 형충해파 등을 종합적으로 판단한 후에 보는 궁합법으로 가장 이상적인 궁합법이다. 하지만 오랜 시간 공부해야 하고 상당한 전문가 수준이 되어야 하는 문제가 있다. 이 책의 사주명리학 편을 이해한 후, 전문가에게 상담 시에 그 질문과 간명을 이해하는 방법론을 익히도록 하고, 독자의 습득 능력 수준에 따라서는 본인의 것을 간단히 볼 수도 있을 것이다. 본인만 알고 바라보는 바의 장점도 크다면 크다고 할 수 있다.

(3) 자미두수(紫微斗數)로 보는 궁합

우리나라에서는 아직 생소한 편이지만 정통 궁합법 중의 하나이다. 혼인할 남녀의 연월일시를 가지고 고정된 방식의 12궁에 각각 성좌를 배열한 다음 주로 남녀의 명궁(命宮)과 부처궁(夫妻宮)에 배열된 성좌를 분석하여 궁합의 호불호(好不好)를 판단한다. 명궁에 배열된 성좌를 사람의 성격과 특질을 비롯해 전반적인 운명의 개요를 나타내 주고, 부처궁에 배열된 성좌는 주로 남녀와 부부에 대한 전반적인 상황을 나타내 준다. 논리적으로 상당히 합리적이고 신빙성이 높은 궁합법이다. 사주명리학과 달리 쉽게 배울 수 있는 성좌 배열법만 익히면 전문인들이 만든 기존의 표준 자료를 이용해 누구든지 간단히 응용할 수 있는 장점이 있다.

(4) 기타 여러 이론들(심리궁합, 구성학, 점성술, 지문, 혈액 등)

최근에는 심리학에서 파생된 여러 이론은 주로 이성 간의 사랑 내지 결혼을 대비한 남녀의 관점으로 심리궁합(Psyco-harmony)으로 성격, 습관, 가치관, 주체성, 사랑의 욕구, 안정성, 감성지수(EQ), 삶을 즐기는 유희성, 섹스의 욕구, 자라온 환경과 외모, 조건 등의 제반 상황을 분석과 테스트를 하여 궁합법을 접근하는 이론이다.

다만 궁합이란 논리적이고 과학적만이 아닌 운명과 운기의 흐름과 남녀 각각의 선천적인 업과 인연 또한 연계되어 있다는 동양 철학의 한 부분과는 또 다른 접근 방법이기에 보는 사람의 성향과 체질에 따라 참고와 선택을 하면 될 것이다.

구성학(九星學)은 9개의 별을 가지고 인간의 운명을 연구하는 학문이다. 단순하게 쉽게 보는 궁합에 매우 잘 맞는 특성이 있어 일반인이나 초학자들이 쉽게 접근하여 찾아볼 수 있는 궁합법으로 활용할 수 있다. 일본의 다카기 아기미쓰의 《상성과 궁합》' 등이 있으며 출생 연도를 기준으로 하여 인간 사이의 관계를 본다.

동양에서는 일찍부터 동서남북의 사방(四方) 외에 북동, 남동, 남서,

북서의 팔방에 자신이 위치한 중앙을 더하여 9개의 방위가 있다고 생각했다. 그리고 각각의 방위를 관장하는 초월적인 힘이 있다고 여겼다. 그 힘의 원천인 존재를 하늘에 자리 잡고 있는 별에 비유하여 고유의 이름을 붙인 것이 바로 구성(九星)이다.

별자리로 보는 서양의 점성술 궁합과 지문(指紋)으로 보는 궁합법, 혈액으로 보는 궁합법 등도 유행하고 있으며 관상으로 보는 궁합법 또한 고대로부터 오랫동안 내려오는 전통적 수단이다. 필자가 주장하는 관명운기학 또한 동양의 명[命, 역(易), 사주, 자미두수] 등과 특히 관상과의 연계로써 운명과 운기의 흐름을 보는바, 궁합 역시 같은 범주에서 파악하는 이론이다.

(5) **궁합, 믿어야 하나, 믿지 않아야 하나**?

러시아 속담에 이런 말이 있다.

"전쟁터에 나갈 땐 한 번 기도하고,
거친 바다에 나갈 땐 두 번 기도하고,
결혼을 할 때엔 세 번 기도하라."

시인 하이네는 이렇게 말했다.

"결혼, 그것은 어떤 나침반도 일찍이 항로를 발견한 적이 없는 거친 바다이다. 나에게는 결혼식의 행진곡이 언제나 싸움터에 나가는 군인의 행진곡처럼 들린다."

궁합을 보려고 하는 사람한테 궁합이 곧 부부간의 운명을 결정짓는 것인 양 현혹시키거나 당황하게 만들며, 어떤 경우에는 궁합이 행복과 불행의 결과를 초래한다고 하는 것은 잘못된 것이다. 전문가가 정확하게 본 궁합이 만약 나쁘다면 부부가 함께 행복하게 잘 지내는 데 좋지 않은 영향을 미치게 하는 것뿐이지 그것이 결코 불행의 원천은 아니다. 인생의 여로에는 항상 원하는 대로의 좋은 일만이 일어나는 것이 아니므로 상대방을 이해하며 더 조심하는 기회로 활용하기 바란다.

역학자마다 다르게 판단하고 이론마다 다르게 해석하므로 어떤 판단이 옳은지 그른지 모를 때에는 차라리 궁합을 무시하고 현실 면에서 상대방의 성격, 인품, 가문, 능력 등을 참작해서 결정하는 것이 바람직하다. 특히 현대의 남녀 궁합에서는 감성(EQ) 문제가 중요하므로 이 역시 참조하여야 할 것이다. 다만 충분한 사판(事判)을 검토한 후 그래도 답답함이 남을 경우, 이판(理判)으로 궁합을 보아 그것이 좋든 나쁘든 상호 간의 기 에너지의 흐름이라 판단하고, 나쁜 것은 서로 이해하고 양보하며 지내고, 좋은 것은 서로 더욱 사랑하고 밀어주고 지내는 것이 이를 넘어서는 길일 것이다.

다만 사업 궁합이나 동성 간의 궁합 등 인간관계의 궁합일 경우는 혈연이나 지연 그리고 다른 조건 외에도 분명 뭔가 인간을 좌우하는 신비로운 기운이 있다는 사실을 부정할 수는 없다. 궁합을 다른 말로는 관계(關係)라고 표현할 수 있다. 다른 삶을 살아가는 수많은 사람을 하나로 묶어 규정 짓는다는 것이 무리인 듯 보여도, 그들이 가진 운명의 파장(波長)은 일치하는 부분이 상당히 많고, 설명할 수 없는 운명의 힘이 크게 작용하는 것 또한 사실이다.

이런 의미에서 궁합은 남녀 사이뿐만 아니라 동성끼리 협력해야 하는 경우에도 인연의 호불호를 살펴볼 때 매우 유익한 경우가 있을 것이다.

참고로 정통적 남녀 궁합의 판단 방법을 소개한다.

1 배우자의 상태

먼저 자신의 사주에 나타난 배우자가 될 사람의 운을 해석해야 하는데, 남자는 재성(財星)의 강약을 살펴보는 것이 우선이다. 재성은 아내로 해석되는 것이다. 사주에 양인(겁재)이 많고 목욕살(도화살)이 있으면 본인이 외도한다고 보며, 재성이 암합(暗合)을 하면 아내가 될 여자가 외정(外情)이 있다고 본다. 여자는 관성이 지아비가 되므로 사주의 관성 역할을 분석해 결혼 운을 짐작한다.

2 결혼하기 쉬운 시기

일지(日支)와 육합(六合)과 삼합(三合)이 되는 운이 대운과 세운에서 있을 때와 용신(用神)의 해에 결혼할 가능성이 크다. 남자는 용신을 자식으로 보고 희신은 처로 본다. 여자는 용신을 남편인 부(夫)로 본다. 남자는 재성이 강해지는 해에 이성과의 접촉이 많아지며 혼사의 길흉을 떠나서 결혼의 가능성이 있다. 여자 역시 재관(財官)이 강해지는 해에 결혼의 가능성이 있다. 남녀 간의 결혼 적기는 역시 사주의 구성이 좋아지는 용신, 희신의 운일 때다.

3 조혼(早婚)과 만혼(晩婚)의 구별

사주에 육합, 삼합, 자오묘유(子午卯酉) 등의 재관이 많으면 조혼을 하게 되고, 반대로 인성, 비겁이 많아 재관이 무력하면 만혼 자가 된다. 남녀의 사주에 재관이 혼잡되어 세력이 강하고 합(合)이 많다면 다양한 기질의 소유자이며 대개 조혼을 한다. 그러나 용신운의 때가 아니면 적절한 시기가 아니라는 말도 되므로 실패의 가능성도 크다.

4 성격의 문제

사주에 인성(印星)과 재성(財星)이 서로 다투는 구성이면 모친과 아내 간의 고부 갈등을 의미한다.

마. 남녀 각각의 사주 해석을 하여 상대방을 해석한다

즉 정확한 궁합을 위해서는 남녀의 단독 사주를 충분히 분석하고 파악하여야 한다.

5 대운의 흐름을 본다

운의 흐름에서 발생하는 다양한 제반 문제를 파악하고 활용하여 간명하여야 한다.

6 여자 궁합 간명 시 주의할 부분

궁합에서 여자를 볼 때 중요한 것 중의 하나는 '편관 칠살'이다. 이 경우 조혼하면 남편과 사별할 운이므로 30대를 넘어 40대 초반을 지나 결혼하는 것이 좋다. 혼자 사는 여자의 70~80%가 이 편관(칠살)이 있는 편이다.

7 결론적으로,

① 희신(喜神)과 기신(忌神)이 상호 동일할 때는 대단히 좋은 궁합이다.

② 희신이 상대방의 일주 천간과 동일할 때에도 대단히 좋은 궁합이 된다.

③ 기신이 상대방의 일주 천간과 동일할 때는 대단히 나쁜 궁합이 된다.

④ 기신이 상대방의 일주 천간과 상충(相沖), 상극(相剋) 시에도 나쁜 궁합이 된다.

5. 택일(擇日) 이야기

조선 시대에도 천문지리와 역학을 담당할 과거시험이 있었다. 무년시(戊年試)로 3년마다 '자, 오, 묘, 유년'에 치렀으며, 1차로 천문학에 10명, 지리학에 4명, 명리학에 4명을 뽑고 최종 2차에는 각 그 절반인 5, 2, 2명을 뽑았다. 2명을 선발한 명과학의 시험과목은 서자평, 원천강(관상)과 범위수, 극대통수였는데 범위수가 혼사 등 택일을 보는 시험이었다.

택일학은 좋은 날, 즉 길(吉)한 날을 선택한다는 뜻이다. 좋은 연월일시를 선택하는 택년(擇年). 택월(擇月), 택일(擇日), 택시(擇時)를 총칭하는 뜻인데, 택년과 택월은 주로 방위와 관련된 좋고 나쁜 방향과 위치를 선별하는데 더 많이 사용되고 있고, 보통 택일학이라 하면 좋은 날과 시간을 선택하는 택일과 택시를 말한다.

택일학은 천문과학에 그 근거를 두고 있으며 지구를 중심으로 태양, 달 및 기타 행성들의 위치와 방향, 거리 등을 계산하여 좋고 나쁜 날을 구별한다. 태양계의 천도 운행으로 사계(四季)가 번갈아 돌고 왕상휴수(旺相休囚)가 변하면서 신살(神煞)이 발생한다. 신살이란 길신(吉神)과 흉살(凶煞)을 포함한 말이다. 길신이란 인간사를 도와 즐겁고 행복하게 하는 덕신(德神)을 말하고, 흉살이란 사람을 해치는 모질고 사나운 기운이란 뜻이다.

택일을 하는 가장 큰 이유는 자신과 가족의 안위를 지키기 위해서이다. 길한 날을 선택함으로써 마음의 안정을 얻고 자신과 가족의 삶이 무탈하기를 비는 마음에서 택일을 하는 것이다. 택일법은 옛날부터 우리 생활과 밀접한 관계를 맺으며 발전해 온 오랜 풍속으로 조상들의 지혜와 경험이 축적된 학문이다.

1) 택일의 용도

중국 청(淸)대, 건륭 연간에 정부에서 제정한《협기변방서》권십일(券十日)에 기록된 내용은 황제와 조정에서 활용한 어용육십칠사(御用六十七事), 그리고 어용과 인용을 공통 활용한 통용육십사(通用六十事)로 구분하였다.

그러나 현대에서는 이전의 용도가 전혀 필요치 않거나 또는 적합하지 않은 것들도 매우 많다. 그러므로 현대 사회에 적합하고 영향력이 큰 결혼, 약혼, 이사, 입택, 기공식, 준공식, 취임식, 개업, 선거, 동토, 파토, 안장, 이장, 묘지 수리, 비석을 세우고 상석을 놓는 일들과 중요하다고 생각하는 행사를 선별하여 활용하는 것이 바람직하다고 본다. 완벽한 택일학을 위해서는 좋은 시간에 해당하는 택시(擇時)와 사주명리학의 희신론(喜神論)과 기신론(忌神論)도 반드시 적용되어야 한다.

2) 택일의 종류

(1) 생기법[生氣福德]

택일을 할 때 가장 기본이 되는 택일법이며 남녀의 본명(本命)으로 생기복덕을 알아보는 것이다. 주로 나이와 날[日辰]을 기준으로 하여 길일과 흉일을 가리는데, 나이는 양력을 기준으로 하고 음택(묘지)에서는 사용하지 않는다. 생기(生氣), 천의(天宜), 복덕(福德)일은 매우 좋은 날이고, 대흉일(大凶日)은 화해(禍害), 절명(絶命)일로 매우 좋지 않다. 그 밖의 절체(絶體), 유혼(遊魂), 귀혼(歸魂)일은 평범하다. 생기법으로 먼저 길일(吉日)을 가리고 다른 방법으로 보아 길일이 되더라도 생기, 천의, 복덕일에 맞지 않으면 쓰지 않는다. 사정에 의해 유혼, 절체, 귀혼일은 사용 가능하나 화해나 절명일은 사용해서 안 된다.

◎ 생기·복덕 보는 표 남녀 연령을 찾아 생기·복덕·천의 등 길일을 택하라

◎ 남자 보는 곳

귀혼	절명	복덕	화해	유혼	절체	천의	생기	생기 복덕 / 남자 나이
오	술해	진사	축인	미신	자	유	묘	8 7 6 5 4 4 3 2 1 8 0 2 4 6 8 0 2 4 6 세
미신	자	유	묘	오	술해	진사	축인	8 7 6 5 4 4 3 2 1 9 1 3 5 7 9 1 3 5 7 세
유	묘	미신	자	진사	축인	오	술해	8 7 6 5 5 4 3 2 1 1 2 2 4 6 8 0 2 4 6 8 0
술해	오	축인	진사	자	미신	묘	유	8 7 6 5 5 4 3 2 1 1 3 3 5 7 9 1 3 5 7 9 1
자	미신	묘	유	술해	오	축인	진사	8 7 6 6 5 4 3 2 2 1 4 4 6 8 0 2 4 6 8 0 2
축인	진사	술해	오	묘	유	자	미신	8 7 6 6 5 4 3 2 2 1 5 5 7 9 1 3 5 7 9 1 3
묘	유	자	미신	축인	진사	술해	오	8 7 7 6 5 4 3 3 2 1 6 6 8 0 2 4 6 8 0 2 4
진사	축인	오	술해	유	묘	미신	자	8 7 7 6 5 4 3 3 2 1 7 7 9 1 3 5 7 9 1 3 5

◎ 생기일 == 대길하니 매사에 길하다

◎ 복덕일 == 대길하니 매사에 길하다

◎ 천의일 == 대길하니 매사에 사용하라

◎ 유혼일 == 나쁘지도 좋지도 않은 날이다

※ 음력 나이로 보는 것입니다.

◎ 여자 보는 곳

歸魂	絶命	福德	禍害	遊魂	絶體	天宜	生氣	생기 복덕 / 여자 나이
자	미신	묘	유	술해	오	축인	진사	8 7 6 5 4 4 3 2 1 8 0 2 4 6 8 0 2 4 6 세
술해	오	축인	진사	자	미신	묘	유	8 7 6 5 4 4 3 2 1 9 2 1 3 5 7 9 1 3 5 7 세
유	묘	미신	자	진사	축인	오	술해	8 7 6 5 5 4 3 2 1 1 3 2 4 6 8 0 2 4 6 8 0
미신	자	유	묘	오	술해	진사	축인	8 7 6 5 5 4 3 2 1 1 4 3 5 7 9 1 3 5 7 9 1
오	술해	진사	축인	미신	자	유	묘	8 7 6 6 5 4 3 2 2 1 5 4 6 8 0 2 4 6 8 0 2
진사	축인	오	술해	유	묘	미신	자	8 7 6 6 5 4 3 2 2 1 6 5 7 9 1 3 5 7 9 1 3
묘	유	자	미신	축인	진사	술해	오	8 7 7 6 5 4 3 3 2 1 7 6 8 0 2 4 6 8 0 2 4
축인	진사	술해	오	묘	유	자	미신	8 7 7 6 5 4 3 3 2 1 7 9 1 3 5 7 9 1 3 5

◎ 절체일 == 대흉하니 매사에 사용치 말라

◎ 절명일 == 대흉하니 매사에 사용치 말라

◎ 화해일 == 소흉하니 매사에 사용치 말라

◎ 귀혼일 == 소흉하니 매사에 사용치 말라

*생기, 복덕, 일람표

–《경자년 추송학 택일력》P62 인용, 생활문화사

(2) 황흑도길흉정국(黃黑道吉凶定局)

혼인, 이사, 건축일, 장례 등을 판단할 때 사용한다. 적용 기준이 달[月]일 경우에는 황도일, 흑도일이 되고, 적용 기준이 날[日]일 경우에는 황도시, 흑도시가 된다.

황도는 모든 흉신을 제화(制化)하는 큰 '길신'이므로 좋은 것으로 보고, 흑도는 나쁜 날로 봄으로 피하는 것이 좋다. 택일 시, 다른 길일을 고를 여유가 없을 경우 황도일만 사용해도 되나, 가능하면 생기, 천의, 복덕일을 겸하는 날을 고르는 것이 가장 좋다.

月日 / 구분	11월 子日	12월 丑日	1월 寅日	2월 卯日	3월 辰日	4월 巳日	5월 午日	6월 未日	7월 申日	8월 酉日	9월 戌日	10월 亥日
청룡황도 (靑龍黃道)	申	戌	子	寅	辰	午	申	戌	子	寅	辰	午
명당황도 (明堂黃道)	酉	亥	丑	卯	巳	未	酉	亥	丑	卯	巳	未
옥당황도 (玉堂黃道)	卯	巳	未	酉	亥	丑	卯	巳	未	酉	亥	丑
금궤황도 (金櫃黃道)	子	寅	辰	午	申	戌	子	寅	辰	午	申	戌
사명황도 (司命黃道)	午	申	戌	子	寅	辰	午	申	戌	子	寅	辰
천덕황도 (天德黃道)	丑	卯	巳	未	酉	亥	丑	卯	巳	未	酉	亥
백호흑도 (白虎黑道)	寅	辰	午	申	戌	子	寅	辰	午	申	戌	子
천형흑도 (天刑黑道)	戌	子	寅	辰	午	申	戌	子	寅	辰	午	申
천뇌흑도 (天牢黑道)	辰	午	申	戌	子	寅	辰	午	申	戌	子	寅
주작흑도 (朱雀黑道)	亥	丑	卯	巳	未	酉	亥	丑	卯	巳	未	酉
현무흑도 (玄武黑道)	巳	未	酉	亥	丑	卯	巳	未	酉	亥	丑	卯
구진흑도 (句陣黑道)	未	酉	亥	丑	卯	巳	未	酉	亥	丑	卯	巳

(3) 이십팔수정국

황도 주변에 위치한 28개의 별자리를 말한다. 택일 시, 별자리마다 좋은 일이 있고 나쁜 일이 있음으로 가려서 사용해야 한다. 다만 칠살일(七殺日)은 흉신일이라 출군(出軍)을 꺼리고, 일반적으로는 관직이나 배를 타고 나가는 일, 결혼이나 집 짓는 일 등에 모두 꺼린다. 이날은 길흉과 관계없이 피하는 것이 좋다.

일진 / 요일	寅午戌日	申子辰日	巳 酉丑日	亥卯未日
月(월)	心(심) 모든 일에 흉	畢(필) 만사 대길	危(위) 만사 대흉	張(장) 만사 대길
火(화)	室(실) 만사 대길	翼(익) 매장 수리 흉	紫(자) 만사 흉	尾(미) 수리 장례 혼례 출행 대길
水(수)	參(삼) 기조 길 혼인 개문 흉	箕(기) 수리 혼례 출행 대길	軫(진) 공사 기공 출행 등 길	壁(벽) 집짓기 장례 대길
木(목)	角(각) 수리 혼례 길 이장 불길	奎(규) 기공 혼례 길 안장 대길	斗(두) 공사 수리 안장 대길	井(정) 만사 흉
金(금)	牛(우) 모든 일에 불길	鬼(귀) 집짓기 안장 길 혼인 불길	婁(루) 공사 출조 대길	亢(항) 모든 일에 불길
土(토)	胃(위) 공사 혼례 안장 대길	氐(저) 집짓기 혼례 길 장사 수리 불길	柳(유) 공사 기공 매장 등 길	女(여) 집짓기 수리 불길
日(일)	星(성) 신방개조 길 매사 불길	虛(허) 만사 대길하나 장사는 흉	房(방) 장사 수리 불길 기타는 대길	昴 (묘) 혼례는 길 집짓기는 대길

※ 해설

이십팔수	구분	적요
각(角)	칠살일	기조(起造) · 혼인지에 길. 수분(修墳) · 장매(葬埋)에 흉하고, 삭일(朔日)에 들면 대흉
항(亢)	칠살일	장방조작(長房造作)은 혼인(婚姻) 후 공방(空房)수, 장사(葬事)를 범하면 중상(重喪)이 있다. 망일(望日)에 들면 대흉
저(氐)		기조(起造) · 혼인(婚姻)에 길, 수분(修墳) · 장매(葬埋)에 흉
방(房)		만사형통(萬事亨通), 장매(葬埋)에만 흉
심(心)		諸事皆凶(제사개흉)으로 모두 흉
미(尾)		개문(開門) · 기조(起造) · 방수(放水) · 장매(葬埋) · 혼인(婚姻) 등 만사형통
기(箕)		개문(開門) · 기조(起造) · 방수(放水) · 수분(修墳) · 장매(葬埋) 등 만사대길
두(斗)		만사대길(萬事大吉), 기조(起造) · 장매(葬埋)에 더 길
우(牛)	칠살일	신살(神殺)에 해당되어 모두 흉
여(女)		모두 흉
허(虛)		만사대길(萬事大吉), 장매(葬埋)에만 흉
위(危)		개문(開門) · 기조(起造) · 방수(放水) · 장매(葬埋) 등 모두 흉
실(室)		개문(開門) · 기조(起造) · 방수(放水) 등 모두 길
벽(壁)		개문(開門) · 방수(放水) · 장매(葬埋) · 조작(造作) · 혼인(婚姻) 등 모두 길
규(奎)	칠살일	조작(造作)에만 길, 개문(開門) · 방수(放水) · 장매(葬埋) 모두 흉
루(婁)	칠살일	개문(開門) · 방수(放水) · 장매(葬埋) ·조작(造作) · 혼인(婚姻)에 길, 회일(晦日)은 흉
위(胃)		기조(起造) · 장매(葬埋) · 혼인(婚姻) 등 모두 길
묘(昴)		조작(造作)에만 길, 개문(開門) · 방수(放水) · 장매(葬埋) · 혼인(婚姻) 등에 흉
필(畢)		개문(開門) · 기조(起造) · 방수(放水) · 장매(葬埋) · 혼인(婚姻) 등 모두 길
자(紫)		장매(葬埋)에만 길, 제사(諸事)에 흉.
삼(參)		조작(造作)에만 길, 개문(開門) · 방수(放水) · 장매(葬埋) · 혼인(婚姻) 등에 흉
정(井)		개문(開門) · 기조(起造) · 방수(放水) 등에 길, 장매(葬埋)에만 흉
귀(鬼)	칠살일	장매(葬埋)에만 길, 개문(開門), 기조(起造) · 방수(放水) · 혼인(婚姻) 등에 흉
류(柳)		개문(開門) · 방수(放水) · 장매(葬埋) · 조작(造作) 등 모두 흉
성(星)	칠살일	신방조작(新房造作)에만 길. 흉성(凶星)을 만나면 생리사별(生離死別)
장(長)		기조(起造) · 동병(動兵) · 상관(上官) · 장매(葬埋) · 출행(出行) · 혼인(婚姻) 등 모두 길
익(翼)		장매(葬埋)에만 길, 개문(開門) · 방수(放水) · 조작(造作) 등에 흉
진(珍)		수관의(修官衣) · 장매(華里) · 조주(造丹) · 조작(造作) · 출동(出動) 등 모두 길

(4) 건제십이신(建除十二神)

길흉을 맡은 열두 신으로 행사의 길흉일 택일에 사용하는 신살(神殺)을 말한다.

월 12신	1 입춘후	2 경칩후	3 청명후	4 입하후	5 망종후	6 소서후	7 입추후	8 백로후	9 한로후	10 입동후	11 대설후	12 소한후
建건	寅	卯	辰	巳	午	未	申	酉	戌	亥	子	丑
除제	卯	辰	巳	午	未	申	酉	戌	亥	子	丑	寅
滿만	辰	巳	午	未	申	酉	戌	亥	子	丑	寅	卯
平평	巳	午	未	申	酉	戌	亥	子	丑	寅	卯	辰
定정	午	未	申	酉	戌	亥	子	丑	寅	卯	辰	巳
執집	未	申	酉	戌	亥	子	丑	寅	卯	辰	巳	午
破파	申	酉	戌	亥	子	丑	寅	卯	辰	巳	午	未
危위	酉	戌	亥	子	丑	寅	卯	辰	巳	午	未	申
成성	戌	亥	子	丑	寅	卯	辰	巳	午	未	申	酉
收수	亥	子	丑	寅	卯	辰	巳	午	未	申	酉	戌
開개	子	丑	寅	卯	辰	巳	午	未	申	酉	戌	亥
閉폐	丑	寅	卯	辰	巳	午	未	申	酉	戌	亥	子

※ 해설

건 = 입주, 상량, 출행, 교역은 길하고 동토, 안장, 승선은 불길하다.
제 = 목욕, 제사, 교역은 길하고 구직, 이사는 불길하다.
만 = 제사, 혼인, 출행은 길하고 동토, 입주, 이사는 불길하다.
평 = 혼인, 이사, 토지 거래, 제사는 길하고 파종은 불길하다.
정 = 제사, 결혼, 안장은 길하고 송사, 출행은 불길하다.
집 = 혼인, 개업, 안장은 길하고 출행, 이사는 불길하다.

파 = 집 개조는 길하나 매사 불길하다.
위 =제사는 길하나 매사 불길하다. 특히 승선을 주의하리 .
성 = 혼인, 여행, 제사는 길하고 소송이나 송사는 불길하다.
수 = 입학, 혼인은 길하고 출행, 안장은 불길하다.
개 = 혼인, 출행, 개업은 길하고 안장은 불길하다.
폐 = 제사, 안장은 길하고 출행, 이사는 불길하다.

(5) 삼갑순(三甲旬)

생갑(生甲), 사갑(死甲), 병갑(病甲)을 말하며 건축, 이사, 입택, 매장, 결혼 등의 택일 기준으로 삼는다. 양택 행사에는 생갑순이 가장 길하고 병갑순은 불리하며, 사갑순은 질병이나 사망 등의 '액(厄)'이 있어 쓰지 않는다. 반대로 음택 행사에는 사갑순이 가장 길하고, 병갑순은 보통이며, 생갑순은 쓰지 않는다.

(6) 백기일(白忌日)

모든 일에 좋지 않는 날이다. 일상생활에서 무슨 일을 할 때 가능한 한 피하는 것이 좋다. 십간과 십이지마다 꺼리는 일이 정해져 있다.

(7) 복단일(伏斷日)

엎어지고 끊어진다는 뜻이며, 십악대패일(十惡大敗日)과 같아 안 좋은 작용을 한다. 화장실 짓는 일, 구덩이를 메우거나 샘을 파는 일, 애인이랑 인연을 끊는 일,벌집을 거두는 일, 궤짝을 만들거나 부수는 일에만 길하고 그 밖에는 모두 흉하다. 따라서 택일할 때는 이날을 피하는 것이 좋다.

※ 복단일

일	子	丑	寅	卯	辰	巳	午	未	申	酉	戌	亥
이십팔수	허(虛)	두(斗)	실(室)	여(女)	기(箕)	방(房)	각(角)	장(張)	귀(鬼)	자(觜)	위(胃)	벽(壁)

이것을 요일별로 알기 쉽게 정리하면 다음과 같다.

날	子 · 巳일	未일	寅 · 酉일	辰 · 亥일	丑 · 午일	申일	卯 · 戌일
요일	일	월	화	수	목	금	토

8) 만년도(萬年圖) 또는 이십사좌운법(二十四坐運法)

건물을 증 · 개축하거나 묘를 이장할 때 건물이나 무덤의 좌(坐)가 그 해의 운에 흉신이 닿는지 알아보는 방법이다.

9) 삼원백(三元白)

구성학에서의 9개의 별을 말한다. 구성(九星), 삼원자백(三元紫白), 삼원자백구성(三元紫白九星)이라고도 하며 양택과 음택에 모두 쓰인다.

(3) 혼인 년(年), 월운(月運)

1) 삼재운(三災運)

삼재운에는 결혼을 피해야 한다는 주장이 있으나 어떻게 3년을 기다렸다가 결혼식을 올릴 수 있는가. 삼재운에 개의치 말고 남녀 혼인 흉년에 해당 여부만 참작하면 된다.

■ 결혼 길흉 월도

여자에 한하여 자년(子年) 출생한 사람이 6월이나 12월에 결혼하면 대길하며, 5월이나 11월에 결혼하면 여자가 일찍 죽는다.

- 대리월(大利月): 결혼을 하게 되면 만사가 길해지고 재산이 모여 부귀공명하게 된다.
- 중계월(中界月): 중매결혼이면 중매한 사람에게 해가 닥치고, 연애결혼이면 길월(吉月)이 된다.
- 옹고월(翁姑月): 조부모에게 해가 되는 월이다. 부모님이 모두 있다면 결혼해도 무방하지만 만약 61세 이상의 노인이 집안에 있다면, 그 노인이 피해를 본다.
- 여민월(女敏月): 친척 부모 중에서 65세 이상의 노인이 집안에 있다면 노인은 결혼식 날 참가하지 말아야 한다. 만약 결혼식에 참가하면 그 노인은 죽는다.
- 부주월(夫主月): 남편을 '부주'라 칭하는데 만약 자년생(子年生)의 여자가 4월이나 10월에 결혼하면 남편이 사망한다.
- 여신월(女身月): 사년생(巳年生)이나 해년생(亥年生)이 4월이나 10월에 결혼하면 신부 신상에 병이 생기거나 일찍 죽게 된다.

年 / 月	子午년생	丑未년생	寅申년생	卯酉년생	辰戌년생	巳亥년생
대리월	6, 12월	5, 11월	2, 8월	1, 7월	4, 10월	3, 9월
중계월	1, 7월	4, 10월	3, 9월	6, 12월	5, 11월	2, 8월
옹고월	2, 8월	3, 9월	4, 10월	5, 11월	6, 12월	1, 7월
여민월	3, 9월	2, 8월	5, 11월	4, 10월	1, 7월	6, 12월
부주월	4, 10월	1, 7월	6, 12월	3, 9월	2, 8월	5, 11월
여신월	5, 11월	6, 12월	1, 7월	2, 8월	3, 9월	4, 10월

*《경자년 택일력 추송학》 인용

2) 혼인날

현실적인 혼인날의 택일을 거의 토, 일요일에 해당하는 길일을 원하는 까닭에 택일을 가리기 어렵다. 보통 혼인 달에 대해서는 크게 구애받지 않는 듯하지만 가능한 나쁜 달을 피하고 좋은 달을 가려 식을 올리는 것이 좋다.

1 살부대기월(殺夫大忌月)은 남편에게 해롭다는 달이다.

여자 띠	나쁜 달
쥐띠	1월/2월
소띠	4월
호랑이띠	7월
토끼띠	11월
용띠	4월
뱀띠	5월
말띠	8월/12월
양띠	6월/7월
원숭이띠	6월/7월
닭띠	8월
개띠	12월
돼지띠	7, 8월

예를 들면 자년생(子年生) 여자는 음력 정월과 2월에 결혼식 올리는 것을 피하라는 뜻이다.

2 가취월(嫁娶月)

월로 풀어 보는 궁합수를 가취라 하며 이는 가정의 화목을 해하고 양가 등, 서로 간의 영향의 흐름을 잘못 이루어내는 데 있음을 알 수 있다. 보통 여자의 경우, 예를 들면 2월생, 8월생은 가취에 해당되고 5월생은 1월생과 가취에 해당된다. 크게는 가정의 멸문을 가져와서 파탄이라 일컫는 지경을 말한다. 가취멸문이라고도 한다.

	쥐띠 말띠	소띠 양띠	호랑이띠 원숭이띠	토끼띠 닭띠	용띠 개띠
대이월	6월 12월	5월 11월	2월 8월	1월 7월	4월 10월
방매씨월	1월 7월	4월 10월	3월 9월	6월 12월	5월 11월
방옹고월	2월 8월	3월 9월	4월 10월	5월 11월	6월 12월
방여 부모월	3월 9월	2월 8월	5월 11월	4월 10월	1월 7월
방부주월	4월 10월	1월 7월	6월 12월	3월 9월	2월 8월
방여신월	5월 11월	6월 12월	1월 7월	2월 8월	3월 9월

3 혼인 날짜와 함을 보내는 날 등은 유리한 날을 가리되, 생기법의 화해, 절명일은 피한다.

택일법은 다른 역학과 다르게 관심을 갖고 조금만 공부하면 쉽게 활용이 가능하다. 민력이나 책력, 택일력 등에 이해하기 쉽게 잘 정리되어 매년 발매되고 있으니 관심을 가지고 잘 활용하여 생활의 지혜를 얻고 운기의 흐름을 타도록 하기 바란다.

제4부

사주명리학(四柱命理學)

1. 머리말

사주팔자(四柱八字, 4개의 기둥, 연월일시의 8글자)는 하늘의 천수상을 푸는 우주가 인간에게 보내는 또 하나의 암호이다. 인간은 결국 하늘, 땅, 사람의 조화에 의해 존재할 수 있으므로 우주가 인간에게 보내는 이 암호를 이용하여 사람의 운명이라는 설계도를 풀어내어야 하는 것이다. 사주명리학은 동양오술(東洋五術)로 통칭되는 제반 술학의 이론적 기본과 원칙을 통칭하고 있는 학문이라 볼 수 있다. 매우 명료하기까지 한 이 학문의 원칙을 복잡하게 포장하여 온갖 잡술까지 동원하여 미신화까지로 만들어서는 안 된다.

이 학문은 고도의 집중과 수련으로 입시 공부하듯이 공부하여 기본적인 이론의 습득과 자기의 구도를 만든 후, 많은 임상의 경험을 통하여 그 구도를 탄탄하게 만들면서 연관된 제반 역학 등을 깊이 공부하며 심리학, 정신분석학 등의 다양한 서구 학문까지 활용한다. 개개인의 차이는 당연히 있지만, 적어도 지천명을 넘어 세상의 풍파를 통하여 얻은 경륜까지 보태어졌을 때 진정 그 빛깔과 수련도가 활용이 되는 학문이 될 것이다.

사주명리학은 사람 각자가 태어난 생년월일을 가지고 음양오행에 기초를 둔 운기의 흐름을 분석하여 각자가 가지고 있는 운과 기에 따른 인생의 흐름을 파악할 수 있는 순수한 동양 학문이며, 주변의 학문인 주역, 관상, 풍수, 성명학 등과 함께 세상의 이치를 판단하는 학문인 역학(易學)에 소속된 학문이라 할 수 있다. 사주의 네 기둥과 음양오행의 관계는 사람이 태어나는 순간, 더 정확하게 얘기하면 탯줄을 자르는 그 시간으로 그 사람의 네 기둥에 태어난 연월일시가 특정된다. 이 의미는 그 순간 우주의 수많은 별로부터 어느 별의 '기' 에너지의 영향을 가장 많이 받느냐는 의미이며, 이를 음양오행과 다시 열 개의 천간(天干)과 12개 지지(地支)의 암호로 바뀌고, 이것을 60개의 육십갑자(六十甲子) 부호로 바꾸어 오행과 지구와 달의 7개의 별 위치를 표시한 것이다.

우리는 운명을 바꿀 수 있는가 없는가? 이런 우문우답 식의 논제를 가지고 설왕설래하는 어리석음을 탓하기 이전에 인간의 운명은 바꿀 수 있는 것과 바꿀 수 없는 것이 분명 존재한다는 현실적이고 분명한 사실은 그 누구도 부정할 수 없는 것이다. 바꿀 수 없는 것을 숙명이라고 한다면 위의 문제는 아주 정확하게 맞아 들어간다. 한편 바꿀 수 있는, 즉 변화할 수 있는 운명이면 우리의 노력과 마음가짐, 선한 일, 그리고 현재 내가 처해 있는 현실이 중요하다. 나의 다가올 대운(大運)과 계절운(季節運), 사운(死運) 등에 대한 위치와 나의 철을 알아야 인생의 계획을 세우는 데 도움이 되고 도달할 장소와 목표 또한 최대한의 오차 범위를 줄이며 다가갈 수 있을 것이다. 자신의 사주를 알아 적어도 현 위치와 철을 알면 자신의 인생에 접목이 가능하고, 그 그릇의 크고 작음에 따라 주어진 인생 속에서 최적의 설계가 가능하고, 그럴 경우 그 인생 속에서 보람과 기쁨을 느끼면서 살아갈 수 있는 것이다.

사주명리학이나 동양의 역학을 공부하는 이유도 결국은 자신에게 주어진 운명의 기운을 잘 파악하여 스스로 조절하며 헤쳐나가는 능동적인 삶을 살기 위해서일 것이다. 그런 면에서 사주학은 반드시 숙지할 필요가 있다. 연월일시기유정(年月日時旣有定) 부생공자망(浮生空自亡), 즉 '운명은 정해져 있는데 이를 모르는 뜬구름 같은 인생들이 스스로 바쁘다'는 뜻인데, 숙명을 받아들이고 이해하되, 우리가 바꿀 수 있고 변화시킬 수 있는 하늘이 준 여분의 운명을 스스로 개척하고자 하는 의지를 효율적으로 만들 훌륭한 도구일 것이다.

이 학문을 어떻게 이용하느냐에 따라 운명을 자기편으로 만드는 효율이 매우 높아진다는 확신을 가지고 있다. 같은 의미의 해석으로 사주학에 명막도어오행(命莫逃於五行)이라는 명언이 있다. 즉 '운명은 오행을 비껴갈 수 없다'라는 말이다.

그만큼 운명은 운기의 흐름을 타야 하고, 운기의 흐름을 타려면 그 바탕이 되는 오행의 기본적인 이해와 활용을 하여야 한다는 것이며, 또한 사주에서의 오행의 절대적인 중요성을 일깨워 주는 말이다.

명리학을 미신이라고 하는 많은 사람의 대부분은 이 학문을 조금도 공부하지 않았거나 제대로 모르는 사람들의 얘기이다. 또 어떤 경우에는 사주는 확률에 근거를 둔 학문이나 술(術)이라고 얘기도 하는데, 전혀 그렇지 않다.

사주는 운기의 작용이다. 인간은 누구나 계절의 지배를 받으며 몸에 정신(精神)을 갖고 하늘과 땅, 사람의 삼재가 합일과 조화에 의해 운명이라는 흘러가는 운기를 받는 존재일 뿐이다. 확률은 반복되는 일에서 특정 사건이 일어나는 빈도를 얘기하는데, 그런 의미에서 명리학을 확률에 근거를 둔 학문이라는 것은 운기(運氣)가 개개인에 적용되는 특성화의 의미일 때일 것이다. 그리고 운이란 추상적인 어떤 사례를 얘기하는 것이 아니고 구체적이고 현실적인 기의 흐름으로 나타나는 것을 연구할 때 운기학이 되고, 그 구체화를 연구하는 것이 사주명리학이다.

2. 사주학의 역사

1) 사주학의 탄생

문헌상 사주(四柱)라는 단어가 사용되고 그 이론 체계가 성립된 것은 당대(唐代) 초기이다. 원천강(袁天綱)이 연월일시를 간지(干支)로 대체한 사주를 통해 사람의 명운을 논하는 이론적 체계를 《원천강오성삼면지남(袁天綱五星三命指南)》에서 정립함으로써 사주명리학이 탄생하였다. 이 시기에 《이허중명서(李虛中命書)》 3권을 지어서 사주상 오행의 '왕상휴수'와 납음오행, 12개의 별, 그리고 인간이 태어난 '연월일시'를 관련시켜 논명 방식으로 운명을 논하였다. 이를 당사주(唐四柱)라고 하는데, 여기에 신살(神殺) 이론을 가미하여 오성술(五星術)로 발전시켰으며 《과노성종(果老星宗)》을 집필하였다.

그 후 송대(宋代)에 연월일시의 오행으로 운명을 논한 자평술(子平術) 사주학과 당대(唐代)에 태어난 년(年)을 위주로 하여 그 성신을 가지고 길흉을 판단한 오성술이 같이 사용되다가 명대(明代) 초기에 들어서 점차 연월일시의 사주 중 태어난 날을 위주로 하는 일주(日柱)를 주체로 하는 간명법이 변화되었으니 그렇게 오래되지는 않았다.

명대에 간행된 《평주연해자평》(唐琴池 지음)에 의하면 서자평의 학문을 계승한 서대승이 《연해자평(淵海子平)》을 집대성하여 격국론(格局論) 등을 상세히 정리하였다. 그의 명리학은 이허중이 연월일시 전반에 걸쳐 오행의 생극제화와 왕생휴수로 인생의 화복을 결정한 방식에서 진일보하여 일주를 근거로 십신(십신 육친론)을 나누어 운명을 논하였으니 논리가 정밀하였다.

명대 말기, 서양의 마테오 리치(1552~1610)가 중국에 와서 서양의 역법을 사용함으로써 중국의 역법과 명리학은 새로운 전기를 맞이하게 된다. 이를 정리하면 아래와 같다.

① 당대의 이허중이 연간(年干)을 중심으로 오행의 상극 보는 법을 완성했다.

② 현재 우리가 사용하고 있는 일간(日干)을 위주로 하는 방법은 송대의 대음양학자로서 사주학의 비조인 서자평이 완성한 것이다. 편찬한《연해자평》은 현존하는 사주명리학 서적 중 최고의 고전으로 명리학을 연구할 경우 반드시 참고할 필요가 있다.

③ 명대에 이르러 명리학은 전성기를 맞는다. 만육오가 지은《삼명통회(三命通會)》는 오행의 원리를 철학, 물리학적 관점에서 설명했고, 심효첨의《자평진전》, 신봉(神峰) 장남(張楠)의 벽류《명리정종》은《연해자평》을 비판적으로 계승했고, 유백온이 명초에 지은《적천수 원주》는 비전되다가 청대에 일반에게 알려지게 되어 사주학의 일대 도약을 가져왔다. 이 책들은 대단히 훌륭한 것으로서 오늘날까지 중요시되고 있다.

④ 청대에 이르러 진소암의《명리약언》과《적천수 집요》, 임철초의《적천수 수미》, 무명인의《난강망》 등이 있다.《난강망》은 오랫동안 묻혀 있다가 청대 말기에 여춘태라는 학자가 발견했고, 지금은《궁통보감》으로 불리고 있다. 이렇게 오랜 역사 속에서 사주명리학은 발전해 왔다.

우리나라에서는 송대에 만들어진《연해자평》이 일찍이 전파되었을 것으로 추정된다.

명리학은 북송(北宋) 시대(960~1127)를 기점으로 그 이전 당대(唐代) 말까지의 명리학은 태어난 년과 월을 중요시하며, 1년 12월의 지지를 상징하는 동물로 상징화하여 쉽게 이해될 수 있도록 한 것을 당사주(唐四柱)라고 하며, 북송의 서자평이 《연해자평》을 통하여 일간(日干) 위주의 명리학을 주장하면서 그 정확도가 높아지며 그 후의 명리학의 대세가 된 것이다.

2) 송대(宋代) 이후 쏟아지는 이론과 많은 저서들

(1) 《**삼명통회(三命通會)**》

명대 만육오가 저술한 이 책은 명리학의 5대 고전 중 하나이다. '질병론'은 오행을 오늘날의 체(體)와 용(用)으로 쓰는 체를 명확히 밝힌 역저이다.

(2) 《**명리정종**》

명리학의 5대 고전 중 하나이다. 명대(明代) 신봉 장남의 벽류로 《연해자평》을 비판적으로 계승하며 '동정설'을 주장했다. 이 책은 《적천수》와 《연해자평》의 기본적 입장을 설명하고 사람들의 사주를 적용시켜 그 이론을 증명하고 있다. 청(淸) 초기의 진소암은 《명리약언》에서 《명리정종》을 평가하면서 "장남 선생이 《명리정종》을 저술하였는데 자못 능란하게 혼잡된 것을 구별해 놓고 조리를 밝혔으나 역시 필력이 약하여 졸렬한 언사만 무성하다. 또 진사 만민영이 《삼명통회》를 지었는데 구분하고 조목을 세우며 문리도 밝고 순조로우나 수집하는 데만 뜻을 두어 의리가 하나로 관통되지 못하니 많은 것만 귀하게 여기고, 정확한 것은 귀하게 여기지 않아서 박이부정(博而不精)이기는 하지만 그 밖의 여러 술사들에 비교하면 훨씬 뛰어나다고 하겠다."라고 하였다.

(3) 《자평진전》

청대(淸代) 심효첨의 역작으로 《궁통보감》, 《적천수》와 더불어 역학의 3대 기본서이다. 특히 현대에 주목을 받는 상관(傷官)을 가장 중요시하고 있어 그 혜안을 엿볼 수 있다.

(4) 《적천수》

명대(明代) 초, 개국공신이기도 한 유백온의 저작이며, 명리학의 핵심을 심오하면서도 간결하게 표현한 명리학 최고의 경전이다.

(5) 《명리약전》

청대(淸代) 초, 진소암의 저서이며 지명(知命)을 주장했다. 지명은 숙명으로서의 명(命)이 아니라 선(善)과 악(惡)이 화(禍)나 복(福)으로 변함을 아는 것이야말로 진실로 명(命)을 아는 것(知命)이며, 이는 명리학의 세 가지 중요점을 시사한다.

첫째 운명의 확정성에서 가능성으로의 인식 전환, 둘째 점술이 아니라 인생 진로에 대한 상담학으로의 변화, 셋째 인격을 성장시키는 역할도 해야 한다. 그리고 이러한 시사점들을 통해 향후 명리학이 술수의 범주에서 벗어나 온전한 학문으로 나아가야 한다는 것이다. 이 역작은 명리학의 요점 정리를 한 참고서 같은 책이며 생극억부(生剋抑扶)를 특히 강조했다.

그는 상처한 후 후처와 재혼하였는데, 그 후처가 명(明), 청(淸) 시대를 관통하는 유명한 여류시인이며 문장가였던 서찬(徐燦)이었다. 진소암이 유배를 떠난 관외에서 7년 동안 동거하다 남편이 죽자 돌아왔다는 일화가 전해지며, 만년에는 수묵 관음화를 많이 그렸다. 대가(大家)답게 사주 궁합을 잘 보았는지 후처를 잘 얻은 능력이 돋보이는 삶이다.

(6) 《**적천수 천미**》

임철초 선생의 역작이며 억부용신(抑扶用神)을 강조했다. 현재 우리가 쓰는 용신(用神) 보는 법은 '용신-희신-기신-구신-한신'인데 이것을 만든 이가 임철초 선생이다. 자평명리학의 핵심이다.

(7) 《**난강망**》

《궁통보감》을 말하며 《조후용신》, 《조화원약》이라는 이름으로 나온 책들도 많다. 청나라 초기 천문학자였던 관리에 의해 《조화원약》이 간행되었고, 구전으로 전해지던 《난강망》의 이론들을 청대 말기, 여춘태가 《난강망》을 재편집하여 《궁통보감》을 출간하였다고 보고 있다. 사주를 오늘날의 컴퓨터식으로 정리했다. 또 《궁통보감》은 음양오행의 한난조습(寒暖燥濕)의 조후(調候) 개념을 체계적으로 정리한 서적이다.

3) 근현대 명리학 저서

대표적인 명리학의 명저인 《연해자평》을 거쳐 명대 초기의 《적천수》와 《궁통보감》의 큰 틀을 바탕으로 명리학은 비약적인 발전을 거쳐 근대와 현대의 모습이 된 것이다.

우리나라에서는 명리학이라 하지만 일본에서는 운명을 추론한다는 의미의 추명학(推命學)이라 한다. 아베 다이장(阿部泰山, 1888~1969)이라는 걸출한 인물이 나타나 중일전쟁 때 중국에서 종군기자를 한 장점을 살려 엄청난 당, 송, 명, 청 시대의 고서를 모아서 22권의 《아베 다이장 전집》을 완성하여 동양권의 명리학 체계에 많은 영향을 끼쳤다.

중국에서는 운명을 산출해 낸다는 의미의 산명학(算命學)이라고 부르고 있다. 중국의 혁명 때 대만으로 망명하여 장개석 총통의 스승으로 많은 역할을 하였던 웨이첸리(韋千里)가 명리학의 맥을 이었다.

우리나라에서는 자강(自彊) 이석영(1920~1983), 도계(陶溪) 박재만(1903~1992), 제산(霽山) 박재현(1935~2000) 선생 같은 대가들이 있었으며 많은 일화를 남기고 있다. 현대에 들어서도 전국 각지에서 활약하는 대가들이 있고, 또 암약하며 알려지지 않은 대가들 또한 다수가 있다.

3. 사주 명리학의 입문을 위하여

1) 사주팔자 작성법

(1) 사주(四柱)는 출생의 연월일시(年月日時)에 해당하는 천간(天干)과 지지(地支)의 네 기둥을 말한다. 사주를 풀이하기 위하여 연월일시를 간지(干支)로 바꾸어 놓은 것이 명식(命式)인데, 이것을 원국(元局) 혹은 명조(命造)라고 한다. 통상적으로 옛 법을 따라서 우측에서 좌측으로 연월일시의 간지를 세로로 두 글자씩 쓰는 것이다. 현대적인 방식을 택하여 좌에서 우측으로 하는 분들도 있는데, 나름 일리도 있으나 고전들과의 비교를 위해 굳이 그럴 필요는 없다고 생각한다. 보통 일반적으로 남자의 사주는 건명(乾命), 여자의 사주는 곤명(坤命)으로 부른다.

(2) 양력 1972년 10월 24일 아침 8시에 태어난 여자[坤命]의 예를 들면,

1972년은 임자(壬子)년이며 연주(年柱)라 한다.
10월은 경술(庚戌) 월이며 월주(月柱)라 한다.
24일은 무자(戊子) 일이며 일주(日柱)라 한다.
08시는 병진(丙辰) 시이며 시주(時柱)라 한다.

곤명(坤命)
시(時) 일(日) 월(月) 년(年)
丙 戊 庚 壬
辰 子 戌 子

2) 사주 특성 도표*

기등 / 궁(자리) / 기타 구분	시주(時柱)	일주(日柱)	월주(月柱)	년주(年柱)
	자식 자리	부부 자리	부모 자리	조상 자리
천간(天干)	아들, 딸	나	부친	조부
지지(地支)	아들, 딸	배우자	모친	조모
일생 구분	소년기	중년기	청년기	유아기
자연의 모습	열매(實)	꽃(花)	싹(苗)	뿌리(根)
삶의 모습	미래	가정	과거	전생
덕과 복	은덕	노력	인덕	천복

※년주를 조부모 또는 부모 자리로, 월주는 부모, 형제 자리로 보기도 한다.

3) 사주의 각 기둥은 천간과 지지로 구성된다.

(1) 천간(天干)

천간은 하늘, 허공, 마음을 나타내며 정신적인 측면과 명예, 체면을 드러내는 자리이다. 사주팔자를 볼 때 천간을 통하여 일간(日干, 주인공, 당사자)의 마음과 생각, 소망, 욕망, 의지, 가치관 등을 알아볼 수 있다. 이것을 간명(看命)한다고 한다.

태극(太極)									
양(陽)				중앙(中央)		음(陰)			
木		火		土		金		水	
양	음	양	음	양	음	양	음	양	음
甲	乙	丙	丁	戊	己	庚	辛	壬	癸

사주팔자에서 일간(日干)이 차지한 십천간(十天干)은 그 사주팔자의 본인(주체), 즉 '나' 자신을 말한다. 기본적으로 일간을 기준으로 풀어나가는 습관을 들이면 이해가 빠르다. 십천간은 각각의 특성과 특질을 가지고 있다. 인터넷이나 여러 자료 중에서 쉽게 찾을 수 있다. 각 천간의 성격을 파악하여 익숙하게 하여야 할 것이다.

(2) **지지(地支)**

지지를 통하여 일간이 처한 현실과 생활 태도, 환경 등을 알 수 있다. 그러므로 천간과 지지와의 구성과 배합을 분석하여 뜻이 현실에서 이루어지는지를 판단할 수 있다.

1 12지지

자	축	인	묘	진	사	오	미	신	유	술	해
子	丑	寅	卯	辰	巳	午	未	申	酉	戌	亥

지지(地支)의 특성

- 지지는 방위를 표시하며 동서남북과 중앙을 가리킨다.
- 지지는 시간과 달[月]과 계절을 보이기도 한다.
- 지지는 뿌리이다. 길성(吉星)이라도 뿌리가 없으면(통근하지 못하면) 힘이 없고 오래가기 어렵다.

• 천간은 드러나고 지지는 땅속이듯이(지장간을 의미함) 밖으로 드러나지 않는다. 따라서 천간은 가볍고 지지는 무겁고 천천히 오래간다.
• 충(沖) 하면 천간은 빠르고 지지는 더디다.

2 12지지의 출생년의 띠

지지	띠	지지	띠	지지	띠
子	쥐	辰	용	申	원숭이
丑	소	巳	뱀	酉	닭
寅	호랑이	午	말	戌	개
卯	토끼	未	양	亥	돼지

3 12지지의 사계절, 방향, 색

계절과	달(음)	12지지	계절별 발달 천간	방향	색
봄	1, 2, 3	寅卯辰	甲, 乙	동방	청색
여름	4, 5, 6	巳午未	丙, 丁	남방	적색
가을	7, 8, 9	申酉戌	庚, 辛	서방	백색
겨울	10, 11, 12	亥子丑	壬, 癸	북방	흑색

4 12지지의 달과 절

12지지	월	절(節)	12지지	월	절(節)
寅	1월	입춘(立春)	申	7월	입추(立秋)
卯	2월	경칩(驚蟄)	酉	8월	백로(白露)
辰	3월	청명(淸明)	戌	9월	한로(寒露)
巳	4월	입하(立夏)	亥	10월	입동(立冬)
午	5월	망종(芒種)	子	11월	대설(大雪)
未	6월	소서(小暑)	丑	12월	소한(小寒)

5 12지가 의미하는 하루의 시작

■ 시간표

12지지	시간의 범위	12지지	시간의 범위
子時	23시 30분 - 명일 1시 30분	午時	11시 30분 - 13시 30분
丑時	1시 30분 - 3시 30분	未時	13시 30분 - 15시 30분
寅時	3시 30분 - 5시 30분	申時	15시 30분 - 17시 30분
卯時	5시 30분 - 7시 30분	酉時	17시 30분 - 19시 30분
辰時	7시 30분 - 9시 30분	戌時	19시 30분 - 21시 30분
巳時	9시 30분 - 11시 30분	亥時	21시 30분 - 23시 30분

4) 지장간

천지인의 삼원(三元) 중 인원(人元)은 땅속에 암장되어 사주에서 천간의 기운을 감추고 있는 지장간(地藏干)을 뜻한다. 천간을 드러낸 마음이라 하고, 지지를 살아가는 현실이라 한다면 지장간은 숨겨 놓은 사실이거나 심지어 일간(日干, 본인) 자신도 잘 모르는 잠재의식이라고 할 수 있다. 또한, 지지 속에 들어 있는 천간의 글자이다.

지장간을 통해서 옆에 있는 지지 글자들끼리 서로 영향을 미쳐 앞으로 일어날 여러 가지 상황들도 추측해 낼 수 있다. 지장간은 형(刑)이나 충(沖)으로 강한 충격을 주어야 개고(開庫)가 되어 활용할 수 있다.

■ 지장간 조견표

지지 / 지장간		子	丑	寅	卯	辰	巳	午	未	申	酉	戌	亥
지장간	여기	壬 10	癸 9	戊 7	甲 10	乙 9	戊 7	丙 10	丁 9	戊 7	庚 10	辛 9	戊 7
	중기		辛 3	丙 7		癸 3	庚 7	己 3	乙 3	壬 7		丁 3	甲 7
	정기	癸 20	己 18	甲 16	乙 20	戊 18	丙 16	丁 11	己 18	庚 16	辛 20	戊 18	壬 16

12지지는 1년 열두 달로 되어 있기 때문에 이달의 기운은 전달의 기운이 남아 있기 마련이다. 지난달의 기운이 남아 있는 것을 여기(餘氣)라 하고, 이달의 기운을 정기(正氣)라 부르며, 나머지 기운을 중기(中氣)라 한다. 천간과 지지가 같은 오행으로 일치될 때 마음속의 생각을 현실에서 이룰 수 있고, 천간과 지지가 다른 오행으로 흘러가면 아무리 애를 써도 실현 가능성이 적어진다. 지장간 중 자, 묘, 유(子, 卯, 酉)의 3개 지지는 천간이 2개씩이고 나머지 9개는 3개씩 암장되어 있으며, 이를 삼정삼편(三正三偏)이라 한다.

5) 통근(通根)과 투간(透干)

천간과 기운이 같은 오행이 지지에 있거나 또는 일간을 생조(生助)해 주는 오행이 있을 때 '통근했다' 또는 '뿌리를 내렸다'고 한다.

(1) 득령(得令)과 실령(失令)

월령(月令=月支)으로부터 기세를 생조받는 것을 득령이라고 하고, 월령의 기세로부터 생조받지 못하면 실령이라고 한다. 또 생조라 함은 자기 세력인 비겁과 나를 생하여 주는 인성만을 말한다.

(2) 득지(得地)와 실지(失地)

지장간 속에 같은 오행이 있으면 천간이 지지에 득지하였다고 하며, 득지하지 못한 것을 실지라고 한다.

(3) 득세(得勢)와 실세(失勢)

명조의 간지 8자 중 월지는 득령 시 따졌으므로 이를 제외한 일곱 글자의 생조적 도움이 있는가를 따져서 도움이 있으면 득세하였다고 하고, 도움이 없으면 실세라고 한다.

사주팔자의 용신(用神)을 찾을 때 일간의 신강, 신약을 판별해야 하는데 이때 통근했는지를 분석하여 판단에 참고한다. 통근을 지지의 입장에서 보았을 때는 투출 또는 투간되었다 하는데, 즉 지지나 또는 지지의 지장간 속에 품고 있는 오행이 똑같은 모습으로 천간에 나타나 있을 때를 천간의 입장에서 보면 통근이고, 지지의 입장에서 보면 투간 또는 투출된다. 투간은 같은 기둥[同柱]일 때의 투간을 다른 기둥에 투간되었을 때보다 더욱더 중요하게 여긴다.

월지(月支)에 통관된 천간이 가장 강하며 시지〉일지〉년지의 순이고 천간이나 지지가 충이 되면 그 천간은 약하다. 지지도 월지〉시지〉일지의 순으로 힘의 세기가 된다. 월지는 다른 지지 두 개를 합친 것보다 더 강하다. 신강, 신약의 분석 시 중요한 자료가 된다.

한 명조의 강약 판정은 천간의 동태에 달려 있다. 용신 또한 천간이 되어야 마땅할 것이다. 용신이 화(火)나 목(木)이니 한다거나 사화(巳火)나 자수(子水) 등의 표현보다는 사(巳) 중 병화(丙火)라거나 자(子) 중 계수(癸水) 등으로 구분되어야 적절할 것이다. 다시 정리하면 투출(透出)은 투간(透干)과 같은 의미이다. 지장간 속에 있는 글자가 천간으로 나온 것이며, 천간과 지지가 서로 통하는 상태를 말한다. 이 천간으로 나온 글자를 통해 지지의 속을 들여다본다. 또한, 통근은 천간의 입장에서 본 것이며 투출은 지지의 입장에서 본 것이다.

6) 왕상휴수사(旺相休囚死)

오행의 강약을 판단할 때는 출생월(出生月)인 월지(月支)가 가장 중요하며 일간의 강약을 오행의 통관으로 파악하지만 오행의 왕쇠(旺衰)는 '왕상휴수사'와 '십이운성'으로 파악하게 된다.

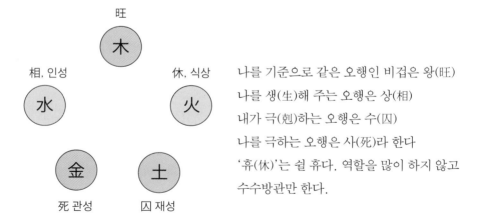

왕상휴수사 원도표

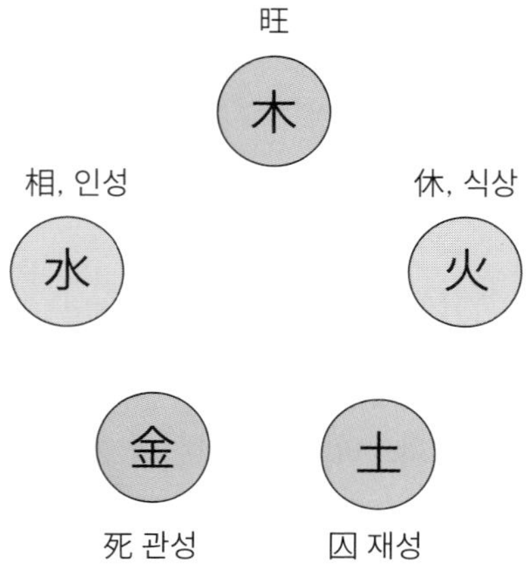

나를 기준으로 같은 오행인 비겁은 왕(旺)
나를 생(生)해 주는 오행은 상(相)
내가 극(剋)하는 오행은 수(囚)
나를 극하는 오행은 사(死)라 한다
'휴(休)'는 쉴 휴다. 역할을 많이 하지 않고 수수방관만 한다.

'왕상휴수사'는 월지의 오행에 따라 달라지는데 일간을 생월(生月)에 대조하여 왕(旺)이면 왕한 득령으로 '천시(天時)'를 얻었다고 한다. 왕상휴수사는 오행을 바탕으로 하고 있기에 음양을 구분하지 아니할 때 사용한다.

7) 오행의 적용

(1) 오행의 다양한 분류

오행 분류표

구분 \ 오행	목(木)	화(火)	토(土)	금(金)	수(水)
기본형 천간(天干)	초목 甲 · 乙	불 丙 · 丁	흙 戊 · 己	금석 庚 · 辛	물 壬 · 癸
지지(地支) 오성 하루	寅 · 卯 곡직성 새벽, 아침	巳 · 午 연상성 낮 시간대	辰·戌·丑·未 가색성 경계 시간대	申 · 酉 종혁성 초저녁	亥 · 子 운하성 밤 시간대
방향 계절 색상	東 봄(春) 청(靑)	南 하(夏) 적(赤)	中央 환절기 황(黃)	西 가을(秋) 백(白)	北 겨울(冬) 흑(黑)
인생 마음 오상	유소년기 꿈, 희망 인(仁)	청년기 열정, 투쟁 예(禮)	중년기 안정, 평화 신(信)	장년기 순수, 고집 의(義)	노년기 포용, 유연 지(知)
직업 얼굴 신체 오장	청소년 관련 눈 신경계 간	연예 스포츠 혀 순환기계 심장	공직 입 피부, 소화기계 비장	군, 검, 검 코 근골계 폐	연구, 기획직 키 혈액계 신장
육무 맛 음령오행 수리오행	담 신맛 ㄱ·ㅋ 3·8	소장 쓴맛 ·ㄷ·ㄹ·ㅌ 2·7	위장 단맛 ㅇ·ㅎ 5·10	대장 매운맛 ㅅ·ㅈ·ㅊ 4·9	방광 짠맛 ㅁ·ㅂ·ㅍ 1·6

(2) 오행의 상생(相生)과 상극(相剋)

사주팔자에 나타난 모든 육친 관계와 다양한 의미들의 해석은 상생(相生)과 상극(相剋)에서 비롯된다. 한 오행이 다른 오행을 생(生)하는 운동을 오행의 상생 운동이라고 한다.

[1] 오행의 상생

- 목생화(木生火)
- 화생토(火生土)
- 토생금(土生金)
- 금생수(金生水)
- 수생목(水生木)

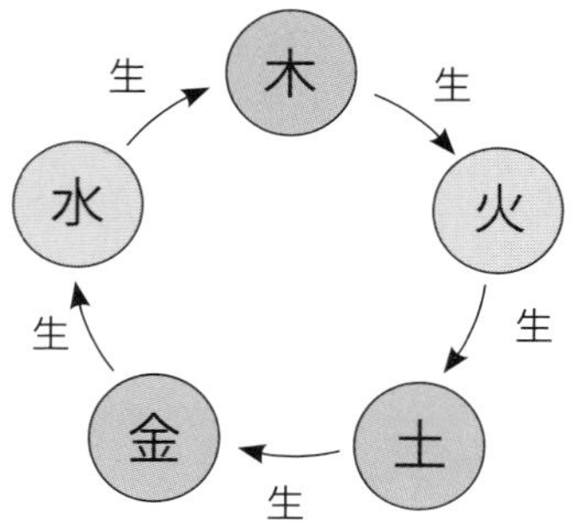

상생의 순환도

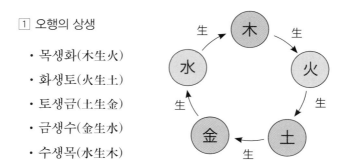

생(生)이란 낳다, 베풀다, 도와주다, 배려하다, 이해하다 등의 다양한 의미를 가지고 있어 통상 '생(生)하여 주다'라는 뜻으로 쓰인다. 따라서 상생(相生)은 각자의 존재와 가치를 이해하고 서로 협력해서 함께 성장, 발전을 꾀함으로써 어떤 성과나 목표를 함께 가지는 것을 의미한다. 생(生)을 해주는 앞의 오행은 생을 하면서 힘이 빠지는 것을 설(洩)이라 하며, 생(生)을 받은 뒤의 오행은 생을 해주는 앞의 오행에서 힘을 받는다. 생을 받는다는 것이 반드시 좋고 생을 해주는 것은 힘이 빠지는 것이니까 반드시 나쁘다는 의미가 아니다. 항상 균형을 위해서는 적당히 주고 적당히 받아야 하는 것이며, 한쪽이 지나치면 주는 쪽이나 받는 쪽이나 서로 힘이 들고 해가 되는 수가 많다.

2 오행의 상극(相剋)

- 목극토(木剋土): 초목의 뿌리[木]는 흙[土]을 극한다.
- 토극수(土剋水): 흙으로 제방을 쌓아[土] 강[水]을 막다.
- 수극화(水剋火): 물[水]로 불[火]을 끈다.
- 화극금(火剋金): 불[火]로 쇠붙이[金]를 녹인다.
- 금극목(金剋木): 도끼[金]로 나무[木]를 벤다.

상극(相剋)이란 서로 부딪치고 갈등하고 충돌함을 뜻한다. 극(剋)이란 일간이 다른 육친과의 관계에서 간섭, 무시, 억압, 통제, 지배와 때로는 취하다, 가지다, 군림하다는 다양한 뜻을 가지고 있다. 예를 들어 가족 관계에서 생(生)은 부모와 자식 간으로, 극(剋)은 부부간으로 남편은 아내를 극하고 아내는 남편에게 극을 당하는 관계이며, 자식은 아버지를 극하고 아버지가 자식에게 극을 당하는 관계로 해석한다. 모친은 자식을 생(生, 양육)하고 자식은 모친의 생을 받는 관계이다. 오행의 상극도 서로 극하는 뜻의 상극이 아니라 어떤 오행이 다른 한쪽의 오행을 제압하고 제거[剋]하는 의미라는 것에 유념하여야 한다.

3 오행의 상생과 상극의 상호 관계

목생화(木生火) 화생토(火生土)를 보면 목(木)의 입장에서는 화(火)를 생(生)하느라 힘이 소모되나, 생을 받는 화는 자기를 생해 주는 목에 대한 관심보다는 오히려 토(土)를 생하는 데만 전념한다. 부모가 자식을 온갖 정성을 다해 생하여 주었는데 자식은 생해 준 부모에 대한 관심보다는 자기의 자식을 생해 주는 데만 힘을 쏟아붓다시피 한다.

목의 입장에서는 내가 도와주어 나의 도움을 받은 화가 나를 제쳐두고 토만 생각하여 목은 토가 미워지는 것이다. 그래서 목은 토를 극하는 것이다. 이와 같이 화의 입장에서는 화극금(火克金)이 되고, 금(金)의 입장에서는 금극목(金克木)을 하게 되니 이렇게 상호 간의 상극 관계로 인하여 우주 운동은 긴장감이 끊이지 않게 조성되고 끝내는 균형과 조화를 이루며 건전한 순환 관계가 유지된다. 상극의 이치는 운동(변화)의 긴장감을 높여 지속적인 운동을 가능하게 만드는 것이다. 극이란 반드시 나쁜 것만이 아니다. 발전의 원동력이 되기도 하며, 그리하여 우주의 운동은 상생과 운동을 통해 순환 운동을 하면서 생명력을 이어나가는 것이다.

4 오행의 역극(逆剋)

수(水)가 화(火)를 끄는 관계이지만[水剋火], 사주팔자의 형태에 따라서는 반대로 물이 제거(증발)할 수도 있기에 서로 극하는 의미의 상극이 성립할 때도 있음을 이해하여야 한다.

① 목다금결(木多金缺): 목극금(木剋金) 관계

금이 목을 극하는 관계이지만, 나무가 지나치게 많으면 쇠가 뭉그러진다.

② 토다목절(土多木折): 토극목(土剋木) 관계

나무가 흙을 극하는 관계이지만, 흙이 지나치게 많으면 나무가 휘어 부러진다.

③ 화다수증(火多水烝): 화극수(火剋水) 관계

물이 불을 끄는 관계이지만, 불이 지나치게 많으면 물이 증발한다.

④ 수다토류(水多土流): 수극토(水剋土) 관계

흙[土]은 물을 극하는 관계이지만, 흙이 지나치게 많으면 흙이 씻겨 떠내려간다.

⑤ 금다화식(金多火熄): 금극화(金剋火)

불[火]이 쇠[金]를 극하는 관계이지만, 쇠가 많고 강하면 불이 꺼진다.

⑥ 상모(相侮)

수(水)는 화(火)를 극할 수 있다. 하지만 화의 기운이 아주 강한 경우에는 오히려 화에게 극을 당하게 되어 있다. 극을 당하는 화의 힘이 강한 반면에 극을 하는 수의 힘이 부족한 경우에 이런 현상이 일어난다. 기타 오행에서도 마찬가지다.

⑦ 상모(相母)

수(水)는 목(木)을 생(生)하는 기질이 있는데 생조(生助)를 받는 목의 개수가 많다면 수가 목에 기력을 심하게 손상당하게 된다. 생자(生者)를 해(害)하는 의미가 있다.

⑧ 모자멸자(母子滅子)

상모(相母)와는 반대로 생조하는 수의 기운이 너무 강하고 생조를 받는 목이 약하면 목이 적절히 생조되지 못하고 오히려 힘을 잃는 것을 뜻한다. 즉 생(生)하는 기운이 너 무 강하면 생의 의미를 상실한다는 이치이다. 물은 나무에 수분을 공급하여 나무를 키우는 존재이다. 하지만 물이 너무 많으면 나무뿌리가 썩는다. 자녀를 키워주는 사람은 부모인데 부모의 사랑과 간섭이 너무 지나치면 자녀의 자립심, 독립심이 약화되는 것으로 비유될 수 있다.

6) 합충론(合沖論)

지구가 자전과 공전을 하는 과정에서 만물이 움직이며 변화하고 오행의 기운 또한 변화하여 각 기둥의 옆과 아래에 영향을 미치게 된다. 태양과 지구와 달이 나란히 서면 합이 이루어진다. 지구가 자전과 공전을 하면 같은 위도에 있는 기운끼리 섞이게 되는 것이 합(合)이며, 그 상황과 변화에 따라 합의 종류가 나누어진다. 태양과 달과 지구가 나란히 서면 충(沖)이 이루어진다. 이들이 미치는 영향을 분석하면 상생, 상극 이외에 형(刑)하고 충(沖)하고 합(合)하여 화(化)하고 회(會), 파(破), 해(害)하는데 이 현상을 채용하였다.

(1) 합(合)

서로 마음이 맞는 것이라 이해하며 음과 양이 합하는 것을 말한다. 합이 되는 것은 세력의 규합이며 집착과 연민일 수 있다. 기세의 편차에 따라 변화가 결정되고, 간격(위치)에 따라 선후와 작용의 순서가 결정된다.

1 합의 작용

- 길신(吉神, 천을귀인, 월덕귀인)은 합하면 작용이 아주 좋다.
- 길성(吉星)은 합을 절대로 꺼린다.
- 흉신(凶神, 양인, 상문, 조객, 과숙, 원진살 등)은 합을 하면 흉의 작용이 약해진다.
- 흉성(凶星)은 합하면 합의 작용이 묶여서 그 작용을 하지 않는다.
- 남자는 합이 많으면 출세가 더디고, 여자는 음익지합(淫匿之合)으로 삼각관계가 발생한다.

2 천간합(天干合, 五合, 음양지합, 부부합)

십천간 중에서 양 천간(甲, 丙, 戊, 庚, 壬)과 음 천간(乙, 丁, 己,

辛, 癸)이 각각 합하여 새로운 기운으로 변화하는 것을 말한다. 합(合)은 정(情)을 의미한다. 합을 하는 육친끼리는 정이 많고 사이가 좋으며 서로 떨어지기가 어려운 사이라고 해석된다.

① 갑기합화(甲己合化) = 토(土) 중정지합(中正之合) 운(運) 좋고 돈 잘 벌어 다투지 않는다.
② 을경합화(乙庚合化) = 금(金) 인의지정(仁義之情) 인자하고 의리가 있다.
③ 병신합화(丙辛合化) = 수(水) 위엄지합(威嚴之合) 친화력이 있다.
④ 정임합화(丁壬合化) = 목(木) 음익지합(淫匿之合) 음탕한 짓을 아무도 모르게 한다.
⑤ 무계지합(戊癸之合) = 화(火) 남녀 간에 무정하나 아름다운 것을 좋아한다.

3 지지합(地支合): 육합(六合), 삼합(三合), 방합(方合)이 있다.

① 육합: 두 개의 지지가 서로 합하여 새로운 오행으로 변화[化]하는 것이다.

- 자축합(子丑合) = 토(土) 선합후극(先合後剋)으로 처음은 다정하다가 후에는 배신당한다.
- 인해합(寅亥合) = 목(木) 합(合)도 되고 파(破)도 되기에 합의 작용이 약하다.
- 묘술합(卯戌合) = 화(火) 예의는 있으나 예리한 성품을 가지고 있다.
- 진유합(辰酉合) = 금(金) 부부가 화목하지 못하며 의리에 약하다.
- 사신합(巳申合) = 수(水) 파(破)도 되고 합(合)도 되는데, 합의 작용은 약하고 파의 작용은 강하다.

• 오미합(午未合) = 화(火) 형합(刑合), 선합후형(先合後刑)이라 하여 처음에는 화합으로 잘 지내다 뒤에는 형액(刑厄)이 발생한다.

지지가 합을 하면 합이 된 글자들이 묶이게 되고 본래 글자의 의미는 사라지는 것이다. 지지 육합은 운에서 오는 다른 합이나 충으로 풀 수 있는데, 이는 운이 원국보다 우선이기 때문이고 합은 충으로 풀고, 충은 합으로 푼다는 원리이기 때문이다. 육합은 남녀 간의 은밀한 내면이나 부부간의 정 등을 풀이할 때 많이 활용한다.

② 삼합(三合): 가정지합(家庭之合)
삼합은 십이지의 생지(生地), 왕지(旺地) 고지(庫地) 중에서 한 글자씩 모아서 합이 된다. 합을 하는 지지의 세 글자가 붙어 있지 않고 다른 글자가 끼어 있으면 합이 되지 않고 합하고 싶은 마음만 있어 정이 남다르다고 해석된다.

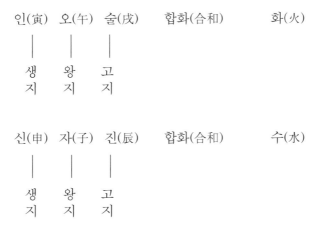

인(寅)	오(午)	술(戌)	합화(合和)	화(火)
생지	왕지	고지		

신(申)	자(子)	진(辰)	합화(合和)	수(水)
생지	왕지	고지		

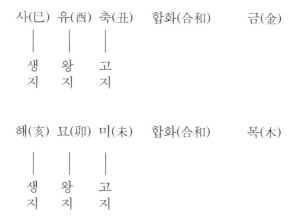

사(巳) 유(酉) 축(丑) 합화(合和) 금(金)

| | |
생 왕 고
지 지 지

해(亥) 묘(卯) 미(未) 합화(合和) 목(木)

| | |
생 왕 고
지 지 지

원국에 있는 삼합(三合)보다 운에서 들어와서 이루어진 삼합이 더욱 강력하다. 지나가면 다시 약해진다.

③ 방합(方合): 붕합(朋合), 형제간의 합, 가족의 합
방합은 합화하지 않고 같이 모여만 있기에 국이라고 표현하여 본래 글자가 가지고 있는 고유 오행의 기는 그대로 모여만 있는데 국을 이룬 해당 오행이 매우 강하여 다른 오행이 기를 펴지 못하며 오히려 피해를 본다.

- 인(寅) 묘(卯) 진(辰) 동방 목국(木局)
- 사(巳) 오(午) 미(未) 남방 화국(火局)
- 신(申) 유(酉) 술(戌) 서방 금국(金局)
- 해(亥) 자(子) 축(丑) 북방 수국(水局)

④ 암합(暗合)

지장간 기운끼리 합이 될 때가 있는데 이를 암합이라고 한다. 겉으로 드러나지 않는 은밀한 합으로 각 지장간 상호 간에 의외의 도움, 은밀한 거래, 정부나 의처, 의부증 현상 등 남녀 간의 애정 관계나 일간의 속마음을 들여다보기 위해 분석한다.

① 간지 암합(干支 暗合)

천간과 지지의 지장간과의 합을 말하며, 천간과 동주(同柱)한 지지의 지장간 중에서 정기(正氣)인 오행과 합하는 것을 말하며, 여기(餘氣)나 중기(中氣)와의 암합은 특별한 의미가 없다.

② 지지 암합(地支 暗合)

십이지지의 지장간들의 기운들이 서로 나란히 하여 암합할 때를 말하고 정기와 정기 간의 암합을 말한다.

寅未	寅丑	卯申	午亥	戌子
戊丁 丙乙 (甲己) 甲己合	戊癸 丙辛 (甲己) 甲己合	甲戊 乙壬 (乙庚) 乙庚合	丙戊 己甲 (丁壬) 丁壬合	辛壬 丁癸 (戊癸) 戊癸合

2) 충(沖)

'충'이란 부딪치다, 충돌하다는 의미로 서로에게 상처를 입히는 원국에서나 운에서나 운에서 어떤 두 기운이 만나면 서로 부딪쳐서 다툼, 이동, 파란 등의 현상을 초래하여 불안정해진다는 의미이다.

- 갑경충(甲庚沖)
- 을신충(乙辛沖)
- 병임충(丙壬沖)
- 정계충(丁癸沖)

천간의 충을 극(剋)이라고 하고 지지는 충(沖)이라고 하는데, 사주에 충극이 있으면 여러 측면에서 좋지 않으나 경우에 따라서는 대부대귀(大富大貴), 크게 길(吉)해지는 전환의 계기가 될 수도 있다. 특히 '신강 사주'에서는 자기 본위로 생활하다가 신선한 충격을 받고 발복할 수도 있다. 합과 충이 동시에 나타나면 합이 우선하며, 합은 충으로 풀고 충은 합으로 푼다. 천간이 충합이 되면 어떤 육친과 충이 되고 합이 되었는지를 살펴야 한다.

(2) **지지 충(地支沖)**

1 자오충(子午沖), 묘유충(卯酉沖)—왕지충(旺地沖), 도화충(桃花沖)

십이지지의 왕지충끼리의 충으로 도화에 해당하는 지지끼리의 충이기에 주색잡기로 인하여 가정 파탄이 일어날 가능성을 암시한다. 특히 일지가 도화충(桃花沖)이 되면 가정과 직업이 불안정하고 충에 해당하는 육친끼리는 갈등과 충돌이 된다. 그 작용력이 매우 강한데 일생에 한 번 사생결단하는 일이 발생하며 이혼, 파산 등의 변동기를 맞을 수도 있다. 그러나 반대로 무역을 하여 막강한 경제력을 이룰 수도 있다. 여자가 자오충(子午沖)이면 바람기로 가정 파탄이 올 수 있다.

묘유충(卯酉沖)은 직위에 대하여 목숨을 걸 정도로 애착과 집념이 매우 강하여 실리를 위해서는 신의도 저버릴 수 있다. 부부 불화나 사회 활동으로 이동, 변동이 빈번하여 안정된 직업이나 사업을 지키기가 어렵다. 대학 진학 시 아예 교사, 약사, 의사 등 전문직이 좋다.

2 인신충(寅申沖), 사해충(巳亥沖)—생지충(生地沖), 역마충(驛馬沖)

인신충은 월지와 년지에 따라 강도가 다르므로 살펴야 하며, 역마가 있으니 타지에서 생활할 수 있다. 사고의 위험이 있으며 일지가 신(申)이라면 무역, 여행, 운수업 등으로 재를 쌓을 수 있음을 암시하고, 일지가 인(寅)이라면 남자는 직장의 변동이 많고 여자는 남자 문제로 신경 쓸 일이 생긴다. 뇌 관계의 병과 치매, 중풍의 질환이 있을 수 있다. 사해충은 역마살로 인신충과 거의 동일하나 사고의 위험은 덜한 대신 건강의 적신호가 더 크다. 심혈관과 신장 기능이 많이 발생한다.

3 진술충(辰戌沖), 축미충(丑未沖)—고지충(庫地沖), 지진충(地震沖)

진술, 축미충을 화개살(華蓋殺)이라고 하는데 예체능, 기술이나 문장력, 문학성이 있는 성이다. 충을 받으면 예체능 능력은 있으나 빛을 보지 못하고 예체능으로 인하여 고통을 따르는 결과가 된다. 화개살이 충이 되면 토(土)의 병인 위장 질환이 생긴다.
진술축미(辰戌丑未)는 중앙으로 돈이 모이고 부유해지는데 이것이 충을 받으면 오히려 돈이 모였다가도 흩어지는 결과로 돈 때문에 고통을 받기도 한다.

7) 십신 육친론(十神 六親論)

(1) 사주학의 꽃

서양 철학과 기독교에서의 신(神)은 오직 유일신인 하느님 한 분만 존재할 뿐이지만 동양 철학은 주관적, 감정적, 가족적, 집단적 입장에 중심을 두고 인간을 소우주로 보는 동양사상을 바탕으로 인간을 신으로 보는 사상이 우리의 일상에 깊숙이 스며들어 있고, 사주명리학에서는 이를 십신(十神) 또는 십성(十星)으로 사용하고 있다. 그러므로 신의 개념이 다르다는 것을 이해할 것이다.

십신론은 인간인 '나'를 기준으로 하여 다른 간지(천간과 지지)의 음양오행의 형태에 따라 길흉화복을 논하는 이론으로 사주학의 꽃이라 할 수 있다.

이 십신론을 잘 이해해야만 사주의 성격, 인품, 재산, 직업, 건강, 배우자, 자식, 부모, 가족 관계 등의 흥망성쇠와 인과관계 그리고 인간관계를 간명할 수 있게 된다. 그래서 십신론을 육친론(六親論)이라고도 부르는 것이다. 육친은 나[日干], 비겁(比劫), 식상(食傷), 인성(印星), 재성(財星), 관성(官星)의 여섯 가지를 말하고, 일간인 나를 제외한 다섯 가지를 음과 양으로 나누면 열 종류가 되는 것을 십신 또는 십성이라고 한다.

(2) 십신(十神)의 종류

① 내(일간: 日干)이 甲木일 때의 예

나(日干) = 아(我) = 甲木

아비자(我比者)	비겁(比劫)	나와 오행이 같은 甲木, 乙木, 寅木, 卯木
아생자(我生者)	식상(食傷)	내가 생조(生助)하느 丙火, 丁火, 巳火, 午火
아극자(我剋者)	재성(財星)	내가 극(剋)하는 戊土, 己土, 辰土, 戌土, 丑土, 未土
극아자(剋我者)	관성(官星)	내가 극(剋)하는 庚金, 辛金, 申金, 酉金
생아자(生我者)	인성(印星)	나를 생(生)하는 壬水, 癸水, 亥水, 子水

② 십신(十神)의 종류

나(日干)와 같은 오행(五行)은 비아자(比我者)요, 비겁(比劫)이며 형제(兄弟)이다.

- 비겁 중에서 나와 음양(陰陽)이 같으면 비견(比肩), 음양이 다르면 겁재(劫財)이다.

내가 생조(生助)하는 오행(五行)은 아생자(我生者)요, 식상(食傷)이며 자식(子息)이다.

- 식상 중에서 나와 음양(陽)이 같으면 식신(食神), 음양이 다르면 상관(傷官)이다.

내가 극(剋)하는 오행(五行)은 아극자(我剋者)요, 재성(財星)이며 처재(妻財)이다.

- 재성 중에서 나와 음양(陰陽)이 같으면 편재(偏財), 음양이 다르면 정재(正財)이다.

나를 극(剋)하는 오행(五行)은 극아자(剋我者)요, 관성(官星)이며 관귀(官鬼)이다.

- 관성 중에서 나와 음양(陰陽)이 같으면 편관(偏官), 음양이 다르면 정관(正官)이다.

나를 생(生)하는 오행(五行)은 생아자(生我者)요, 인성(印星)이며 부모이다.

- 인성 중에서 나와 음양(陰陽)이 같으면 편인(偏印), 음양이 다르면 정인(正印)이다.

(3) 십신의 상생상극(相生相剋)

① 육신 상생법(六神相生法)

비겁은 식상을 생하고
식상은 재성을 생하고
재성은 관성을 생하고
관성은 인성을 생하고
인성은 비겁을 생한다.

② 육친 상극법(六親 相剋法)

비겁은 재성을 극하고
재성은 인성을 극하고
인성은 식상을 극하고
식상은 관성을 극하고
관성은 비겁을 극한다.

③ 십신 양생법(十神 養生法)

양 오행 육신은 양 오행 육신을 생하고
음 오행 육신은 음 오행 육신을 생한다.

④ 십신 상극법(十神 相剋法)

양 오행 육신은 양 오행 육신을 극하고
음 오행 육신은 음 오행 육신을 생한다.

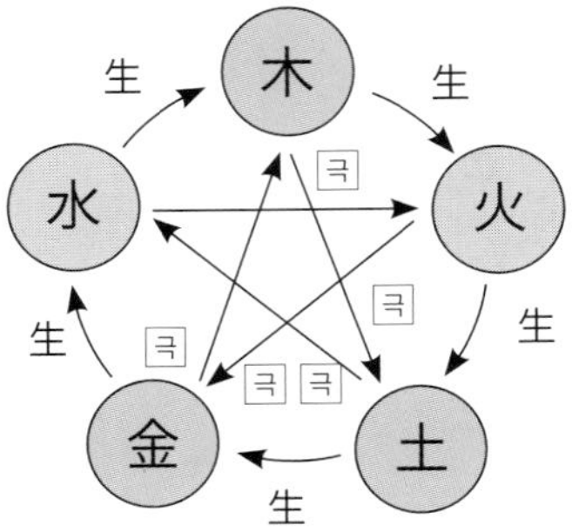

(4) **십이운성 이론(十二運星 理論)**

십이운성(十二運星) 이론은 사주팔자의 일간을 중심으로 네 개의 지지를 대비하여 변화 과정을 파악하여 응용하는 것인데, 불교의 윤회론(輪廻論)적 이론을 도입한 것이다. 우주의 생성 원리를 12달로 나누어 자연의 변화를 나타낸 것이며 포태법(胞胎法)이라고도 부른다. 명리학을 제대로 이해하려면 오행의 '생극제화'에만 매달려서는 안 되며, 명쾌한 사주풀이가 되기 위해서는 인간의 생로병사에 비유한 '십이운성'을 적용해야 한다.

십이운성은 지구와 태양의 위성으로서 일정한 경사도와 고정 좌표를 유지하면서 자전과 공전을 하는 오행의 정기(精氣)를 받은 인간이 어떻게 생노병사 하는가 하는 과정을 측정해 보는 한 방법론이다.

특히 사주의 강약을 분석하는 데 도움이 되며 운세에 병약한 상태이면 불길함을 예측할 수 있다. 많은 명리학 대가들은 글자의 오행 간지의 강약보다는 기(氣, 십이운성)의 왕쇠가 더욱 왕쇠 판정에 작용을 많이 미치고 있음을 실증했다.

심효천은《자평진전》에서 십이운성을 쓸 때 각 오행을 음양으로 나누어 쓴다고 하였고,《적천수》'천간론'에는 투간한 천간이 가장 강하지만

'오양종기부종세(五陽從氣不從勢) 오음종세무정의(五陰從勢無情義)' 즉 오양(양 일간)은 기에 종(從)한다는 뜻인데, 이는 계절을 의미한다. 즉 십이운성에 의해 강약이 판별된다는 것이고, 오음(음 일간)은 오행의 생극제화로 강약을 판단한다는 것을 의미한다. 물론 서낙오는 《자평진전평주》에서 이것이 잘못되었다고 지적하였으나, 문헌에는 '명중(命中)에 한두 개의 겁재(劫財)를 보는 것보다는 십이운성의 강약만 못하다'고 하며, 통근한 천간의 세력이 강세 판단의 기준이 된다고 언급하였다.

십이운성 조견표

일간 / 운성		甲	乙	丙	丁	戊	己	庚	辛	壬	癸
長生 장생	사왕(四旺)	亥	午	寅	酉	寅	酉	巳	子	申	卯
沐浴 목욕	사평(四平)	子	巳	卯	申	卯	申	午	亥	酉	寅
冠帶 관대	사왕	丑	辰	辰	未	辰	未	未	戌	戌	丑
建祿 건록	사왕	寅	卯	巳	午	巳	午	申	酉	亥	子
帝旺 제왕	사왕	卯	寅	午	巳	午	巳	酉	申	子	亥
衰 쇠	사쇠(四衰)	辰	丑	未	辰	未	辰	戌	未	丑	戌
病 병	사쇠	巳	子	申	卯	申	卯	亥	午	寅	酉
死 사	사쇠	午	亥	酉	寅	酉	寅	子	巳	卯	申
墓 묘	사쇠	未	戌	戌	丑	戌	丑	丑	辰	辰	未
絶(포)	사평	申	酉	亥	子	亥	子	寅	卯	巳	午
胎 태	사평	酉	申	子	亥	子	亥	卯	寅	午	巳
養 양	사평	戌	未	丑	戌	丑	戌	戌	丑	未	辰

* 일간이 양간이면 순행하고 음간이면 역행한다.
* 십이운성이 사주팔자의 일간(日干)을 기준으로 네 개의 지지를 대조하여 십이운을 찾는 것을 '봉(逢)하는 십이운'이라 하여 일간의 강약을 판단하며 활용한다.
* 장생, 관대, 건록, 제왕은 사왕(四旺)이라 하여 강한 것으로 보며 목욕, 포(절), 태, 양은 사평(四平)이라 하여 보통으로 보며 쇠, 병, 사, 절은 사쇠(四衰)라 하여 약한 것으로 본다.

4) 신살(神殺)

(1) 신(神-吉星)의 분류

신(神)이 사주에 있으면 나쁜 것도 좋게 만들며, 인간에게 이로운 역할을 하는 수호자이다. 사주를 작성 후 다음 표에 따라 천간, 지지, 대운에 해당하는 것이 있으면 그대로 적용할 수 있다.

1 일간(日干) 기준 분류

일간(日干)	甲	乙	丙	丁	戊	己	庚	辛	壬	癸
천을귀인(天乙貴人)	丑未	子申	亥酉	亥酉	丑未	子申	丑未	午寅	巳卯	巳卯
학당귀인(學堂貴人)	亥	午	寅	酉	寅	酉	巳	子	申	卯
문창귀인(文昌貴人)	巳	午	申	酉	申	酉	亥	子	寅	卯
문곡귀인(文曲貴人)	亥	子	寅	卯	寅	卯	巳	午	申	酉
관귀학관(官貴學館	巳	巳	申	申	亥	亥	寅	寅	申	申
금여록(金與祿)	辰	巳	未	申	未	申	戌	亥	丑	寅

① 천을귀인(天乙貴人)

모든 귀인 중에서 최고의 길한 의미를 가지고 있다. 지혜가 있고 총명하며 흉을 길로 바꾸는 작용을 하며 길신과 만나거나 합이 되면 사회적인 발전과 형벌을 면한다. 공망(空亡)이 되면 길한 의미가 사라지고 대운의 흐름에서 만나도 의미가 좋아진다. 귀일(貴日)은 정유(丁酉), 정해(丁亥), 계사(癸巳), 계묘(癸卯) 일(日)이다.

② 학당귀인(學堂貴人)

십이운성의 일간이 장생(長生)되는 곳을 말한다. 총명하고 학문적 발전을 쉽게 이룬다는 의미가 있는 귀인이다.

③ 문창귀인(文昌貴人)

양 일간은 십이운성에서 병(病), 음 일간은 장생의 자리다. 학업, 연구, 창조의 의미를 가지는 총명성(聰明星)이다. 형(刑), 충(沖), 파(破), 해(害)와 공망을 꺼린다. 학당귀인과 동일하며 음 일간은 학당귀인과 충이 되는 지지이다. 학문적인 발전을 의미한다.

④ 문곡귀인(文曲貴人)

학당귀인과 동일하며 음 일간은 학당귀인과 충이 되는 지지이다. 학문적인 발전을 의미한다.

⑤ 관귀학관(官貴學館)

일간의 관성이 십이운성에서 장생하는 지지로서 관운이 좋다.

⑥ 금여록(金輿祿)

황금 가마를 뜻하며 양 일간은 십이운성의 쇠(衰), 음 일간은 십이운성의 목욕(沐浴)의 자리이다. 배우자 운이 좋으며 주위의 신망이 높다.

⑦ 삼기(三奇), 삼귀(三貴)

천간에 갑(甲) 무(戊) 경(庚), 을(乙) 병(丙) 정(丁), 임(壬) 계(癸) 신(辛)이 순서대로 있으면 적용되는데 대범하고 비상한 재능을 타고났으며 기인적 행동을 많이 하게 된다.

2 월지(月支) 기준 분류

월지(月支)	寅	卯	辰	巳	午	未	甲	酉	戌	亥	子	丑
천덕귀인(天德貴人)	丁	辛	壬	辛	亥	甲	癸	寅	丙	乙	巳	庚
월덕귀인(月德貴人)	丙	甲	壬	庚	丙	甲	壬	庚	丙	甲	壬	庚
진신(進神)	甲子	甲子	甲子	甲午	甲午	甲午	己卯	己卯	己卯	己酉	己酉	己酉
천사성(天赦星)	戊寅	戊寅	戊寅	甲午	甲午	甲午	戊甲	戊甲	戊甲	甲子	甲子	甲子
활인성(活人星)	丑	寅	卯	辰	巳	午	未	甲	酉	戌	亥	子

① 천덕귀인(天德貴人)

천우신조(天佑神助)와 조상의 음덕이 있다. 길(吉)한 의미는 크게 하고 흉(凶)한 의미는 줄이는 좋은 수호신이다. 이날에 새로운 일(이사, 개업, 결혼)을 추진하는 경우가 있다.

② 월덕귀인(月德貴人)

땅의 도움을 받는다는 의미이다. 역시 천우신조의 혜택과 조상의 도움을 받는다. 여자 사주에 천월덕(天月德)이 모두 있으면 산액(産厄)이 없다고 한다.

③ 진신(進神)

일의 추진 과정이 원활하고 막힘이 없다.

④ 천사성(天赦星)

큰 재난이나 질병이 없고 복록이 많다는 의미이고, 혼사를 하기에 적절한 날로 알려져 있다.

⑤ 활인성(活人星), 천의성(天醫星)

사람의 질병과 고통을 제거한다는 의미이다. 의업에 종사하면 길하다.

2) 살의 분류(殺=凶星)

살(殺)은 인간에 해로운 역할을 하는 방해자이다. 종류가 약 370여 종이 회자되고 있다. 역학이 미신 쪽으로 내 밀쳐지는 이유 중의 하나이기도 하지만, 몇 가지 중요 살들은 상당한 근거와 실증으로 입증되고 있으니 참고로 정리한다.

1 년지(年支) 기준 분류

월지(月支)	子	丑	寅	卯	辰	巳	午	未	申	酉	戌	亥
고진살(孤辰殺)	寅	寅	巳	巳	巳	申	申	申	亥	亥	亥	寅
과숙살(寡宿殺)	戌	戌	丑	丑	丑	辰	辰	辰	未	未	未	戌
원진살(怨嗔煞)	未	未	酉	申	亥	戌	申	子	卯	寅	巳	辰
귀문관살(鬼門關殺)	酉	午	未	申	亥	戌	申	寅	卯	子	巳	辰

① 고진살(孤辰殺)

부부 운이 좋지 못함을 의미하며 상처살(喪妻殺)이라고도 한다. 년지의 방합(方合)하는 다음의 지지를 말한다.

② 과숙살(寡宿殺)

부부 운이 좋지 못함을 의미하며 과부살(寡婦殺)이라고도 한다. 년지의 방합하는 앞의 지지를 말한다.

③ 원진살(怨嗔煞)=대모(大耗)

충(沖) 전후 일위(一位)를 말한다. 서로 부딪치고 나서 싫어지게 되는 것에 비유한다. 원진이 다른 글자와 합하면 나쁜 의미가 해소된다. 대운에서 원진을 만나도 동일하다.

④ 귀문관살(鬼門關殺)

신경쇠약, 정신이상, 변태적 기질, 의처(부)증을 나타낸다. 일(日), 시지(時支)에 있으면 뜻이 더욱 강하다.

3) 월지(月支) 기준 분류

월지(月支)	寅	卯	辰	巳	午	未	申	酉	戌	亥	子	丑
단교관살(斷橋關殺)	寅	卯	申	丑	戌	酉	辰	巳	午	未	亥	子
급각살(急脚殺)	亥子	亥子	亥子	卯未	卯未	卯未	寅戌	寅戌	寅戌	丑辰	丑辰	丑辰
천전살(天轉殺)	乙卯	乙卯	乙卯	丙午	丙午	丙午	辛酉	辛酉	辛酉	壬子	壬子	壬子
지전살(地轉殺)	辛卯	辛卯	辛卯	戊午	戊午	戊午	癸酉	癸酉	癸酉	丙子	丙子	丙子
부벽살(斧劈殺)	酉	巳	丑	酉	巳	酉	酉	巳	丑	酉	巳	丑

1 단교관살(斷橋關殺)

넘어지거나 높은 곳에서 떨어져서 수족(手足)을 손상당한다. 신경통이 있다.

2 급각살(急脚殺)

신경통이나 다리에 이상이 있음을 뜻한다. 갑자기 다리를 절게 된다는 의미도 있다. 전생에 남에게 육체적, 정신적 고통을 준 업보로 생긴다는 살이다.

3 천지전살(天地轉殺)

기운이 너무 강하여 오히려 쇠하게 된다는 의미로서 일을 추진할 때 실속이 없다.

4 부벽살(斧劈殺)

일의 추진에 방해가 많다.

4) 일간의 기준 분류

일간	甲	乙	丙	丁	戊	己	庚	辛	壬	癸	적용 기준
홍염살(紅艶殺)	午	午	寅	未	辰	辰	戌	酉	申	申	地支 中
낙정관살(落井關殺)	巳	子	申	戌	卯	巳	子	申	戌	卯	日·時 支
고관살(孤鸞殺)	寅	巳		巳	申			亥			日支
음착살(陰錯殺)				丑未				卯酉		巳亥	日·時 支
양착살(陽錯殺)			子午		寅申				辰戌		日·時 支
현침살(懸針殺)	午申							卯未			日支
탕화살(湯火殺)	寅午	丑	寅午	丑	寅午	丑	寅午	丑	寅午	丑	日支

1 홍염살(紅艶殺)

미적 감각이 뛰어나고 화려한 것을 좋아한다. 인기인, 연예인에 홍염살이 많다.

2 낙정관살(落井關殺)

수렁, 웅덩이에 빠진다는 의미이다. 사주에 수(水)가 많아서 기신(忌神)이 되면 낙정관살의 의미가 더욱 강해지므로 주의해야 한다.

3 고란살(孤鸞殺)

부부의 인연이 깊지 못하여 고민하게 된다.

4 백호대살(白虎大殺)

갑진(甲辰), 을미(乙未), 병술(丙戌), 정축(丁丑), 임술(壬戌), 계축(癸丑)이 있으면 해당한다. 해당하는 육친이 편안히 종명(終命)하지 못한다는 의미가 있는 아주 나쁜 살이다. 사주에 임술(壬戌) 자(字)가 있다면 술(戌)의 지장간 무(戊), 신(辛), 정(丁)에 해당하는 부부간의 정이 박약하고 처가, 외가의 홍망을 가져온다. 일지(日

支)에 있으면 외가가 몰락하고, 시지(時支)에 있으면 처가가 몰락한다.

5 음양착살(陰陽錯殺)

일간이 양이면 양착, 음이면 음착이다. 부부간의 정이 박약하고 처가, 외가의 흉망을 가져온다. 일지에 있으면 외가가 몰락하고, 시지에 있으면 처가가 몰락한다.

6 현침살(懸針殺)

성격이 바늘처럼 예리하며 처자를 극한다. 그러나 의술, 종교인을 하면 해소된다.

7 탕화살(湯火殺)

화상(火傷), 흉터, 음독 등을 의미한다. 지지에 삼형(三刑)을 구비하면 그 의미가 증폭된다.

8 괴강살(魁罡殺)

사주에 괴강(庚辰, 庚戌, 壬辰, 戊戌)이 있으면 총명하고 문장력이 좋으나 황폭(荒暴), 살생, 극빈, 대부귀의 극단적인 작용을 일으킨다. 여자 사주에 괴강이 많다면 미모지만 재성이 지나치게 강하여 부부 화합을 위한 노력이 필요하다. 남자는 결백성이 있으며 과감신속하다. 괴강이 일주 외 타주에 또 많이 있으면 반드시 복되니 신왕운으로 행하여 발복한다. '괴강이 첩첩한 사주는 대권을 장악한다'고 《연해자평》은 얘기하고, 《명리정종》은 '묘지에 임한 것인데 어떻게 그렇게 되나?'하며 《연해자평》의 오류라고 하고 있다. 그러나 현대에 와서 임상과 필자의 생각은 《연해자평》의 입장이 상당한 일리가 있다고 무게감을 더 두고 있다.

9 공망(空亡): 천중살(天中殺)

공망표

갑자旬	甲子	乙丑	丙寅	丁卯	戊辰	己巳	庚午	辛未	壬申	癸酉	戌亥
갑술旬	甲戌	乙亥	丙子	丁丑	戊寅	己卯	寅辰	辛巳	壬午	癸未	申酉
갑신旬	甲申	乙酉	丙戌	丁亥	戊子	己丑	庚寅	辛卯	壬辰	癸巳	午未
갑오旬	甲午	乙未	丙申	丁酉	戊戌	己亥	庚子	辛丑	壬寅	癸卯	辰巳
갑진旬	甲辰	乙巳	丙午	丁未	戊申	己酉	庚戌	辛亥	壬子	癸丑	寅卯
갑인旬	甲寅	乙卯	丙辰	丁巳	戊午	己未	庚申	辛酉	壬戌	癸亥	子丑

열 개의 천간과 열두 개의 지지가 육십갑자를 만들어가다 보면 마지막 두 개의 지지가 밀려나서 새로이 천간과 결합하게 된다. 이것을 육갑공망(六甲空亡)이라 한다. 공망의 적용은 일주를 기준으로 타주에 공망되는 글자가 있는지를 확인하면 된다. 공망은 원래 작용할 수 없다는 뜻으로 길신이 공망이 되면 좋지 못하고 흉신이 공망이 되면 도리어 길하게 된다.

월지가 공망이면 부모 형제의 덕이 박하다. 재성이 공망이면 남자는 처덕이 없고 재복 또한 없다. 식신이 공망이면 의식에 장애가 있고 소극적이다. 공망이 셋 이상이면 도리어 발전하며 충합의 작용이 있으면 공망이 해소된다. 공망은 오행생극 원리를 위주로 간명한 후, 참고하는 정도에 그친다.

---

* 공망은 명식과 세운에만 적용하고 대운에는 적용하지 않는다.
* 《적천수》에는 공망을 채용하지 않는다.
* 실전에서는 근(根), 묘(苗), 화(花), 실(實) 이론에 대입하여 육친의 덕의 유무나 오

행의 질병 여부를 간단히 짚어내는 도구로 활용된다.

(5) 십이신살(十二神殺)

1 겁살(劫殺)

'겁탈당하다, 강탈당하다'라는 의미이며, 방해를 받아 주위에서 내 것을 빼앗아가는 형살(刑殺)인데 살 중에서 가장 적용력이 강하다. 겁재가 많은 사주가 흉한 작용을 하는 경우에는 생지가 겁살에 해당하므로 분주하기만 할 뿐 일이 의도하는 대로 되지 않고 손재수가 끊임없이 따르며 배우자와 인연도 좋지 못하다. 또한, 육체적인 겁탈이나 위해를 당하기 쉽고 관재구설, 비명횡사 등의 흉사가 발생한다. 항상 주의를 기울이고 마음을 잘 다스려야 한다.

2 재살(災殺), 수옥살(囚獄殺)

전쟁, 납치, 감금, 포로 등 신상이 구속된다는 의미와 재살이 있는 사람이 형사법 계통에 종사하면 도리어 길한 의미로 변한다.

3 천살(天殺)

하늘이 내리는 불의의 천재지변으로 수해, 냉해, 풍해 등 각종의 재해를 뜻한다.

4 지살(地殺)

빈번한 직업 변동, 거주 이전과 항상 동분서주하며 타향 생활을 의미한다. 역마와도 같다. 생지이며 인(寅), 신(申), 사(巳), 해(亥)가 지살에 해당한다.

5 연살(年殺), 도화살(桃花煞), 함지살(咸池殺), 패신살(敗神殺), 주색잡기살

색난(色難)을 뜻한다. 일(日), 시지(時支)에 있으면 더욱더 강하다.

화려함을 좋아하고 미적 감각이 뛰어나기 때문에 대중을 상대로 하는 인기업(人氣業)에 종사하면 명성을 얻을 수 있다. 길신(吉神)과 함께면 의미가 좋지만 흉신과 함께면 색정으로 패가망신하기 쉽다. 특히 여자는 천성이 음란하고 성욕이 강하여 간부를 두기도 하는데, 오히려 타인의 유혹을 이용하고 절개를 지키며 유흥업이나 연예계 등의 인기업에서 크게 이름을 떨치고 대성하는 살이기도 하다. 왕지(旺地)인 자(子), 오(午), 묘(卯), 유(酉)가 연살에 해당한다.

6 월살(月殺), 고초살(枯焦殺)

생육의 중단, 장애를 뜻한다. 일이 막히고 많은 고초를 겪는다는 신살로 고지(庫地)인 진(辰), 술(戌), 축(丑), 미(未)가 월살에 해당한다. 사업 부진으로 특히 자금 문제가 발생, 부부간의 갈등, 충돌과 분쟁이나 송사가 따르고 교통사고 등 신체에 큰 화를 잃는다는 흉살이다. 주로 생산(生産)과 관계되는 일(파종, 임신, 부화) 등을 피한다. 현대적인 의미로 신규 사업의 투자, 개업 등에도 주의를 기울여야 한다. 그러나 해(亥) 자(子)월 생의 부부에게 월살이 있어 출산을 하면 복동이를 낳아 살림이 날로 늘어나는 살이다. 즉 흉살이나 새로운 것을 여는 것이 월살이다.

7 망신살(亡身煞), 파군살(破軍殺), 관부살(官斧殺)

화려한 색과 칼날 같은 혁명성을 동시에 지닌 정치살(政治殺)로 여난(색난)과 정치적 암투를 의미한다. 자신의 체면 손상, 명예 실추로 배우자나 주변 사람들에게 망신을 당하여 자신감을 잃는다는 신살이다. 망신살이 형살과 같이 있으면 감옥에 가고, 원국에 망신살이 있고 다시 대운, 세운에서 거듭 만나면 파재, 감금, 망신, 관액을 당한다. 만약 망신살이 길성이면 매사 백전백승하고 정인과 동주하면 정치적 실천가이다.

8 장성살(將星殺)

승진, 발전, 번영 등 가장 좋은 신살로 나를 보호하고 지켜주는 신살로 왕지인 자(子), 오(午), 묘(卯), 유(酉)가 장성살이다. 재성과 같이 있으면 재정권을 쥐며 관성과 같이 있으면 높은 관직에 오른다. 그러나 공망을 맞으면 세상에서 도피하거나 입산수도하는 무용지장(無用之將)이 되는 신살이다.

9 반안(攀鞍): 말 안장, 금여록(金與祿)

말 안장에 타고 출세하는 의미로 출세, 승진, 번영 등의 길신이다. 고지(庫地)인 진(辰), 술(戌), 축(丑), 미(未)가 반안살이다. 식복, 재복을 타고났으며 자금 융통을 잘하고 만사형통하여 약방의 감초격이다.

10 역마(驛馬): 이동

일생 분주한 살이다. 무역업, 운수업, 관광, 정보산업, 신문방송, 광고 등에 발달하고 생지(生地)인 인(寅), 신(申), 사(巳), 해(亥)가 역마살에 해당한다. 인사(寅巳)는 비행기, 신(申)은 자동차, 해(亥)는 배에 비유하며 건록을 만나면 길하다. 이롭게 작용할 때는 분주하게 활동한 만큼 이득이 발생하지만 해롭게 작용할 때는 이동, 변동, 분주함만 있을 뿐 실속이 없다. 한 사주에 장성, 반안, 역마가 모두 있으면 장군이 말 안장에 올라타고 출정하는 모습으로 입신출세한다. 십이운성에서는 삼합(三合) 기운의 병지(病地)에 해당하며 지살(地殺)과 동일한 의미가 있다.

[11] 육해살(六害殺), 병부살(病斧殺)

병을 앓거나 지체, 고립, 중단됨을 뜻하며 여섯 가지의 해로움으로 질병, 도난사고, 관재구설, 풍해, 수해, 화재 등의 흉액이 발생한다. 원국에 육해살이 있으면 양자로 가든지, 종교에 귀의하여 신앙으로 일생을 보낸다.

[12] 화개살(華蓋殺), 참모살

화려한 것을 덮는다는 뜻으로 지금까지의 모든 일을 마무리 짓고 지난 일은 마음속 깊이 묻어 버린다. 이렇게 숨겨서 겁살에서 수배를 당하고, 재살에서 잡혀 감옥에 갇히고, 과거를 덮는 것이 화개살이고, 반대로 새로운 시작을 여는 것이 월살이다. 명예, 고독, 학문, 예술성, 종교를 뜻하므로 의사, 예술인, 종교인 사주에 많다. 고지(庫地)인 진(辰), 술(戌), 축(丑), 미(未)가 해당한다.

(6) 삼재(三災)와 양인살(羊刃殺)

삼재와 양인살은 흉신에 속한다. 사주 간명 시 비중 있게 다루므로 별도로 분리하여 간략하게 설명한다.

[1] 삼재(三災)

삼재란 원래 불교에서 한 국가나 세계가 분쟁이나 파멸을 맞을 때 일어나는 세 가지 재앙과 여덟 가지의 괴로움 및 재난을 말한다. 12년마다 한 번씩 돌아와서 3년 동안 재앙을 발생시키는 흉살을 말하는데, 흔히 삼재팔난(三災八難)이라고도 한다. 세 가지 재앙은 천재(天災), 지재(地災), 인재(人災)이다.

① 천재(天災)

부모나 윗사람 또는 남편과 갈등하고 충돌하며 명예 실추, 자존심 및 체면 손상을 당하는 흉운이다.

② 지재(地災)

자식 또는 아랫사람과 갈등하고 충돌하며 재물 손괴와 건강 문제가 발생하는 흉운이다.

③ 인재(人災)

배우자 또는 주변 사람들과 갈등하고 충돌하여 직업 변동이나 주거 이동의 흉운이며 가정, 직업, 재물, 건강 문제가 발생하며, 특히 사업 부진이나 중단으로 부도가 나거나 퇴직하게 되는 흉운이다.

삼재는 그 시작되는 첫해를 들삼재, 두 번째 해를 묵삼재(또는 눌삼재), 마지막 해를 날삼재라고 한다.

띠별 삼재운

띠	亥卯未	寅午戌	巳酉丑	申子辰
삼재년	巳午未	申酉戌	亥子丑	寅卯辰

삼합인 해묘미(亥卯未)의 첫 글자 해(亥)와 충(沖)이 되는 첫 자와 방합(方合)인 세 글자가 삼재이므로 사(巳), 오(午), 미(未)가 삼재년이 되고 첫 해인 사(巳)년이 '들삼재' 년이다. 삼재 운의 강한 오행 기운이 띠에 흉한 영향을 미칠 때 삼재가 겹치면 더욱더 흉하게 되나, 만약 삼재 운의 강한 오행의 기운이 이롭게 작용하는 사주에서는 삼재는 큰 의미가 없게 된다.

2 양인살(羊刃殺)

일간(日干)	甲	乙	丙	丁	戊	己	庚	辛	壬	癸
양인(羊刃)	卯	辰	午	未	午	未	酉	戌	子	丑

글자의 뜻은 날카로운 칼날로 양을 잡는다는 뜻이 담겨 있는 흉살이지만, 길한 작용을 할 때도 있다.

① 양인이 흉한 작용을 할 때는 가장, 직업, 재물, 건강 등에서 불화, 실패, 이별, 손재, 극부, 극처, 사고, 수술, 병란, 박해 등 여러 가지 재앙을 불러온다.
② 양인이 길한 작용을 할 때는 일간을 도와 건강, 재산, 명예 등에서 경사를 누리게 한다. 때로는 이복형제와 동료의 도움을 받는데, 이는 양인이 겁재로서 길한 작용을 하기 때문이다.
③ 양인의 기운이 안정된 상태에서 유통이 되면 일간은 강인한 정신력과 주체성, 강한 승부욕과 추진력을 갖추어 매사에 당당하고 왕성한 활동력으로 국가의 권력기관에서 명성을 날리고 위엄이 당당하게 공헌하기도 한다.

3 양인의 강도 판명

양(陽日干)인 甲 丙 戊 庚 壬은 비겁이 양인이다.
음(陰日干)인 乙 丁 己 辛 癸는 지장간에 각기 비겁이 작용하고 있어 양인으로 분류되는 것이니만큼 양일간이 음일간보다 그 작용력이 더 강하다고 본다.
양인이 년지에 있으면 조상과의 인연이 박할 수 있고, 월지에 있으면 부모나 형제와의 갑작스러운 흉사, 일지에 있으면 배우자의 건강 문제가 생기는 등 해가 될 수 있고, 시지에 있으면 본명의 운이 불리하고 노년의 재산을 뜻한다.
양인운일 때 사주 내의 지지(地支)도 충(沖), 합(合), 형(刑) 어느 것도 아니면 그저 겁재운 정도로 해석되지만 충, 합, 형이 이루어지면 여러 가지 재난을 당할 수 있으므로 유념해야 한다.

4. 명리학의 핵심 이론과 적용

1) 용희신론

(1) 용신(用神)

1 용신이란 무엇인가?

《궁통보감》에서 용신이란 "본인의 생명과 건강을 주관하고 성숙기의 부귀, 명리(名利)를 주관하는 오행이 된다."라고 했고, 명징파의 장요문은 "용신이란 명식 가운데 가장 중요한 간(干)"이라 했다.
용신이란 한마디로 인간사의 성패를 조율하는 무형의 기운이며, 여하한 성취의 결과이든 그것이 현상으로 발하려면 동정의 논리에 근거하여 천간으로 정해지는 것이다. '동정의 논리'란 천간의 투간 여하에 따라 겨울철에도 여름의 기운이 태성할 수 있고 여름철에도 겨울의 기운이 태성할 수 있다는 것이다. 각파의 이론에 따라 용신을 정하는 방법도 다르나 현재는 서자평의 이론이 관법으로 두루 활용되고 있다고 볼 것이다.

2 체용론(體用論)

체용이란 사물의 본체와 작용(作用, 現象)을 말한다. 체는 본체적 존재로서 형이상학적 세계에 속하고, 용은 그것의 자기 한정적 작용 현상으로 형이하학적 세계에 속한다. 양자는 표리일체의 관계에 있어 체를 떠난 용, 용을 떠난 체는 성립되지 않는다.

사주에서의 체는 월령(月令)에서 정해진다. 체는 고정적이지만 용은 정해져 있지 않고 사주의 배합에 따라 변화를 하게 된다. 임철초는 "일간[體]은 내 몸과 같고, 사주의 용희신은 내가 부리는 하인과 같다."라고 하며 '체'가 '용'보다는 일단 중요한 법이라고 강조를 하였다. 표여명은 "체는 사주의 명식을 말함이고 용은 행운을 말한다."라고 하였다. 그는 "체(격국)에서 일주는 체의 체이고, 월령은 체의 용이다. 용(용신)에서 용신은 용의 체이며, 희신은 용의 용이다."라고 하였다.

《자평진전》에서는 "사주팔자의 용신은 오로지 월령에서 구한다."라고 하였고, 서낙오는 《적천수보전》에서 "《자평진전》의 한 구절에 빠져들면 체와 용을 동일시하는 혼돈에 빠져든다."라며 체는 격국, 용은 용신으로 봐야 한다는 결론을 내렸다. 결론적으로 오늘날 명학의 결론은 일간, 월령으로 이어지는 '체'를 일단 중시하는 관법의 간명법을 구사하는 것이 정법일 것이다.

서낙오는 〈월령론〉에서 월지의 지장간 중 투간의 세력에 따라 가택의 방향이 정해짐을 강조했는데, 이는 오늘날 풍수에서 나경으로 양택의 택지 정향을 정하는 주체로 지장간[人元用事之神]을 이용하고 있는 것도 여기에서 비롯되는 것이다.

(2) 길신(吉神)과 흉신(凶神)

1 길신

① 용신(用神)

1. 명리를 주관 2. 수명을 주관 3. 성정을 주관 4. 육친을 주관한다. 또 일간을 도와주거나 일간에게 필요한 오행을 말하며, 일간의 주변 환경이 조화롭지 못할 경우 중화(中和)시키는 오행을 말한다. 예를 들면 일간이 신강하면 식상[我生者: 나를 生해 주는 오행]이나, 재성[我剋者: 내가 剋하는 오행] 또는 관성[剋我者: 나를 剋하는 오행] 중에서 용신을 찾는 것이다.

② 희신(喜神)

용신을 도와주거나 일간에게 도움을 주는 오행을 말한다. 희신은 살아가는 토대와 기반이 되고 후원자가 되며 주위 환경을 의미한다. 사주 내에 희신이 없다는 것은 기댈 언덕이 없는 상황에서 성취하는 부귀를 의미한다. 또한, 육친의 생사왕쇠(生死旺衰)를 주관하는 요소로도 간주된다. 남자는 성장 시 용신–父, 희신–母, 결혼 후 용신–子, 희신–妻이다. 한편 여자는 성장 시 용신–父, 희신–母, 결혼 후에는 용신–夫, 희신–子가 된다. 예를 들면 일간이 신강 사주일 경우, 식상이 용신이면 재성이 희신이고, 재성이 용신이면 식상이 희신이며, 관성이 용신이면 재성이 희신이다.

신약 사주일 경우, 인성이 용신이면 비겁 또는 관성이 희신이고, 비겁이 용신이면 인성이 희신이다.

일간의 병을 고치는 약이 용신이고, 용신의 병을 고치는 약이 희신이다.

2 흉신(凶神)

① 기신(忌神)

용신을 극하는 오행이며 기신은 용신이 어디 있든지 기신이지만 사주팔자에 기신이 있다는 말은 용신이 감염된 상태를 의미한다. 그 기신이 세력이 강할 경우에는 병(病)이다. 대개는 기신의 운에 해당하는 사람들이 간명을 의뢰하게 된다.

② 구신(仇神)

기신을 도와주거나 희신을 극하는 오행을 말한다.

③ 한신(閑神)

길신이나 흉신과 관계없는 오행을 말한다. 예를 들면 재성이 용신이면 식상이 희신, 기신은 비겁, 구신은 인성, 한신은 관성이다. 고전적 이론에서는 4길신(四吉神)과 4흉신(四凶神)을 주장한다. 즉 4길신은 식신, 재성, 정관, 정인이며, 4흉신은 편관(칠살), 상관, 편인, 양인 중 겁재(陽干)를 말하나, 오늘날에 와서는 이론의 적용이 매우 다양하게 변하는 이 시대와 사회에 변화하여야 하는 것이 정답일 것이다. 특히 상관과 편인은 현대에서 가장 필요한 것이 되어 직업과 성격에 따라 갖추어야 할 길신이 된다. 현대 사회에서는 부가 귀를 주도하는 것이 다반사다. 그러므로 상관과 편인이 가장 각광을 받게 되는 것은 당연하다. 신흥 귀족군은 대개 기지와 창조성 그리고 파괴성을 대변하는 상관과 편인을 용(用)하는 사례가 매우 많다. 그러므로 각 육신별로 희기의 양상이 어떤 식으로 나누어지는가를 살펴야 하지, 원론적인 육친 이론만을 가지고 간명을 하기에는 현대 사회의 발전이 너무나 빠르게 변화하였다. 이런 이유로 심도 있는 간명의 어려움이 있으므로 다양한 주변 과학 등의 공부를 수반하여야만 이 시대의 진정한 대가라 할 수 있을 것이다.

(3) 신강, 신약 사주란?

일간을 중심으로 사주의 글자들이 일간을 도와주는 인성이나 비겁의 힘과 일간의 힘을 빼는 식상, 재성, 또 일간을 극하는 관성의 힘을 비교하며 동시에 지지가 품고 있는 지장간도 함께 살펴 신강 사주인지 신약 사주인지를 판별한다. 이 판별법은 사주의 용신을 잡는 방법 중에서 일반 사주의 대부분인 90% 이상을 차지하고 있는 '억부용신법'에 의한 용신을 정할 때 아주 중요한 이론이 되기에 매우 중요하다 할 것이다.

1 신약 사주의 용신법

- 재성이 많아서 신약하면 비겁이 중요한 용신이다.
- 관성이 많아서 신약하면 인성이 용신이다.
- 식상이 많아서 신약하면 인성이 용신이다.
- 강약의 구분이 어려우면 신약으로 본다.

2 신강 사주의 용신법

- 인성이 많아서 신강이면 재성, 식상이 중요한 용신이다.
- 비겁이 많아서 신강이면 관성, 재성, 식상이 중요하다.

신강과 신왕의 구분은 다분히 주관적 개념이어서 구애받을 필요가 없다. 신약하더라도 일간이 지지에 통근하며 유력하여 '신왕재강', '신강살왕' 등의 구분들이 있을 수 있다. 실제로 신약, 신강, 신왕 등의 용신이 구분이 쉽지 않기에 이런 여러 가지 문제를 해결하기 위해 사주의 구조를 좀 더 세분하여 연구하기 위해 '격국'이 있어서 이를 해결한다.

2) 격국(내격과 외격)

사주가 구성되는 경우의 수를 계산해 보면 엄청나게 많고 특성 또한 각각 다르다. 결국 이들을 검토하기 편하게 공통분모를 찾아내어 사주 해석을 용이하게 또한 용신을 파악하기 위해 연구한 틀을 격국(格局)이라고 할 것이다.

내격은 사주학의 일반 원칙을 적용할 수 있는 사주이고, 외격은 일반 원칙을 잘 적용하지 못하는 체계의 사주인데, 대부분은 내격 사주라 보면 된다. 명리학의 고전 《적천수》에는 격(格)을 정하는 방법이 사실상 없다. 격국은 근대 사주학에서 정립된 개념이며 어떤 이론들에서는 격국의 무용론도 얘기한다. 물론 격국이 모든 것을 해결하는 것은 당연히 아니다.

우리가 바다를 항해할 때 항해를 가능하게 하는 주체는 배와 숙련된 선원 그리고 나침반 등이 있을 것이다. 나침반이 배를 항해시키는 자체는 아니지만, 나침반이 있기에 방향 을 잡아 목표로 향하여 나갈 수 있다. 격국도 마찬가지다. 명리학의 전부는 아니지만 그 목표와 방향을 향하여 가기에 효율적이고 중요한 도구며 지침이 될 것이다.

(1) 내격 사주의 격국을 정하는 법

① 월지 지장간의 정기가 천간에 투출하면 그것을 기준으로 하여 격을 정한다.

② 월지의 정기가 아닌 여기나 중기가 투출하면 그것을 기준으로 격을 정한다.

③ 월지에서 투출된 지장간이 없거나, 있더라도 파극되어 무용한 경우를 월지의 정기(正氣=월령)를 기준으로 한다.

④ 사주 전체에서 가장 강한 오행을 기준으로 한다. 결국 격국의 목적

은 사주의 구조, 상황을 이해하기 위한 수단이기에 굳이 '○○격'이라는 명칭을 붙여가면서까지 고정화시킬 필요는 없다.

(2) 내격의 종류

1 억부용신법

보통 격은 용신을 정할 때 억부용신격을 기준하여 용신을 정한다. 사주가 인성과 비겁이 강한 사주이면 나의 힘을 빼는 식상, 재성, 관성 중에서 가장 좋은 오행으로 용신을 정하고, 사주가 인성과 비겁이 약한 사주이면 내 힘을 보태 주는 인성이나 비겁 중에서 좋은 오행으로 용신을 정하는 이론이다. 내격에는 억부용신법, 통관용신법, 조후용신법, 병약용신법 등이 있다.

2 통관용신법

원국에서 서로 대립하고 있는 상극 관계의 두 오행을 통관시키는 오행이 되었을 때 이를 통관용신이라고 한다.

3 조후용신법

사주팔자의 음양과 오행이 어느 한쪽으로 치우쳐 너무 뜨겁거나 차가우면 조절해 줄 필요가 있는데, 이 조절해 주는 오행이 용신이 될 때를 '조후용신'이라 한다.
《적천수》에는 "천동유한난(天道有寒煖) 하늘에는 차고 따스한 도가 있고, 지도유조습(地道有調濕) 땅에는 조습의 도가 있다."라고 하였다. 예를 들면 아래와 같다.

천간에
금(金), 수(水)—경신(庚辛), 임계(壬癸)이면 한(寒)하고

목(木), 화(火)—갑(甲), 을(乙), 병(丙), 정(丁)이면 난(煖)하다.
* 토(土)인 무(戊), 기(己)는 중간에 위치한다.

지지에
금(金), 수(水)—신(申), 유(酉), 해(亥), 자(子)이면 습(濕)하고
목(木), 화(火)—인(寅), 묘(卯), 사(巳), 오(午)이면 조(調)하다.
* 토(土) 중 술(戌), 미(未)는 건조하고 진(辰), 축(丑)은 습하다.

그러나 억부는 현실이고 조후는 이상이라고 하였다. 조후 이론은 결국 억부 이론을 기본으로 하여 우선 용신을 정하고 조후 이론을 보완하는 것이다. 서낙오는 "일간이 약하면 부조하여 구제함이 시급함으로 부역(약을 돕고 강을 억제함)은 조후를 앞선다."라고 분명 이야기한 바 있다.

③ 병약용신법

사주 원국의 구성이 한두 기운으로 이루어져 일간이나 일간을 도와주는 오행을 극파하여 원국 자체가 불안정할 때 이렇게 흉한 작용을 하는 기운을 사주팔자의 병이라고 하는데, 이 병에 해당하는 기운을 통관시켜서 이롭게 작용하거나 또는 제거하는 오행이 용신이 될 때 이를 병약용신이라고 한다.

(3) 격국을 보는 법

① 지장간을 보고 천간에 투출된 것을 찾는다. 절입일에 따른 지장간의 강한 기운을 파악한다.
② 합충이 되는가 여부를 찾아본다.
③ 월지 지장간의 정기에 해당하는 육신을 찾아본다.

④ 월지 외의 강력한 육신이 있으면 그것을 찾아본다. 만약 강력한 기운이 여러 개면 모두 찾아보아야 한다.
⑤ 사주 전체의 기운이 하나에만 집중적으로 편중되어 있을 경우에는 외격이 될 가능성이 있으니 외격편 또한 참조한다.

3) 행운법(行運法)

(1) **대운이란?**

타고난 팔자 외에 시공(時空)의 거대한 흐름에서 맞이하게 되는 거대한 기운인 운기(運氣)의 흐름이 대운(大運)이다. 일운(日運), 세운(歲運) 등은 시간의 흐름이지만 대운은 공간의 흐름에서 봐야 한다. 사주가 팔자의 사주가 아닌 오주(五柱)로 봐야 진정한 운명의 흐름을 짚을 수 있다는 말이 이것이다. 즉 대운의 간지를 봐야 한다는 것이다. 그만큼 대운을 포함한 행운법(行運法)이 중요하다는 이야기다.

대운은 10년마다 바뀌는 우주의 입력 암호이며 들어오는 운기의 흐름이 매우 크게 바뀐다는 뜻이다. 30년마다 바뀌는 것은 계절운(季節運)이라고도 하며 큰 운들이 바뀌는 시기를 접목운이라고 하여 환절기에 감기와 몸살을 조심해야 하듯이 이 시기에 행운과 불행이 교차되므로 주의하여야 한다.

대운이 좋다고 하는 것은 타고난 원국의 운명 이외에 하늘의 도움을 받는다는 의미이다. 예를 들면 대운이 좋을 때는 노력하는 것의 약 150%가 이루어지고, 대운이 나쁘다는 것은 노력하는 것의 약 50%만 이루어진다는 것이다. 특히 길도 흉도 아닌 상황은 대운을 적절히 활용함으로써 길로 전환시킬 수 있는 처세의 방법을 발견할 수 있기에 팔자도 중요하지만 들어오는 운세나 운기의 흐름이 그만큼 중요하다.

대운을 분석하면 마음의 상태를 알 수 있다. 그러므로 대운에 의해서 마음의 상태도 편안함과 불안함으로 바뀐다. 이론에 따라서는 대운이 운명 전체의 약 60%까지 좌우한다고 주장한다. 그만큼 대운의 중요성이 강조되는 것이 사실이다. 세운(년운)은 타고난 사주와 원국 구성이 좋지 않은 때, 적절한 분석을 하면 위기 대응과 그 대운과 활용도에 따라 행운을 잡을 수 있기에 마음의 안정과 희망을 주는 하늘의 보너스다. 이 중요한 것을 소홀하게 해서는 안 된다. 그러나 일운(日運)은 명리학에서는 별로 의미가 없다. 대운은 천간과 지지 중 지지를 중요시하고, 세운(歲運, 년운)은 천간을 중시한다. 사주를 운로(運路), 즉 운기의 흐름에 맞추어 인생사의 길함을 논하는 것이라면, 대운과 세운을 파악하고 본인의 현재에 처한 철을 알고 전체를 간명하는 것이 매우 중요하다.

(2) 《적천수》의 대운론과 세운론의 중요성

《적천수》 또한 "길(吉)하고 흉(凶)한 것은 실제로는 운로(運路)에 달려 있으니 사주가 좋다 하나 대운이 좋은 것만은 못하다(貴賤 實係 雖定乎 格局, 窮通 實係 乎運途, 所謂命好不如運好也)."라고 하였다.

(3) 대운 작성법

년간이 양(陽)인 남자는 순행
년간이 음(陰)인 남자는 역행
년간이 음(陰)인 여자는 순행
년간이 양(陽)인 여자는 역행한다.

일간의 출생일부터 다음 달 초에 들어 있는 절기까지의 날짜를 세어서 그 숫자를 3으로 나눈 몫이 대운수이며, 대운의 간지의 시작은 항상 월주가 기준이므로 월지에 나눈 몫인 대운수를, 순행은 간지의 다음 순서대로 적어 나가면 되고, 역행은 간지의 반대 순서대로 대운수에 매 10년씩 더하여 적어 나가면 그것이 본인의 대운이 된다.

현실적으로 일일이 계산하는 것보다는 만세력이나 요즈음은 인터넷 등에 넘쳐나는 자료들이 있음으로 만들어지는 이론만 이해하고 그 적용 등은 참고하여 보면 충분할 것이다.

(4) 대운 추론 시의 핵심

① 대운은 지지를 중시하고 세운(년운)은 천간을 중시한다.

② 요체는 화(火)와 수(水)의 관계이다. 금수(金水, 수축과 통합)와 목화(木火, 확장과 분산)의 흐름을 살펴보는 것이다. 사주에 금수(金水)가 많을 경우 목화(木火) 운으로 흐르는 것이 순리이고, 사주에 목화(木火)가 많을 경우 금수(金水) 운으로 흐르는 것이 순리이다.

③ 대운을 삼재(三才)의 원리로 대비하여 말하면 사주는 천시(天時), 대운은 천지(天地)이며, 세운은 인화(人和)로서 결국은 사주로 운명을 정확하게 본다는 것도 천지인의 합일이 되어야 한다는 것이다.

5. 명리학의 요체

1) 접근 방법

사주명리학은 1300여 년 이상 오랫동안 많은 이론과 대가들에 의해 다듬어지고 만들어져 온 학문이다. 남송(南宋) 시대의 '시결' 위주의《연해자평》을 비롯해《연해자평》의 오류를 지적하며 격국 위주의 이론을 펼친《명리정종》, 오행에 대한 설명을 간지 위주로 정리한《삼명통회》, 십이운성의 이론을 대비한 심효첨의《자평진전》, 줄거리 위주로 명리학의 꽃을 피운《적천수》를 비롯하여 '조후' 위주의 이론을 편《궁통보감》(조화원약)을 비롯해 많은 이론이 쏟아졌고, 각각의 특성과 개성을 가지고 이론들을 펼쳐 오늘날에 이른 것이 명리학이다.

현재 한국에서의 사주명리학의 큰 흐름의 정리를 하고 설명하자면 누구나 큰 이의 없이 아래의 정리로 귀결될 것이다.

(1) 격국(格局)의 귀천(貴賤)과 정도를 파악(간지성체론, 동정설)

귀격(貴格)은 용신의 힘이 강한 것을 의미하며 '간지성체론'은 10개의 천간과 12개의 지지가 각각 만남과 변화, 조화를 이루며 나타나는 독특한 성격과 형태를 파악하는 것이며, 동정설은 천간에 나타난 투출한 기운(動)과 지지에 암장된 기운(靜)을 말한다. 여기서 지장간은 지장간끼리의 작용은 직접적이나 천간에 대응하기에는 미력하므로 이것이 행운법(대운, 세운)에서 지장간을 선뜻 용하기 어려운 논리가 된다.

(2) 서자평의 일주론(日柱論)

일주의 주위 환경에 대한 분석 및 평가를 얻기 위한 연구와 일주가 월령에 대한 철저한 대비를 함으로써 월지(月支)를 중시하는 현대 명리학의 기본 이론에 충실해야 할 것이다. 내격의 격을 정할 때 월지의 정기가 천간에 투할 때 이를 가지고 하나, 만일 월지의 정기가 투하지 않고 월지의 여기나 중기 중에 투한 간이 있으면 그것으로 격을 정하는 것이다. 이는 서자평의 일주론에 따른 일간 위주의 이론이다.

(3) 생극제화론(生剋制化論)

오행의 상생(相生)과 상극(相剋)의 이해와 특히 생(生)의 태과 지기, 과

잉 보호, 상모(相侮)와 상모(相毋)의 충분한 이해가 필요하다. 상극 관계에서 극을 받는 것이 더 힘이 강하게 된다.

(4) 음간, 양간의 속성을 파악

음양간의 속성을 파악해야 한다. 《적천수》의 〈강유론〉에서는 '양간은 억제함이 가하고 억제하기에 너무 유한 음간은 설기(洩氣)함이 마땅하다'고 했고, 또 〈논천간〉에 나오는 '오양종기부종세(五陽從氣不從勢) 오음종세무정의(五陰從勢無情義)'는 양(陽)이 기(氣)에 종한다는 얘기는 계절을 따르며 십이운성에 의해 강약이 판별되고, 음은 오행의 생극제화로 강약을 판단한다는 것이다.

(5) 십이운성 이론(계절 감각과 신살 이론의 기본)

십이운성의 한(寒), 난(煖), 조(調), 습(濕)의 조후와 십이신살 및 중요한 길흉신의 기본 이론을 습득해야 한다.

(6) 십신 육친론(十神 六親論)의 철저한 이해

십신 육친론의 기본적 이해와 상호관계를 공부해야 하며, 특히 현대에 와서 1. 재(財)는 성실성과 실천력도 의미함을 이해해야 하며 2. 인(印) 또한 요령과 기획력의 뜻을 포함하며 3. 관(官)의 권력, 명예도 옛날과 다른 기준으로, 크게 보아 부와 귀로 대변하여 발전의 향방을 선정한다.

(7) 합충론(合沖論)의 이해

(8) 행운법(대운, 세운)의 철저한 분석 및 이해

(9) 건강과 수명, 직업 등

희신 천간이 간합(干合)이 되는 운과 기신 천간이 간합(干合)이 되는 운, 희신의 뿌리인 지지가 충(沖)하는 시기와 기신의 뿌리인 지지가 충

(沖)하는 시점의 파악이 핵심이 될 것이다.

2) 명리학의 활용

(1) 운명의 실체

1 건강(健康)

유백온은 《적천수》의 〈질병론〉에서 "오행이 화목하면 일생에 병이 없고 오행이 일 그려지면 일생이 병 자루라네."라고 적었다.

오행화자(五行和者)
일세무제(一世無災)
혈기난자(血氣亂者)
평생다병(平生多病)

사주에 오행의 '과다(過多)'나 길신이 되는 오행을 '극제'하는 오행을 '병(病)'이라 하고, 병을 극제하여 주는 오행이나 조화를 시켜주는 오행을 '약(藥)'이라고 한다.

"유병방위기(有方爲奇) 병이 있어야 기이하게 되며
무상불시기(無傷不是奇) 상함이 없으면 기이하지 않게 되는 것이며
격중여거병(格中如去病) 사주에 병을 제거하는 약이 있으면
재록희상수(財祿喜相隨) 재물과 관록이 생긴다."

병이 있고 약이 있으면(치료되면) 더욱더 기이하게 발달하는 팔자를 말한다. 병이 있다가 치료가 되면 면역이 생기고, 더욱더 조심하고 건강에 유념함으로써 더 건강하게 살 수가 있는 팔자를 말한

다. 실제로 우리 주변에는 병이 없고 건강하여 너무 자신만만하게 살다가 더 큰 병을 얻는 경우가 다반사이다. 절처봉생(絶處逢生)이고 '백척간두진일보'이다. 그러므로 삶을 살다 보면 큰 병을 얻어 좌절과 고통의 나날을 보내는 사람도 희망을 잃지 말고 최선을 다해 치료하면서 자기 사주의 원국이나 들어오는 행운운(行運運)에서 벗어날 수 있는 희망이 있다면 다시 한번 재충전과 도전을 해볼 기회가 올 것이다. 현재 건강하다 하여 너무 자신감만을 갖지 말고, 언제 어떤 예기치 않는 병이 올 경우의 대비 자세와 이치를 깨닫고 생활하면 될 것이다. 운이 나쁠 때도 건강만 유지된다면 다시 좋은 운이 왔을 때 재기할 수 있다. 이것이 해결책이다.

신강한 사람은 원래가 건강한 편이 많으나, 신약한 사람은 원래 잔병이 많다. 운이 좋을 경우에는 약도 잘 받고 면역력도 강해 넘어가나 운이 나쁜 경우에는 약도 잘 안 받고 면역력도 떨어져 병을 얻게 된다.

2 마음의 건강

사주 원국 자체와 대운을 분석하면 마음의 상태도 읽을 수 있다. 그러므로 대운을 분석해 알고 이해함으로써 마음의 상태도 편안함과 불안함으로 바뀔 수 있는데, 그에 맞추어 대비와 마음가짐을 가짐으로써 면역력과 예방과 치료를 할 수 있게 된다.

3 부귀, 권력, 명예, 성취욕

① 재(財), 부와 귀

흔히 사주에 재[財星]가 많다고 사업가로 성공할 것이라는 예상과 상상을 하는 경우가 있는데, 재가 있다고 해도 대부분 사람은 자기 사업을 하여 자기 돈을 버는 경우가 아닌 남의 재물을 벌어 주려 나온 팔자가 대부분이라는 사실을 알아야 한다. 특히 대운 등의 협조가 매우 중요하다는 사실을 알아야 한다. 그것을 모르고 자기 철을 알지 못하고 쫓아다니면 피곤한 삶이 되는 것이다. 증권회사 지점장의 80%가 자가(自家) 소유기 아니라는 말이 있을 정도이다. 재다신약(財多身弱)의 사주는 전생에서 많은 돈을 가지고 남을 괴롭혔기에 현세에서는 돈의 노예가 되어 그것을 쫓다가 거지 팔자가 된 신세의 사주이다.

거지 팔자 사주법

해(亥), 묘(卯), 술(戌)년생이 3월 출생이거나, 인(寅), 오(午)년생이 12월 출생이거나, 신(申)년생이 6월에 출생 시에 형제나 이웃에 도움을 받아 가면서 살아가는 팔자로 통용되나, 사실은 일간을 기준으로 하지 않은 민간에 통용되는 간명법이다.

* 겁살이나 재살이 나란히 있으면 거지 팔자이나 3개 이상이면 재운이 들어올 때 횡재수가 있다.
* 겁살, 재살, 역마, 망신살 중 3개가 있으면 단명, 신병, 형벌 등이 극심하고 남녀 공히 파란만장한 일생을 산다.

4 관(官=貴)

관성(官星)의 기운이 강하면 대체로 사회적인 명예를 중시함으로 대인관계에서 두각을 낸다. 관성에는 일간을 정면으로 극하는 편관(偏官)과 음양의 조화로 극하는 정관(正官)이 있는데, 일반적으로 정관을 중요하게 여기고 귀(貴)를 말하는 경향이 있으나 사주의 구조에 따라 희기를 판단하여야만 한다. 고대에는 사(士), 농(農), 공(工), 상(商)의 개념이 강해 관을 가장 중요시했으나 현대에 와서는 그 개념이 많이 바뀌었다. 작금의 우리나라에서는 다시 복귀 현상이 일어나고 있으나 옛날과의 개념은 이미 아니라 봐야 할 것이다.

① 관살태왕(官殺太旺)

일주가 약한데 관이 너무 강하여 감당을 할 수 없는 것을 말하는데, 가난하거나 천해지거나 요절하게 된다는 팔자이다. 빈궁(貧窮)에 그치지 않고 궁천(窮賤)으로 갈 수 있다는 팔자이다. 하지만 운기(運氣)가 대운 등에서 식신, 상관운으로 흐르면 발복할 수도 있다. 전생에 권력을 남용하여 남을 못살게 굴어 후세에 몸 곳곳이 아프고 살만하면 병이나 재앙이 오는 팔자라고도 얘기한다.

② 회재불우(懷才不遇)의 명식

《적천수》의 '출신론'에서 나오는 말로 '관살태왕'과는 반대로 관성이나 인성을 매우 좋아하며 필요하나 사주의 원국에 관성이나 인성을 갖추지 못한 것을 말한다. 이런 경우는 학술, 종교, 교육 외에 관성이 필요한 직업군은 힘들고 맞지 않는데, 계속 미련을 가지면 그만큼 에너지의 낭비와 삶을 힘들게 하는 팔자이다. 공무원 시험이나 고시 공부, 큰 국가자격시험 같은 것도 포함된다.

③ 관살혼잡(官殺混雜)

사주에 정관과 편관(칠살)이 서로 혼잡이 되어 있는 것을 말한다. '관살'은 남자에게는 자식이고 직장이며, 여자에게는 남자(남편)이고 직장이다. 또 남녀 공히 관청이나 정부(政府)에 해당하는 것이 관살이다. 예전에는 여명(女命)이 관살혼잡일 경우 음천한 여명의 대표격이었으나 현대에 와서는 일간이 강하기만 하면 귀(貴)를 누리고 여장부의 삶을 얼마든지 즐긴다. 여자 정치인, 관료, 공직자 중에 그런 경우가 많다.

명식의 부귀는 비단 재(財)나 관(官)에 대해서 결정되는 것만은 아니다. 빈부귀천(貧富貴賤) 길흉수요(吉凶壽夭)는 각 오행상의 구성과 조후, 중화, 십신 상호 간의 관계 및 합충에 의한 기기묘묘한 것이라 술사는 이 모든 것에 관통하고 있어야 한다.

④ 수명(壽命=死運)

사주명리학과 운기학(運氣學)을 깊이 공부하면 별들로 돌아가는 수명(壽命)을 짐작할 수 있다. 누구에게나 한 번은 반드시 닥쳐올 죽음에 대해 준비를 하고 대비하는 것은 나쁘지 않다. 모르고 당하는 것에 비하여 생의 정리로 주의를 돌아보고 그전에 하고픈 '버킷리스트'라는 것도 해보면서 충분한 시간을 가지고 즐기며 정리한다고 생각하면 더욱더 그러할 것이다. 간혹 영(靈)이 맑거나 도(道)나 한길에 수행한 분들은 미리 준비하며 주위에 알리는 경우도 있다. 현대는 옛날보다 의학의 발달로 인간의 수명도 엄청나게 늘어나서 간명의 포인트도 보다 날카로워져야 한다. 사운을 보는 사주상의 간명 시 일반적인 공통점은 다음과 같다.

- 용신이 심하게 극을 당하거나 충을 이루는 시기를 사운(死運)이라고 본다.
- 사주 격국상의 종격(從格)은 종하는데 가장 지장이 되는 운이며, 화격(化格)은 격이 파괴되는 운으로 보고, 사주의 왕신(旺神)이 입묘하는 운일 때, 예를 들면 금(金)이 매우 많은 경우 금(金)의 묘가 되는 축운(丑運)이 사운(死運)이 될 것이다.

⑤ 부부 인연

가. 여명(女命) 탐구

《적천수》에서는 여명(女命)의 간명에서 가장 중요한 점으로 중화(中和)를 강조하였다. 또한, 일지(日支)의 충을 매우 꺼린다. 민간에서 많이 사용하며 때로는 현혹도 시키는 '신살'은 극히 일부분을 제외하고는 중요하지 않다. 현대에 와서는 많이 바뀌었다고 하지만, 여명의 탐구는 특히 남편궁의 정밀한 분석을 해야 한다. 남편성(男便星)인 관성과 남편궁[男便宮, 여명의 일지(日支)]의 글자가 많으면 남편에 대한 집착력이 견고하지 못하다는 것으로 남자들의 유혹에 흔들릴 수가 많다는 것이나 상황에 따라서는 글자가 많아도 정숙한 여인이 있다는 것 또한 살펴야 한다. 이는 궁(宮)과 성(星)을 동시에 살피고 고려해야 한다는 것이다. 궁이란 연월일시의 지지를 말하고, 성이란 십성을 말한다. 배우자를 논할 때 궁은 일지를 말하고, 성으로 볼 때는 남자는 재성이고 여자는 관살을 배우자로 본다.

나. 배우자 운세의 간명법

먼저 자신의 사주에 나타난 배우자 운을 분석해야 한다.

남자

재성(財星)의 강약을 살펴본다. 재성이 희신(喜神)이고 운로(運路)에서 적절히 생조 받고 있다면 처운(妻運)이 좋은 사람이 틀림없지만, 재성이 허약하거나 충, 형을 당하거나 사주상의 기신(忌神)에 해당하면 훌륭한 여성을 부인으로 맞기는 힘들다. 정관이 길신(吉神)이면 아름다운 부인을 맞이하고, 일지에 식상이 있으면 배우자가 비대하고 관대하다. 정관이 있으면 배우자가 근엄하고 현숙하고, 인수(인성)가 있으면 성질이 까다롭다. 또한, 양인

(겁재)이 많고 목욕살이 있으면 본인이 외도한다. 재성이 암합해도 처가 외정이 있다고 본다.

여자

여자는 관성(官星)이 부(夫)가 되며 사주에서 관성의 역할을 분석하여 결혼운을 짐작한다. 관성이 사주에서 희신에 해당하고 운로에서 적절한 생조를 받으면 결혼운은 대단히 좋다. 반면 관성이 너무 강하거나 미약하여 생조를 받지 못하는 중에 운로에서 파(破)나 극(剋)을 당하면 결혼운이 좋다고 볼 수 없다. 사주에 비겁이 많고 관성이 비겁과 암합하면 남편이 첩을 두거나 외정(외도)가 있다고 볼 수도 있다. 비겁이 강한데 용신에 해당하는 관성이 약하면 남편과의 정이 희박하다.
편관(偏官)이 도화살에 해당하면 바람기가 심한 남편일 수 있다.

일지(日支)에
- 식상이 있으면 배우자가 비대하고 관대하다.
- 정관이 있으면 근엄하고 돈후(敦厚)하다.
- 인수가 있으면 인자하고 현명하다.
- 비겁이 있으면 다재다능하고,
- 편관이 있으면 까다롭고,
- 관성이 암합하면 남편에 외정이 있다.
- 여자는 정관이 사주에 투출되어 있고 음간일 때 부부 사이가 더 정이 강하고 정관이 많으면 음욕이 강하거나 정부를 둘 수도 있다. 여자의 사주에서 관살이 혼합되지 않고 정관 하나가 길신으로 있다면 최상의 남편이고 관성이 흉신이면 하등 남편을 만나게 된다.

- 정관이 많으면 의처증 남편을 만나게 된다.
- 지장간에만 남편성이 있다면 좋 고 나쁘고를 떠나서 숨어서 있으나 마나 한 남편이 될 수도 있고 내가 숨기고 싶거나 없는 듯이 있는 남편일 수도 있다. 또 천간에 투간하였지만 지지에 근이 없는 남편은 겉보기엔 멀쩡하나 실속은 없는 남편이다. 차라리 지장간에 있는 것이 실속이 있는 것일 수도 있다는 말이다.

다. 결혼운

조혼 팔자(早婚八字)

- 신약 사주가 신강 사주보다는 주변을 더 의식하고 의지하고 싶은 마음이 강해서 조혼을 하게 된다.
- 신약 사주의 월주에 일간과 합이 되는 정관(남편)이 자리하여 그 역할을 다하면 조혼한다.
- 신약 사주의 월간이나 일지에 정인(때로는 편인)이 용신인 사주는 조혼 팔자이다. 특히 월간의 정인은 결혼 후 남편과 정이 남다르고 모친의 역할까지 하는 의미이므로 이때 아내는 의지하고 싶은 마음이 커지기 때문이다.
- 년간, 년지에 정관이 자리 잡고 월간, 월지에 편간이 자리하여 '관살혼잡'이면 조혼 팔자가 되기 쉽고 또 이런 팔자의 초혼은 실패하기도 쉽다.
- 신강 사주일 때 월지에 통근, 즉 득령해야 격이 높으며 음양의 균형과 조후상 필요한 오행이 없을 때는 불안하다. 월지의 편관이 년지의 재성과 간지 암합이 되면 심한 바람기로 인해 가정이 불안해진다. 이럴 때도 초년 결혼이 실패하기 쉽다.

2. 만혼 팔자

- 년주와 월주(월간)에 비겁이 강하게 작용하면 관성의 극을 꺼리기 때문에 만혼 팔자이다.
- 월주, 특히 월간과 일지에 비겁이 강하게 작용하면 남편궁인 월간과 일지에 일간과 같은 기운이 자리하여 관성의 극을 꺼리며 관성을 무력화하기 때문에 만혼하게 된다.
- 월간과 일지에 충이나 불안정하면 만혼한다.
- 월간과 일지의 십성(十星)이 극파(剋破)된 팔자도 만혼한다.
- 월간과 일지의 작용이 흉하게 작용하는 팔자에서 일지나 시간에 합이 되는 정관이 자리한 팔자도 만혼하게 된다.
- 원국에 관성(남편)이 없거나 역할을 못할 경우에도 대개 남자에 대한 무관심으로 만혼 또는 미혼으로 된다.
- 관성이 시주(時柱)에 자리한 때에는 연하의 남편을 만나거나 재혼하게 된다.
- 일간이 식상과 재성을 추구하는 마음이 강하면 일과 재물에만 재미를 붙여 결혼 적령기를 넘기게 된다.
- 운에서 결혼 시기를 추리할 때는 정재와 정관이 동주한 운[예, 임수(壬水) 일간이 정재인 정화(丁火)와 정관인 미토(未土)가 동주한 정미(丁未) 대운]을 맞으면 결혼하게 된다.

3) 명리학의 의문점들

(1) 남반구 사람들의 사주

사주명리학은 우리가 살고 있는 북반구의 하늘과 땅을 기준으로 사람의 운명을 추명하는 체계의 학문이다. 그러므로 남반구에는 적용이 되지 않는다고 하는 설이 정설로 굳어져 있었다. 최근 세계 각국의 문호가 개방되면서 남·북반구 간에서도 이동과 교류가 매우 활발하다. 우리 교포들도 매우 많이 거주하고 살고 있으면서 왕래하고 있으며, 그들의 뿌리를 찾고 운명의 추론에 대해 궁금해하고도 있으나 잘못된 지식 체계나 무관심으로 명확하게 이에 대한 해답을 하는 이론들이 많지 않은 것도 사실일 것이다.

이론에 따라서는 계절이 정반대이기에 우리가 현재 사용하는 '만세력'으로는 절기와 조후가 맞지 않는 것도 있는데, 사주 간명은 조후에 치중하는 이론이 아니면 안 된다는 설도 있으나 사주의 구성에 따라서는 반드시 그런 것만도 아니며, 또 최근에는 남반구용 만세력도 만들고 있다.

그러고 현재의 사주명리학의 대세인 일지론(日支論)은 계절이나 조후에 관계없이 일지 위주의 간명 체계임으로 별 문제가 없다고 본다.

(2) 야자시(夜子時), 조자시(朝子時)설

사주의 시주(時柱)를 세울 때 서머타임 적용은 '시간지 조견표'를 보면 간단히 해결이 되고, 이론(異論)의 여지가 없지만, 하루의 시작이 자시(子時)인지 자정(子正)인지를 놓고 고민하게 되는 경우가 많다. 자시(子時)는 금일(今日) 23:30에서 명일(明日) 01:30까지다. 하루가 바뀌는 기준은 자정(子正: 밤 12시 30분)이므로 자시는 이틀에 걸쳐 있는 것이다.

- 야자시생(夜子時生): 금일 23:30~00:30 그날의 일주(日柱)를 쓰면서 시간은 다음날의 시주(時柱)를 쓴다. 현재 야자시설을 채용하는 관점은 서낙오의 《자평수언》과 우리나라 이석영의 《사주첩경》이다.
- 조자시생(朝子時生) 또는 명자시(明子時: 00:30~01:30)

6. 명리학 용어, 유명인 사주 실례

1) 용어 해설

1 아능생모(兒能生母)

일간인 나의 식상[식신(食神), 상관(傷官)]을 이용하여 재를 격퇴한다. 아(兒)는 자식을 뜻하고 생모(生母)는 어머니, 즉 사주 당사자를 말하는 것이다. 남자는 식상을 자식으로 보지 않으므로 여자에게만 해당하는 내용이다. 즉 식상으로서 살을 제거하여 일주[兒의 母]를 살려준다는 뜻이다.

2 천한지동(天寒地凍)

겨울생을 말하며 '하늘은 차고 땅은 얼었다'는 뜻이다

3 효자봉친(孝子奉親)

사주팔자에 재(財)가 없어 어머니가 편안하게 지내는 것을 말한다. 종왕격 사주에 대한 것으로 인성과 비겁을 용하고 식상까지는 괜찮으나 재관(財官)이 오면 안 된다는 의미를 품고 있다.

4 가살위권(假殺僞權)

신강 사주에서는 칠살(七殺, 편관)이 변하여 도리어 권(權), 즉 정관(正官)으로 변하게 된다는 것이다. 이와는 반대로 신약 사주에서는 정관도 일간에 피해를 주니 살(殺)이 된다. 가살위권이 되면 벼슬이 높고 힘과 덕으로 만인을 다스린다고 한다.

5 간지유정(干地有情)

일주의 천간과 지지가 합이나 상생 관계일 때를 말한다. 대체로 일주가 간지유정인 팔자는 정이 많은 편이라고 한다. 아래는 일간 갑목(甲木)과 일지 자수(子水)가 상생 관계이다[수생목(水生木)].

시	일	월	년
丙	甲	癸	己
寅	子	酉	丑

6 관살병용(官殺併用)

관살(정관과 편관)은 혼잡되면 가장 좋지 않다고 하는 것이 일반적이지만, 때에 따라서는 병용이 길할 때도 있다. 오일(午日) 병화(丙火)는 더울 때로 화(火)가 몹시 조열하니 강한 화(火)를 임수(壬水)로 식혀 주고 계수(癸水)로 조후하면 좋을 것이다. 이 이론(理論)은 《궁통보감》의 8월 경금론(庚金論)에서도 소개하고 있다.

7 관살혼잡(官殺混雜), 거류관살(去留官殺), 합살류관(合殺留官)

사주에 정관과 편관이 같이 있을 때를 '관살혼잡'이라고 한다. 또한, 관살이 천간에 둘 이상 있거나 둘 이상이 섞여 있어도 관살혼잡이라 하여 불길로 여긴다. 관살혼잡은 파격(破格)이다. 관살이 동시에 있을 때는 일간이 무척 강해야만 한다. 관살이 되었을 경우 합으로 하나는 정지시키는 '합살류관'이나 관살이 충으로 극하는 '거류관살'이 되면 사주가 청(淸)하여 좋으며 관직으로 크게 출세할 수 있다. 특히 관살이 당령(當令)하며 혼잡하고 신약하더라도 인성이 뚜렷하고 대운이 도우면 좋은 직장과 대기업 등에 취직도 하고 발복할 수 있다.

8 관인쌍전(官人雙全), 살인상생(殺印相生)

관성은 재성과 인성의 도움을 좋아한다. 관성과 인성이 조화를 이루면 귀격이 되니 '관인쌍전'이라고 한다. '살인상생'은 칠살격(편관격)에 인성(印星)을 쓰는 것으로 칠살의 흉의를 설기시켜 일간을 돕게 한다.

9 군비쟁재(群比爭財), 군겁쟁재(群劫爭財)

'군비쟁재'는 사주 원국에 비견이 많아서 무리를 이룬다는 뜻이고, '군겁쟁재'는 사주 원국에 겁재가 많아서 무리를 이룬다는 뜻이다. 비겁(비견과 겁재)은 재성을 극하기 때문에 이런 작용 시에는 재성이 파괴된다. 식상(食傷, 식신과 상관)이 있어 기를 유통시켜 주면 완충 역할이 되어서 좋다.

10 길신태로(吉神太路)

천간이 길신인데 뿌리가 없어 풀잎 끝의 이슬처럼 제 역할을 못 하여 사주 원국에 힘이 되어 주지 못하는 상태를 의미한다.

11 대장군방(大將軍方)=조객살방

택일 등에 사용하며 대장군이 있는 방(방향)으로는 이사하지 않는다. '십이지지'를 사계절로 구분하여 대장군이 있는 방을 정한다.

- 인(寅), 묘(卯), 진(辰)년은 봄으로 지나간 계절이 속한 북방이 대장군방이다.
- 사(巳), 오(午), 미(未)년은 여름으로 봄이 속한 동방이 대장군방이다.
- 신(申), 유(酉), 술(戌)년은 가을로 지나간 계절인 여름이 속한 남방이 대장군방이다.
- 해(亥), 자(子), 축(丑)년은 겨울이며 지나간 계절인 가을이 속한 서방이 대장군방이다.

12 등라계갑(藤蘿繫甲)

을목(乙木)이 갑목(甲木)에 의지한다는 뜻이다. 자신의 힘으로는 힘든 출세나 재물욕을 주변(형제, 이웃 사람, 아는 사람 등)의 도움으로 힘든 고비를 넘기거나 출세를 하는 것인데, 그 의지하는 주변(甲木)의 사주 원국이 맑고 강해야만 한다. 을(乙木)이 갑(甲木)을 칭칭 감고 올라가는 등나무처럼 을(乙木) 입장에서 보면 아름다운 모습이다. 《적천수》와 《사주첩경》 등에서 나온 말이다.

13 명관과마(明官跨馬)

명관이라 함은 천간에 투출된 관성을 말한다. 천간에 투출되면 명(明)하다 하고 지지에 장축되어 있으면 암(暗)하다 하여 음양의 상대성을 표현한다. 재성(아내궁)을 깔고 앉아 있어 재성이 명관을 도우면 과마(말 위에 올라앉았다)가 되니 남편이 출세를 하고, 여명은 고관대작이 된 남편의 현숙한 처가 된다는 뜻으로 명조에 재와 관이 뚜렷하여 부귀한 팔자라는 뜻이다.

14 모자멸자(母滋滅子)

모친의 관심과 사랑이 지나쳐 자식을 망친다는 뜻인데, 재성이 없는 사주에서 인성이 과다한 팔자를 말한다. 인성이 강하면 비겁이 많아 설기 시키거나 재성이 인성을 극제하면 '모자멸자'가 해소된다.

15 삼기득위(三奇得位)

정재(正財), 정관(正官), 정인(正印)이 사주 원국에 있을 때를 삼기(三奇)라고 한다. 일간이 강한데 삼기가 뿌리를 두고 튼튼하면 크게 귀한 사주가 되는데 이를 '삼기득위'라고 한다.

16 삼살방(三煞方)

택일 등에 적용하며 삼합국(三合局)을 이룬 지지의 기가 상반되는 방향(천간)을 말한다. 삼살인 천살, 겁살, 재살(수옥살)이 낀 세 방위를 말한다. 이사나 개업 등에서 꺼리는 방향이다.

- 인(寅), 오(午), 술(戌)년은 합화(合和) 화국(火局)이므로 화방(火方)인 남쪽과 반대되는 북방이 삼살방이다
- 신(申), 자(子), 진(辰)년은 합화 수국(水局)이므로 수방(水方)인 북쪽과 반대되는 동방이 삼살방이다.
- 해(亥), 묘(卯), 미(未)년은 합화 목국(木局)이므로 목방(木方)인 동쪽과 반대되는 서쪽이 삼살방이다.

17 상관상진(傷官傷盡)

상관을 극하여 그 상관이 기진맥진해진다는 뜻이다. 상관을 상진시키는 이유는 상관이 정관을 극하기 때문이며, 상관은 일간의 기운을 심하게 설기시키니 상관의 힘을 소모시켜 일간을 보호하자는 뜻이다. 상관상진의 사주에 관성이 전혀 없고 신왕하거나 인성운이 오면 귀하게 되는데 이를 '진상관'이라고 한다. 일간의 힘이 너무 강하면 상관으로 기가 빠지게 하면 좋다.

18 손(巽), 태백살

손 있는 방향의 손(巽), 주역의 괘명이며 바람[風]을 의미한다. 이 방향으로 이사를 하면 흉사를 안고 가는 것이라는 뜻이다. 음력을 기준으로 하여 1, 2일은 동방 3, 4일은 북방 5, 6일은 서방 7, 8일은 북방이고 9, 10일은 천지사방에 바람이 없는 날이라는 것이다. 요즘은 어떤 달력에는 음력과 일진(日辰)을 표기하면서 음력 9, 10일, 19, 20일, 29일은 '이사하는 날'이라고 표기하고 있다.

19 용신기반(用神羈絆)

용신이 역할을 못 할 때를 말한다. 특히 용신에 전적으로 의지하는 팔자의 용신기반은 의미가 크다.

20 유정무정(有情無情)

신강 사주에 적용되며 정재(正財)와 정관(正官)이 함께 있어 아름답다는 뜻이다. 《적천수》〈계선편〉에 "계일좌향사궁이면 재관쌍미(癸日坐向巳宮 財官雙美)"라고 했다. 사(巳) 중 병화(丙火)는 계수(癸水)의 정재이고 무토(戊土)는 계수(癸水)의 정관이 되어, 두 귀성(貴星)이 한 쌍으로 아름답다는 뜻이다. 《사주첩경》에서는 "겨울에 태어남을 기뻐하고 간두(干頭)에 칠살(七殺, 편관)이나 상관이 나타나는 것을 꺼린다"고 했다.

21 제살태과(制殺太過)

인성과 비겁으로 신강사주일 경우에는 식상, 재성, 관성 중에서 용(用)을 하는데 식상은 관성을 용할 수 있는 사주에 식상이 왕하면 관성이 극제되어 불길하다.

22 절처봉생(絶處逢生)

십이운성법(포태법)의 용어로 절(絶)은 끊어지는 것, 단절을 의미하며 포(胞)는 생명체의 작은 세포를 의미한다. 십이운성에서 절은 단절되는 곳이자 새로운 생명체의 시작을 나타내는 곳이다. 절처(絶處), 즉 끊어진 곳에서 봉생(逢生), 즉 생(生)을 만나는 것이다. 단절을 통하여 새로운 생을 얻는 것을 의미하며 끊어진 곳에서 다시 만나서 이어짐을 의미한다.

23 절각(截脚)

다리가 잘렸다는 뜻인데 사주에서 개두(蓋頭)의 반대 의미가 된다. 절각은 일간을 이롭게 하는 '희신'이나 '용신'이 지지에 극하는 오행이 자리할 때를 말한다. 지지에서 천간을 실어 주지 않아 도움을 주지 않는다는 의미다. 개두는 '머리를 덮었다'는 뜻인데 천간이 지지를 덮은 것이다. 개두는 지지에 희신, 용신이 있는 것이 되며 절각은 천간에 희신, 용신이 있는 것이다.

24 정신기(精神氣)

정(精)은 인성(印星), 신(神)은 식상(食傷)과 관성(官星), 기(氣)는 비겁(比劫)을 말한다. 사주에 정신기(精神氣)를 이루면 상격(上格) 팔자이다.

25 추수통원(秋水通源)

금수쌍청(金水雙淸)이라고도 한다. 경신(庚辛) 일간이 비겁으로 인해 해자(亥子=水氣)의 월을 생(生)하여 설기(洩氣)가 잘 이루어진 사주를 말하는데 길격(吉格) 사주이다.

26 탐재괴인(貪財壞印)

신약 사주에서 인성을 용하게 될 경우 사주 내에 '재(財)'가 왕(旺)하는 것을 말한다. 사주 원국에 재가 미약하더라도 인수 용신에 재운을 만나면 운에서 '탐재괴인'이 되어 흉액이 따른다. 재물이나 여자를 탐하다가 명예나 위신을 잃게 된다는 의미이다.

27 파료상관(破了傷官)

신강한 사주에서 상관으로 힘을 빼는 것이 필요한데 인성운이 와서 상관을 파괴해 버려 좋지 않은 경우를 말한다. 즉 시주(時柱) 내에 편인(偏印)이 있는데 다시 편인운(도식)을 만나면 상관 작용이 안 되어 기가 막힌 상태가 되어 큰 액에 이른다. 비슷한 것으로 '상관상진'이 있는데 이는 일간이 신약할 때의 이야기다.

2) 유명인 사주 원국의 실례

이 책은 사주명리학의 입문서이다. 이 학문이 미신적인 술수가 아니고 오랜 역사와 많은 이론가에 의해 정립된 학문이고 왜 필요한가에 대한 궁금증을 풀어주는 것이 목적이기에 이 학문에 익숙지 않은 일반인들이 알 수도 없는 어려운 원국의 예를 들지 않았다. 대신 누구나 그 행적을 알 수 있는 역사적 유명인의 예를 특성에 따라 몇 개 들어 이해에 도움을 주는 데 중점을 두었음을 알려둔다.

(1) 칭기즈칸(대영웅, 역사를 바꾼 정복자)

시	일	월	년	
丙	戊	庚	乙	乾命, 1162년 (음) 10월 1일생
辰	辰	辰	亥	

1189년에 대초원의 칸으로 추대되며 1204년에 모든 몽골족을 통일하였고, 1215년에는 중국을 공격하여 금(金)을 토벌하고, 1226년 가을에 서하 원정 중에 병사하였다.

극양강(極陽强)의 강력한 신강 사주이다. 지지에 용[辰] 3마리, 시천간(時天干)에는 태산[戊土], 월천간(月天干)에는 월도(月刀)이다. 음(陰)의 부드러움이 없다.

을목(乙木)이 약한 듯 보이는 것도 천간 합일인 을경합(乙庚合)으로 금기(金氣)가 되어 강력한 검을 쥐게 되며, 월주(月柱)의 경진(庚辰)과 일주

(日柱)의 무진(戊辰) 괴강(魁罡)이 '천상천하 유아독존'이다. 무일(戊日)에 진월(辰月)이 자기 것을 꼭 챙기고야 마는 자기애적 정신이 강한 타산적인 리더의 성격이다.

(2) 영조대왕(아들을 죽인 왕)

시	일	월	년	
甲	甲	甲	甲	乾命, 1694년 (양) 10월 31일생 戌時
戌	戌	戌	戌	

74 64 54 44 34 24 14 4 **대운**
壬 辛 庚 己 戊 丁 丙 乙
午 巳 辰 卯 寅 丑 子 亥

① 천간에 4개의 갑목(甲木)이 일기를 이루고 있는 '천간일기격'의 '사갑술생'으로 갑(甲)은 이 경우 사목(死木)으로 을해(乙亥), 병자(丙子), 대운의 수운(水運)이 갑목(甲木)을 썩게 만드는 흉운으로 볼 수 있다. 그러나 지지의 술토(戌土)가 토극수(土克水)하여 제습하니 무난하게 벗어나는 형국인데 술토(戌土)가 세손인 정조대왕을 의미한다. 또한, 갑목(甲木)을 생하는 화(火)가 사도세자인데, 술토(戌土)가 갑목(甲木)의 식신, 사도세자인 화(火)의 무덤[墓, 십이운성]이 되므로 아들을 죽이게 된다는 것이다.
② 1762년(영조 38년) 69세의 신사(辛巳) 대운의 임오(壬午)년에 사도세자가 뒤주에서 죽었으니 대운의 중요성을 일깨워 주는 간명이다.
③ 일설에는 영조가 제왕의 사주라는 자기 사주와 같은 사주를 관상감을 통해 전국에 수배하여 찾았다. 찾은 사람이 산골의 노인이었

다. 그것을 알게된 영조가 관상감에게 화를 내며 "어떻게 생활하느냐?"고 물으니까 관상감은 "토종벌을 기릅니다." 하였다. 영조가 친히 그 노인을 만나서 "너와 나는 사주가 같은 사갑술생(四甲戌生)인데 어찌하여 너는 임금이 못 되고 한낱 백성이 되었는지 알 수 없구나." 하였다. 이에 노인이 대답하기를 "전하, 소인도 제왕의 자리가 부럽지 않습니다. 소인의 자식이 8형제이니 이는 조선팔도와 같고, 소인이 벌통 360개를 가지고 있으니 그 수가 전하의 360개 고을과 같으며, 그 벌통에 사는 벌의 수가 700만 마리이니 이 나라 백성의 수와 같습니다. 하오니 제가 사는 것 또한 제왕의 자리에 못지 않은가 합니다."라고 하였다. 이에 영조는 희색이 만연하며 과연 사주가 신통하다고 박장대소하고 노인에게 명예 벼슬과 많은 상을 주어 고향으로 돌려보냈다 한다.

(3) 탈탈승상(대원제국의 승상, 몰락한 정치가)

시	일	월	년	
戊	丙	甲	壬	乾命
戌	戌	辰	辰	

75 65 55 45 35 25 15 5 대운
壬 辛 庚 己 戊 丁 丙 乙
子 亥 戌 酉 申 未 午 巳

명국의 귀(貴)가 있음은 년간(年干) 임수(壬水)로부터 연이어 수생목(水生木), 목생화(木生火), 화생토(火生土)로 상생을 얻었으며, 임수(壬水) 칠살(편관)격이 식신인 무토(戊土) 칠살을 만나서 지나치게 억제되어 있으나, 진토(辰土)의 중기(中氣)에 수(水)가 있어 임수(壬水)가 유근하며, 월간의 갑목(甲木)이 시간의 술토(戌土)와 년간의 임수(壬水) 중간에 있어 서로 극함을 방지하고 있다.

편인인 갑목(甲木)은 임수(壬水)가 생하고, 3월[辰月]은 갑목(甲木)이 잘 자라 성하는 절기이고 편인은 식상을 억제하고, 임수를 보호하며 일주를 강하게 하고 있다. 용신은 갑목(甲木)이다. 을사(乙巳, 5세), 병오(丙午), 정미(丁未) 대운은 용신인 편인과 신왕의 길운으로 대길하다. 그러나 무신(戊申, 45~54세) 대운 이후는 토(土)와 금(金)이 용신인 갑목(甲木)을 극해(剋害)함으로써 흉운이다.

(4) 조중훈(사업가, 당대 재벌을 이룬 사업가)

시	일	월	년	
壬	丁	己	庚	乾命, 1920년 (음) 2월 11일생, 05:35분
寅	亥	卯	申	

82	72	62	52	42	32	22	12	2	대운
戊	丁	丙	乙	甲	癸	壬	辛	庚	
子	亥	戌	酉	申	未	午	巳	辰	

목화(木火) 용신으로 역마와 지살인 인(寅), 신(申), 사(巳), 해(亥) 중 3개가 지지에 있어 운수업으로 대성공하였다. 원래 년지에 있는 신(申)은 육로와 자동차를 가리키는데 처음 육지에서 수송업으로 기반을 잡았고, 일지에 있는 해(亥)는 바다를 통한 해운회사를 만들었고, 시지에 있는 인(寅)은 비행기를 가리키니 대한항공을 가짐으로 대성공을 본 경우이다.

① 신사(申巳, 12~21세) 대운: 부친의 사업 실패로 휘문고를 중퇴, 재성인 신금(申金)이 천간에 투출되어 인수를 극하여(탐재괴인), 부친의 사업 실패가 되어 해양대학교의 전신인 양성소 기관과에 입학하고 졸업 후 일본서 선박회사에 취업한다.

② 임오(壬午, 23~31세), 계미(癸未, 32~41세): 새로운 사업을 시작한다. 37세 때인 병신년에 년지 신금(申金)에 일간의 정재인 록(祿)을 놓아 재가 왕성하여 재생관하여 한진상사를 설립하고 운수업을 시작하고 미군 수송 계약으로 비약적인 발전을 한다.

③ 갑신(甲申, 42~51세) 대운: 역시 대운 신(申)에 록을 놓아 재가 왕성하여 서울-인천 간 버스노선을 따내어 한진고속을 설립하고, 1968년(49세) 무신년(戊申年)에 대한항공을 인수한다.

④ 병술(丙戌, 62~71세) 대운: 비겁이 태왕하고 시지(時支)의 말년운을 형하고 백호살이 작용하나 금(金)이 희신으로 작용하여 서양 의학으로 치료를 받는다.

⑤ 정해(丁亥, 72~81세) 대운: 정화(丁火) 비견이 대운 해(亥)에 태궁이 임하고 해해자형(亥亥子刑)하여 수극화(水克火)하니 건강이 악화된다.

⑥ 무자(戊子, 82~91세) 대운: 상관인 무토(戊土)가 연약한 일주 정화(丁火)의 기를 설기하고, 해자(亥子) 합수(合水)하니 일주 정화(丁火)가 자(子) 절궁에 임하여 정화(丁火)의 불꽃이 이미 빛을 잃었다. 2002년, 83세 임오년(壬午年)에 임수(壬水)가 정화(丁火)를 합극(合剋)하고 대운의 지지인 자(子)가 형[子午刑]하니 일간 정화(丁火)의 기가 단절되어 영면하게 된다.

(5) 도계(陶溪) 박재완 선생(역학자)

시	일	월	년	
丁	乙	甲	癸	乾命, 1903년 (양) 12월 13일생, 22: 09
亥	亥	子	卯	

81	71	61	51	41	31	21	11	1
乙	丙	丁	戊	己	庚	辛	壬	癸
卯	辰	巳	午	未	申	酉	戌	亥

① 명국에 인성이 많고 관이 없다. 신왕 사주로서 화토(火土)가 용신인데 사주가 추워서 화기(火氣)가 당장 필요하며 균형을 위해서 설기처인 토기(土氣)가 필요하다. 관이 없어 자식복이 없었고 식상인 시간의 정화(丁火) 또한 힘이 없기에 그를 이을 후계자도 없었다.

② 일간 을목(乙木)이 차가운 자월(子月)에 수기(水氣)가 태왕하니 자(子)를 용(用)한다. 일(日)과 시지(時支)에 천문성인 해(亥)가 2개가 있으니 굉장한 예지력을 뜻한다. 원국이 한(寒)하고 수기(水氣)가 청량하니 청빈한 사주이다. 51세부터의 화(火) 대운에 명성이 높아지고 생활도 많이 편하게 되었다. 을묘(乙卯) 대운(81세~)에서 습목(濕木)이라 용신인 식상이 힘을 잃고 90세에 이승을 떠났다.

(6) 신사임당(현모양처의 전형, 예술가, 율곡, 매창의 모)

시	일	월	년	
丁	丙	乙	甲	坤命, 1504년 (음) 12월 5일생
酉	戌	亥	子	

오행상생부절(五行相生不絶)에 주류무체(周流無滯)를 이루었으니 기정평화부도창(氣靜平和婦道彰)의 명(命)이다. 즉 '기가 조용하고 평화스러우면 그 부도가 빛날 것이다'의 전형이다. 목화토금수의 오행이 모두 다 있고, 음양이 조화를 이루고 형과 충이 없으며, 상호 극하는 관계가 아니라 상생하는 오행으로 구성된 사주이다(주류무체). 내격의 편인격이나 혹은 종강격으로 볼 수 있는데, 따라서 그 기질이 강경하기 이를 데 없다.

관과 인을 갖추고 일지의 식신인 자식이 자리하고 그 식신이 '화개살'이어서 문예(文藝)에 뛰어난 소질이 나타난다. 미인박명이라고 아름다운 사주이지만 약한 것이 흠이 되어 금(金) 기신운에 폐질환으로 신음하다가 1552년 '관살운'인 임자년에 49세의 나이로 세상을 떠났다.

(7) 논개[의로운 명기(名妓)]

시	일	월	년	
甲	甲	甲	甲	坤命, 1574년 (양) 9월 39일생
戌	戌	戌	戌	

15 5 대운
壬 癸
申 酉

① 중화(中和)와는 거리가 먼 종재격이며 재살태왕한 '다부지상격' 사주이다.

② 천간일기격, 일기생성격(一氣生成格, 연월일시가 모두 동일한 사주)은 귀격이 많지만, 일간의 힘이 강해야 귀격이 발휘된다. 갑목(甲木)과 무토(戊土)를 통관시킬 화기(火氣)가 용신인데 술토(戌土)가 화기의 고지(庫地, 창고)이니 '극귀격'이다. 영조는 대운의 흐름이 화기와 화기를 돕고 약한 일간에 힘을 보태는 목기로 흘러갔으나, 논개는 금기가 흐르는 운으로써 역류하였으니 요절한 것이다. 여명의 지지에 토기가 전부이면 화류계에 몸담게 된다.

(8) 재클린 케네디(미국 대통령 부인, 재벌과의 재혼)

시	일	월	년	
辛	甲	辛	己	坤命, 1929년 (양) 7월 28일생 13:30
未	戌	未	巳	

84 74 64 54 44 34 24 14 4 대운
庚 己 戊 丁 丙 乙 甲 癸 壬
辰 卯 寅 丑 子 亥 戌 酉 申

토기(土氣)에 종하는 사주이다.

① 을해(乙亥, 34~43세) 대운: 목기(木氣)와 수기(水氣)의 영향권에 드는 시기에 온갖 재난이 일어났다. 1962년(34세, 을해 대운의 시작된 해)에 남편인 케네디와 메릴린 먼로와의 추문으로 시작하여 1963년(35세) 때는 차남 패트릭이 출생 3일 만에 사망했고, 같은 해 11월에는 남편이 암살당하고, 1968년(40세)에는 시동생 로버트 케네디가 역시 암살당했고, 다음 해(41세)에는 시아버지 조셉이 또한 사망했다. 대운의 흐름이 토(土), 금운(金運)에서는 대길하지만, 수(水), 목운(木運)에는 재난을 겪는 운이다.
종격(從格)의 사주는 자신을 내세우기보다 순종하고 따름으로써 고귀해지는 것인데, 일간이 대운에서 인성을 만나 쇠약에서 벗어난 목(木) 일간과 사주의 왕신인 토기(土氣) 사이에 다툼이 일어나며 사주 원국 자체가 균형을 잃고 와해되어 온갖 불행이 초래한 경우이다.

② 배우자궁인 일지(배우자, 남편궁)이 형살, 원진살 등으로 상(傷)을

당했다. 일간 갑(甲)이 좌우의 정관 신(辛)과 일지 술(戌) 중의 정관 신(辛)으로 둘러싸였고, 년지 사(巳) 중의 편관 경(庚)이 암장되어 있어 '관살혼잡'이며, 정관 신(辛)의 셋 모두가 형살로 인하여 뿌리가 없어져 두 명의 남편과 세 명의 자녀를 자신보다 먼저 저세상으로 떠나보냈다고 본다. 또한, 원국에 수기(水氣)가 전혀 없다. 사주 자체가 조열(燥熱)한 것도 남편성 신금(辛金)이 견뎌내지 못했을 것이다.

7. 명리학의 결론

1) 명리학을 접근하는 자세

태과불급개위질(太過不及皆爲疾), 즉 '넘쳐도, 부족해도 병(病)이 된다'는 뜻이다. 명리학은 이 이치로 시작하며 명리학의 핵심이다. 이는 모든 인간사에도 그대로 적용된다. 우리가 흔히 '과유불급'이라 하는 것과 같은 의미이다. 명리학은 하루아침에 생겨난 학문이 아니다. 그러므로 어느 한 이론이 절대적이거나 그 이론만을 가지고 절대적으로 추론하는 것 또한 운명의 한 부분만을 엿볼 수도 있으며 오류를 범할 수 있는 것이다. 적용하는 많은 이론이 그 시대와 의뢰인의 사주 구성의 특성에 맞추어 이론 또한 적절한 조화와 균형을 잡아야 한다는 것이다. 시대의 흐름에 따라 '십신육친'의 의미나 범위가 변하는 것도 한 일례가 될 것이다. 그러므로 많은 노력의 공부와 경험과 경륜이 수반되지 않으면 남의 운명을 함부로 간명하는 우(愚)를 범하는 경우가 생길 수 있다. 기본적인 이론은 명료하고 단순하기에 충실한 기초를 닦은 후, 그 위에 각종의 고서와 제반 이론을 탐독하여 숙달한 후, 자기만의 주된 틀과 상황에 맞춘 적합한 틀을 갖춘 뒤 간명하는 원국의 특성과 특질에 따라 적절히 제반 이론들을 구사하여야 한다. 또한, 서낙오의 〈답객문〉 중 "함부로 창조하지 마라."라는 문구를 마음에 두면서 하여야 할 것이다.

2) 간명에 임하는 준비

사람이 본인의 '철'을 안다는 것은 언뜻 생각하기에는 쉬운 것 같지만 깊이 생각해 보면 어려운 일이라는 것을 깨닫게 된다. 특히 미래의 운명을 예측하기는 더욱더 어려운 일이다. 만약 사람이 미래에 다가올 운명, 즉 하늘의 상이나 기미, 징조를 예측할 수 있다면 사전에 미리 대비할 수 있는 기회를 가질 수 있다. 그 경우 노력과 절제로써 좋은 것은 더욱 발전시키고 나쁜 것은 제거하거나 완화시킬 수 있도록 미리 예방한다면 성공적인 인생을 살 수 있을 것이다.

일반인이 자신의 사주를 이해하는 것은 기초적인 이론을 공부한 후에 어느 정도 사주학의 이해에 익숙해지면 본인의 성격과 현재의 환경은 본인이 가장 잘 알 것이므로 어느 정도는 자기 철을 이해하게 되고, 그렇게 함으로써 생활에서 항상 주의하며 겸손하게 되며, 또 다른 한편으로는 용기와 희망을 얻어 더 활기찬 인생을 살 수 있다. 그리고 더 자세하고 전문적인 분석은 전문가를 찾아 상담을 받아 의문점과 자기의 운명에 대해 간명을 받을 때 가장 이상적인 형태가 될 것이다.

① 본인 원국의 격(格)과 용신과 희신과 기신이 무엇인지를 확인한다. 물론 용신과 희신을 안다는 것은 사주학의 요점이며, 경우에 따라서는 매우 어려울 수도 있지만 자기 나름의 파악은 해보라는 것이다.

② 천간에 투간된 각 육신 간의 특성 및 생극 관계와 합충과 그로 인한 변화 등을 확인한다. 또한, 필요하면 '십이궁 이론' 등을 추가하여

조후를 살핀다.

③ 대운의 큰 흐름을 반드시 묻고, 그 후 세운 등의 흐름을 짚는다.

④ 건강과 기타, 본인이 현재 가장 궁금하고 필요한 부분들, 예를 들면 직업, 승진, 연애, 결혼, 사업, 이사 등을 확인한다.

대충 이러한 흐름을 가지고 간명에 임하면 충실한 상담이 될 것이며 사주명리학을 바르게 활용하는 일이 될 것이다. 사주명리학을 통해 엄청난 명리(名利)를 얻겠다는 허황된 욕심이 아니고 명리학의 최소한 기초만 숙지하고 좋은 전문가를 만난다면, 자기의 '철'과 '운명'을 이해하며 그에 따른 주어진 여건을 최대한 활용하는 풍요로운 인생을 살 수 있을 것이다.

자신의 운명은 자신의 책임하에 있고, 그 운명을 결정짓는 삶의 판단과 선택 또한 자신의 몫이다. 자기는 전혀 준비되지 않은 무방비 상태로 간명에 임하면서 자신의 운명에 대하여 그 짧은 시간에 내린 판단과 결론이 그대로 들어맞는다고만 누가 장담할 수 있겠는가? 나를 가장 잘 아는 사람인 자신이 나를 알고 깨닫는 과정을 명리학은 매우 단순 명료하게 해결해 주는 유용한 도구이기에 본인의 노력과 자세 여하에 따라 그 역할을 적절히 함을 알아야 한다는 것이다.

간혹 본인이 공부하지도 않고, 자세히 알지도 모르는 사람들이 명리학을 미신이라고 하는 사람들이 있다. 자기의 경험과 안목으로 이 세상의 모든 것을 가늠할 수는 없는 것이다. 그만큼 세상은 넓고 크고, 더욱이 하늘과 땅과 사람의 합일을 보는 것이 명리학이다. 이 학문이 지닌 잠재력과 포용력, 인간적이고 또 우리를 자유롭게 하는 특성은 어려움에 처한 많은 사람에게 희망의 등불이 될 수 있고, 새로운 목표와 일을 하는 사람들에는 올바른 방향을 제시할 수 있다. 그것만으로도 이 학문이 존재하는 정체성이 충분히 될 것이다.

도계 박재완 선생은 역학 고전의 5불언과 마찬가지로 간명 시 5불언을 얘기하였다.

① 신(神): 귀신에 대하여 말하지 말 것
② 수(壽): 수명을 말하지 말 것
③ 재(財): 타고난 재물의 크기를 말하지 말 것(과장, 과소, 혹세무민의 경계)
④ 록(祿): 인연에 대해 말하지 말 것(운명이란 인연이요, 하늘의 뜻임을 강조)
⑤ 전(錢): 큰돈을 요구하지 말 것(복채는 주는 대로 받으라는 뜻)

이의 핵심은 간명하는 사람이 이를 이용하여 이해타산으로 삼고 현혹하는 짓을 하지 말라는 의미이다. 또한, 하늘과 땅이 정한 운명에 항상 겸허하고 사람이 선업을 쌓고 노력하며 얻을 수 있는 부분의 운명은 스스로 깨달아 얻으라는 지고한 뜻이다.

제5부

성명학(姓名學)

1. 머리말

공자는 "명불정즉 언불순(名不正則 言不順) 언불순즉 사불성(言不順則 事不成)"이라 하여 "이름이 바르지 못하면 말이 순하지 아니하고, 말이 순하지 아니하면 일을 이루지 못한다."라고 했다. 즉 정명순행(正名順行)이라 하여 이름이 바르면 모든 일이 순조롭다는 뜻이다.

유가(儒家)에서는 명체분리(名體分離)라 하여 이름이 곧 몸이요 몸이 곧 이름이라 하며 이름(성명)의 중요성을 강조하였다. 성경에서는 여호와라는 이름의 하느님이 첫째 날에 낮과 밤, 둘째 날에 하늘, 셋째 날에 땅과 바다의 이름을 지었고, 아담에게 작명의 권한을 위임하시어 인류 최초의 작명가가 된 아담은 그 아내의 이름을 이브라고 작명하여 인류 최초의 작명가가 되었다.

문자라는 하나의 기호(記號)에 불과한 성명(姓名)이 음성화(音聲化)되어 불릴 때는 글자에 따라 각각의 다른 음향이 전달되고, 이 음량은 글자에 따라 온화하거나 차갑고 부드럽거나 딱딱한 느낌 등의 여러 가지 현상으로 전달된다.

우리가 전혀 모르는 사람의 이름을 들었을 때 그 음향이 주는 느낌에 따라 상대방에 대한 인상(印象)이 그려지는 것이 한 예이다. 이렇게 그려진 인상과 당사자를 직접 만났을 때 실제로 느끼는 인상이 많은 차이가 나는 경우를 경험할 수 있다. 이것이 바로 이름 자체가 음성화되었을 때 당사자와의 실제의 상(象)과 관계없이 어떤 영향력이 미칠 수 있다는 근거가 되는 것이다.

하지만 오늘날 시중에 성행하는 성명학 내지 작명학(作名學)은 음향 등에 따른 그 같은 기(氣)나 이미지의 영향보다는 이름 자체가 사람의 행·불행을 만들 수 있다는 운명학적인 관점에 치중하고 있다. 일반적인 관점에서 보면 이름은 듣고 부르기 좋으면 되는 것이다. 물론 어떤 의미가 내포되어 있기를 바라거나 꿈과 희망이 내재된 표현이면 더욱더 좋을 것이지만, 굳이 어려운 한자를 골라 쓰는 것 또한 보고 듣고 부르는 사람에게 부담감을 줄 것이다.

역학적 관점에서 사주명리학의 이론을 잘 응용하여 작명한다면 다소 좋은 영향을 얻을 수 있는 여러 근거나 추론은 충분히 가능하나 그 역시 결정적으로 운명에 영향을 미친다고는 볼 수 없다. 여러 역학과 관련 전문가들의 의견을 굳이 수치화나 수량화한다면 약 10% 정도의 운명에 대한 영향력이 있다고 본다. 물론 경쟁이 심한 분야나 운이 좋지 않은 경우 약 10% 정도도 매우 영향력이 있고 결정적일 수도 있을 것이다. 일부의 이론가들은 사주명리학에서 대운을 사주(四柱) 이외의 다른 기둥으로 보며 오주(五柱) 명리학이라고 하는 것처럼 이름이나 아호(雅號)를 '오주(五柱)'라고 하며 그 중요성을 강조하고 있기도 하다.

현대 사회에 있어서는 또 사람의 이름 외에 물건이나 주제에 대한 이름, 새로운 상품의 브랜드 명칭을 정하는 네이밍(Naming) 또한 작명의 한 분야로 표출되었으며 산업사회에서 매우 중요한 이치를 차지하고 있기도 한다.

이는 CI(Corporate Identity, 기업 통합 이미지 전략)나 BI(Brand

Identity, 브랜드 통합 이미지 전략) 등의 경영학과 관련하여 광고, 마케팅, 홍보와 심리학 등의 주변 과학과 연합 내지 통합 작업에 의해 탄생되는 작명학의 한 분야이며, 최근에는 역학 또한 이 분야에 다양하게 활용되고 있다.

2. 성명학의 역사

1) 성명학의 근거

현재 통용되고 있는 이름으로 인간의 운명을 분석할 수 있는 성명학(姓名學)은 정통 동양오술이나 동양 철학 분야에서 사실상 발견할 수 없다. 옛날에 이름을 짓는 것은 오늘날과 같이 역술적인 여러 가지 이론을 적용하여 이름을 짓지 않았다. 예를 들어 중국의 이름 짓는 방법은 한자(漢子)의 형, 음, 의(形, 音, 義)를 중요시하면서 고대의 제왕들은 대부분 오행의 이론인 십천간(十天干)과 십이지(十二支)를 사용하였으며, 대부분의 일반인들은 외자인 단명(單名)을 사용하였고, 위진 시대(魏晉時代)에는 아름답게 들리게 하기 위해서 어조사인 지(之) 자를 즐겨 사용했다고 숙요천 고사의 '중국 인명 연구'에서 언급하고 있다.

2) 웅기식 성명학(81 영동수)

오늘날 동양오술(東洋五術)의 분류로는 성명학을 명상(名相)이라 하여 상(相) 분야에 포함시키고 있지만, 사실상 오늘날의 성명학의 유래는 근세에 일본에서 창시되어 대만과 중국을 통해 발전되고 우리나라에 전파된 것으로 보는 것이 대부분 전문가의 일치된 시각이다.

일본의 웅기건옹(熊岐健翁)이 1929년에 저술한 《웅기식 성명학》이 바로 그 효시다. 그는 《주역》의 삼재(三才, 하늘, 땅, 사람) 원리와 81 영동수(靈動數)를 개발해 이름과 운명의 관계를 분석하기 시작하면서 인기를 모았다.

그 후 후학들에 의해 삼재, 사격(四格) 또는 오격(五格)과 음오행(音五行), 자오행(字五行), 음양법(陰陽法) 사주학, 단역법(斷易法), 육수법(六獸法) 등의 여러 가지 새로운 이론들이 복잡하게 난립되어 있는 것이 오늘날의 현실이다.

1936년에 일본 유학생이던 대만의 백혜문이 이를 배워가지고 귀국하여 그의 상담소 홍운각에서 중국으로 전해졌다. 백혜문의 저서로는 《웅기식 성명학지비신》, 《성명지명문학》, 《성명학지오비》가 있으며, 우리나라는 일제강점기에서 해방된 후 일본서 유입된 것으로 추정되며, 이들의 이론을 기본으로 하여 대부분 작명을 하고 있다.

3. 이름과 작명학, 제 이론과 방향

1) 이름의 종류

과거에 중국과 동양권에서는 공식적인 이름[名]과 비공식적인 이름[字], 그리고 가명[假名, 호(號)]이 있었는데, 공식적인 이름은 오늘날과 같이 부모가 자식들에 대한 희망과 축원을 담아 지어준 이름이다.

공식적인 이름은 아명(兒名)과 관명(官名)으로 나누었다. 아명은 나면서부터 가정에서 불리는 이름으로 대부분 역신(疫神)의 시기를 받지 않게 한다는 의미에서 천(賤)한 이름을 지었다. 보통 홍역을 치를 나이가 지나면 족보에 올리게 되는데 이때 관명으로 새로이 이름을 얻게 된다. 세종대왕의 아명이 '막동'이었고 고종 황제의 아명이 '개똥'이었던 것이 한 예가 될 것이다. 관명으로 바꾸어 호적에 올릴 때 여러 가지 사정과 형편에 의해 새로 작명을 못하고 아명을 그대로 호적에 올리는 경우가 격동기에 많아져 아명이 그대로 관명이 된 경우도 비일비재하였다.

동양권에서는 관명을 작명할 때 보통 맏아들에게는 원(元), 백(伯), 맹(孟) 등을 붙였으며, 맏이부터 순서대로 백(伯), 중(仲), 숙(叔), 계(季)로 짓는 경우가 많았고, 5명이 넘는 경우 막내는 유(幼)로 끝내게 했다. 이 명(名)은 《예기(禮記)》에서 얘기하듯이 남자가 20세, 그리고 여자가 16세에 이르러 성인이 되면 사람들은 더는 공식적인 이름을 부르지 않고 비공식적인 예의의 이름인 자(字)를 불러야 했다.

청(淸)의 강희제 49년(1710년)에 펴낸 백과사전인 《연감유함(淵鑑類函)》에는 "이름[名]은 자(字)의 본이고 이름은 또한 자(字)의 말이다."라고 하였다. 자(字)는 본 이름 외 부르는 부명(副名)인데 장가를 든 뒤에 성인으로서 본이름, 즉 공식적인 명(名) 대신에 스스럼없이 부를 수 있도록 얻는 새로운 이름을 말한다. 보통 동년의 친구나 선후배가 작명하였다.

호(號)는 본명이나 자(字) 이외에 보통 중년이나 노년이 되어 자기 인생에 어느 정도 자리가 잡힌 후이거나 자신의 사상이나 생각이 정리된 후, 직업상 그러한 필요가 있는 사람들이나 사람들 간에 작호(作號)하여 부르는 멋스러운 가명(假名)이다.

요즈음은 ○○ 씨, ○○ 님, ○○ 회장님으로 본명을 불러도 큰 문제가 없지만 예전에는 이름을 함부로 부르는 것은 매우 큰 실례가 되기 때문에 일가(一家)를 이루거나 자기 일에 성취한 분들에게 부명(副名)으로 호(號)를 당연히 불러야 했고, 또 즐겨 사용하였다.

보통 본인이 지은 호를 자호(自號)라 하고, 다른 사람이 지어 준 호나 존경하는 사람이 지어 준 호를 '우아한 호'란 의미에서 아호(雅號)라고 한다. 간혹 본인이 지어도 아호라 불러도 된다는 주장이 있지만, 현대를 사는 처지에서는 이해가 가기도 하지만 엄격하게 얘기하면 자기 자신이 작명한 호를 아호라 하는 것은 실례이며 뭔가 아쉬운 면이 있다고 본다.

특별한 직업인을 예를 들면 서예가, 화가, 작가 등이나 연예인, 예술인 등 같은 사람들은 필명(筆名)과 예명(藝名)을 즐겨 사용하고 있는데 일반인들이나 사업가, 교직자, 공직자 등은 아호를 작명하여 사용하는 것이 멋스럽고 자연스러워 좋을 것이다. 남자나 여자나 모두 학문과 덕행이 높아지고 자기 일에 뜻을 이룬 사람이 되면 호를 얻는데 남자는 '호' 혹은 '아호(雅號)'가 주어지고 여자에게는 '당호(堂號)'가 주어지는 경우도 있다.

2) 성명학의 현황과 제이론

(1) 현황

현재 우리나라에서 널리 쓰이고 성명학을 소개하는 책자의 대부분은 웅기건옹(熊岐健翁)의 삼재와 수리오행을 활용한 81 영동수를 주체로 하고, 여기에 다른 이론을 첨가한 것으로 정리할 수 있다.

(2) 제이론(諸理論)

1 삼재(三才), 사격(四格) 및 오격(五格)

삼재란 하늘, 땅, 사람[天地人]을 말하며, 천격(天格)은 조상, 부모, 상사, 남편 등 윗사람으로 보며, 인격(人格)은 본인이며, 지격(地格)은 아내, 자식, 부하직원 등 아랫사람으로 본다.

① 삼재는 성명자(姓名字)의 획수로 계산한다.

천격은 성(姓)의 획수와 가성인 태극수 1수를 합한 수이다. 이자 성

(二字姓)인 경우에는 가성수 1을 합하지 않고 성(姓) 두 자를 합한 수로 천격을 삼는다. 단 이자 성이며 삼자 명(三字名)인 경우에는 성자(姓字) 위에 가성수 1을 사용한다. 지격은 명자(名字, 이름자) 상하를 합한 획수이며 원격(元格)이라고도 한다. 일자 성(姓), 일자 명(名)인 경우에는 이름 아래에 가성수 1자를 붙여 이름자와 합한다. 인격은 성자(姓字)와 명자(名字) 위의 글자를 합한 획수며 형격(亨格)이라고도 한다.

② 사격(四格)

사격이란 원격(元格), 형격(亨格), 이격(利格), 정격(正格)을 말한다. 원격은 지격(地格)과 동일하다. 즉 이름의 두 자를 합한 수이며 1~15세까지의 운을 뜻한다. 형격은 인격(人格)과 같으며 이름의 첫 자와 성을 합친 획수이며 16~35세의 운을 뜻한다. 이격은 성자와 이름 끝 자의 합수를 말하며 36~50세까지의 운을 뜻한다. 정격은 성과 이름의 총수를 합한 수를 말하며 51세~말년(末年)의 운을 뜻한다. 천격의 수리로는 길흉을 따지지는 않으나 인격의 수리와 어떤 관계인지를 파악하는 참고로 쓰는 것이 타당하다.

예 1)

천격 **김**

인격

영

지격

희

총격

삼원

* 성이 일원이요,
* 성자의 획수와 이름 윗자의 획수를 합한 수를 이원(二元)
* 이름자 두 자의 획수를 합한 수를 삼원(三元)이라 한다.

예 2)

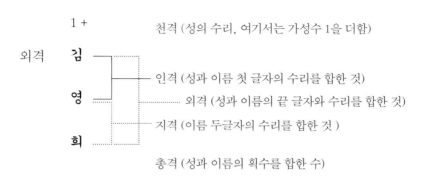

1 +　　　　천격 (성의 수리, 여기서는 가성수 1을 더함)

외격　김

　　　　인격 (성과 이름 첫 글자의 수리를 합한 것)

영　　　　외격 (성과 이름의 끝 글자와 수리를 합한 것)

　　　　지격 (이름 두글자의 수리를 합한 것)

희

　　　　총격 (성과 이름의 획수를 합한 수)

외격을 구사함에 있어서 실제는 가성수 1과 이름 아랫자를 합한 외격을 쓰지 않고 성자와 이름 아랫자를 합한 외격이 적중률이 높다 하여 대부분 사용되고 있다. 복잡한 가성수보다 편리할 것이다.

③ 오격(五格)

오격이란 천격, 인격, 지격, 외격, 총격을 말한다. 천격(天格)은 성(姓)의 수리이며, 인격(人格)은 성과 이름 첫 글자의 수리를 합한 것이며, 지격(地格)은 이름 두 글자를, 외격(外格)은 성과 이름의 끝 글자를, 총격(總格)은 성과 이름의 획수를 모두 합한 수이다.

- 예 2)와 같이 오격으로 분리된 것은 성(姓) 위에 선천수인 가성수 1을 하나 더 보태어 한 것인데 이는 웅기건옹(熊琦健翁)이 이론을 만들 때 대체로 2자로 되어 있는 일본인의 성을 기준으로 하여 세운 이론이기에 우리나라 현실에서 적용하기에 무리가 있다. 같은 연유로 사격으로 분리시킨 것 또한 한국인의 성명에 맞도록 변형된 것으로 본다.

2 81 영동수(靈動數) 이론

시중의 많은 서적의 서술 방법이 조금씩 다르기는 하나 그 뜻은 모두가 비슷하다. 즉 사격(원, 형, 이, 정)을 구분해서 81 수리를 가지고 다루는 것이다. 81수가 나온 배경으로 하도 낙서와 《주역》의 원리에서라고 하는 것들이 대부분인데, 실제 그 이론의 근거는 희박하며 논리적 근거가 미약하다는 것이 오늘날 전문가들의 분석이다. 굳이 배경을 따진다면 남송(南宋), 채침의 《홍범황극 내편》의 '81수원도'에서 한자의 획수에 따른 흉을 설명한 것인데 주역의 8x8=64괘의 방법을 모방하여 낙서를 기본으로 한 9x9=81의 수리 체계를 만들었다고 보고 있다. 채침의 81원도는 1의 1-1. 1-2… 로 시작하여 1-9로부터 9-1, 9-9까지 종횡으로 배열하여 길흉 수를 정한 것이다. 웅기옹의 81수는 1-1에서 9-9까지의 81개의 수를 말하는 것이지 1에서부터 81까지 연결된 수를 말하는 것이 아니어서 10, 20, 30, 40, 50, 60, 70, 80의 10수 8개가 빠져 있어 채침의 '81수원도'와도 사실은 맞지 않는다.

3 사주학의 십신 육친론 적용 및 육수법

십신 육친론은 사주명리학에서 오행의 상생, 상극작용으로 도출되는 비겁, 인성, 관성, 재성, 식상의 원리에서 나온 이론인데, 사주학에서는 일주의 천간인 본인 '나'를 중심으로 다른 간지와의 생극 관계의 응용을 해내는 데 비하여, 성명학에서는 태어난 지지 오행을 중심으로 하여 이를 '음 오행'으로 바꾸어 대입하여 나타냈을 때의 생극작용으로 육친을 응용하고 있어 이는 사주학의 초기 단계였던 당나라 시대에 유행했던 당사주(唐四柱)만큼의 논리와 추론도 되지 않는다. 즉 1차원적인 사주학의 수준을 가지고 응용한 이론이라 볼 수 있다.

육수(六獸)의 적용 또한 주역의 육효(六爻) 점복에 활용되는 것을 응용한 것인데, 배치상 분배의 원리와도 어긋나며 현실적으로 무리한 이론의 적용이라 볼 수 있다.

[4] 수리법(數理法)

수리라 함은 성자(姓字)의 획수와 이름 석자의 획수를 계산하여 원형이정(元亨利貞)으로 구분하여 조직되어 있음을 말하고, 삼원오행(三元五行)은 성(姓)이 일원(一元), 성자(姓字)의 획수와 이름 윗자[上字]의 획수를 합한 수를 이원(二元)이라 하며, 작명 시 본인의 사주팔자와 조화가 잘되는 수리를 택하고 다음으로 음오행(音五行)과 삼원오행(三元五行), 그리고 음양과 자원오행(字源五行)의 조화가 잘되는 방향으로 작명을 하는 이론이다.

한자(漢字)의 획수를 계산하는 방법은 필획법과 원획법이 있다. 필획법은 획수 그대로 계산하는 방식이고, 원획법은 원래의 뜻을 찾아 계산하는 방식이다. 부수를 찾은 다음 숫자의 '일'은 1획, '이'는 2획, 그러나 '십'을 넘으면 본래의 획수대로 계산해서 '백'은 6획, '천'은 3획, '만'은 15획으로 한다.

3) 성명학의 방향

(1) 작명의 결론

① 동양에서의 작명은 일단 사주명리학에 익숙한 사람이 작명 당사자의 사주상 용신과 희신, 기신 등을 정확히 알아야 한다. 음양의 적용 또한 용신과 희신에 따라 적용되어야 하는데, 어원으로 본 음양오행이 있으니 참고로 하여 정명 획수의 모두가 음 또는 양으로 하는 것을 피해야 할 것이다. 일반 성명 획수의 오행은 사주에 따라서 합당

하게 적용한다.

② 오행의 상생 상극 문제는 원칙적으로 신경 쓰지 않는다.

③ 음오행(音五行)은 한자와 한글에 모두 적용되므로 참고하고 음령(音靈)은 어떤 소리든지 간에 좋은 파장이 필요하며 매우 중요하다. 자오행(字五行)은 한자에만 가능하며 한글은 표음문자라 적용되지 않는다.

④ 일반적으로 듣기 좋고 부르기 좋고 뜻이 좋다거나 본인에게 의미가 있는 작명이 필요하다. 너무 어렵지 않고 안정성이 있게 보이는 그런 작명이 좋은 작명이 될 것이다.

⑤ 집안에 항렬(行列)이 있는 경우 일반적으로는 오행의 상생 관계에 의해 작명이 된다. 이 경우에도 사주상의 희용신 이론이 가장 우선되어야 하며 부차적으로 음오행과 자오행 등을 감안하면 될 것이다.

2) 한글 이름 작명

요즈음은 예쁜 한글 이름을 선호하여 작명하는 사람들이 많이 늘어나는 추세이다. 옛날과 다르게 한자를 이해하지 못하는 세대이고 발음 자체에서 느끼는 이미지상의 중요성을 고려한다면 또 권장할 만한 일이다. 한글이 처음 창제되었을 때의 명칭을 훈민정음(訓民正音)이라 했다. 백성을 가르치는 바른 소리란 뜻이다. 바른 소리란 자연의 소리란 뜻이다.

바르다[正]는 것은 자연의 원리를 기초로 하여 하늘의 28수 별자리, 음양오행, 역(易), 기본수 10의 개념을 사용하여 소리의 특성에 맞도록 창조된 자연성의 글자를 뜻한다. 즉 소리[音]는 자연의 성질에 따라 합리적으로 구성되어야 한다는 뜻이다.

물은 높은 곳에서 낮은 곳으로 흘러가는 도중에 처음부터 끝까지 순서에 따라 한 덩어리를 이루고 흘러간다. 이러한 모양처럼 글자도 표기하는 순서와 소리하는 순서로 서로 일치하기 때문에 쓰여 있는 대로 소리를 내고, 소리 나는 대로 표기하기에 소리글자라 한다. 그러므로 '정음(正音)'은 발음하는 모양에 따라 자연의 성질을 그대로 응용하여 만들어진 '자연의 바른 소리'라는 뜻이며 이와 같은 훈민정음의 글자를 다듬어 정리한 것이 우리의 한글이다.

한글은 우리 민족의 글인 동시에 하나를 상징하는 큰 글자를 뜻하고 자연의 성질을 본떠 만든 것이다. 주체와 객체를 분명히 구별하면서도 주체와 객체가 함께 어울려 보편성과 종합성을 포괄적으로 나타내고 있음으로 표현 방식은 간단명료하고, 내용은 풍부하고 다양하여 복잡한 자연현상을 글자로써 나타낼 수 있는 것이다. 한글의 특성은 훈민정음 28자 가운데서 4자를 덜고 나머지 24글자를 기본으로 삼아 만들어진 자연의 글자이다.

24는 1년 24절기와 1일 동안에 일어나는 24시간 사이에 자연현상의 변화를 수의 개념 속에 전부 포함시켜 나타낸 것이다. 그것은 8방과 8괘의 입체 작용에 의해 구체적이고 현실적인 생명의 성질로서 존재하게 된다.

24자는 홀소리(모음) 10자와 닿소리(자음) 14자로 구분한다. 홀소리 10자는 역, 오행, 수의 뜻을 담고 있으며, 닿소리 14자는 9와 5를 포함한 뜻이다. 9는 'ㄱ'에서부터 아홉 번째 'ㅈ'까지 기본 글자의 성질과 작용의 한계를 9성(九星)과 9궁(九宮)의 의미로 표현하고, 5는 열 번째 'ㅊ'부터 열네 번째 'ㅎ'까지의 거센소리이며 오행의 변화에서 센소리의 성질을 의미한다. 9는 생명이 존재하는 자연수의 세계이며, 5는 생명이 존재할 수 있는 기본 세계의 생수(生數) 단계에 속한다.

한글은 닿소리와 홀소리의 두 성질로 구성되는 바 닿소리는 개체의 변화를 일으키고 홀소리는 변화를 종합하여 하나의 의미를 생성하는 역할을 한다. 그러므로 두 성질의 글자를 따로따로 분리하여 글자를 만들지 못하고 두 성질이 결합된 후에 어휘가 이루어진다. 따라서 한글 이름에 있어서 서술적 표현은 자연의 현상을 비슷하게 나타낼 수 있음으로 생동감이 있고 어미의 변화가 다양하지만, 자연의 이치를 본떠서 음양의 입체성을 체계적으로 구성하여 창제한 것이므로 간명하고 흐트러짐이 없는 것이다. 한글 이름의 작명 또한 그러한 기본에서 작명되어야 할 것이다.

기학적인 입장에서 '생성철학'을 주장한 우암 김경탁 선생(1906-1970)은 생성철학의 입장에서 한글의 창제 원리를 해석하였다.

우암은 기운을 가장 중요한 생성(生成)으로 보고신체의 발성기관에서 나오는 모든 소리를 생성자로 보았다.

"생명의 힘인 '기(氣)'가 그저 순수 동작으로 다만 움직이고만 있는 생성의 '상(象)'이라면 모르겠지만 적어도 우리가 들을 수 있는 소리로 생성하려고 하면 어떤 한 점의 공간을 차지하지 않으면 안 된다. 이 점이 즉 • 인 것이다. 이 • 소리는 목청을 진동시키고 나와 움추려지는 혀의 공간에서 생성된다. 그러므로 이 생성자인 • 소리는 시공을 점유하게 된다. 소리는 가만히 있는 존재가 아니요 항상 움직이고 있는 생성자이다. 모든 움직이는 생성자는 자기 자신 속에 대대성(對待性)을 내포하고 있으므로 자기 자신을 부정하고 자기 자신이 아닌 다른 것으로 된다. 소리는 소리가 아닌 것으로 생성된다. 즉 자기와 대대성을 가진 물건으로 된다. 그러므로 신축성을 가진 • 소리는 그것과 대대성을 가진 다른 소리로 된다. 즉 광평성을 가진 ㅡ 와 신장성을 가진 ㅣ 소리로 된다. 그러므로 한 개의 생성자는 그와 한 가지로 대대성을 가진 대상자가 두 개 이상을 가질 수가 있다." (훈민정음을 통하여 본 생성철학 중에서)

더 많은 사람이 아름답고 훌륭한 자연의 소리 작명을 하여 밝고 개운이 활짝 열린 삶을 즐기기를 바란다.

한글 글자의 오행 표시

ㄱ, ㅋ= 목(木)

ㄴ, ㄷ, ㄹ, ㅌ= 화(火)

ㅇ, ㅎ= 토(土)

ㅅ, ㅈ, ㅊ= 금(金)

ㅁ, ㅂ= 수(水)

4. 아호(雅號) 작호

1) 아호의 중요성과 작호의 배경

(1) 이규보(李奎報)의 《백운거사 어록》에 다음과 같은 내용이 나온다.

1 소처이호(所處以號)

생활하고 있거나 인연이 있는 처소로 호를 삼는 것

2 소지이호(所志以號)

이루어진 뜻이나 이루고자 하는 뜻으로 호를 삼는 것

3 소우이호(所遇以號)

처한 환경이나 여건을 호로 삼는 것

4 소축이호(所蓄以號)

간직하고 있는 것 가운데 특히 좋아하는 것으로 호를 삼는 것

고려 시대의 시인이자 철학자인 이규보는 백운거사, 삼혹호선생(三酷好先生), 지지헌(止止軒), 사가재(四可齋), 자오당(自娛堂), 남헌장로(南軒丈老)라는 여섯 개의 호를 가졌다.

흔히 사주는 '선천운'으로 바꿀 수 없지만, 후천인 이름은 몇 번이라도 바꿀 수 있다고 하며 필요할 시 개명 또한 필요하다고 한다. 그러나 이름이 흉명인 것을 알더라도 한 번 정해진 이름을 개명한다는 것은 말이 그렇지 상당히 힘들 수 있고 또 많은 혼란을 가져다줄 수 있다. 또 개명한 이름이 반드시 개운을 하여 준다는 보장도 없지 않은가. 더욱이 개명은 법적으로도 까다로운 절차를 거쳐야 하는 번거로움이 있다.

필자는 이 점에서 아호(雅號)나 당호(堂號)를 권하고 있다. 약관의 나이 20세가 지나면 상대방의 이름과 인격을 존중하는 의미에서 예부터 성인(成人)의 이름 부르기를 피하는 풍속에서 나왔다.

더욱이 현대에서는 인구의 폭발적 증가로 동명이인이 너무 많고 유독 한글 이름에서는 그것이 더하여 본명과는 별도인 '호'를 가짐으로써 개성이 다른 자신의 차별화를 할 수 있기에 그 중요성과 필요성이 더욱 강조되고 있다. 또한, 김소월, 박목월, 김삿갓 등과 같이 호를 성자(姓字)와 붙여 호를 이름자와 같이 사용하면 여유로운 생활과 격조를 높이고 동료, 친지, 그리고 선후배 그 이상 스승까지도 거리낌 없이 점잖고 친근하게 부를 수 있음으로 아호를 사용하는 것이 인격 도야의 측면에서도 보람되고 가치 있는 일이 될 것이다.

더욱이 입지(立志)인 30세, 불혹(不惑)인 40세를 지나 지천명(知天命)인 50세 이후에 지위와 돈을 갖고 있으면서도 아호가 없다면 좀 부끄러운 일이 될 것이다. 그만큼 각박하게 살아왔다는 것이다. 불혹의 나이가 지나면 자호(自號)가 되든 친구나 웃어른 또는 스승이나 전문가가 지어주는 증호(贈號)가 되던 작호(作號)를 하여 사용하는 것이 좋다.

타인이 호를 부를 때는 상대를 존경한다는 뜻에서 칭호(稱號)하여야 하며, 선생이라는 존칭을 부치기도 하는데 의례적으로 그리해 온 것 같다. 상황에 맞추어 칭호하면 될 것이다.

성명이 운에 미치는 영향이 약 10% 정도라는 것을 언급하였는데, 이 중 성명과 아호의 비율은 견해가 많으나 그것은 아호의 호불호와 본인의 사주나 명리와의 호불호 등과 청년기, 장년기, 노년기에 따라 다르며 출세(出世)하여 공인이 되는 시기적인 측면 등에 따라 다를 것이다.

2) 작호 시의 유의사항

① 본명(이름)에는 선대(先代)의 함자를 절대 사용하지 않는 것이 불문율이듯이 인연 있는 선인이나 선배가 사용했던 아호는 예의상 쓰지 않아야 한다.
② 너무 어려운 난자(難字)나 벽자(僻字)를 피하고 쉬운 글자를 쓰는 것이 좋다.
③ 글자의 뜻이 좋아야 하고 고상하여야 한다.
④ 부르기(음령)가 좋고 싫증이 나지 않아야 한다.
⑤ 자기의 현 위치와 환경, 직업에 알맞게 작호 한다.
⑥ 반대로 자기를 비하하는 식의 저속한 작호는 안 된다.
⑦ 성명학의 운기의 흐름에 맞추어 작호 한다.

부모가 분가하여 일가를 이룬 자녀들을 부를 때도 그렇고, 스승이나 윗사람이 제자나 아랫사람을 부를 때도 그렇고, 선후배와 동료 사이에서도 아호를 상호 부르면 매우 멋스럽고 우아하기까지 하다. 익숙지 않는 것은 그렇게 할 여유와 상황이 없었고 해보지 않아서이다. 그 '아호'가 본인의 사주 용 · 희신에 잘 맞추어져 있고 부르기 좋고, 뜻이 깃들고, 현대적 감각까지 가졌다면 더욱더 좋을 것이다.

옛날에는 아호를 증정하는 의식은 매우 큰 기쁨의 행사였다. 지금도 로터리클럽 등이나 멋스러운 단체에서는 아호 증정 날 잔치를 한다고 들었다. 필자 역시 작호를 해줄 때는 파티로 축하하며 모두 즐기고 있다. 이런 행사를 통해 또 다른 형태의 파티 문화 등이 정착되는 것 또한 바람직하다 본다.

3) 작호 방법과 이론

시중에 성명학에 관련된 서적은 난무하나 '아호'에 관계된 책은 사실상 희소하다. 그만큼 자료가 빈약하다는 얘기다. 필자 역시 이 점에 있어 항상 답답함과 갈증을 느끼고 있다. 기회만 되면 축적하고 모은 자료로 집필에 대한 바람이 있지만, 천학비재한 탓에 아직 기회를 갖지 못하고 있다. 아호 작명법의 여러 이론에도 불구하고 요약하여 현실적인 몇 가지를 소개한다.

(1) 사주명리학적인 방법

① 성(姓)은 무관하다.
② 사주의 용·희신을 적용하여 음령 및 자원을 보완하여 쓴다. 가장 이상적인 방법이다.
③ 음양, 수리를 적용한다.

(2) 수리작호법(數理法)

① 성(姓)은 무관하다.
② 음양오행 및 상생오행
③ 81 영동수의 적용

(3) 성자 합간법(姓字 合看法)

① 성(姓)과 합간(함께 봄을 의미)을 함께 본다.
② 일반적 작명 방법을 대입, 음양오행, 삼원오행, 역상(易象)을 적용한다.
③ 사주의 평가는 하지 않는다.

(4) 소지법(所志法)

① 성(姓)은 무관하다.

② 발음오행과 음양 조화 또한 자유롭다.

③ 희망, 직업 등을 고려한다.

(5) 성명 합간법(姓名 合看法)

① 아호를 성(姓)과 연결하여 명(名)과 결부시키게 되며 사주까지 연관 조화시킨다.

② 수리, 음양, 삼원오행, 자원오행의 원리를 기본으로 한다.

③ 사주의 용 · 희신 등은 불요하며 태어난 생년만 활용된다.

그 외 하락이수(河洛理數)나 주자식(朱子式) 등의 여러 이론이 있다. 상기의 이론 외에 모름지기 작호(作號)는 직관과 다양한 사회적인 경험이 활용될 때에 좋은 아호가 탄생된다고 확신한다.

5. 현재 가장 많이 사용되는 이름

1) 국내 (중앙일보, 2018.10~2019.3 자료: 대법원)

[TOP 20 아기 이름 인기 순위]

출생자 현황 * 단위: %(출생아 이름 비율)

남자(8만 6,620명)		순위	여자(8만 1,726명)	
명	이름		이름	명
7.61	서준	1	지안	7.7
7.21	하준	2	하은	6.35
6.89	시우	3	하윤	6.11
6.73	도윤	4	서아	6.05
6.03	은우	5	서윤	5.55
5.47	예우	6	수아	5.46
5.39	민준	7	하린	5.37
4.75	지호	8	지우	5.19
4.64	유준	9	지유	5.15
	주원	10	시아	
	우진	11	지아	
	진우	12	다은	
	지후	13	서연	
	선우	14	소율	
	수호, 이준	15	나은	
	준우	16	유주	
	시윤	17	서현	
	건우	18	아린	
	서진	19	예나, 윤서	
	윤우	20		

2) 시대별 인기 이름

남자

년도 / 순위	1940	1950	1960	1970	1980	1990	2000	2010
1	영수	영수	영수	정훈	지훈	지훈	민준	민준
2	영호	영철	성호	성호	정훈	동현	현우	서준
3	영식	영호	영호	성훈	성민	현우	지훈	예준

여자

년도 / 순위	1940	1950	1960	1970	1980	1990	2000	2010
1	영자	영숙	미숙	은주	지혜	유진	유진	서연
2	정자	정숙	미경	은정	지영	민지	서연	서윤
3	순자	순자	영숙	미경	혜진	지은	수빈	서현

3) 2019년 아기 이름 인기 순위

남자	순위	여자
서준	1	지안
하준	2	지아
도윤	3	하윤
은우	4	서윤
시우	5	하린
지호	6	하은
예준	7	서연
유준	8	수아
주원	9	지우
민준	10	지유

4) 2020년도 이름 순위

남자	순위	여자
도윤	1	서아
서준	2	하윤
하준	3	지안
은우	4	서윤
시우	5	하은
이준	6	아린
지호	7	하린
예준	8	아윤
유준	9	지우
건우	10	수아
수호	11	지아
주원	12	시아
도현	13	나은
민준	14	지유
연우	15	서연
이안	16	유나
선우	17	서우
준우	18	예나
우진	19	다은
서진	20	하율
윤우	21	예린
시윤	22	유주
로운	23	소율
지후	24	이서
우주	25	다인

남자	순위	여자
지안	26	서현
현우	27	서하
도하	28	윤아
준서	29	윤서
지훈	30	채아
서우	31	주아
이든	32	채원
지한	33	소윤
이현	34	나윤
다온	35	예서
은호	36	리아
정우	37	서율
유찬	38	아인
하진	39	다온
시온	40	세아
하온	41	지윤
지우	41	민서
하민	43	채은
시안	44	시은
주안	45	로아
시현	46	재이
한결	47	은서
승우	48	태리
시후	49	다윤
도율	50	지율

5) 2021년도 이름 순위

남자	순위	여자
서준	1	이서
시우	2	서아
이준	3	하윤
도윤	4	지안
은우	5	지아
하준	6	지우
건우	7	아린
수호	8	하은
유준	9	아윤
지호	10	나은
예준	11	시아
주원	12	서윤
이안	13	수아
도현	14	유나
서진	15	지유
민준	16	서우
로운	17	소율
우진	18	하린
준우	19	서연
연우	20	하율
시윤	21	예나
우주	22	서하
이든	23	유주
지후	24	소윤
서우	25	다인

남자	순위	여자
윤우	26	예린
정우	27	윤아
선우	28	리아
준서	29	다은
이현	30	아인
지안	31	나윤
현우	32	주아
시온	33	세아
지우	34	설아
지훈	35	로아
율	36	채아
승우	37	시은
도하	38	하연
다온	39	다현
지한	40	서율
하온	41	다온
하진	41	채원
라온	43	윤서
태오	44	서현
도겸	45	유하
시안	46	재이
로이	47	소이
한결	48	하영
민재	49	민서
주안	50	지윤

제6부

관상학(觀相學)

1. 머리말

공자는 《주역》〈계사전〉에서 "근취저신 원취저물(近取渚身 遠取渚物)"이라 하며 우주 변화를 연구하는 방법을 제시했다. 우리가 만일 사물의 진실한 모습을 옳게 인식하고 정확히 판단하려면 외현된 형태적인 운동에서는 인식이나 판단의 자료만을 취하고 내장된 모습에서는 형이상학적인 운동의 본원을 찾아내야 한다는 것이다.

인간은 우주와 같은 소우주의 운동을 할 뿐 아니라 우주에 비해서 천지인의 형신(形神)이 작으므로 그 우주 안에서 동하는 정신의 운동 상태가 그의 육체나 육체적인 행동에서 명백하게 나타나는 것이다. 그러므로 천지간 만물지중에서 이것만큼 더 적합한 것이 없다. 이것이 '관상(觀相)'이다.

이제는 기업에서도 '블라인드 채용법'을 적용하고 있다. 법의 옳고 그름의 호불호(好不好)를 떠나서 사람을 보는 지혜를 키워야 할 때다. 기업의 입장에서 사람의 채용이 얼마만큼 중요하며 기업의 운명까지 좌우할 수 있다는 중요성에 대해 새삼스럽게 논할 필요가 없다. 이 법안의 시행을 다른 측면에서 보면 사람을 판단하는 인사의 기준과 도구가 줄어들었다는 것을 또한 의미하는 것이다.

그 누구라도 그 사람의 태어난 출신 지역과 부모와 가족의 교육 수준, 직업관, 재산, 신체적 조건, 혼인 여부 등의 이력을 보고 인성과 적합 여부를 판단한 경우가 많았을 것이다. 법의 취지를 이해하면서도 일수차천(一手遮天), 곧 한 손바닥으로 하늘 가리기 같은 느낌을 왠지 지울 수가 없다. 최첨단의 과학과 인공지능이 성행하는 현대에서도 국내외 기업 다수가 관상학을 활용하고 있는 사실도 이를 말하며, 실제 일본의 히타치 그룹의 직계인 과학기기 메이커인 일제산학(日製産學) 같은 회사에서는 관상학을 도입한 '사원상'을 데이터 하여 놓고 활용하고 있다고 한다. 기업이나 공사 조직에서는 더욱더 사람을 뽑는 지혜가 필요할 때다. 외양이 내면을 투영시키는 관상과 그 근거와 뒷받침해 주는 사주 등의 역학, 관명운기학(觀命運氣學)이 한 방편이 될 것을 확신한다.

실제 관상학은 동서양을 막론하고 상당 부분은 지배자가 신하를 고를 때 '주로 배신하지 않는 충실한 신하'를 구하는 방어적 기법, 즉 내가 다치지 않게 남의 얼굴을 보아서 구별하려는 의도가 태생적으로 있는 학문이다. 몇백 년, 몇천 년 전의 이론들로 현대에 그대로 적용하려는 무지한 사람들도 있지만, 오늘날 유행되는 이미지나 외모 가꾸기에 휘둘려 그 중요한 인사(人事)를 범하는 우(愚)를 범하지는 않아야 한다. 오히려 그것을 관(貫)하는 직감과 지인지감(知人之鑑)을 발휘하여 사람을 보는 안목과 지혜를 넓혀야 한다. 정기신(精氣神)을 살펴야 하고 적어도 자기와 조직에 해(害)가 되지 않는 사람을 구하는 것이 관상의 큰 비결 중 하나이다. 평생을 사업에 몸담았던 사람이 알려주는 비결이다.

2. 관상학이란

일반적으로 관상(面相)은 얼굴이라는 현상(現象)을 통해서 그 사람의 심상(心相)을 읽는 데 그 목적이 있다. 흔히 관상이 좋으면 인상(人相)도 좋은 것이 아닌지 하는 의문을 가지나 그것은 아니다. 인상은 그냥 보이는 것일 뿐이다. 마음을 감싸고 있는 기(氣) 생체학적으로는 심장을 감싸고 있는 기운을 심포(心包)라고 하며, 그 기운은 천성불개(天性不改)다. 즉 노력하면 바뀌는 것처럼 착각하거나 숨길 수 있을지 모르지만, 그 이치를 공부한 사람의 눈에는 그 심기(心氣)가 기(氣)와 색(色)으로 얼굴에 나타나 보인다.

쌍둥이는 사주상으로 구별이 불가능하나 관상은 두 사람의 인생을 구분할 수 있다. 안신(眼神, 눈빛)으로 정신과 기운의 차이를 구별할 수 있고 성상(聲相, 목소리) 또한 기운에 영향을 미친다. 인간이 분노하면 반드시 그 분노의 주체인 인체의 간기(肝氣)인 목기(木氣)가 흥분하고 있는 상(象)이 오행의 생극(生剋) 원리대로 얼굴에 나타난다. 소녀가 18세쯤에는 희소(喜笑)를 참지 못하는 것이나, 눈이 크다는 것은 목화(木火)의 기운이 너무 과항(過亢)하기 때문에 눈이 몸의 오장육부가 나타내는 기운을 잘 포장하지 못하고 있는 상(象)이다. 게다가 눈이 철출(凸出)까지 했다면 그것은 목화의 과항이 눈의 부위까지 움직여 놓았다는 상이 되어 그 성품이나 행동은 자연히 부동(浮動)하게 됨으로써 단정을 기하기 어렵고 또한 수명에도 지대한 영향을 미치게 된다. 처음에는 목극토(木剋土), 화극금(火剋金) 하던 것이 결과적으로 화모수(火侮水)로 변하여서 신명의 본원까지 흔들어 놓게 되는 것이다. 그러나 눈이 적당히 들어가게 되면 정중(正中)을 얻게 되어 행동의 폭이 넓고 결심도 비교적 강하다. 또한, 어떤 사람이 손톱이 연령에 비해 너무 두껍다고 한다면 그것은 바로 비폐지기(脾肺之氣)가 너무 왕성하여서 금극목(金克木)과 토모목

(土侮木)을 하고 있다는 상으로 나타난 것이고, 반대로 너무 엷다고 한다면 그것은 간기(肝氣)가 너무 강하여서 목극토(木剋土), 목모금(木侮金)을 하고 있다는 것이 상으로 나타난 것을 의미하는 것이다. 상(相) 없는 형(形)이란 있을 수가 없다. 그러므로 인간은 말 없는 형체와 능히 의사소통이 가능한 것이다.

상(象)이란 것은 징조와 기미다. 기(氣)의 움직임이 있으면 반드시 혼연히 기미가 나타나며 심장의 열량이 먼저 움직이고, 이것이 안면의 피부에까지 작용하여 기분(氣分)이 좋다는 징조의 상이 나타나는 것이다. 이 기와 색을 살피는 것이 기찰(氣察)이라 하며 일명 찰색(察色)이라고도 한다. 나쁜 생각을 많이 하는 사람은 그 기운이 외부로 드러나게 되며, 이것을 관찰하는 것이 '관상'이라고 하는 것도 같은 맥락이다.

우리가 사물의 형상(形狀)을 보고 저 사람 하는 '꼴'을 보라 하는 것과 사물의 동작인 '상(象)'을 보고 저 사람 '하는 짓'을 보라 하는 것도 역시 같은 맥락이다. 일물(一物)이 있으면 반드시 일상(一狀)과 일상(一象)이 있다.

원래 상(相)은 돕는다는 뜻이며 왕을 보필하는 정승을 뜻한다. 인(寅) 신(申) 사(巳) 해(亥)를 자(子) 오(午) 묘(卯) 유(酉)의 상(相)이라 하는 것은 바로 '인신사해'의 도움을 받아 '자오묘유'가 사시(四時)를 주재한다는 뜻이다. 모든 형(形)은 금(金)과 수(水)의 제압을 받음으로써 이루어지는 것이다.

한편 서양에서는 라바터(Johann Casper Lavater, 1740~1801)가 "보이지 않는 것을 보이는 것으로 꿰뚫어 보고 조율하려 한다." "관상이야말로 자연에 기반을 둔 진정한 과학이다."라고 한 것이나, 메스머(Franz

Anton Mesmer, 1734~1815)가 "관상학은 곧 자연의 언어이고 본질"이라 한 것도 절대적인 본질을 뜻하며, 사람 내면의 선과 악은 그대로 외양에 드러나므로 인간의 본질을 꿰뚫기 위해서는 인간의 모습 그대로를 고찰해야 한다는 주장이다. 당시의 사조였던 겉치레, 화장 등이 가져올 수 있는 오류를 죽이자는 것에서 시작하여 신의 언어인 관상을 통해 본질을 파악하자는 것이었다. 비록 형을 통한 본질의 파악이라는 한계가 있지만, 그 사조의 바탕에는 개인주의의 경향이 대두하고 라이프니츠의 '단자론'의 개념이 깔려 있다. 서양 또한 징조와 기미를 통한 관찰을 강조한 것이다.

우주의 모든 변화는 '운'과 '기'의 승부 작용에 의해서 이루어지는 것이다. 현실 세계에서 이루어지는 모든 삶은 그 변화 상태가 측량할 수 없을 정도로 잡다하다 하더라도 '상'의 기미를 잘 관찰할 줄 아는 사람에게는 장중지물(掌中之物)에 불과하다. 이것을 신비로 생각하는 것은 총명과 관찰력이 불급한 사람에게만 있을 수 있는 환상이 될 것이다. 만일 형(形)이 인간의 감각에 쉽게 느낄 수 있는 것이라면 상(象)은 일반적 인간, 즉 명(明)을 잃은 인간이나 자연법칙을 관찰할 줄 모르는 사람에게 인식되기 어려운 무형(無形)을 말하는 것이다.

세속적인 사회생활과 사욕으로 어두워진 근시안적인 사람의 이목에만 상은 무형으로 나타나는 것일 뿐이다. 형에서 상을 찾으려고 하지도 못하고 또 그 법칙을 공부하려고 하지 않는 사람에게는 그 기미와 징조를 기찰할 수 있는 정령과 능력을 주지 않는 것이다.

3. 동양의 관상학

1) 역사

동양의 관상학은 황제 시대 의학서인《영추경》에 뿌리를 두고 있으나 문헌상으로는 중국 동주 시대(BC 771~BC 221, 춘추전국 시대)에 내사 벼슬을 한 숙복이 처음으로 상법(相法)을 엮었다 하며 숙복의 뒤를 이어 진(晋)나라의 고포자경이 공자의 어릴 때 상을 보고 대성인이 될 것을 예언했다고 한다.

"머리 가운데가 오목하게 패이고 머리 주위는 볼록하게 나왔구나. 오목한 구공 공(孔)에 볼록할 언덕 구(丘) 이름을 너에게 주겠노라." 그러고는 "눈썹에 열두 광채가 서려 있고 몸에 아흔아홉 가지의 위표가 있으니 훗날 반드시 대성인이 될 것이다(眉有十二釵光 有四十九表 後日必是大聖之格)."라고 하였다. 고포자경은 골상(骨相)을 중히 여겼다 한다.

초나라의 당거는 기색을 보는 법을 고안하였다 하며, 남북조 시대에 인도에서 달마가 중국으로 들어와 선불교를 일으키며《달마상법》을 전하였다. 그 후 수, 당과 오대십국을 거치며 송나라 초기에 마의도사(麻衣道士)가《마의상법(麻衣相法)》을 남겼으며, 여동빈, 일행선사 등 관상학의 뛰어난 술사들이 부침하였다.

우리나라에는 신라 선덕여왕 때 승려들이 중국을 왕래하면서《달마상법》과《마의상법》을 가져와 시작하였다는 것이 정설이다. 고려 말에는 승려 혜징이 이성계의 상을 본 것이 알려진 얘기이며, 조선 세조 때는 영통사의 도승이 재상 한명회의 상을 본 얘기들이 전해진다. 이는 우리나라 관상학의 역사는 불교의 전통 위에서 꽃이 피었음을 보여 주고 있다.

일본에는 백제 때 전해졌다는 것이 정설이며, 미즈노 남보쿠(水野南北,1757~?)가 일본 상법의 성전이라는 《남북상법》을 출간하였다. 《남북상법》에는 얼굴은 물론 골격을 보는 방법과 기색을 보는 방법 등을 기술하였다. 명대(明代)에는 영락황제가 원충철에 질문한 백 가지 문답 내용을 수록한 《유장상법(柳莊相法)》 등 여러 이론들이 전해져 오며 오늘날에 이르고 있는 큰 흐름을 형성하고 있다.

2) 관상학의 고전들

(1) 《달마상법(達磨相法)》

불교적 관점에서 수행을 할 수 있는 적격자인지를 판단하는 관점에서 사람의 상을 보는 관점 중 가장 중요한 곳을 신(神, 눈빛)에 두고 있다. 제1편의 상주신(相主神) 편은 상의 주인은 마음을 지배하는 신(神)이라는 것이다. 좋은 눈[神, 눈빛]의 종류를 7가지로 나누었다.

1 장불회(藏不晦)

눈빛이 잘 감추어 있으면서 어둡지 않아야 한다. 어두운 사람은 신(神)이 없다.

2 안불우(安不愚)

눈빛이 편안하데 멍청하지 말아야 한다. 눈동자가 편안한 자는 동요가 없고 멍청한 자는 변통을 못 한다. 편안하지만 어리석지 않아야 한다.

3 발불로(發不露)

눈빛을 발산하되 흘리지 말아야 한다. 드러내는 자는 경망스럽다.

즉 빛을 내는데 경박하지 않아야 한다.

4 청불고(淸不枯)

눈빛이 맑으나 메마르지 않아야 한다. 맑은 자는 신이 풍족하고 메마른 자는 신이 죽어 있는 것이다. 즉 맑은 가운데 말라 죽지 않아야 한다.

5 화불약(和不弱)

눈빛이 온화하지만 약하지 않아야 한다. 온화한 자는 친화적이고 약한 자는 눌리기 쉽다. 즉 온화하지만 약하지 않아야 한다.

6 노부쟁(怒不爭)

눈빛이 노하되 싸우지는 말아야 한다. 노하는 것은 기를 바로 쓰는 것이고 다투는 자는 기를 배설하는 것이다. 즉 화난 듯하지만 다투는 건 아니다.

7 강불고(剛不孤)

눈빛이 굳세어야 하지만 너무 강해서 따돌림을 당할 정도가 되면 안 된다. 즉 굳세지만 외로운 것은 좋지 않다.

또한, 눈의 신기를 보는 7가지 방법은 다음과 같다.

1 수이정(秀而正)

눈빛이 빼어나고 눈동자가 바르게 있어야 한다.

2 세이정(細而正)

눈이 가늘면서 길지 않으면 잔 재주꾼이고, 눈이 길면서 가늘지 않으면 나쁘다.

3 정이출(定而出)

드러내지 않는다는 것은 좋으나 신기가 없으면 어리석은 사람이다.

4 출이입(出而入)

신기가 나온다면 거둬들여야 한다. 거두어들이지 못하는 사람은 방탕한 사람이다.

5 상하불백(上下不白)

눈의 윗부분에 흰자가 많으면 이기적이고, 아랫부분에 흰자가 많으면 형벌이 생긴다.

6 시구불탈(視久不脫)

오랫동안 쳐다봐도 눈빛이 변하지 않으면 신기가 충만한 것이다.

7 우변불모(遇變不眊)

변화가 있어도 눈빛이 흐르지 않는 것은 신기를 기르는 바가 있다.

송대(宋代) 초기에《달마상법》이《마의상법》에 추가로 실리면서《마의상법》과《달마상법》은 2대 상법전(相法典)이 되었다.

(2)《**마의상법(麻衣相法)**》

송(宋) 때, 구전으로 전해오던 마의 선생의 관상학을《자미두수》의 저자로 알려진 제자 진박이 체계적으로 저술한 책이다. 골간을 위주로 한 도가(道家)나 불가(佛家)의 시각에서 바라본 관상학이라 볼 수 있다.

(3) 《**유장상법(柳莊相法)**》

명(明)의 영락제(1402년 즉위) 때, 원공의 아들 원충철이 정리한 총 42개의 비결을 쓴 관상학 책이다. 영락제와의 문답 100가지를 수록한 원본은 상 · 중 · 하로 나누어 상권은 사람의 귀천과 궁통을 알 수 있고, 중권은 당년의 길흉화복을 알 수 있으며, 하권은 미래의 '왕상휴수'와 자손의 성쇠를 알 수 있다. 《유장상법》은 유가적 입장에서 누가 대권을 잡을 것인가, 배신하지 않을 상인지 또는 처세에 필요한 용도의 관상학 책이라 볼 수 있다.

(4) 그 밖에도 《상리형진(相理衎眞)》(진담야, 清末), 《면상비급》, 《남북상법》 등의 저서들이 있다.

3) 동양 관상학의 특성

동양 관상학의 이론적 근거는 음양오행상의 바탕 위에 서 있다. 운명학적 바탕은 천성불개(天性不改)이다. 즉 운명은 바꿀 수 없다는 것이 운명학적 정설이나 그래도 가장 가능한 부분이 인상학이고 기(氣)의 훈련과 특별한 노력 없이 운기를 받는 것이 가능한 것이 풍수와 작명의 영역일 것이다. 그중에서 관상은 노력과 의지에 의한 변상(變相)으로 바뀔 수가 있는 부분이 상당 있다고 보는 것이다. 성명쌍수(性命雙修), 즉 성(性)과 명(命)을 갈고닦아 선천을 후천의 수신으로 변화시키는 데 있다는 것이다.

미국의 철학자 윌리엄 제임스(William James)는 "마음이 생각을 조절하고, 생각이 언어를 조절하고, 언어가 행동을 만들고, 행동이 습관을 들이며, 습관이 인격을 형성하고, 인격이 운명을 결정한다."라고 말했다.

이와 같은 맥락으로 노력과 의지로 행동하면 짧게는 3일, 길게는 3대에 걸쳐 운명이 바뀔 수가 있다. 마음을 비우면 3일 만에라도 안색과 눈빛이 변할 수 있다는 말이다. 변상은 타고난 관상을 바꾼다는 뜻이다.

열자는 호자를 스승으로 모시고 있었다. 그러던 어느 날 계함이라는 무당을 만나게 되었는데, 곧 그에게 심취하고 말았다. 계함은 관상을 보고 생사화복과 수명을 정확히 맞추는 재주가 있었다. 그 모습을 보고 스승보다 도력이 높다고 생각했다.

열자는 호자 앞에서 계함의 칭찬을 한바탕 늘어놓자 호자는 그 무당을 데려와 자신의 관상을 보게 하라고 말했다. 신이 난 열자는 당장 달려가 계함을 데려왔다. 하지만 스승 호자는 실제로 막강한 내공을 자랑하는 인물이었다. 자신의 관상을 보려고 온 계함 앞에서 호자는 마음대로 죽은 사람의 상과 산 사람의 상을 넘나들었다. 마지막에는 텅 비어 있는 현묘한 환상을 보여 주자 이를 본 계함은 혼비백산하여 도망쳐 버렸다.

영(靈)이 맑고 불교에서 말하는 삼독오욕(三毒五慾)을 이겨내는 사람이거나 도(道)를 이룬 사람들의 내면은 맑고 깊으며, 눈빛 또한 흔들리지 않고 고요하며 그래서 그들의 안색 또한 그러하다. 이러한 경지에 이르지 못한 보통의 사람들도 노력과 의지로 관상이 일정 부분 바뀔 수 있다. 운명 또한 자신이 어쩔 수 없는 운명은 인정하더라도 본인의 노력과 의지로 바꿀 수가 있는 것이다. 그것을 수치상으로 80 대 20이니, 60 대 40이니 하는 것은 의미가 없다. 그 또한 사람의 타고난 천성과 후천의 노력과 의지의 강약이라든지, 더 크게는 업(業)의 문제에까지 귀착되므로 그렇게 단순한 문제가 아니다. 그것보다는 일정 부분 노력과 의지에 의하여 바뀔 수 있고 그러한 마음을 가진다는 것이 중요한 것이다.

'천성불개'란 바탕을 가진 동양의 관상학이 여의길상(如意吉祥)과 '진

인사대천명'이란 인간의 노력과 의지에 그 마음을 열도록 하는 유연성과 여유의 특성을 보여 주고 있는 것이다.

동양의 관상학은 누가 대권을 잡아 왕조를 세울 인물인지를 살펴보는 '제왕학'이었다. 또한, 민심을 얻기 위한 도구로도 활용되었고, 또 어떤 사람이 충신과 반역의 상(相)인지를 살피는 도구이기도 하였기에 일반인이 이를 배우고 퍼트리는 것을 매우 엄격하게 다스렸다. 서양에서도 이러한 경향이 역시 있었고 또 법으로 금한 시기도 있었지만, 동양은 그 강도와 근본적인 자세가 훨씬 더 엄격하였다.

10세기 중반부터 노골화된 서양의 중국 침략 이후, 극심한 사회적 혼란과 왕조의 멸망으로 황제나 귀족의 전유물이었던 관상학을 비롯한 사주학, 천문학 등의 유사 학문이 일시에 쏟아져 나오며 학문적 근거가 취약한 시술가들에 의해 많은 부분 미신으로까지 전락하였다. 한국 역시 대한제국의 몰락 이후, 궁중과 국가 행사에 머물던 이러한 학문과 이를 취급하던 관청들의 몰락으로 이론의 발달은커녕 퇴화의 길을 걸으며 탑골공원, 점술집 등에서와 함께 점복을 다루는 사람들에 의해 유지되었다 해도 과언이 아닐 것이다.

그 후 서양에서 유입된 점성술 내지 유사 술학과 미용, 성형 등의 범람으로 더욱 복잡한 양상을 보이고 있다. 최근 블라인드 법안의 시행으로 이미지를 중시한 주변 과학의 장점과 퍼포먼스 등도 현대에서 나름의 정체성이 있지만 '드러낸 상'을 보고 인간 내면의 상을 짚어 본다는 관상 본래의 중요성과 정체성의 회복을 하는 계기가 될 수도 있다고 본다.

전 세계를 광풍처럼 휩쓸고 있는 코로나 팬데믹(COVID-19 pandemic) 아래서 필수품이 된 마스크는 한편으로 상대방을 파악할 수 있는 인상조차도 이제 일반인에게는 더욱더 어렵게 만들었다. 인간의 역사상 이보다 더한 역병과 고난도 이겨낸 여러 정황들을 보면 팬데믹이야 머잖아 당연히 잡힐 것이다. 하지만 한 번 길들인 마스크의 용도는 많은 사람들에게 아마도 오랫동안 여러 용도로 친숙해지며 많은 다른 활용이 이루어질 것이다. 사람에게 느끼는 첫 전달력이 얼마나 우리의 삶에서 중요한가는 새삼스레 언급하지 않더라도 상대방을 인상이나 면상으로 재빨리 파악하며 느끼는 기초적인 정보로서 정치나 사업에서 혹은 여러 인연의 장을 여는 데 활용하는 것은 당연한 일이었다. 그러나 마스크를 쓴 현 상황에서는 혼란스러운 것들이 당연히 있을 것이다. 더욱이 이마는 보톡스 등으로 주름을 제거하고 눈썹은 문신으로 대체하며 쌍꺼풀 수술을 하였을 경우는 더욱더 그러할 것이다. 동서양의 관상학에서 가장 중요한 것은 눈빛, 즉 신(神)이다. 눈빛은 쉽게 바꾸어 지는 것이 아니다. 눈은 마음의 창이라고 모두가 말해 왔음을 알 것이다. 마음의 창을 통해 상대방을 보고 아는 훈련이 필요한 시대이다.

4. 서양의 관상학

1) 머리말(관상학의 탄생)

관상학을 영어로 physiognomy고 하는데 이는 physis(자연), monis(법칙), gnamon(판단 혹은 해석), 즉 Law of nature(자연의 법칙, 본질)의 해석을 의미하며 외양이 내면을 투영한다는 말이다.

우리는 흔히 관상학을 얘기할 때 '서양에도 관상이 있어요?' 하는 말을 많이 듣는다. 서양에서 관상학은 매우 깊은 뿌리와 역사를 가지고 있다. 오히려 동양보다 더 다양한 이론들이 전개된 부분도 있으며, 그 체계화의 역사는 사실상 동양을 앞설 수 있다고 본다. 다만 기(氣)의 흐름을 신

(神)에서 찾으며 마음의 흐름까지 외면을 통해 내면을 해석하며 기색을 통해 기미와 징조에 접근한 동양권의 그 지혜와 자유로움을 넘기에는 외면의 해석에 중점을 두며 해부학이란 과학과의 연계를 주장한 서양과는 그 접근 방법이 달랐을 뿐이다. 물론 서양에서도 플레몬이 눈의 중요성을 강조하며 이론을 폈지만 역시 표피의 탐색에 그치고 말았다.

서양의 관상학을 주도한 학자들은 역사상 최고의 수학자, 의학자, 과학자들이었다. 6세기의 피타고라스는 흔히 관상학을 창시한 사람이라고 전해진다. 그는 친구를 사귀거나 제자를 뽑을 때 관상을 살폈다는 일화가 있다. 갈레노스(Galenos, 고대 의학 철학자)는 히포크라테스가 창시자라고 주장하는데, 히포크라테스는 '상을 보다'라는 동사를 처음 사용하였다고 한다.

소크라테스와 플라톤 역시 관상학 자체의 신빙성에 대하여 긍정적인 태도를 취하였는데, 플라톤은 젊은이들에게 "매일 아침 거울을 보면서 자신의 내면이 얼마나 성숙해졌는가를 알기 위해 외모의 변화를 확인하라."라고 충고하였다는 것이다.

아리스토텔레스는 《관상학》이란 책을 통하여 다양한 동물과 인간을 비교하여 신체의 특성과 성품을 물상형(物象形, 동물형)을 강조하였고, 그의 관상학 개념은 그 후 유럽 관상의 기본이 되었다.

(1) 그리스

서양 관상학의 탄생은 BC 2000년경 메소포타미아 유역에서 일종의 점을 치는 것과 같은 예언적 성격으로 출발한 것으로 당시의 유적들에 새겨진 서판으로 이를 추정하고 있다. 고대 메소포타미아 문명에서 나타난 예언적 관상은 서양 역사를 관통하는 관상학의 한 축을 이루게 되며, 이

후 그리스 시대의 분석적 관상학이 출현하면서 서양의 관상학을 '예언과 분석'이라는 두 축으로 나누게 된다. 예언적 관상학이 미래 지향적이고 개인적인 성격을 지녔지만, 성격 분석적 관상은 현재나 과거를 중심으로 다분히 사회적인 목적과 기능을 품고 있는 것이었다.

이후 점성술이 가미되면서 예언적 관상학은 중세를 풍미하지만, 과학 혁명과 더불어 급격히 쇠퇴하게 되고 분석적 관상학은 그 후로도 오래 살아남게 된다. 하지만 그 생명을 유지하기 위해 변화하는 문화적 맥락 속에서 끊임없는 탈바꿈을 해야만 하였다.

그리스에서 관상학은 관상학이 운명을 점치는 '사제의 영역'에서 과학이 분리되어 나왔음을 사실적으로 보여 주는 것으로, 신의 뜻을 매개한다는 추상적 연결고리를 걷어내고 그 자리에 인간의, 과학자의 합리적 추론이 자리하는 것으로 보여 주고 있다. 아리스토텔레스가 용맹과 같은 이상화된 덕성을 매우 강조한 데 비하여 17세기 관상서에서는 배신에 대한 내용을 많이 다루고, 19세기 관상서에서는 탐욕이나 방탕이 자주 언급되었다.

고대 그리스에서 평등과 자유를 누리는 유일한 존재란 그리스 남자였다. "세 가지는 행운이다. 네가 짐승이 아닌 사람으로 태어난 것, 여자가 아닌 남자로 태어난 것, 그리고 야만인이 아니라 그리스인으로 태어난 것"이라는 그리스 시대의 격언은 그 같은 사실을 잘 나타낸다. 아리스토텔레스는 암컷들이란 "모두 진지하지 못하고 좀 더 양순하고, 더욱 쉽게 길들여지고, 좀 더 쉽게 다룰 수 있다."라며 신체의 특징 때문에 "위풍당당하기보다는 남을 즐겁게 해주기에 알맞다."라고 말한다.

실제로 이방의 세계를 야만의 사회로, 짐승들의 사회로 보는 시각을 비단 그리스만이 아닌 고대 사회의 어디서든 흔히 일어났다. 그리고 먼 곳의 사람들의 모습에 동물의 이미지를 부여한 이 전통은 최근까지도 서양 역사에서 지속되는 현상이었다. 이른바 신대륙의 발견이라고 불린 아메리카 대륙의 정복 과정에서 그리고 19세기 유럽의 제국주의의 물결 속에서, 그리고 수많은 다른 문화 간의 조우에서 반복적으로 나타났던 경향이었다. 십자군 전쟁에 참전한 유럽인들은 교황으로부터 이슬람교도들을 살해해도 좋다는 비밀공작원에게나 줄 만한 일종의 '살인 허가'를 받고 떠난다. 그들에게 비기독교인들은 사람이 아니라 짐승에 가깝기 때문에 마음대로 죽일 수 있고 그것에 대한 죄의식이나 책임을 지지 않아도 된다는 논리였다.

(2) 로마(Roma)의 관상학

로마 시대에 들어서(BC 2세기경) 관상학에서는 예언적 관상학이 부활하였다. 천문학에 바탕을 둔 개인적 미래와 국사의 향방을 점치는 점성가들에 의해서였다. 관상학에 점성술이 본격적으로 가미되기 시작하는 것은 클라우디우스 프톨레마이오스(100~178년경) 이후로 본다.

이 점성학적 관상학은 프톨레마이오스의 우주관이 확고한 위치를 차지했던 중세에 특히 확고한 지위를 누리게 되었으며, 의학 분야와 깊은 관계를 맺으며 발전하게 되었다. 그 후 AD 2세기경 폴레몬이 당시의 관상학을 집대성한 저서를 완성하는데 아리스토텔레스류의 관상학에 그 기본적인 틀을 두고 있지만, 여러 가지 면에서 로마 특유의 실용성을 나타내는 것이었다.

폴레몬은 관상에서 가장 중요한 표지로 눈을 강조한다. 그의 주장은 그 후 관상학에서 매우 큰 원칙으로 자리하게 된다. 눈에는 움직임과 색깔, 밝음, 크기, 질감, 습도, 돌출 정도, 모양, 바라보는 방향과 같은 것들이 판단의 측도들이다. 그러나 그의 관상학은 대중들에게 보편적인 기초 지식을 전달하는 것이 아니라 당시 정치 지도자들의 관상을 중점적으로 연구하는 데 초점이 맞춰져 있었다. 따라서 그의 관상학은 황제를 비롯한 권력자 개인의 이익에 맞추게 되어 객관성을 잃는 경우도 많았다.

그가 가장 중시한 눈에 대한 기술을 보면, "눈에 관하여 말하자면 맑고 빛나는 사람은 특별히 몸의 다른 부분이 나쁘지만 않다면 아주 좋은 사람임을 나타내지만… 이런 눈은 하드리아누스 황제의 눈을 예로 들 수 있는데 빛나고, 촉촉하며, 날카롭고, 크면서도 밝음으로 가득하다."라고 적혀 있다. 눈이 몸에서 가장 중요한 관상의 표지임을 강조한 폴레몬이 자신이 모시고 있는 황제의 눈을 가장 바람직한 예로 든다는 것은 황제의 지위를 한껏 고양시키는 효과를 노리는 것이다.

한편 점성학적 관상학이 로마 사회에서 주류를 이루고 있었다 할지라도 아리스토텔레스 관상학의 전통 역시 꾸준히 계승되고 있었다. 이는 황제에 대한 관상을 널리 알리는 일에는 개인적 성향이 강한 예언적 관상보다 사회성이 강한 분석적 관상학이 공동의 코드를 만들어 내는데 훨씬 유용하였기 때문이다.

고대 관상학의 영향을 가장 많이 수용한 부분은 의학 분야이다. 히포크라테스는 의학의 영역에서 미신이나 마술을 배제해야 한다고 역설하며 경험을 토대로 한 의학 체계를 세웠다. 따라서 그가 적용한 관상학은 예언적인 관상학이 아니라 철저히 분석적 관상학의 전통에 따른 것이었다. 그의 임상 기록은 그가 환자의 질병을 파악하는데 체액설(humora theory)에 더하여 분석적 관상학의 원칙들을 적용하였음을 보여 준다.

사람의 겉모습은 건강 상태를 측정하는 가장 확실한 징후 가운데 하나였다. 여기서 관상과 의학의 결합이 생기는 것이다. 히포크라테스 이후의 서양 고대의 대표적인 의학자인 갈레노스(129~200년경)는 마르쿠스

아우렐리우스 황제 등의 주치의였으며 고대 의학을 집대성한 사람이다. 그는 고대 그리스의 체액설을 발전시켜 4체액의 분포에 따라 인간을 크게 네 부류(다혈질, 담즙질, 점액질, 우울질)로 나누었다. 이후 이 분류에 따라 의학에서 관상학이 발전하게 되어 중세에서는 생김새로 체질을 판단하는 것이 매우 중요하고 강조되었다. 질병이라는 것이 인간의 역사에서 변함없는 골칫거리였기 때문에 의학 분야에서 나타난 관상학은 기타 관상학이 부침을 겪는 변화 속에서도 쇠퇴하지 않고 지속되는 경향을 보인다. 특히 갈레노스의 체액설이 확고한 자리매김을 하게 된 중세에서는 체액설과 점성학이 결합하면서 의학 분야의 관상학은 일상생활에 깊숙이 파고들어 공고한 영역을 구축하였다.

(3) 중세의 관상학

여기서 말하는 중세의 관상학은 11세기 이후를 말한다. 로마제국 붕괴 이후에는 문헌도 지극히 제한적이다. 중세의 특징인 물질적, 도덕적, 불안감으로 인하여 그들은 그리스, 로마의 전통에 아라비아의 지적 전통도 가미된 고대 문화에 엄청난 지적인 권위를 부여하였다. 이런 흐름 속에서 관상에 관한 고대 지식들도 상당 부분 가톨릭 신학의 한 부분으로 편입되었고 교회는 이를 활용하였다. 관상학에 관심이 있던 학자들은 성서의 구절 가운데 관상학과 관련이 있을 만한 구절들을 찾아내어 이 학문이 하느님에 의해 창조된 것으로 해석하고자 하였고, 이는 수상학(手相學) 분야도 마찬가지였다.

이 시대 관상학의 가장 큰 특징으로는 우선 아리스토텔레스 관상학의 원칙이었던 동물과의 비교가 크게 위축된 점이다. 이런 변화는 기독교가 인간과 동물을 비교하거나 인간에게 동물의 상징을 쓰는 것이 금기시되었기 때문이었다.

공식적으로 점성학이 유럽에 다시 나타난 것은 12세기 이후였다. 고대 천문학의 결정체인 프톨레마이오스의 《테트라비블로스(Tetrabiblos)》는 1138년에 번역되었다. 별자리에 대한 신비감과 별과 사람의 운명을 연결시키는 경향은 어느 문명권에서나 존재한 것으로 기독교가 완전히 쓸어 없앨 수 있는 종류의 것이 아니기 때문이다.

프톨레마이오스의 우주관과 천체에 대한 아리스토텔레스의 합리적인 개념은 기독교 사상과 타협하면서 그 위치를 확립해 나갔다. 아퀴나스와 같은 학자도 판별점성학(judicial Astrology)을 받아들였다. 이런 사회 분위기 속에서 신비론자들이 많이 출현했고, 그 가운데 유명한 인물은 아그리파(Cornelius Agrippa, 1486~1535)였다. 신성 로마 제국의 황제 막시밀리안 1세의 비서였으며 성서학(聖書學) 교수를 지낸 사람이기도 하다.

그의 책 《신비학(Books of occult Philosophy or Masic)》은 점성학적 관상학의 기본 개념을 이루는 상응 원리를 선명하게 보여 준다. 모든 사물은 별도의 작용과 속성들을 받아들이고 궁극적으로 별들에게 속한다. 이것은 행성을 일종의 생명체로 보는 것으로 행성이 우주의 모든 힘을 이끌어 간다는 점성학의 원칙을 확인하는 것이다.

14세기 영국에 나타난 초서(Geoffrey Chaucer)의 《캔터베리 이야기(The Canterbury Tales)》와 같은 문헌은 점성학적 관상학의 영향을 곳곳에서 드러내고 있는 좋은 본보기이다. 점성학적 관상학은 곧 수상학이나 이마를 통해 보는 관상인 'Metoposcopy', '신체의 점을 통해 보는 관상'과 같이 다양한 분파를 낳았다.

중세 관상학은 시시각각 변하는 감정보다 변하지 않는 성품과 운명을 강조하였기 때문에 사람의 생김새는 변하지 않는 본질을 투영하는 도덕적 가치 판단의 준거가 될 수 있다. 따라서 사람의 외모는 매우 중요한 것으로 특히 그의 성격을 나타낼 수 있는 부분들은 강조되어야 했다. 이런 현상을 잘 나타내 주는 사례로는 성화나 성상 같은 시각적 상징물을 들 수 있다. 따라서 성화는 중세 사람들이 공통적으로 인지할 수 있는 거룩함이 묘사되어야 하였다. 생김새가 곧 그 사람의 본질이기 때문에 외양은 인공적으로 꾸며서는 안 되는 것이었다. 중세 기독교 교부들은 "화장이란 신의 창조 위업을 모독하는 행위이다." 또는 "자연의 아름다움을 손상시키는 것이다."라면서 여성의 미용이나 몸단장을 몹시 비난하였다. 따라서 여성의 화장, 면사포, 금은보석, 머리 장식, 머리 염색 등을 악마적 유혹의 소산이라고 비난하는 '화장 신학'이 탄생하게 되었다.

1530년대부터 프랑스에는 인체를 찬양하거나 풍자하는 블라종(blazon)이라는 형식의 시가 크게 유행하였다. 해부학적 블라종은 여인의 몸의 한 부분을 주제 삼아 쓰는 것으로 인체에 대한 관심, 해부학의 발달, 사실적 표현과 같은 르네상스의 새로운 경향이 중세의 육체관과 결합한 결정체라 볼 수 있다.

1536년의 시 〈귀부인의 꾸밈새(El costume de la donne)〉에서는 이상화된 여성의 신체 부분이 크기별로 구분되어 나열되기까지 한다.

- 세 가지는 길어야 한다: 머리카락, 손, 다리
- 세 가지는 아주 짧아야 한다: 치아, 귀, 유방
- 세 가지는 넓어야 한다: 이마, 상반신, 엉덩이
- 세 가지는 가늘어야 한다: 허리, 무릎, 여성의 성기
- 세 가지는 커야 한다: 귀, 팔, 넓적다리
- 세 가지는 가늘어야 한다: 눈썹, 손가락, 입술
- 세 가지는 둥글어야 한다: 목, 팔, 그리고…
- 세 가지는 작아야 한다: 입, 턱, 발
- 세 가지는 희어야 한다: 치아, 목젖, 손

- 세 가지는 붉어야 한다: 뺨, 입술, 우두
- 세 가지는 검어야 한다: 눈썹, 눈, 그리고…

세부적으로 보면 오늘날과도 거의 대동소이한 기준이다. 르네상스 시기에 이르면 관상은 전체적인 분위기와 아름다움을 추구하게 되고 '세부적인 완벽함을 질문하지 않는' 경향이 두드러지게 된다.

(4) 르네상스 시대의 관상학

중세의 삶을 규정짓는 궁극적 주체가 신이었다면 르네상스는 인간의 가치를 한껏 고양시켰다. 인간에 대한 새로운 인식은 이제 육체의 자유로움과 즐거움을 재발견하며 육체는 한껏 찬미되었다. 육체의 재발견은 분명 관상학에도 영향을 끼쳤다. 이 시기 관상학에서 나타난 가장 뚜렷한 변화는 누군가의 생김새를 읽을 때 관찰하는 초점이 변화하였다는 것이다.

중세의 관상학이 조각난 육체관을 드러내는 것이라면 16세기 이후 관상학에서는 중세의 전통을 계승하면서도 보는 초점이 고정된 신체와 각 부분의 모양과 빛깔이 아니라 신체의 움직임으로 이동하게 된다. 또한, 중세 관상에서 등한시되었던 감정(感情)이 중요한 요소로 등장하기도 한다. 이것은 기존 관상학이 고착적인 성품, 즉 천성(天性)만을 다루었던 데 비하여 순간순간 바뀌는 감정이 어떻게 표정으로 나타나는가를 파악해 보려는 것으로 관상 자체의 범주가 확대되는 것을 말한다.

1417년에 수사학자인 퀸틸리아누스(Marcus Fabius Quintilianus)의 《변사가의 훈육(Institutes of Oratory)》의 완본이 발견되면서 르네상스 시기에 제스처는 매우 중요한 요소로 떠올랐다. 제스처는 비단 의사소통의 수단일 뿐만 아니라 그 자체가 신분이나 계층을 나타낼 수 있는 코드였다. 즉 사람들의 야만스러움을 없애는 필수적인 문명화의 기제에서 한 단계 더 나아가 한 개인의 고상함을 드러내는 표지가 될 수 있었다는 이야기다. 르네상스 최대의 인문주의자로 일컫는 에라스무스는 단적으로 "잘 짜인 제스처는 자연스러운 기품을 더욱더 매력적으로 보이게 한다. 제스처로 신체적 결점을 완전히 제거할 수는 없는 경우라도 최소한 그것은 신체적 결점을 보이지 않도록 하거나 최소화시킨다."라고 하였다.

에라스무스를 필두로 이후의 저술들은 표정(expression)을 주목함으로써 타고난 성품과 감정이 무차별하게 함께 쓰이던 중세의 전통에서 벗어나 이제 감정(emotion)을 성격(charaactor)과 확연히 구분하기 시작하였다. 감정을 발견해 나가는 것은 고전의 재발견과 더불어 진행되었는데, 특히 가장 중요한 개념이 아리스토텔레스의 《시학》에 나오는 에토스(ethos)와 파토스(pathos)의 차이를 인식하는 것이었다. 여기서 '에토스'는 타고난 마음의 상태나 도덕적 자질과도 같은 사람의 본성을 이야기하는 것이고, '파토스'는 좀 더 일시적인 감정, 즉 외부의 영향을 받아 변할 수 있는 마음의 상태를 이야기한다.

르네상스 관상학에서는 과거 '에토스'만을 다루었던 것에 반하여 '파토스'도 중요한 것으로 평가하기 시작하였다. '보이는 것'이 그 사람의 가치 판단의 절대적인 척도가 커졌다. 이런 상황에서 개인 간에 서로 파악할 수 있는 기제들은 대부분 '겉으로 보이는' 것들이다.

이것은 현대 사회에서도 상당 부분 적용되는 것으로 별다른 정보가 없는 경우 '보이는 것'이 그 사람에 대한 가치 판단의 절대적인 척도가 된다는 것을 심리학자들은 증명하곤 한다. 그런데 르네상스 사회에서는 이 '보이는' 외모의 중요성이 엄청나게 커졌던 시기였다.

중세 문헌에서 지배자가 신하를 고를 때 고려해야 할 관상은 주로 배신하지 않을, 충실한 신하를 고르는 것이었다. 이것은 관상의 효용이 무척 방어적이라는 것을 시사한다. 내가 다치지 않기 위해서 남의 얼굴을 들여다보아야 하는 것이다. 그러나 르네상스 시기 외양은 이제 훨씬 더 적극적인 자기 정체성 형성이 수단으로 등장한다. 마키아벨리는 "군주는 앞에서 나타난 모든 성품을 실제 구비할 필요는 없지만, 구비한 것처럼 보이는 것은 반드시 필요하다."라고 했다.

따라서 르네상스 시대에는 자신의 신분이나 지위를 나타내는 외적 장치(personal front)는 더욱더 정교해지고 중요해진다. 신분적 위상을 유지하려는 욕구와 구별하려는 욕구는 상류 계층으로 하여금 외양을 훈련하고 매너를 가하게 하였다. 상류 계층이 되고자 부단히 노력해 가는 새로운 사회, 경제적 집단들은 이 코드들을 열심히 습득하였다. 당시의 기준으로 멋지게 보이는 것이 곧 자신이 상류 집단에 소속되어 있는 일종의 소속 기호이기 때문이다. 이는 현대에서도 같은 패턴의 풍조가 되풀이되고 있는 경향이다.

어떤 개인이 특정한 사회적 특색들을 가지고 있다면, 그는 다른 이들이 그에 합당한 방식으로 그를 대우해야 할 도덕적 권리를 갖게 되는 것이라는 결과를 노리는 것이다. 즉 사회적 상류층이 지배자로 대우받을 수 있는 섬세한 사회적 코드를 습득하는 것은 지배의 기술과 정당성으로 직접 연결된다는 것이다. 이와 같이 르네상스 시기의 관상학적 초점의 변화는 중세 말 이후 유럽 사회의 변화가 불러일으킨 것이었다.

(5) 17세기의 관상학

역사학자 에릭 홉스봄(E. J. Hobsbawm)은 '17세기의 일반적 위기'라는 개념을 제창하였다. 16세기의 호황에 이어 17세기는 경기 침체가 찾아왔고 혁명, 반란과 같은 사회적 혼란이 전 유럽에 걸쳐 집중적으로 발생했다는 것이다. 학자들은 인구의 감소 또는 침체, 그리고 흔히 소빙하기(小氷期, little Ice Age)라 불리는 기후 변화가 이런 혼란을 불러일으키는 한 요소로 작용했다고 보고 있다. 또한, 17세기에는 사이비 과학의 황금기라고 불린다. 이 시기는 이른바 '과학 혁명'이라 불리는 우주관의 전복이 시작될 조짐이 보이면서 기존의 과학을 둘러싼 논리와 응용이 총망라되어 생명을 지속해 보고자 최후의 기승을 부렸던 때였다.

17세기 유럽에서 이른바 과학적 기반을 갖추고 있다고 가장 확고하게 주장된 점복은 점성학이었다. 17세기의 대표적 관상학자인 샌더스(Richard Saunders)도 "어떤 점복도 점성학에 의해 뒷받침되지 않으면 믿을 수가 없다."라고 주장하였다. 이 당시 엘리트와 대중 모두에게 가장 광범위한 지지를 받고 있던 관상학은 수상학(手相學)이었다. 이론적 근거나 복잡성의 정도에서 엘리트의 수상학과 대중들의 수상학은 분명 차이가 있었다. 하지만 크게 보아 17세기 수상학의 원칙은 판별 점성학에 기초하고 있다는 공통점을 지닌다.

손바닥에 5개의 기본(감정선, 두뇌선, 생명선, 건강선, 운명선)을 가정한다. 이 밖에 손의 탄력성과 손목에 나타나는 선들이 기본 요소로 추가되는 예도 있었다. 또한, 손의 두께, 빛깔, 움직임과 손목 모양도 고려의 대상이 되었다. 판별 점성학의 연장선이었던 수상학에서 손은 곧 작은 우주를 상징하는데, 여기서 손의 각 부분은 당시 사람들이 알고 있던 7개의 행성(태양, 달, 수성, 금성, 화성, 목성, 토성)과 열두 개의 별자리로 대응되는 것이었다. 따라서 이들 별자리나 행성에 의해 지배받는 손은 특정 부위의 손금, 모양, 빛깔에 의해서 그들 별자리가 상징하는 사안을 풀이할 수 있다고 믿는 것이었다. 예를 들면 다음과 같은 것이다.

- 금성구가 부풀러 올라 있다면 사치스럽고 성적으로 방종한 사람이다.
- 오른손 태양구에 지그재그로 선이 나타난다면 기지가 뛰어난 사람이다.

17세기 수상학에서 샌더스는 최고의 권위자였다. 그가 집대성한 《수상학서》는 일종의 수상학 교과서이다. 920여 가지에 이르는 손금의 모양과 그에 따른 해석은 관상학적 성격 분석뿐 아니라 일종의 예언으로 당시 손금을 통해 사람들에게 전달되었다.

이 《수상학서》는 철저히 남성 위주로 서술된 것이어서 여성이 언급된다고 할지라도 결국 남성을 독자로 설정하고 쓰인 것이었다. 여성을 남성이 타락하게 하는 존재로 보았다. 특히 아내나 여자를 "본질적으로 창녀다."라고 서술하고 있는 내용과 호색, 불륜의 여성에 대한 내용이 많다는 것은 그 시대에 성도덕이 문란하였을 뿐만 아니라 그러한 파행적 성관계의 책임을 여성에게 돌리고 싶어 하는 남성들의 심리를 반영한다고 볼 수 있다.

- 태양구에 다른 구보다 많은 선이 나타났다면 편파적인 사람임을 나타내고 여성들로 인해 해를 입을 사람이다.
- 수성구에 이런 표지가 나타나면 본질적으로 창녀를 가리킨다.
- 금성구가 솟아 있고, 선들이 검지를 향해 뻗어가는 경우는 자기 남편보다 나은, 다른 여자의 남편을 사랑하는 여자이다.

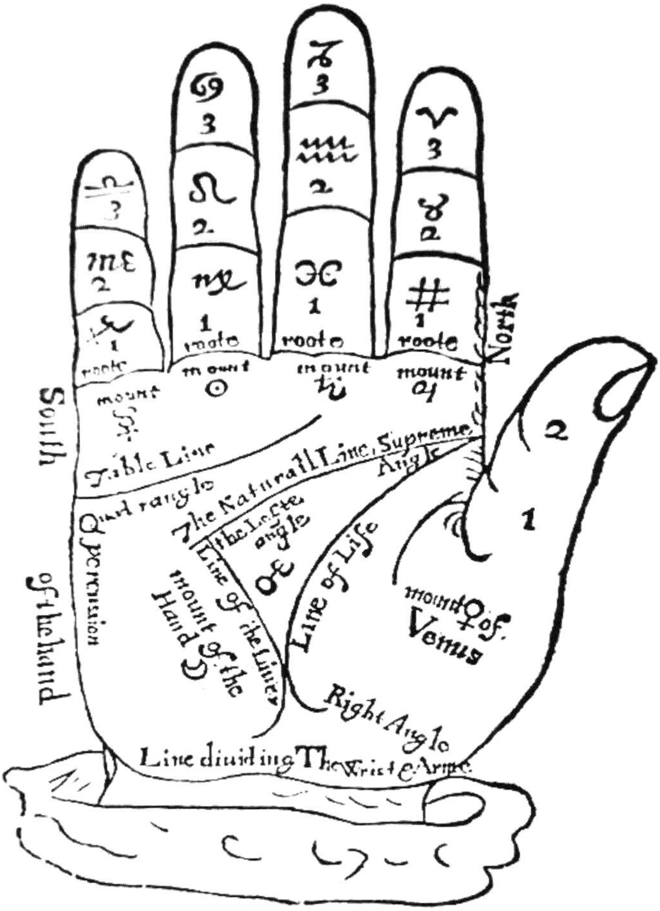

손의 각 부분이 어떤 천체를 나타내는가를 보여 주는 그림이다.

여성의 존재에서 긍정적인 의미를 부여하는 수상학적 예언이란, 오직 부정적인 아내라는 내용이나 여성이 남성에게 유산을 상속하는 경우이다. 특히 여성에게 유산을 받는다는 예언이 상당히 나타난다는 것은 여성을 가부장제에 묶어 두면서도 더불어 여성에게서 경제적 이익까지도 취하고 싶어 하는 일종의 '온달 콤플렉스'를 가진 남성의 이중적 열망을 반영한다.

17세기 관상의 주된 목적은 삶에 만연한 불행의 원인을 초자연적인 믿음 체계를 통해 나름대로 설명하거나 그것으로부터 벗어나려는 시도가 아니었다. 오직 관심사는 상대방에 대한 직관적 판단을 얻고자 하는 것이고, 이런 상황에서는 '장수를 누릴 것이다'와 같은 예언적 이야기 전개보다는 '이런 경향의 인물이다'라는 단정적인 판단적 내러티브가 더 지배적으로 나타나게 된다. 즉 내가 그와 인간관계를 맺으면서 알아야 하는, 주의해야만 하는 요소 풀이라는 것이다.

어떤 사람의 성향 자체에 초점을 두는 것이 아니라 그 성향으로 인하여 남이 받는 피해 또는 효과에 초점을 맞추고 있는 것임을 주목해야 한다. 이것은 당시 사회적 관계가 기본적으로 공격적이라기보다는 방어적이었음을 시사한다. 스톤(Lawrence Stone)은 "동료를 멀리하고 불신하는 것이 16세기 말에서 17세기 초에 만연한 사회 현상이었다."라고 말한다. 17세기의 일반적인 위기가 일상의 삶에서 나타나는 모습은, 이제 사람들은 그저 자신이 가진 것을 지키기에 급급하고 예전부터 알고 지내는 사람들마저도 의심하게 되는 것이었다.

그리고 관상학은 자신의 신분적 정체성 확립을 위하여 '보이는 코드'를 만들고 그를 활용하여 구별 짓기를 해나가는 것이 아닌, 적을 가려내기 위해 그 사람의 타고난 본질적인 성상을 파악해야만 하는 중압감으로 변질하여 버렸다.

(6) 과학 혁명과 관상학의 쇠퇴

르네상스 이후, 라바터(Lavater)가 등장하는 1780년대 이전까지 이 시대는 관상학에서 암흑시대라고 불릴 수 있는 시기였다. 특히 1750년대가 되면 지식인들 사이에 천문학이 가미된 전통적인 관상학들은 이미 한물간 구닥다리로 웃음거리가 되는 분위기였다.

한편 18세기 예술가들과 철학자들을 중심으로 과거 르 브룅(Charles Le Brun, 루이 14세 때의 화가, 미술 이론가) 등에 의해 발달되기 시작한 표정에 관한 연구를 좀 더 과학적으로 발전시키고자 하는 노력이 시도되었다. 하지만 표정과 사람의 감정 사이에 어떤 관계가 있는가를 찾고자 하던 이들의 연구는 전적으로 관상학의 영역이라기보다 의학이나 회화 기법의 차원에서 소수에게 공유되던 것으로 사회 전반에 전파되었던 것은 아니었다.

한편 16세기 후반에 시작되어 17세기 중엽 유럽의 지식인들 사이에 널리 퍼진 새로운 과학의 움직임은 기존 지식 체계의 거의 모든 것을 흔들어 놓았다. 코페르니쿠스, 케플러, 갈릴레오로 이어지는 새로운 천문학적 발견은 지구 중심의 천문학에 기반한 과거의 모든 과학적 사고의 대대적인 수정을 필요로 하는 변혁이었다. 따라서 천문학과 점성술 기반을 둔 전통적인 관상학은 그 기반을 잃게 되었다.

17세기 내내 지속된 유럽의 종교적, 정치적 혼란과 그 틈바구니에서 태동하기 시작한 새로운 권력 구도의 출현은 사람들이 감성을 내적 분열과 갈등상태에 놓이게 하였다. 이 시기에 나타난 '바로크'라 불리는 풍조는 이러한 불안감을 투영하는 사조로 모든 것을 극단적으로 변형시키는 것에 집착하는 듯 보인다.

르네상스기의 몸이 조화롭고 자연 그대로의 아름다움을 마음껏 뽐내는 것이었다면, 바로크 시대의 몸은 과장하고, 감추며, 조형해 나가는 것이었다. 따라서 이제 사람의 얼굴과 몸에서 본질적인 모습을 보는 것이 아닌 감추고 변형시켜 가는 '화장의 시대'가 도래한 것이다.

17세기 중엽 이후 화장은 결점의 수정 단계를 지나 화장 자체가 목적인, 얼굴의 본래 모습을 완전히 덮어 버리는 것으로 목적이 변절되어 갔다. 그 누구도 자신의 맨 얼굴을 드러내지 않았다. 이것은 변화하는 사회 속에서 자아에 대한 극도의 불안함을 투영하는 것이었다. 머리에 백분을 뒤집어쓰는 것이나 애교점(beauty spot)이나 가발을 쓰는 것 등의 유행이 과도하게 펴져 있었다.

영국의 의회에서는 1770년 화장한 모습에 끌려 결혼한 경우는 결혼을 무효로 하고 '향수, 의치, 가발, 에스파냐 양모, 철심, 후프, 하이힐 등'으로 상대를 유혹한 여성에게 마녀를 처벌하는 것과 같은 정도의 형벌을 내릴 수 있도록 하라는 법안이 통과되기도 하였다.

이 법안은 철없는 의원들에 의해 양산되는 오늘날의 악법이 그러하듯이 곧 무용지물이 되었지만, 오늘날 절대적으로 진리라 믿거나 정의 구현같이 요란하게 떠드는 많은 법안과 법률들을 만드는 사람들이 타산지석으로 삼아야 할 것이다.

18세기 프랑스를 중심으로 우아하게 외모를 꾸미는 일, 즉 몸치장이 사교계의 새로운 의식으로 자리 잡아갔다. 이 시대 궁정으로 대표되는 사교계의 의식과 에티켓은 절대적인 것이었다. 이런 사회에서 커뮤니케이션의 수단으로 등장한 '에티켓'은 그 사회의 구조와 관리 방식을 표면적으로 드러내는 일종의 상징적 표지였다. 에티켓은 의사소통 방법의 일부라기보다는 사회적 위치 그 자체가 될 수 있었다. 에티켓은 바로 왕을 대하는 방식이었고 동시에 자신보다 열등한 족속들과 구별하는 방식이었으며, 자신이 배타적인 집단에 속해 있을 수 있는 수단이었다.

궁전 문화는 이제 기계적 제스처와 엄격함만이 남은 곳이었다. 따라서 이러한 상황에서는 관상학의 본질에 입각한 본질과 외양의 연관 관계를 찾기가 어려워진다. 사람의 몸이라는 본질이 아닌 옷차림과 일정한 틀 속에서 짜인 몸짓 자체가 이미 본질에 가까운 의미를 획득하였기 때문이다. 이 시기 "일상의 삶에서 몸은 이제 마네킹이 되었다. 그 위에 걸치는 의상은 마치 무대 의상이나 마찬가지로 요란스러운 것이었다."

이런 와중에 부르주아들은 단순한 생활을 미덕으로 삼으면서 궁중의 복잡한 예법을 비난하기 시작한다. 가슴에서 우러나오는 감성을 중시하는 풍조는 정해진 규범에 얽매이기보다는 스스로의 의사를 존중한 개인주의라는 사조의 편을 들어주었다. 기품과 간소함을 좋아한 취향, 서정적이고 감성적인 섬세함을 좋아하는 새로운 경향이 나타난 것이다. 이런 상황에서 몸을 읽는데 겉치레가 아닌 본질을 보고자 하는 경향이 18세기 후반, 다시 맹렬히 자리를 찾고자 하였다.

(7) 라바터의 관상학

라바터(Johann Caspar Lavater)는 취리히 태생으로 목회자이며 교육자, 시인, 의사였다. 1772년 출판된 그의《관상학(von der phydiognomik)》은 관상학을 전 유럽에 보급하는 데 결정적인 역할을 하였고, 18세기 말의 최대의 베스트셀러였다.

라바터는 "더 많은 사람의 관상이 행해질수록 관상학은 더욱 과학적이고 정교하고 가르칠 만한 것이 된다. 더 많이 이루어질수록 과학 중의 과학이 되는 것이다."라고 하였다. 그는 기존의 관상학이 과학적으로 정확성이 결여된 것이라고 보고 관상을 보는 좀 더 정교한 기준을 부여하려 하였다. 라바터는 인간의 본성이 얼굴에 나타나 있음으로 범죄자를 구별할 때도 관상학을 사용하는 것이 합리적인 방법이라고 주장했다. 죄의 유무란 얼굴에 나타나므로 굳이 고문과 같이 가혹한 방법을 사용할 필요가 없다는 것이다.

이 범죄 관상학(Criminal Physiognomy)은 라바터의 계몽주의적 실천의 한 방편으로 고안된 것이다. 이는 19세기 중엽 롬부로소(Cesave Lambroso)가 제안하게 되는 관상을 통한 범죄자의 분류에 영향을 끼치는 것이다. 라바터 관상학에서 한 가지 주목할 점은 얼굴의 정적인 특징을 연구하는 관상학과 동적인 특징을 연구하는 '감정 표출학'을 구분하였다는 것이다.

이런 맥락에서 그는 움직이는 다른 요소들을 배제한 '실루엣 관상'을 높이 주창하였다. 이것은 그림자 관상이라고 부를 수 있는 것으로 그림자에 비친 턱선, 코의 모습과 두개골의 형상을 보는 것이다. 그림자는 표정이나 얼굴의 빛깔 등을 최대한 배제할 수 있기 때문에 사람의 본성을 그대로 드러낸다는 것이다.

그가 관상에서 표정을 배제한 이유는 표정이란 후천적인 것으로 본성을 투영하는 것이 아니라고 믿었기 때문이다. 하지만 그는 반복되는 정념의 기호가 영구히 얼굴에 남게 된다고 생각하였다. 즉 나이가 들면서 반복적인 표정에 따라 얼굴의 근육과 주름의 발달이 달라진다는 원리를 포용하는 것이었다.

표정을 만들어 내는 얼굴의 근육에 대한 연구가 1667년 르 브룅에 의해 처음으로 과학적으로 연구되기 시작한 이래, 19세기에 들어서 라바터의 인상학을 계승한 모로(L. J. Moreaude la Sarthe)를 비롯하여 많은 사람이 안면 근육의 움직임을 생리학적으로 주목하기 시작하였다. 특히 벨(Charles Bell)은 《표현의 해부학과 생리학》에서 안면 근육의 대부분이 표현을 위해 쓰이는 기계적 도구 또는 특별한 장치임을 주장하였다. 표정을 결정짓는 근육의 움직임에 대한 연구로 가장 널리 알려진 것은 1872년에 발표된 다윈(Charles Darwin)의 《인간과 동물의 감정 표현에 대하여(The Expression of Emotion in Man and Animals)》일 것이다. 그는 인간과 기타 하등 동물들이 특별한 감정에 따라 언제나 습관적으로 같은 움직임을 나타내는 경향이 있다고 주장하였다. 여기서 주목할 것은 후천적으로 습득된 행동이 대를 물려 전달된다는 진화의 원리이다.

이런 고찰이 가능했던 것은 18세기 후반부터 발달한 해부학의 영향 때문이다. 따라서 고대부터 사람들 사이에 공통적으로 인지되어온 '표정'이 이제 '근육의 움직임'이라는 생리학적 의미를 쓰고 설명될 수 있었던 것이다. 라바터는 과학을 "진실이나 지식이 정해진 원칙에 의해 설명될 때 그것은 과학적인 것이 된다. 그것이 단어나 문장, 법칙이나 정의 등으로 전달될 때 말이다."라고 정의한다.

그는 사람의 얼굴과 몸의 형태들 사이에 존재하는, 부인할 수 없는 차이점들이 특정한 성격, 표지나 표현으로 나타나는 것은 곧 관상이 과학임을 보여 주는 이치나 다름없다고 생각하였다. 라바터의 죽음과 함께 그의 열풍은 사라졌지만, 그 자리에 갈(Gall)의 골상학이 들어설 것을 마치 암시하고 있는 듯하다.

19세기에 선풍을 일으키게 된 '골상학'은 사실 라바터 관상학의 연장선에 놓인 것이었다. 특히 라바터가 관상의 주요 대상을 얼굴, 특히 두상으로 설정함으로써 두상을 주로 고찰하는 골상학이 등장할 수 있는 기반을 마련한 셈이다.

(8) 19세기 골상학

1791년 갈(Gall)이라는 빈의 저명한 의사가 뇌와 성격이 직접적인 관계가 있다는 개념에 기초한 골상학을 제창하였다. 그 후 갈의 제자였던 스푸르차임의 사후, 스코틀랜드의 변호사인 콤(George Combe)이 그 활동을 계속하였다.

1830년대 후반, 포(Edgar Allan Poe)는 "이제 아무도 골상학을 비웃지 않는다. 골상학은 과학의 황제로 간주된다. 그리고 과학으로서 골상학은 사고하는 존재에 대한 관심과 연결 지어볼 때 가장 중요한 과학이다."라고 말하였다.

아리스토텔레스는 정신이 심장에, 플라톤과 갈레노스는 뇌에 있다고 믿었고, 데카르트는 뇌를 정신과는 독립된 일종의 기계로 파악하였다. 그러나 18세기 의사들을 중심으로 데카르트에 반박하여 뇌와 마음이 연관되어 있다는 개념이 퍼져나갔던 것이다.

이처럼 골상학은 과학을 표방하고 있었기 때문에 19세기 초반에 골상학을 가장 강렬히 지지한 분야는 의학 분야였다. 그러나 골상학은 시작부터 신빙성에 대한 비판의 소리도 만만치 않았다. 이미 1820년부터 의학 잡지에는 골상학이 망상적이라는 비난이 실리기 시작했다. 그런데도 당대의 지성들 가운데 골상학을 신봉한 사람의 수는 헤아릴 수 없을 정도로 많았다. 당시 문화계의 중심을 이루던 대부분의 사람이 골상학을 배웠거나 언급하고 있다. 한편 골상학은 지문이 발견되기 전까지 가장 광범위하게 사용되던 범죄자 식별법이기도 하였다. 골상학은 또한 실제적인 해결책을 제시한다는 실용적인 측면도 가지고 있었다. 사람의 자질 가운데 어떤 부분이 부족하다고 판단되면 그 부분은 계속 강화하면 되기 때문이다. 골상학은 19세기를 이해하는 하나의 문화적인 뉘앙스로 보아야 한다.

19세기 말, 골상학은 급속한 쇠퇴를 경험한다. 쇠퇴의 가장 큰 요인은 새로운 과학적 발견 등을 들 수 있다. 19세기 중반에 이르자 신경학자와 해부학자들은 두뇌의 각 부분이 어떤 역할을 하는지 차츰 발견하기 시작했다. 예를 들어 1867년에 폴 부로카(Pierre Paul Broca)는 언어 능력을 담당하는 두뇌 부분이 눈의 뒤가 아니라 두뇌의 다른 부분, 즉 왼쪽 귀 뒤에 자리 잡고 있다는 사실을 증명하였다. 이것은 갈을 비롯한 골상학자들의 주장을 정면으로 반박하는 것이었고, 두뇌 모양의 크기가 그 사람의 지적인 능력이나 개성과 아무런 상관관계도 없다는 것이 새로운 과학 상식으로 대두된 것이다. 그러나 두개골의 모습, 나아가 겉으로 나타나는 생김새를 통해 사람들을 구별 지우고 나아가 차별과 박해의 정당성을 찾는 경향은 20세기에 부활하여 히틀러 등에 의해 인류의 역사에 어두운 긴 그림자를 드리우게 된다.

(9) 범죄 관상학(범법자와 관상)

동양 관상학에서의 범죄 관상학의 요체는 음양오행론과 찰색론이다. 서양 관상학의 영향을 가장 두드러지게 보여 주는 분야는 범죄학이다. 이는 분석적 관상학의 전통 위에 있는 것이었다. 최초의 범죄학자라고 불리는 델라 포르타(J.Baptiste della porte, 1472~1517)는 당대의 가장 유명한 관상가였다. 이탈리아의 범죄학자 롬브로소는 1876년 《범죄자론(L'umo Delinquentes)》을 통해 범죄의 원인을 신체적 특성과 결합시키는 '범죄인류학'을 탄생하였다.

한편 1921년 독일의 정신의학자 크레츠머(Ermst Kretschmer)와 후계자들은 사람의 체격을 크게 네 가지로 구분하고 그 유형에 따라 기질과 정신병을 연결시켰다. 제1차 세계대전 직후, 프랑스에서는 범죄자를 구별하기 위한 관상학이 조직적으로 연구되었다. 범죄인류학과 결합한 관상학은 공식적인 사회제도에도 반영되기 시작하였다. 또한, 미국의 펜실베이니아주 동부 주립교도서는 19세기 말부터 70년이 넘게 골상학적 분류를 이용하여 재소자를 구분 짓고는 하였다. 이런 관행 뒤에는 인간의 외모를 지적, 윤리적, 자질과 연결시킨 서양 관상학의 긴 역사가 자리하는 것이었다.

(10) 인종주의에 활용된 관상학

우리가 알고 있는 인종이라는 개념은 유럽의 제국주의가 만들어 낸 발명품으로 그리스 로마 시대부터 존재해 온 이방인과 다른 문명권에 대한 배타와 폄하를 과학적 방법으로 세련화시킨 것이었다.

비기독교인을 인간 이하의 집단으로 설정하던 기독교 이데올로기 속에서 이방인은 곧 식인, 야만, 도덕적 타락이라는 속성과 결부되었다. 따라서 유럽 사람들은 다른 문명권의 사람들을 두려움, 혐오, 그리고 비판의 대상으로 설정하였고 나아가 자신들보다 훨씬 열등한 집단으로 규정하였다. 이면에는 중세의 이민족 침입, 특히 동방의 칭기즈칸의 침입 등으로 유럽의 황폐화가 된 이후, 종종 등장하는 이방인들에 대한 악마 등의 형상으로 유럽인들의 트라우마가 표현된 한 예가 될 것이다.

유럽의 이러한 인종주의적 전통은 15세기 이후, 바깥 세상과의 조후를 통한 '진정한 세계사의 출발'로 인해 큰 변화의 국면을 맞았다. 유럽 세계가 비유럽의 많은 곳들을 식민화하는 과정에서 인종주의가 과거처럼 상상에 그치는 것이 아니라, 좀 더 구체화된 체계를 필요로 하게 된 것이다.

인종이라는 것이 유럽인들의 발명품이듯 인종을 특정하는 신체의 차이 역시 유럽의 발명품이었다. 라바터는 모든 유럽인들이 잘생긴 것은 아니지만 최소한 유럽인은 다른 인종에 비하여 폭넓은 향상을 이룩할 수 있는 민족들이라고 보았다. 하지만 그는 유럽 사람들 사이에서도 관상학적으로 볼 때 분명히 국가별로 차별성이 드러난다고 보았다. 국가별로 민족성을 나타내는 국가별 특징적인 모습이 있다는 것이다. 그는 영국인과 독일인은 스위스, 프랑스, 이탈리아와 러시아인에 비하여 우월하다는 입장을 나타내고는 하였다.

인종을 나누는 가장 기본적인 요소로 동원된 것은 피부, 머리카락, 홍채의 색과 얼굴의 골격으로 서양 관상학의 오랜 전통을 적극 활용하는 것이었다.

(11) 인종 말살 정책과 관상학

18세기 말, 라바터의 관상학은 유대인에 대한 혐오와 비판을 뚜렷이 드러낸 바 있다. 유럽의 역사에서 전통적으로 내려오는 유대인에 대한 편견의 관상학이 유전학과 우성학에 영향을 끼치면서 엄청난 비극적 결과를 낳게 되었다. 인류학에 관상학이 흠뻑 녹아들었던 19세기에서 20세기로 넘어가는 기간 동안 유럽에서는 새로운 반유대주의가 맹위를 떨치게 되었다. 과거 유대인에 대한 차별이 기독교의 이데올로기에 근거한 중세적인 것이었다면 이제는 세속적인, 더욱 과학을 동원한 근대적인 인종차별이 나타나게 된 것이다.

나치 독일의 인종주의는 대중들을 정치적으로 결속시키기 위하여 정형적인 순수 인종을 만들어 냈던 대표적 사례이다. 독일의 나치 아래의 인종차별주의는 신체적 종족주의를 극단적으로 보여 주는 것이었다.

관상학지인 《인간평가》는 히틀러를 비롯한 유명인의 관상을 우월하게 연재하였다. 또한, 1937년 커닝햄을 우두머리로 관상, 골상과 수상 및 눈(안구와 홍채)에 대한 집중적인 연구를 전담하는 기구가 조직되었다. 독일의 과학계에서는 이른바 종족을 연구한다는 미명 아래 수많은 희생자의 두개골을 검사하는 일이 유행하기까지 하였으며, 마침내 1941년 가을부터 유대인 수용소에서 대량 학살이 시작되었다.

이른바 과학적 반유대주의야말로 관상이라는 사이비 과학을 동원한 시대적 광신의 소산이었다. 관상 자체가 본질적으로 나와 다른 이를 구별하고 배척하는 과학이었고, 유럽 사회는 늘 그것을 필요로 하고 또 습관적으로 해왔던 것이다.

'나'와 '다른 사람'을 이분법으로 분리하는 관상학에서 열등하게 설정된 집단은 외양에 매겨지는 가치로 인하여 사회적 위치에서 불이익을 받고는 한다. 나아가 그 폐해는 사람들 내면의 자아 존중감까지도 박탈하는 결과로 나타나기도 한다. 이 구도 속에서 열등하게 설정된 집단들이 종종 자기 부정과 혐오를 보이게 되는 것은 어쩌면 당연한 현상일지도 모른다. 흑인들이 코를 높이고 입술을 작게 만들고 머리카락을 펴는 성형수술이 만연한 것이나, 동양 사람들이 이른바 서구화된 생김새를 닮으려고 외모를 가꾸거나 변형하는 것 또한 같은 맥락이다. 이것은 식민주의적 근대성을 창출해 낸 서구 관상학이 만들어 낸 잔재에 편승하고자 하는 비서구인들의 슬픈 몸부림이다.

유행하는 얼굴이 바뀌는 것처럼 관상학은 과학의 틀이 바뀔 때마다 그 틀을 빌려서 살아남아 왔다. 근세에 넘어오면서 이른바 유사 과학이었던 관상학을 보급시킨 사람들은 대부분 과학자 집단 가운데서도 사회적으로 탄탄한 입지를 다지지 못했던 젊은 층이었다. 이들은 때때로 관상학의 내용 자체의 진위와 신빙성보다는 기득권층을 공격하기 위해 이른바 첨단 과학을 표방하면서 관상학을 도입하곤 하였다. 그 때문에 더욱 과학적으로 보이기 위해 새로운 기구를 발명하거나 차트, 통계 같은 것들을 많이 활용하는 경향을 보이기 시작하였다.

대중에게 어필하는 유사 과학은 미래에 대한 불안에 대처한다는 점에서 종교와 유사하다. 관상은 굳건하고도 끈질기게 계속되는 이러한 인간의 욕구 위에 자리하고 있는 것이고, 결국 그것이 어떻게 쓰이느냐 하는 것이 역사 속에서 그 자체의 가치를 자리매김한다.

21세기가 된 오늘날에도 서구 관상학의 전통은 다양한 분야에 녹아 있다. 이제 매스미디어를 통해 개인이 시각적으로 경험할 수 있는 얼굴의 수는 상상할 수 없으리만큼 급증하였고, 시청자들을 끊임없이 세뇌시키는 미인의 기준 또한 강제되었다.

외모가 내면을 그대로 투영한다는 고대의 믿음은 오늘날 한편으로는 정치적으로 올바르지 않은 것으로, 다른 한편으로는 과학에 의해 근거 없는 것으로 비판받는다. 하지만 이런 변화 속에 암묵적으로 관상학을 지지하는 또 다른 과학이 있다. 최근 과학은 외모가 타인의 성격을 추론하는 데 많은 영향을 미치고 있다는 것을 밝혀내는 연구를 속속 내놓고 있다. 신체적으로 매력이 있는 사람은 모든 면에서 긍정적으로 평가받는다는 '후광효과(Effect de halo)'를 심리학적으로 실증하는 연구들이 바로 그것이다. 이는 아직도 우리 마음속에 긍정적 관상과 부정적 관상이 뿌리 깊게 내재하고 있음을 보여 준다.

과거 사람들이 얼굴 생김새를 가지고 성격을 파악했던 분석적 관상의 전통이 상당 부분 심리학 등의 주변 과학의 영역으로 넘어갔다. 하지만 아직도 사람들은 신체적 외모에 대한 미신적 관념이나 관습적 판단 기준을 고수한다. 이 모든 것은 문명의 발생과 더불어 나타난 관상학이 아직도 인간의 삶에 드리우는 긴 그림자이다.

* 《서양의 관상학》 설혜심 저, 한길사 2002. 부분 인용과 참조함.

5. 성형과 관상(성형을 하면 운명이 바뀌는가?)

인간의 아름다워지고 싶은 욕망과 감추려 해도 어쩔 수 없이 드러나는 노화 현상을 늦춰 보려고 하는 마음에서 미용 성형수술을 원하는 사람이 늘어난다. 이는 인간의 원초적 욕망과 현대의 경제적 여유와 미에 대한 기준의 궁합이 맞아떨어져 광풍에 가까운 유행이 되고 있다.

더욱이 이미지학 등 유사 관상학의 유행으로 이미지가 바뀌면 인생이 달라진다거나 외관을 본 몇 초면 상대방의 얼굴과 행동, 차림새 등에서 모든 것이 판단되며, 웃는 얼굴이 성공적인 사회생활의 중요 요소이니 항상 웃으라는 등의 강의나 서적들이 난무하고 있는 현실이다.

예전에 운명론에 가까웠던 관상학이 이미지나 제스처론으로 바뀌면서 후천적 이미지 만들기에 의한 운명 개조까지 설명되고 주장되고 있다. 또 이를 위해서 성형을 비롯하여 이미지학, 제스처, 매너를 교육하는 강좌들 또한 유행하고 있다.

관상학을 떠나서 사회생활을 치열하게 해왔던 필자로서 일면 이해도 하고 수긍하는 부분이 많은 것도 사실이다. 그러나 세상의 이치가 그러하듯이 모든 것은 '과유불급'이며 '조화와 균형'이 또한 필요하다. 일정 부분의 운명에 대한 후천적인 긍정의 변화를 분명히 줄 수는 있겠지만, 운명은 그렇게 해서 쉽게 변하는 것이 아니다. 그만큼 역기능의 위험도 많다.

성형수술로 인상이나 이미지는 바뀔지 모르나 그 안에 깃든 숙명적인 운명인 우주의 기운은 쉽게 변하지 않는다. 아무리 얼굴을 어려 보이게 만들어도 자기 스스로는 내가 몇 살인지 너무나 잘 알고 있다. 그러면서 얼굴과 몸의 나이에 맞추어 어린 척해야 하니 힘이 든다. 진실의 '나'가 아닌, 거짓의 '나'로 바꾸는 가장 손쉬운 방법은 외모를 바꾸는 방법이며 성형수술이 그 대표적인 것이 될 것이다. 그러나 성형수술로 외모는 바꿀 수 있겠지만 자기 내면의 무의식은 수술이 불가능하다. 새로이 바뀐 외모가 내 마음에 차지 않으면 실망과 분노와 우울증에 빠져 버릴 수도 있다. 평소에 '자존감이 강하고 진실한 '나'를 지키는 사람은 남이 나를 어떻게 보는지에 별로 신경을 쓰지 않는다. 물론 성형이 당사자에게 행복감을 준다는 의미와 노력하지 않는 사람보다 능동적인 삶을 살기 위해서 적극적으로 자기 운의 변수를 바꾸어 나간다는 점에서는 일정 부분 인정하지 않을 수 없으며, 전문가들의 논쟁이 계속되는 부분이다.

성형수술이 아니더라도 꾸준히 노력하면 상(相)은 외관보다 더 중요한 기색(氣色)이 변하며 눈빛의 기(氣) 또한 충만하게 된다. 얼굴의 근육이나 기색은 좋은 사람을 만나서 활짝 웃고, 기분(氣分) 좋게 살게 되면 눈빛이나 화색이 좋다는 얘기를 듣는 바로 그 말이다. 인생을 즐겁게 사는 사람은 얼굴 근육이 올라붙어 나이가 들어서도 동안(童顔)으로 보인다. 주름은 결국 인생에서의 희로애락의 그러한 과정이 무수히 반복되며 쌓인 흔적이며 그렇게 운명 지어지는 것이다. 얼굴에 있는 주름은 관상학적으로는 연륜에 따라 자연스럽게 생기는 것 이외는 모두 좋지 않다. 흔히 생기(生氣)를 죽이는 살기라고도 한다.

서양에서는 이마를 보는 관상학이 한때 맹렬한 유행을 타던 시기도 있었다. 이마의 주름은 보통 삼문(三紋)이라 하며, 이마의 맨 위의 주름을 천문(天紋), 가운데를 인문(人紋), 가장 아래의 주름을 지문(地紋)이라고 한다. 천문이 끊기면 윗사람과의 관계가 원만하지 못하고 덕을 입는 기회가 적다. 가운데의 인문은 친구나 주위의 동료 등의 관계를 보며, 인문이 끊긴 사람은 다툼과 송사 등을 조심해야 하고 평생 한 번은 큰 실패를 볼 가능성이 있으니 경계해야 한다. 지문은 자손, 집안, 손아랫사람과의 관계 등을 보는데, 지문이 끊긴 사람은 부하나 아랫사람의 덕을 보기가 어렵다. 천문과 인문이 모두 끊어져도 아래의 지문이 힘 있게만 뻗어주면 중년 이후에 부하나 후배, 아랫사람의 덕으로 개운이 되는 주름의 상이다. 천문, 인문, 지문이 뚜렷하지 않고 이마에 잔주름이 많은 사람은 남의 일로 항상 고단한 운세를 가지고 있으며 특히 여성 중에는 소위 오지랖이 심해 사서 고생하는 상이다.

산근(山根)에 가로 주름이 두 개 있는 사람은 운기가 절단되어 평생 고생하는 상이고 코에 주름처럼 가는 세로 줄이 있어도 마찬가지다. 코에 있는 주름은 모두 좋지 않다. 여성이 웃을 때 코에 잔주름이 눈에 심하게 띄는 경우 난산의 상이다.

성격이 날카로워 자꾸 인상을 쓰면 이마의 양쪽 눈썹 사이에 있는 명궁(命宮)이 닫혀 복이 들어오는 것을 방해한다. 이 부위는 한 가지의 능동적인 운(運) 이외에는 아홉 가지의 운세 모두가 수동적이며 수신 전용의 부위이다. 들어올 운이 나쁘다 보면 자꾸 인상을 찌푸리게 되고 운명은 또 그렇게 가는 것이다.

외모를 고치든지 마음을 고치든지 열심히 의지를 가지고 노력하는 사람 앞에서 운명은 일정 부분 관대하다.

심하게 주름이 문제 될 때는 주름 수술이나 보톡스 등의 방법으로 외모를 가꾸는 것은 일은 정확하게 했음을 전제로 도움이 된다고 본다. 대부분의 관상가는 수술로 관상을 바꾸거나 운명을 바꿀 수는 없다고 말하며, 필자도 원칙적으로는 동의한다. 그러나 모든 것은 정해져 있지 않다. 그리스의 에픽테토스는 운명을 '바꿀 수 없는 운명'과 '바꿀 수 있는 운명'으로 나누었다.

성형은 바꿀 수 있는 운명 중에서 자신의 의지와 노력으로 일정 부분

취할 수 있는 방법 중 하나이다. 운명을 개척한다는 말에는 자신을 단련해서 자신이 처한 환경을 바꿔 가는 의지가 포함되어 있다. 그래서 옛사람들이 얼굴도 지천명(知天命)을 넘으면 자신이 책임을 진다는 말이 생긴 것이다. 관상학을 공부하는 이유도 자신에게 주어진 선천적인 운명과 후천적인 운명의 기운을 잘 파악해서 이를 스스로 조절하고 헤쳐나가는 능동적인 삶을 살기 위한 것이기도 하다.

성형수술로 일단 외모가 바뀌면 그 변화가 자신의 마음에도 분명 영향을 미친다는 것은 사실이다. 또 성형이 조화롭게 잘 되었을 때는 타인이 느끼는 나의 이미지가 분명 향상되고 좋아지는 부분이 있을 것이다. 그런데 여기에 함정이 있다. 혹여라도 성형으로 높아진 코와 '가짜인 나'에 대한 자만심으로 타고난 자신의 운보다 더 나쁜 운명으로 내몰릴 수도 있고 코를 깨뜨릴 수도 있다. 코가 높아졌다고 자만심까지 높아졌다가는 언젠가 콧대가 깨어질 수도 있다는 말이다.

요즈음 대세인 눈썹의 문신도 사실은 매우 조심해야 한다. TV나 얼굴을 대할 때 보면 문신을 자기와 맞지 않는 정도가 아니라 상극이 되게 문신을 하고 버젓이 있는 것을 보는 안타까움에서이다. 그대로 두면 본전은 하는데 스스로 운을 망친 경우이다.

관상학과 운기학의 기본만 알아도 저렇게까지는 시술을 한다든지 하지는 않았을 것인데 하는 매우 안타까운 경우들을 여러 번 느꼈기에 하는 말이다. "성형외과가 외모를 고치는 곳이라기보다는 정신의학적 측면에서 마음을 치료하는 곳"이라는 생각이 든다는 훌륭한 의사도 있다. 공감이 가는 이야기다. 시술하는 의사도 시술받는 사람도 이러한 마음과 자세를 지키고 과유불급만 하지 않는다면 자신을 위해 노력하는 사람에게 운명은 결코 그 앞을 가로막지는 않을 것이다.

다만, 우주가 준 천지인의 조화를 깨트리는 시술은 매우 위험하다. 시술의 부위와 전체적인 '조화와 균형' 등은 관상학과 운기학을 이해하는 방향과 한도에서 하는 것이 좋을 것이다.

성형은 '변상(變相)'인데, 상 자체가 사람의 품기(稟氣)와 기질(氣質)이 유형(有形)으로 나타나는 것이다. 그것을 인공적으로 손을 댈려면 추측과 '경험지기(經驗之氣)'와 '유행지기(流行之氣)'와 '유행지리(流行之理)'를 잘아는 시술자가 해야만 한다. 그리고 후에 관리를 '천인운화(天人運化)'에 따라 일치하도록 해야만 자기 것이 된다.

면상의 일부며 형제궁인 눈썹의 경우도 무턱대고 외국의 누구와 같이, 특정 배우나 탤런트와 같이 등의 요구는 미용 성형 때문에 자신의 운명을 너무 함부로 취급하는 것 같아 안타까움이 앞선다. 문신 그 자체가 전달력이 되고 운명이다.

코나 턱 등도 같은 기준이 적용되며 쌍꺼풀, 치아, 입술 등도 주의해야 한다. 예를 들어 화(火)의 기운이 부족한 사람은 쌍꺼풀 수술이 도움을 받지만, 화(火)가 나쁜 작용을 하는 사람은 화다수몰(火多水沒) 현상으로 이혼의 가능성이 있으니 주의해야 한다. 젊었을 때는 그런대로 잘 어울렸던 성형이나 문신 등이 나이와 세월에 따라 운세의 변화가 클 수 있으니 매우 중요하다.

인간의 역사에서 외모를 보는 사회적 기준도 그 시대의 상황에 따라 항상 변화했다. 중세의 기독교 교부들은 화장이나 인공적으로 외모를 변화시키는 행위는 신의 창조 위엄을 모독하는 행위이거나 자연의 아름다움을 손상시키는 것이라고 했다. 르네상스나 바로크 시기에는 다시 보이는 외모의 중요성이 엄청나게 커졌던 시기였다. 이것은 변화하는 사회 속에서 자아에 대한 극도의 불안감을 투영하는 것이었고 18세기 후반 몸을 읽는데 겉치레가 아닌 본질을 찾고자 하는 경향이 다시 맹렬히 자리를 찾고자 하였다.

현대에 들어서 신체적으로 매력이 있는 사람은 모든 면에서 긍정적으로 평가받는다는 이른바 후광효과(effect de halo) 등의 영향과 자본주의의 성공으로 인한 풍요가 다시 외모에 대한 열망으로 바뀌었다.

그러나 우주의 원리는 물극필반(物極必反)의 진리를 품고 있다. 사물이 극에 다다르면 반드시 조절 기능이 나타난다. 과시적 소비 행태를 설명하는 베블런 효과(Veblen Effect)까지 가세하여 극에 다다른 외모 가꾸기 역시 경제가 극도로 침체되는 시기가 머잖아 오면, 아름다움이나 생존을 위한 외모 가꾸기야 있겠지만 '외양이 내면을 투영한다'는 논리는 설자리가 좁아질 것이다. 그 경우 현대의 미용 성형이나 이미지 가꾸기 등의 외모 가꾸기는 한계에 다다를 것이고 다시 새로운 자연주의적 경향이 일어나 관상학의 본류를 찾게 될 것이다.

적극적인 본인의 삶과 즐거움, 운명에 대한 의지와 노력을 위해 성형을 한 사람들은 성공한 성형으로 인한 진실의 '나'를 잊어버림으로써 생기는 자만심이나 교만을 매우 경계해야 한다.

진실의 '나'를 항상 기억하며 더욱 겸손하고 겸허하게 경천애인(敬天愛人) 하는 생활을 일상화하면 미용 성형은 긍정적으로 운명에 길(吉)하게 작용할 것이다. 이것이 비결(秘訣)이다.

6. 성상(聲相)

1) 목소리란?

목소리는 성대부터 시작되는 공기의 파동이다. 목과 코의 길이 등에 의해 낼 수 있는 공기의 파동은 어느 정도 정해져 있기 때문에 얼굴이 같은 사람이 없듯이 목소리도 얼굴에서 공명되어 나오는 것이기에 사람마다 목소리도 다르다. 이것을 성문(聲紋)이라 하며 지문과 비슷하게 개개인적 특징이 있다. 범죄 수사에도 많이 사용되며 방송에서 성문을 분석하는 전문가도 있다.

관상을 볼 때 제일 먼저 보는 것이 성문이라 하는 전문가도 많다. 목소리는 소우주인 사람의 몸에서는 신장으로부터 나오며, 한 사람의 목소리에는 무수히 많은 것이 함축되어 있으며 운명까지도 알 수 있다.

좋은 사람을 주변에 끌어모으고 싶다면 목소리의 도(道), 성상(聲相)을 알아야 하고 범종 소리처럼 여운이 긴 목소리나 악기가 울리는 것 같은 좋은 소리를 얻으려면 계속 연습과 노력을 하여야 좋은 목소리가 가능할 것이다.

2) 성상(聲相)의 음양 이론

동양의 이론에서 청력이 둔한 것은 양(陽)이 부족한 음(陰)의 병(病)이다. 청각장애인은 양의 변모이며, 듣는 것은 양의 행위이고 경청하는 것은 음의 행위이다.

청각작용은 소리의 성질과 그 범위에 영향을 받는다. 양의 성질은 힘이 실린 우렁찬 소리이며 낮을 때에는 활달하고 명랑하고, 즐거움을 주고 편안함을 느끼게 한다.

음의 성질은 무력하고 어둡고 무거움을 주는 소리이며, 기어드는 듯한 힘을 느끼게 한다. 우리가 정상적인 소리라 하는 것은 음양이 잘 조화를 이룬 소리로써 하나의 성질로 수렴되어 뭉쳐진 힘이 있는 소리다. 예를 들면 균형과 조화를 이룬 소리로써 좋은 오케스트라가 연주하는 것 같은 음악회 등이다.

먼 곳과 넓은 곳에서 나는 소리는 양의 소리이며 가깝고 좁은 곳에서 나는 소리는 음의 소리이다.

이러한 소리의 음양에 대한 구별은 동질성의 대비 관계로 판단한다. 소음이나 바람 같은 날카로운 소리는 양의 성질에 치우친 나머지 생기는 편중 현상이며, 몹시 괴상하고 야릇하며 불안감과 공포감을 일으키는 소리는 음의 변모이다. 적막 속에서 공포감을 자아내게 하는 분위기의 소리는 양의 변모이다. 말끝이 힘없이 흩어져 사라지는 소리는 양의 기능이 부족하고 음의 수렴성이 결여되어 생기는 것이다. 종소리는 양이 강한 소리고, 북소리는 음이 강한 소리이다.

말하는 일을 한 차례로 끝내는 것은 하늘의 의미이고 개념을 전달하는 것이다. 말하는 일을 두 번 반복하는 것은 땅을 뜻하고 음양의 작용으로 뜻을 분명하게 만든다. 말하는 일을 세 번째 반복하는 일은 뜻과 감정을 섞어 다른 뜻의 말로 만든다. 말하는 일을 네 번째 반복하는 것은 횡설수설하여 무의미한 뜻으로 돌아간다. 사람이 지키고 조심하라는 하늘과 땅의 경고다.

생명체는 자기의 소리와 체취를 가지고 있고 자기의 생명 파장에 의해 대상과 상호관계를 이루고 존재하는 것이다.

3) 좋은 성상을 얻는 방법

성상을 좋게 한다고 다른 사람의 목소리를 모방하는 것은 좋지 않다. 올바른 호흡법과 근육의 긴장을 풀어 목소리를 개선해야 한다. 나의 목소리 기능이 좋으면 다른 사람이 긴장을 풀고 당신의 말을 즐겨 듣는 데 도움이 되며, 목소리의 기능이 나쁘면 의사 전달에 지장이 있게 되어 연사와 청중 모두가 실망한다.

말하는 사람의 말하는 내용뿐 아니라 방법도 큰 영향을 준다. 따뜻하고 친근하고 친절하다면 차갑거나 거친 경우보다 참으로 호감을 느끼고 듣기가 쉽다. 성상을 좋게 하는 것은 발성법만의 문제가 아니라 운명에 영향을 끼치며 인간성과도 관련된 문제임을 알아야만 한다.

좋은 성상을 얻기 위해서는,

① 적절한 호흡법이 필요하다. 최대한 날숨을 먼저 한 후, 그 후 들이쉰다. 내어 보내야 들어오는 이치다. 이 책의 '건강과 양생'에서 얘기한 바와 같은 호흡법을 하는 것이 좋으며 단전호흡 또한 도움이 된다.

② 근육의 긴장 풀기, 요가나 명상 등으로 긴장감을 풀고 릴랙스한다.

③ 발성법을 익힌다.

④ 특수한 문제들을 극복하는 방법을 연구한다. 약한 목소리, 너무 높은 목소리, 코가 막힌 듯한 목소리, 퉁명스러운 목소리는 부정적이 되어 운이 달아난다. 어떤 경우에는 자신의 인간성을 변화시키려고 계속 노력할 것이 기본적으로 요구된다. 이를 개선하는 방법은 다음과 같다.

- 인간성에 속하는 특성들을 배양해야 한다. 긍정적인 생각과 노력, 도가(道家)의 소요유(逍遙遊, free wondering)와 무위자연(無爲自然, 인위적이지 않고 자연스러움)의 삶 또한 도움이 될 것이다.
- 단전호흡 등으로 방광경 풀기 등의 릴랙스(relax)와 스트레칭(stretching) 운동을 한다.
- 대화나 말할 때는 긴장을 푼다.
- 긍정적이고 적극성을 띠는 인생을 산다. [여의길상(如意吉祥)]

7. 관상 미셀러니

1) 유년 운기 부위도(流年運氣部位圖)

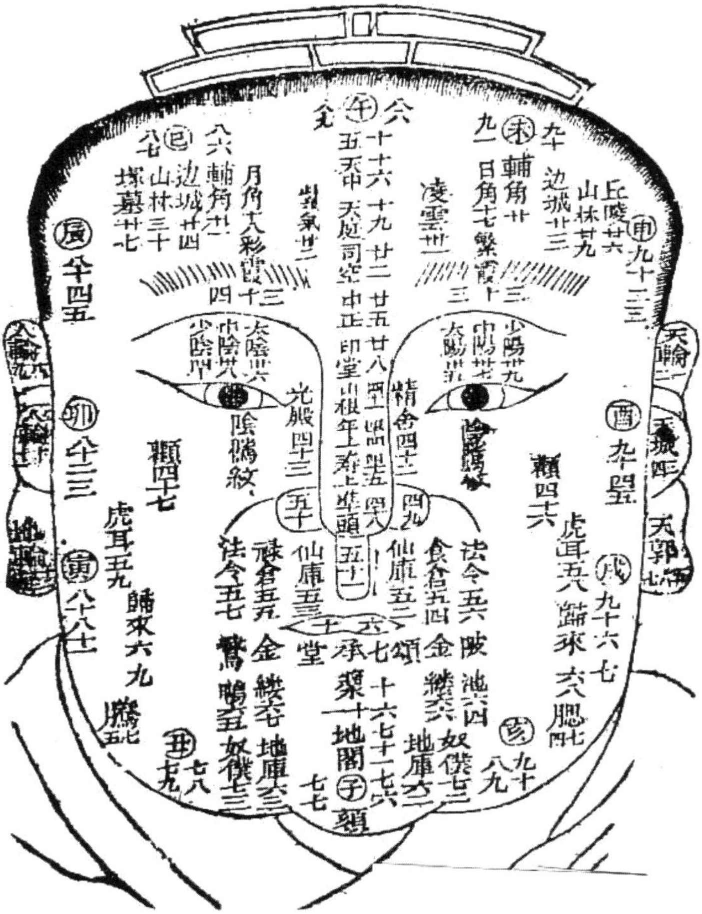

2) 12궁 분지도

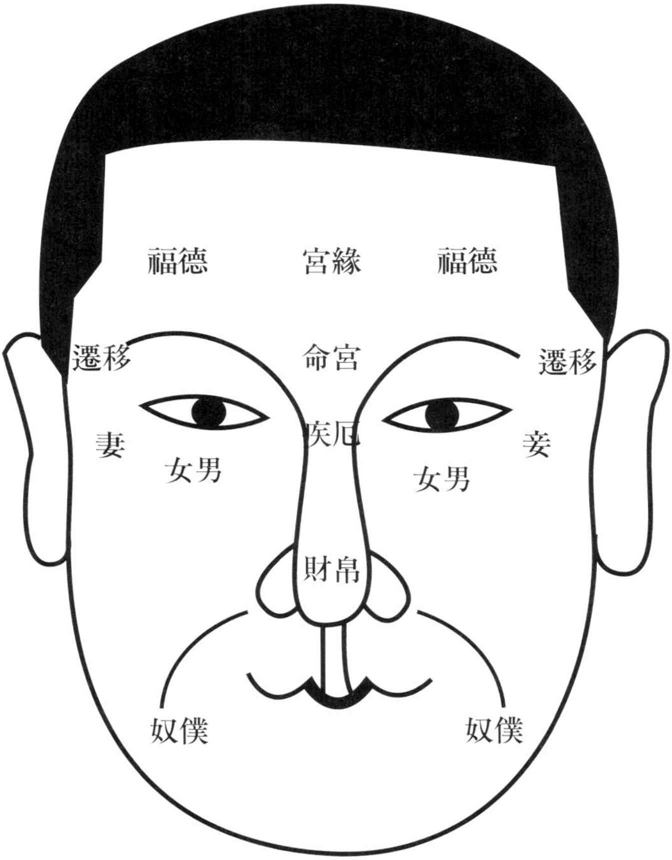

3) 안면 오성 오행 부위 (顔面五星 五行部位)

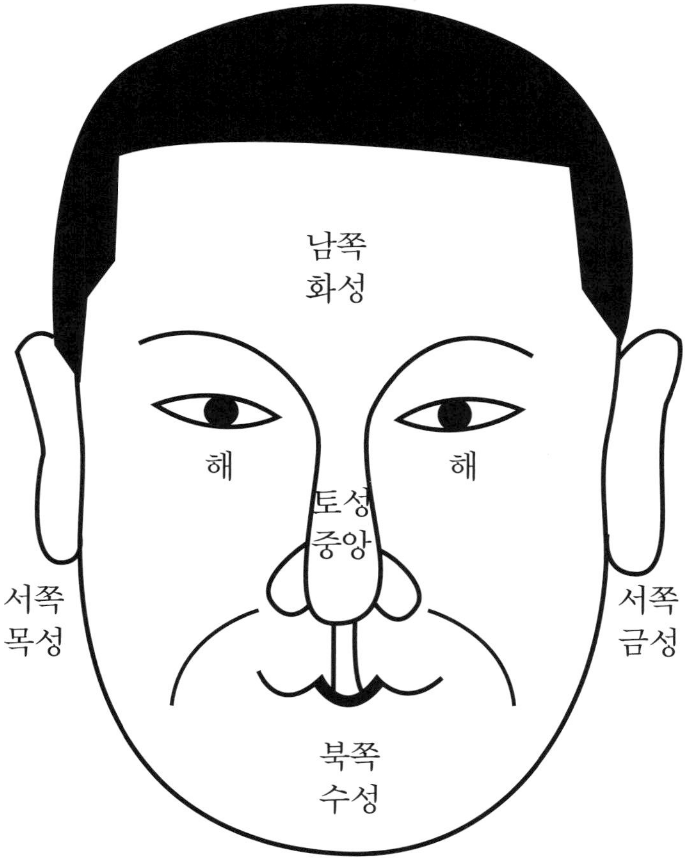

4) 안면 오행국(顔面五行局)

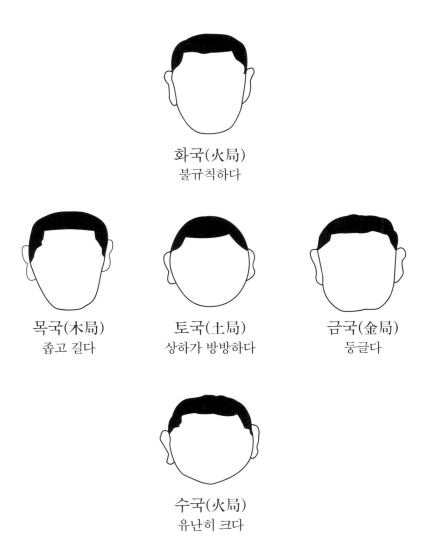

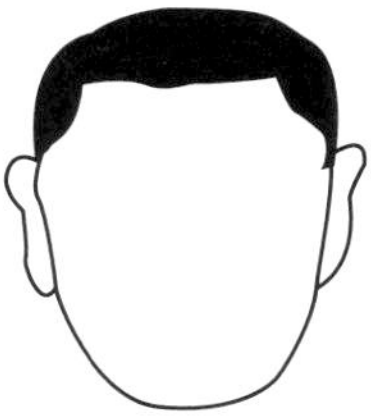

화국(火局)
불규칙하다

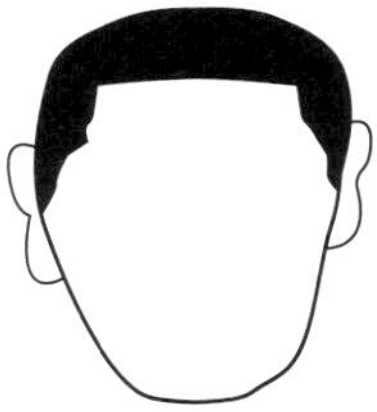

목국(木局)
좁고 길다

토국(土局)
상하가 방방하다

금국(金局)
둥글다

수국(火局)
유난히 크다

5) 인체 오행의 형태

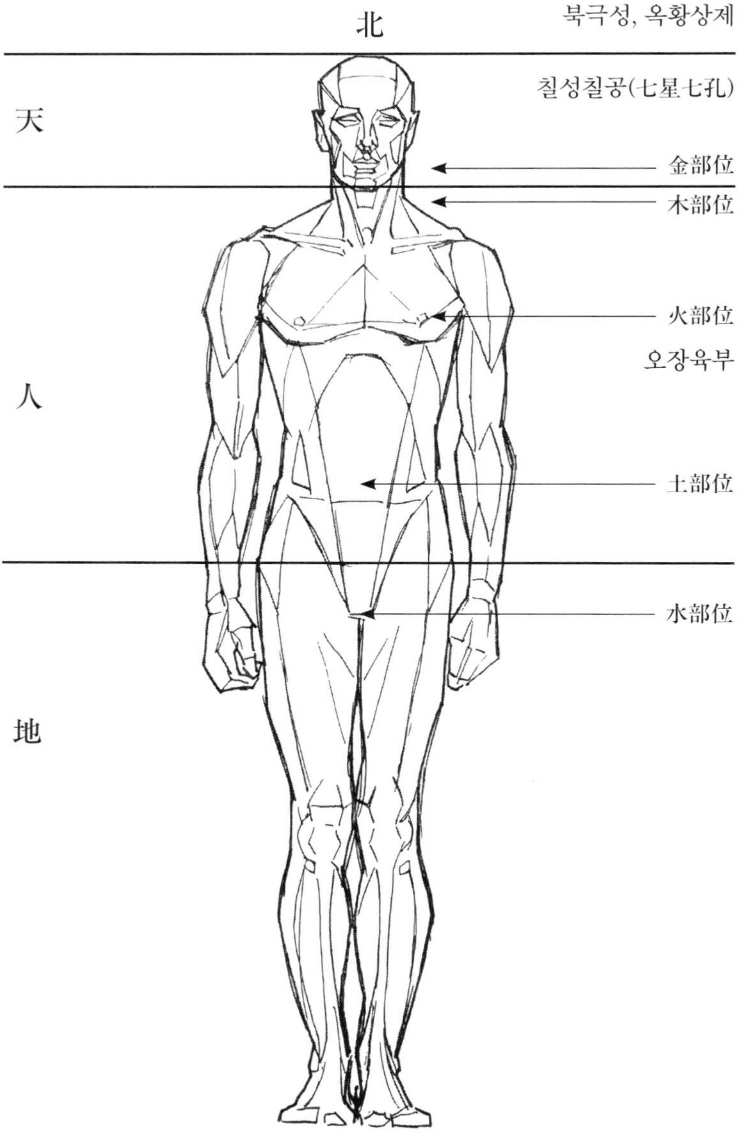
北
북극성, 옥황상제
天
칠성칠공(七星七孔)
金部位
木部位
火部位
오장육부
人
土部位
水部位
地

6) 남자가 피해야 할 여인상

(1) 바람 피우는 여성들의 관상적 특성

1 입술이 두꺼운 여성

여성의 입이 지나치게 크고 두꺼우면 성감이 예민하고 쾌락을 즐기는 경향이 있다.

2 큰 귀

여성의 큰 귀는 이성의 유혹에 넘어갈 가능성이 크다. 다만, 성관계는 연인하고만 해야 한다는 의식이 강해 육체적인 외도를 할 가능성은 크지 않다.

3 매부리코

정욕이 강하다. 이 부위는 눈빛과 함께 봐야 한다. 눈빛이 맑지 않거나 탁하면 정직하지 않고 남을 속일 가능성이 크다

4 둥근 얼굴

달님, 해님처럼 둥근 얼굴형의 여성도 상당한 성욕의 소유자이며 감성적인 사람이다. 기분의 편차가 크고 너무 방종적이라 성과 관련해 자유로운 사고와 이성의 유혹에 휘둘린다.

(2) 학의 다리의 여성

고전의 상법에서는 여인의 다리가 학처럼 가늘면 매우 외로운 상이며 젊어서는 권력자의 내연 관계 내지 결혼을 하여도 자식 있는 사람과 인연이 되어 계모로서 늙어가기 쉽다고 본다.

7) 남자가 조심해야 할 여자 상

《유장상법》에는 아래와 같은 내용이 있다.

(1) 노란 눈동자의 아름다운 부인: 미부황정(美婦黃睛)

일반적인 직업을 가지지 못하고 화류계나 사체, 여자 장사 등을 하기 쉽다. 사납고 기가 세나 눈빛이 황금색으로 맑고 윤기가 나는 경우인 경우는 해당하지 않는다.

(2) 얼굴은 큰데 작은 입: 면대구소(面大口小)

위와 아래는 납작하고 좌우로는 넓으면 관상학에서 '대찰'이라 하며 과부의 얼굴이다. 보통은 입이 작으면 소심하나 얼굴이 크고 입이 작으면 '살기'라고 한다. 양기의 기가 강해 남자 같은 기운이 강하며 성질이 사납고 거친 면이 있다. 더욱이 각진 턱의 소유자일 경우는 고집이 세며 제멋대로 산다. 피하는 것이 상수일 것이다.

(3) 콧등 위에 세로의 잔주름: 비상생문(鼻上生紋)

이것은 매력이 아니고 남자를 죽이는 '살'이다.

(4) 귓바퀴가 없고 발라당 까진 귀: 이반무륜(耳反無輪)

'이반(耳反, 귀가 뒤집힘), 무륜(無輪, 귓바퀴가 없음)'의 귀는 시집을 네 번 가도 끝나지 않는다고 하였다. 남녀 모두 이러한 귀는 고집이 굉장히 세다. 보통 귀는 14세까지의 초년 운을 보는 곳으로 불우한 환경의 가정에서 자랐을 가능성이 크다. 몇 년 전 사회적으로 큰 문제가 되었던 모 재벌의 딸들 중 한 명의 귀가 '이반무륜'으로 보였다. '불우'라는 개념이 꼭 재화의 문제만이 아니라는 것을 알 수 있다.

(5) 경국지색의 미모에 낯빛이 은빛처럼 차가운 여인: 극미면여은색(極美面女銀色)

오살(五殺)에 속한다. 예부터 나라도 망친다고 하는 여인이다. 표정이나 행동이 차갑고 인간미 없는 여자를 말하나, 그 빛이 밝으며 빛나는 것은 오히려 매우 좋다.

(6) 칠흑 같은 흑발에 눈썹이 없는 여자: 발흑무미(髮黑無眉)

예부터 여인의 귀함은 눈썹에서 나온다 했다. 모발이 거칠고 윤기가 없는 여인은 본성이 천하며 화류계의 기질이 있다고 본다.

(7) 눈동자가 크고 검으며 눈썹이 거칠다: 정대미조(睛大眉粗)

눈동자가 지나치게 크면 뇌의 발육에 문제가 있다 본다. 정상적인 눈은 검은 눈동자와 흰자위가 적당하게 비율이 맞아야 한다. 눈에 붉은 실핏줄이 항상 끼어 있고 눈빛이 어둡거나 흰자위의 색이 좋지 못해도 좋지 않다. 동양인은 남녀 모두 눈은 눈동자가 약간 작고 검고 빛난다면 귀하고 매우 좋다.

8) 여자가 피해야 할 결혼 상대 남자

(1) 눈꼬리를 살펴라

간문(양쪽 눈의 꼬리 부분)이 메마르고 잡티가 많으면 결혼 후라도 상처(喪妻) 상의 표본이다. 이성운이 없는 남자일 수가 많고 특히 세로줄이나 주름살이 보이면 매우 좋지 않다.

(2) 산근(山根)이 움푹 꺼졌으면 40대 초반의 불운을 말한다.

40세 이전에 이룩했던 모든 것 명예, 재물, 가족, 건강 등이 이후에 어려워진다는 얘기다.

(3) 콧방울이 콧잔등에 비해 미약하면 재복, 처복이 없고 박복한 상이다.

(4) 남자의 입술이 지나치게 엷으면 남녀의 입술이 마주할 자리가 없어 사랑이 인색하고 성의 기교가 무디며 음주를 즐기며 고독한 상이다.

50대 중반 이후에는 술을 벗 삼아 지낼 가능성이 크다.

(5) 홀쭉한 볼에 무성한 수염을 가진 남자는 50대 이후 가난과 고독의 상징이며 물이 무성한 폐고(閉庫)이다.

말년에 고독과 가난이 닥칠 가능성이 크다.

제7부

관명운기학(觀命運氣學)

1. 머리말

조명천자 입명자아(造命者天 立命者我), 즉 '자신의 운명 결정권은 하늘이 하고 바꾸는 권리는 자신에게 있다'는 뜻이다. 자기 뜻대로 할 수 없는 운명에 대해 원망과 좌절을 가져서는 안 된다. 자기 뜻대로 할 수 있는 것에 관해서만 관심을 가져야 한다. 자신의 운명을 모르고 살아갈 때는 거의 타고난 운명대로 살게 된다. 하지만 운명이 사람에 미치는 힘은 각자가 다르기에 그것을 아는 사람에게는 바꾸거나 피할 방법이 생기게 된다.

운명에 대해 체념하는 것은 올바른 삶을 사는 길이 아니며 하늘이 부여한 사람의 권리를 포기하는 것이다. 아무리 어려운 운명을 타고났더라도 하늘이 준 여분의 몫을 개척해야만 한다. 천성불개(天性不改, 타고난 성품은 바뀌지 않는다는 뜻)란 의미조차도 성품을 계속 고쳐 나가다 보면 상당 부분 태어나기 전까지의 성품도 고칠 수 있으며 노력과 의지에 따라 미래의 호운(好運)을 활짝 열어 받을 수 있다.

운(運)이란 그대로 놔두면 정해진 대로 흘러갈 뿐이다. 운이 무엇인가? 생각하는 그 자체가 잡념이다. '나는 잘났으니 하늘의 도움 따위는 '필요 없어' 등의 운을 무시하는 짓은 어리석은 짓이다. 인생이란 필연(必然)과 우연(偶然)이 스쳐 가는 여로(旅路)이며, 우연은 운의 다른 이름일 뿐이다. 좋은 운을 담는 좋은 그릇이 되어야 하고, 항상 경천애인(敬天愛人)하는 마음가짐과 겸손해야만 하늘에 운을 빌 수가 있다.

《역경(易經)》에도 오직 겸손의 괘, 지산겸(地山謙)만이 좋은 결과들을 가진다. 또한, 《서경(書經)》에도 "교만은 재앙을 부르고 겸손은 이익을 얻는다."라고 하였다. 운세의 큰 흐름과 기(氣)를 알고 그 흐름을 타야 한다. 내려갈 때는 조심하고 겸손과 주의력을 기울여야 한다.

근면과 실력과 부지런함에 자만하지 마라. 성공하는 사람은 누구나 가진 것이고 또 현재의 성공을 자만해서도 안 된다. 운(運)은 바람처럼 들어오고 소리 없이 나간다. 잘 갈무리해야만 하는 것이다.

운(運)은 흐름을 따라가야 한다. 나를 아는 것이 흐름을 따라가는 삶이다. 자신의 운기의 흐름을 알면서 움직였을 때 손해 볼 일이 무엇인가? 대비하고 준비하는 것이 무엇이 문제가 될 것인가? 이것만 깨달아도 삶의 흐름과 질이 달라짐을 알아야만 한다. 한 치 앞을 모르는 인간사, 당랑거철(螳螂拒轍, 사마귀가 다리를 쳐들고 수레에 덤벼드는 취기)의 어리석음을 부리면 안 된다. 자기 철을 아는 것이 천기(天氣)이며, 자기 몸을 아는 것이 지기(地氣)이며, 자기 마음을 아는 것이 인기(人氣)이다. 자기의 철이나 운기에 설혹 약점이 있더라도 스스로 알고 있는 약점은 더 이상 약점이 아니다.

2. 운기(運氣)와 철을 안다는 것

'명(命)'을 알고 철'과 운세를 파악한다는 것은 무릇 한 가지 '술(術)'이나 학문의 적용으로만 운명을 파악한다는 것이 아니다. 운명을 파악하는데 있어 '사주든' '역학'이든, '관상'이든, 전체를 관조하는 데는 한계가 있다. 다만, 평생을 공부하여 한 가지의 경지도 어려운데 어떻게 그 많은 공부를 다하여 파악하는가 하는 의문이 들 수는 있는데, 그것과는 다른 얘기고 접근의 방법이다. 모든 학문이나 술법에는 각각의 장단점이 있다는 이야기다. 사주법의 한계는 관상과 다른 인근의 동양 오술과 필요하면 심리학이나 정신분석학 등의 서양 학문까지도 그 활용법을 넓혀도 될 것이다. 다만 그 근원의 원본은 운기(運氣), 즉 운화(運化)의 이치를 알아야만 천인합일이 보이기 시작한다.

'천지만물인연소(天地萬物因緣所)' 하늘과 땅의 모든 만물은 인연에 얽혀 있다. 즉 '조건(條件)'으로부터 탄생한다는 이야기다. 존재하는 모든 것들은 '변수(變數)'인 조건으로부터 생긴다는 것이고 우리는 이 변수를 조절함으로써 우리의 운명을 또한 바꿀 수 있는 것이다.

《역경(주역)》은 상수(원인)에 관해서는 잘 맞다. 《역경》은 변수(조건)들이 있음을 알고 있지만 활용하지 못한다. 그러나 실제 우리의 운명을 바꾸는 열쇠는 조건에 의해 결정되는 것들도 매우 많다.

사주명리학도 당연히 한계가 있다. '년월일시'가 똑같은 쌍둥이의 경우 명쾌한 답을 내기에는 미약하다. 모든 사람을 일반 사주법으로 볼 수 없다는 것이다. 또한, 현대에 와서 단순히 고전의 사주법을 전수받거나 교육받은 전문가들의 사주 간명이 정확하지 않는다는 얘기들이 많은데 이는 당연한 결과라고 본다. 결혼의 경우, 옛날에는 그 가문이나 어른들이 정해준 범위를 벗어나는 경우가 적었으니 사주의 기본적인 틀을 벗어나지 않으므로 적중률이 높았으나 현대에 와서는 많은 변수와 의외의 상황이 벌어지고는 하여 기존의 틀로 적용할 때는 전혀 맞지 않는 경우도 많다.

직업의 경우 또한 옛날에는 '사농공상'의 원칙에 따라 '관(官)'이 귀(貴)하고, 오늘날에 가장 각광받는 '상관 등은 흉신으로 분류되었으나 현대에 와서는 상관이 가장 각광받는 직업군의 육친이 되며, 기업경영, 특히 무역업이나 주식, 펀드매니저, IT 산업, 바이오 산업 등에서는 가장 필요한 적성이 되며, 이러한 사업군의 엄청난 발전과 변화의 시대적 대두로 이에 따라 '재(財)'의 흐름과 그에 따른 부귀빈천(富貴貧賤)의 흐름도 완전히 달라지고 있는 것이다. 그 만큼 직업에 따른 부귀와 명예의 흐름이 '경천동지(驚天動地)'할 만큼 변했다는 얘기다.

건강과 인간의 수명 또한 옛날에는 일단 큰 병이 걸리면 거의 다 죽었지만, 현대에 와서는 엄청난 의학의 발달로 상황이 바뀌었고 이에 따른 수명이 연장되어 판단의 대상이 근본적으로 검토해야 할 부분도 상당히 많다는 것이다.

시험의 경우도 옛날에는 과거시험 하나였으니 '관(官)'을 중심으로 간명을 하면 간단하였으나 현대에서는 수백 종류의 시험 제도와 그에 따른 직업군의 분류는 근본적으로 사주학의 육친 적용이 크게 달라질 수도 있다는 것을 알아야 한다. 변호사나 판 검사가 되기 위한 시험의 간명 시는 관을 중심으로 하면 되지만, 광고회사나 PD 시험에 관을 적용한다는 것은 맞지 않는 부분이 당연히 있을 것이다.

현대 '관'의 대표적이랄 수도 있는 국회의원 같은 경우도 참신한 아이디어나 정책의 법안이나 제안 등은 '관'보다는 상관 쪽의 기운이 커야 하는 부분이 당연히 대두될 것이다. 직장이나 조직의 적응이라는 점에서 주장을 하더라도 보다 근원적인 인간의 본성이나 직업군의 적성 등을 감안하면 '관'보다는 '상관' 쪽의 기질을 우선하는 것이 당연할 것이다. 이를 무시하고 옛 고전만을 주장하거나 그 범주를 못 벗어나면 고전의 진정한 의미조차도 이해하지 못하는 '당사주(唐四柱)' 수준의 술사가 될 뿐이다.

음양오행을 연역하여 추리하는 술법들은 결국은 적중률이 그 승부를 가리는 것이다. 사주법의 한계는 관상 등 다른 술법으로 극복할 수밖에 없는 것이다.

사주법은 원국 자체와 대운을 분석하면 마음의 상태를 알 수 있고, 또한 그로 인해 마음의 상태도 편안함과 불안함으로 바뀌진다. 사주가 줄 수 있는 큰 장점 중의 하나이다. 흔히 '주역은 시, 사주는 산문'이라고 표현한다. 제각각의 역할이 있다는 의미이다.

관상 역시 한계점이 있다. 관상학의 찰색(察色), 오악(五嶽), 12궁, 유년법(流年法)의 이론 등, 많은 부분 역시 명리학 내지 동양오술의 기본적 원리나 이론 등을 기반으로 하고 있다. 많은 전문가도 사주와 관상학 등의 상호 보완 내지 상승 효과에 긍정적인 의견을 내고 있다. 관상을 '돈오(頓悟, 단박에 깨닫는 것을 의미)', 사주를 '점수(漸修, 점진적인 수행)'로 생각하여 사주로 바로 못 보는 경우, 현실적으로 판단하는 관상과의 접목과 보완이 현실적인 대안이 된다고 보고 있다는 얘기다.

때로는 '이판(理判)'과 '사판(事判)'으로 비교하여 '선사판'으로 관상을 보고 '후이판'으로 사주를 보는 것이 바람직하다고 얘기하기도 한다. 그런데 이 경우들에도 문제가 생긴다. 논리가 강하면 직관이 약해지고, 직관이 강하면 논리가 약해진다.

'프랑수아 자콥'(유전 암호해독으로 노벨의학상 수상자)은 "정신을 안내하는 것은 논리가 아니다. 그것은 충동이며 직관이다. 그것은 명확히 해 보려는 욕구이며 살아가는 집요함이다. 내부와의 기나긴 대화 속에서 끊임없이 정신을 관통하는 가정, 비교, 결합, 조합들을 녹여서 한 줄기 등불이 어둠을 가른다."라고 하였다.

여기에서의 정신은 운명학에서 자신의 뜻대로 할 수 있는 운명에 대한 의지와 철과 운세를 파악하는 것과 동일한 개념이다(立命者我).

또한, 이것으로 사람에 따라 그가 처한 현재의 상황 내지 천성, 기질과 팔자 등 특히 대운의 흐름 등, 그가 가지고 있는 자질과 발전도 등의 전체적인 것을 관조하는 것이 정확한 추론을 하는데 도움이 될 것이다. 인간의 운명은 사주나 역학, 관상, 풍수지리 등 어느 한 분야에 의해서가 아니라 동양오술 모든 분야에 의해 종합적으로 추론되어야 하기 때문이다.

'명(命)' 분야에는 자미두수, 사주학 등이 있고 이 학문은 사람이 태어난 '년월일시'를 음양오행과 천성불개를 전재로 독특한 이론에 적용시켜 운명을 분석하는 것이다. 인간의 성격, 특질을 비롯해 깊숙이 내재된 본질까지도 일간과 월령 내지 용신과의 관계, 조후(調候), 생극제화(生剋制化) 억부(抑扶) 등의 확률이 높고 검증된 이론으로 운명과 철을 파악하는데 도움을 준다.

또한, '복(卜)' 분야의 선길(選吉)에 속하는 '기문둔갑(奇門遁甲)' 또한 지구의 자전과 공전 및 태양계 자성의 유동작용이 매년, 매월, 매일, 매시마다 각각 다르게 나타나는 현상에 비추어 사람이 움직이는 방향에 따라 미치는 좋고 나쁜 영향을 구분하여 현대의 기업 경영, 특히 영업, 구매, 자금 등의 천지인 합일에 활용할 여지가 크다.

'상(相)' 분야의 관상학, 풍수, 작명 등 또한 '명(命)' 분야에 비해 검증(檢證) 등의 어려움이 있다고 할 수 있으나 풍수나 작명은 그러한 노력 없이도 재운(財運)과 좋은 기운이 많이 유통되도록 가능하게 하는 술수가 될 것이다.

관명운기학은 운명과 철을 알기 위하여 '명(命)' 분야의 자미두수, 사주명리학을 '점수'로서 활용하고 관상학을 '돈오'로 살펴보며 이들의 이론의 근거인 우주변화의 원리인 '오운(五運)'과 '육기(六氣)'의 '운기학(運氣學)'을 밑바탕으로 하여 각 개인의 성격과 태어난 환경과 특질에 따라 적재적소에 '명(命)' 분야와 '복(卜)', '상(相)', '산(山)' 분야를 적용한다는 이론이며 이를 위하여 대운 및 계절운, 접목운, 세운 등을 중점적으로 보며 운기 내지 운화의 역할이 천지인 합일에 미치는 영향과 그 방향을 이해하고 연구하는 학문이다.

관상학을 조금 공부하여 책을 보고 뾰루지가 생긴 것을 적용하여 운을 간명한다든지 컴퓨터의 운세를 가지고 적용한다거나 하는 것 등은 부질없는 짓이다. '운기(運氣)'의 흐름은 그런 것이 아니다. 그런 쓸데없는 것들을 거르고 버린 후 혜안과 직관을 키워야 운기의 흐름을 볼 수 있는 통찰이 생기고 사물의 기미(機微)와 상(象)이 보이며 파악하게 되는 것이다. 오늘의 운세 등이나 인공지능이 보는 그런 운세와도 관계가 없다. 근본과 바탕이 다른 것이다. 그런 류의 과학의 발달과도 연관이 되지 않으며 다만 도움이 된다면 정신분석학이나 심리학 등의 접근 방법은 활용이 가능할 것이다.

3. 관명운기학의 정체성

사주든 관상이든 역학이든 풍수이든 결국은 이 지구별에 사는 인간을 위해 존재하고 그 역할을 담당하고 도움이 되는 것에 그 정체성이 있다.*

---

* 인간이 길흉화복을 알고 싶고 한 국가가 그 존망을 알고 싶어 갈구하는 그 마음과 간절한 기도를 이해해야 한다. 그 어떠한 학문이라도 그 효용과 존재의 이유는 인간의 행복을 위하고 천지인 합일의 길을 가는 것이 천도이며 우주의 섭리이다. 또한, 그 방향과 목표가 구체적으로 정해져야 하며 그 수단과 도구 또한 결국은 필요한 것이다.

4. 방술이 아닌 방도를 찾아야 한다.

1) 존재의 이유

어떤 한 학문이나 술학(術學)의 틀에 맞추어 사람의 운명을 맡긴다면 그 학문이나 술은 반드시 절대적인 진리나 운명을 판단할 수 있는 확신을 가져야 한다.

우리는 인간의 역사 속에서 그 시대에는 절대적이었던 진리들이 지금은 잘못되었고, 현재의 눈으로 보면 웃음이 나오는 하찮은 것이었다는 것을 경험상 이미 알고 있다. 또한, 아무리 훌륭한 학문이고 '술(術)'이고 시술자가 뛰어난 도사 내지 종교인이고 초능력자라 한들 실제로 인간이 살아가는 영(靈)과 육(肉)에 도움이 되지 않는다면 그것이 무슨 필요가 있겠는가? 인간의 운명을 풀어나가고 개운(開運)을 하는데 도움이 되는 것이어야 한다는 얘기고, 그것을 위해서의 전개하는 이론이 바르고 정확해야 한다.*

2) 직관과 취상, 사형작용

사람은 물론 기타 동식물에 있어서도 반드시 '형(形)'이 있고 형이 있는 곳에는 '상(象)'이 있는 것이다.

우주철학의 연구에 있어서는 '물(物)', '상(象)', '수(數)'의 위치는 대단히 중요한 것이다. 오직 정당한 방법은 물, 상, 수의 관찰에 정통할 수

---

* 방술(方術)이 아닌 방도와 방법을 찾아야 하지 무형이 아닌 유형을 찾는 방법을 제시하지 않거나 추상적이고 난해한 방법이나 도나 학의 범주만 돌아서도 현실적이지 못하다. 보이지 않는 것을 보인다 한다든지, 볼 수 없는데 볼 수 있다든지, 흐릿하게 보이는 것을 명확하게 말한다 던지 이 모든 것은 잘못되고 남의 운명을 크게 그릇되게 하는 것으로 이것이 방술이다.

있는 방법만이 참된 방법이 될 것이다. 물론 여기서의 '상(象)'이라는 것은 일반적인 상이 아니고 이면에서 율동하는 생명력의 상인 '운(運)'을 말한다.* 어떤 방법이던 이 상을 바르게 직관으로 바르게 알고 '지인지감(知人之鑑)'으로 운기의 흐름을 아는 것만이 제 학문과 술의 존재 이유가 있는 것이다. 여기에서 직관이란 정확히 관찰한다는 말이지 결코 '보고 느낀'대로라는 말이 아니다.

'관(觀)'은 직관이고 '상(象)'은 동작이다. 그러므로 '관상(觀象)'은 사물의 동작을 직관한다는 뜻이다. 사물을 관찰할 때 사물의 형상을 돌아보지 않고 특별히 그 동작에 주의하여 취하여 낸 작용을 '취상작용(取象作用)'이라고 부른다. 이 취상작용의 특징은 생성하는 사물의 경향, 동향, 방향 및 그 추세를 파악하는 데 있다.

반면에 취상의 반면작용을 '사형(捨形)' 및 '사형작용(捨形作用)'이라 한다. 이는 사물을 관찰 시, 그 사물의 형상을 취하기 이전에 미리 그 사물의 형상(形狀)을 먼저 버린다. 즉 형상을 버리고 뒤에 상의 작용을 취한다. 이 동작만 있고 형상이 없는 것을 '순수 동작'이라 부르며, 비록 이것은 보고 들을 수 없는 동작이지만 느끼면 마침내 통하는 것이다.

노자는 이것을 "물건이 없는 꼴"이라 하였고, 주자는 "움직이려 하나 아직 움직이지 않고 피어나려고 하나 아직 피어나지 않는 동작이다."라고 했다. '상(狀)'은 사물의 형상을 말하는데, 우리말의 '꼴'에 해당하고 '상(象)'은 사물의 동작을 말하며 '짓'에 해당된다. 즉 '저 사람의 하는 꼴

---

* 기학에서 얘기하는 '운화(運化)'도 같은 개념이고 운기학에서의 '운기(運氣)' 또한 같은 개념이라 보면 된다.

을 보라'와 '저 사람의 하는 짓을 보라' 하는 것이다. 모든 사물은 반드시 일상(一狀)과 일상(一象)이 있으며 직관의 대상은 바로 이 상(狀)과 상(象)이다.

3) 직관의 한계

모든 사물의 동작은 상(象)이며 우리의 감각 영역 안에서 모두 직관할 수 있다. 그러나 사물의 배후에 은폐된 순수 동작은 직관할 수 없다. 이 순수 동작은 물질을 초월한 원동력이며 직관의 대상이 아니다. 우리가 직관할 수 있는 것은 사물 안에 내재되어 있는 동작일 뿐이다.

즉 물건이 있는 상이지 결코 물건이 없는 상이 아니다. 그러나 우리는 비록 물건이 없는 상을 직관할 수 없어도 여전히 이해와 감통 그리고 체험할 수는 있다. 그리고 이미 이러한 직관 작용이 있으면 직관에 의거하는 학문이나 술도 성립이 되어야 하며, 동양 철학은 일부를 제외하면 대부분 이런 부류에 속하는 것이다.

사물이 있으면 법칙이 있다. 아이디어는 생각만 하지 말고 하나의 힘인 기(氣)로 전환하여야 한다. 생각만 하는 인간이 아닌 도구를 만들고 사용하는 인간으로의 전환을 말한다. 이러한 관점에서 관명운기학의 시발점을 찾을 수 있을 것이다.

4) 결론

동서양사를 보면 역사상 수 많은 황제와 왕들, 성공한 사람들의 뒤에는 음지에서 그들을 도우며 '운 관리'을 해온 도우미들이 있었다. 실제로 하늘, 땅, 사람의 조화를 알려주고 왕조의 운을 관리한 '음양과'와 천관, 지관 등의 노력과 조언이 있어온 것이다.

흔히 점(卜), 또한 직관력이라 한다. 이 직관력은 '스파크'을 통해 이루어진다. 그리고 그 상태가 일정 시간 지속적으로 이어지며 사물을 정확히 관찰하는 것이다. 이 직관력과 우주 탄생의 근본 원리, 하늘의 칠요(七曜), 태극과 음양오행의 이론과 그 작용에 대한 운기의 흐름 등을 근본적으로 이해하고 또 설명하며, 의뢰인에게 영향력이 극대화된 힘을 분석하여 임상적으로 가장 적합한 이론을 적용하는 것이 '관명운기학'이다.

또한, 자기의 운명과 철을 알아 그 분수를 지키며 좋은 부분은 겸손하게 유지하며, 나쁜 부분은 노력과 긍정의 마음으로 고치고 바꾸어 운명에 끌려가지 말고 업혀 가야 하는 것이다.

《대학(大學)》에 "사람 몸에 있는 '기(氣)'를 귀로 듣고 눈으로 봄에 따라서 닦고 밝히면, 정실(精實)과 광명[光明(精明)]이 생긴다." 이것이 명덕(明德)이다. 명덕은 타고 나는 것이 아니고 감각과 경험에 의해 얻어지는 것이다.

몸에서 나오는 기는 볼 수 있고 냄새도 맡을 수 있다. 그러나 이것은 남을 통해서 알 수 있고 스스로는 볼 수가 없다. 그러나 뜨거움과 추움 같은 것은 나는 알 수 있으나 남은 모른다.

이것은 기가 시각, 냄새, 온도 등과 무관하지 않은 것임을 시사한다. 그러면서도 이것이 남에게 나를 드러내어 주는 중요한 단서가 됨을 지적하고 있다.

관상법의 한 분류에, 얼굴의 생김새가 풍부하고 후덕함과 얇고 박함, 수려함과 혼탁함, 사납고 거침과 외롭고 쓸쓸함, 완악하고 기괴한 종류가 있다. 모두 눈앞에 보이는 것으로써 얼굴의 생김새를 분별한 것이다. 그러나 성장에 따라 모습도 따라서 바뀌며, 부귀와 빈천과 고락에도 변천하는 기의 변화에 따라 표정과 태도 또한 그에 따라서 변한다. 목소리 또한 내장기관이 지닌 기의 운기에 의해 변한다. 이 모든 운기의 변화를 가지고 그 사람의 인품의 높낮이와 식견의 넓음과 편벽됨, 도량의 크기를 보고 일 처리의 선후와 인간관계를 명덕으로 살펴보며 직관과 오운과 육기에 의한 운기학으로 계절운, 대운, 접목운, 세운 등을 살펴보면 이것이 곧 사람을 헤아리고 평가하는 불변의 척도가 되며 그 운세를 짐작할 수가 있게 될 것이다.

한 사상이나 학문이 원동력을 포함하지 않을 때는 공상(空想)이 된다.
이것은 실천할 수 없는 것이다.

'관명운기학' 또한 이 모든 것에 도움과 길잡이가 되는 학문적 역할을 위해서 그 방향과 목표가 구체적으로 정해져야 할 것이며 실천이 되어야만 하는 과제를 안고 있다.

필자의 천학비재와 여전히 연구와 정진 중이어서 이 책에서는 문제의 제기와 방향만 언급하는 것을 용서바라며, 각 권으로 이 학문의 전개가 있게 되기를 필자 또한 간절하게 소망하는 바임을 밝혀 두려 한다.

책을 맺으면서

동양의 철학들은 우리에게 자유를 준다. 자유란 편안함과 즐거움이다. 동서양의 철학과 사상과 삶의 진리를 넘나들 수 있는 그 그릇의 기반을 종교가 아닌 자신이 깨닫는 것도 나쁘지 않다. 그것이 책을 통하든 스승을 통하든 명상 등으로 깨닫든지, 혹은 직접 삶의 무게로 깨닫든지, 본인이 느끼고 알게 되었을 때의 행복감과 자존감은 그 무엇과도 바꿀 수 없고 그 무한한 값어치는 수량이나 재화로 환산될 수 없다.

이 두서없는 졸작의 동양학 내지 오술의 개론서를 쓰면서도 몇 번이나 망설이며 필을 꺾었는지 모른다. 너무나 광달무극(曠達無極)한 주제와 하늘 땅 사람의 영역을 다루는 것에 대한 부족한 사람으로서의 두려움이 있었기 때문이었다.

그럼에도 불구하고 감히 집필을 마감할 수 있었던 동기는 이 졸작의 개론서가 동양 철학에 대한 독자들의 관심에 불을 지피는 하나의 작은 불씨가 되고, 그 크고 광대한 진리와 운명학을 이해하는 작은 등불이 되기를 바라는 마음과 훌륭한 후학들에 의해서 관명운기학에 관심을 가져 발전된 이론과 진보된 틀을 만들어 주었으면 하는 바람이 있기 때문이다.

필명을 '지명(知命)'이라 한 연유 또한 숙명으로서의 '명(命)'이 아니라 선과 악이 화(禍)나 복(福)으로 변함을 아는 것이야말로 진실로 명을 아는 것이며, 이는 세 가지의 중요한 시사점을 내포한다.

첫째, 운명의 확장성에서 가능성으로의 인식 전환과, 둘째, 점술이 아니라 인생 진로에 대한 상담학으로의 변화, 셋째, 인격을 성장시키는 역활도 해야 한다는 나름의 의지가 담겨 있음을 밝힌다.

운의 흐름과 자기의 철을 모르고 어떻게 도달할 장소와 목표를 향하여 바르게 나갈 수 있으며 인생의 계획을 세울 수 있겠는가.

이 책은 전체를 읽을 수도 있지만, 필요한 각 권을 찾아볼 수도 있도록 기획되고 집필되었다. 또한, 하늘 땅 사람의 각 첫 페이지에 연대표를 두어 동시대의 동서양과 우리나라의 시대적 비교를 하였으니 참고하면 이해에 도움이 될 것이다. 이 책이 독자들 각자의 동양학에 대한 이해의 폭을 넓히고 자기 운(運)의 흐름과 철을 이해하는 데 도움이 되었으면 하는 바람이다.

끝으로 이 책을 내기에는 나의 스승이자 큰 누나인 윤춘정(尹春庭) 선생의 격려와 조언이 큰 힘이 되었음을 밝히고 더욱더 건강하시고 편안한 삶이 계속되도록 간절히 소망하는 바이며, 도서출판 광문각의 박정태 회장의 격려와 난해한 부분들의 편집에 애쓴 편집부 직원들의 도움에 감사드린다.

하늘 땅 사람이야기 [천지인 합일]

초판 1쇄 인쇄 2021년 11월 25일
초판 1쇄 발행 2021년 12월 3일

지은이 윤양덕
펴낸이 박정태
편집이사 이명수 출판기획 정하경
편집부 김동서, 위가연
마케팅 박명준, 이환희 온라인마케팅 박용대
경영지원 최윤숙

펴낸곳 북스타
출판등록 2006. 9. 8 제313-2006-000198호
주소 파주시 파주출판문화도시 광인사길 161 광문각 B/D
전화 031-955-8787 팩스 031-955-3730
E-mail kwangmk7@hanmail.net
홈페이지 www.kwangmoonkag.co.kr
ISBN 979-11-88768-45-5 03180
가격 30,000원